Social Security Studies in China: 1978–2018

中国社会保障学40年

（1978-2018）

韩克庆　主编

中国社会科学出版社

图书在版编目（CIP）数据

中国社会保障学40年：1978—2018/韩克庆主编.—北京：中国社会科学出版社，2018.12
ISBN 978 – 7 – 5203 – 3712 – 0

Ⅰ.①中⋯　Ⅱ.①韩⋯　Ⅲ.①社会保障—研究—中国—1978 – 2018　Ⅳ.①D632.1

中国版本图书馆 CIP 数据核字（2018）第 279552 号

出 版 人	赵剑英
责任编辑	侯苗苗
特约编辑	明　秀
责任校对	周晓东
责任印制	王　超

出　　版	中国社会科学出版社
社　　址	北京鼓楼西大街甲 158 号
邮　　编	100720
网　　址	http：//www. csspw. cn
发 行 部	010 – 84083685
门 市 部	010 – 84029450
经　　销	新华书店及其他书店

印　　刷	北京明恒达印务有限公司
装　　订	廊坊市广阳区广增装订厂
版　　次	2018 年 12 月第 1 版
印　　次	2018 年 12 月第 1 次印刷

开　　本	710×1000　1/16
印　　张	27.5
插　　页	2
字　　数	451 千字
定　　价	99.00 元

凡购买中国社会科学出版社图书，如有质量问题请与本社营销中心联系调换
电话：010 – 84083683

前　言

改革开放 40 年以来，中国的社会保障制度建设取得了举世瞩目的巨大成就，一个适应社会主义市场经济体制的多层次社会保障体系逐步建立和完善起来。在这个过程中，社会保障学科从无到有，付出了一代又一代中国学人的智慧和心血。

可喜的是，当今中国社会保障研究已经蔚然成风。学界、政府和民众，对社会保障制度和社会保障研究，投入越来越多的关注和热情。学者们所讨论甚至是争论的一些热点问题，越来越成为社会各界的关注焦点，譬如养老保险改革、医疗保险改革、延迟退休年龄、最低生活保障、精准扶贫等；越来越多的学人，无论是社会学背景、经济学背景，还是政治学背景或者其他学科背景，开始从不同的学科视野出发，关注和研究社会保障的相关问题；越来越多的国际交流和研讨，开始关注中国语境下的社会保障制度建设和国别比较研究。

恰逢改革开放 40 周年之际，对中国社会保障学的学科发展和制度建设进行梳理，不仅具有重要的理论价值，也对中国社会保障制度的未来发展具有导向和定位作用。感谢中国人民大学劳动人事学院院长杨伟国教授的邀请和中国社会科学出版社的信任，让我担任了《中国社会保障学 40 年》一书的主编，既感荣幸之至，又感诚惶诚恐。感谢中国人民大学劳动人事学院各位同事和学界同仁的鼎力支持，使我对本书的编写有了底气。在本书的作者队伍中，既有留学或者工作在海外的年轻博士，也有在社会保障学界耕耘多年的前辈学者。他们的热情和鼓励，是本书成稿最为重要的原因。难能可贵的是，各位作者不仅能在繁忙的工作中答应参加本书的编写，还集中时间和精力，按时交稿、按时修改初稿，为本书的顺利出版提供了时间保证。

本书各章作者分工如下：

总论　韩克庆　中国人民大学劳动人事学院

第一章　王天宇　中国人民大学劳动人事学院

第二章　刘凯　中国人民大学劳动人事学院

第三章　付媛媛　北京师范大学社会发展与公共政策学院

第四章　黄桂霞　全国妇联妇女研究所

　　　　潘锦棠　中国人民大学劳动人事学院

第五章　刘晓婷　浙江大学公共管理学院

第六章　郭瑜　中国人民大学劳动人事学院

第七章　李莹　中国人民大学劳动人事学院

第八章　刘宝臣　山东建筑大学法学院

第九章　李梦婷　美国罗格斯大学健康研究所

第十章　汪德华　中国社会科学院财经战略研究院

　　　　魏慧敏　对外经济贸易大学国际经贸学院

第十一章　程永宏　中国人民大学公共管理学院

第十二章　胡宏伟　中国人民大学公共管理学院

需要说明的是，本书写作框架由我拟定。按照最初的设计，有些议题因种种原因未能如愿付梓，只好容待以后有机会再做补充。尤其感谢中国社会科学出版社大众分社侯苗苗副总编和诸位编辑校对人员，他们不但提供了出版机会，还对书稿进行了认真细致的编校。希望本书的出版，能为中国社会保障学科发展和社会保障制度建设贡献绵薄之力。

最后，祝福我们的祖国更加繁荣富强，祝愿中国社会保障学的明天更加美好灿烂。

韩克庆

2018 年 10 月

于中国人民大学求是楼

目　录

总论：中国社会保障学 40 年的探索与发展

社会保障在当下中国，已经成为一个广为人知的人才培养专业和事关国计民生的政策领域。然而，改革开放之初，连"社会保障"这个词都是"舶来品"，更谈不到学科建设和人才培养。目前，中国学界通用社会保障的英文名是 Social Security，准确的汉译名称应是"社会安全"。台湾也有学者把 Social Protection 翻译成社会保障。① 社会保障在中国大陆作为一个学科概念，大抵是从日语直接借用过来的。

市场化改革以来，在基本经济制度发生变革和社会结构随之变迁的前提下，中国社会保障开始了从计划经济时期的劳动保险、公费医疗、单位福利和集体保障，向社会化、市场化改革的制度变革。改革开放以来，中国社会保障 40 年的改革发展经历了两个阶段：第一个阶段是新型社会保障的改革探索时期，大致从 1978 年改革开放到 1997 年新型社会保障体系开始构建；第二个阶段是新型社会保障的发展完善时期，大致从 1998 年开始至今。

一 中国社会保障的改革发展背景

1. 计划经济体制下的中国社会保障

计划经济体制下的中国社会保障是一个城乡二元分割的体系：在城市，中国政府借鉴苏联模式，建立起以国家保险为主体的、以单位福利为补充的制度；在农村，则建立起以社会救济为主体、以集体福利为补充的制度。

---

① 李易骏：《社会福利概论》，（台湾）洪叶文化事业有限公司 2011 年版，第 29 页。

（1）城镇社会保障

1951 年《中华人民共和国劳动保险条例》出台，标志着我国最基本的面向城镇劳动者的社会保障制度开始建立。劳动保险的主要对象是国有工业企业、国有商贸企业职工，主要的险种是老年保险、医疗保险和工伤保险。到了 20 世纪 50 年代中期以后，这种针对国有工业企业、国有商贸企业的劳动保险制度开始逐步推广到一些机关事业企业单位，包括集体企业。这个制度的基本特点是国家统筹、企业支持、现收现付，刚开始建立时企业缴纳劳动保险金的 30% 统筹上交给全国总工会，① 然后根据职工人数进行养老金、医疗保险待遇以及家属的相关保险待遇支付。后来这种针对职工的劳动保险制度，逐步演变为面向职工及其家属的福利制度，比如单位办幼儿园、单位办食堂、单位办图书馆等，最终成为一个无所不包的单位福利制度。除单位福利制度之外，还有一块是归民政部门管辖的社会救济或民政福利，主要是针对社会弱势群体的社会救助和福利服务。

（2）农村社会保障

除城镇的劳动保险、单位福利和社会救济之外，中华人民共和国成立以来，在农村主要构建了一个以国家救济和集体保障为主体、以家庭保障为补充的制度框架。家庭保障是中华民族延续了几千年的以家庭和土地为支撑、自给自足、实现养老和家庭功能转化的形式，严格来讲它不是现代意义上的社会保障。中华人民共和国成立后，在农村实施的社会保障主要是两个大的制度。一是农村合作医疗。有统计数字显示，改革开放之前农村合作医疗覆盖了我国 90% 以上的行政村（生产大队）。② 应该说，这个制度在计划经济时期对于缓解农村的因病致贫、因病返贫以及提高农村居民的健康卫生水平都起到了非常重要的作用。二是农村"五保"制度，主要是针对农村无儿无女、无依无靠、没有收入来源的鳏寡孤独的老年人以及没有人抚养的儿童所构建的救济制度。

（3）计划经济体制下中国社会保障的总体特征

归纳起来，计划经济时期中国社会保障制度具有以下几个特征：

一是高度附属于计划经济体制和意识形态需要。中华人民共和国成

---

① 潘锦棠主编：《社会保障通论》，山东人民出版社 2012 年版，第 67 页。

② 王延中：《中国的劳动与社会保障问题》，经济管理出版社 2004 年版，第 314 页。

立以后，由于我国建立了一个强大的新生的人民民主政权，因此社会保障制度安排高度服从于计划经济体制和意识形态的需要。国家统包统配，不单是劳动保险，还包括公费住房、免费教育。从当时意识形态的需要看，第二次世界大战刚刚结束，冷战开始，社会主义国家建立的劳动保险制度成为社会主义优越性的集中体现。

二是平均主义的价值取向。这种价值取向在整个社会保障制度构建的过程中体现得非常充分。在这种制度安排下，大家的社会保障待遇都差不多，这也是服从于当时平均主义的劳动分配制度的一种制度安排。当时的制度安排立足于满足劳动者、满足人民群众基本生活需要，是在一种低工资、低水平的福利制度设计的基础上构建起来的平均主义的制度体系。

三是以单位身份为基础的社会等级制度。单位制是整个计划经济时代中国社会结构的典型特征。[1] 单位体现了个体的很多社会特性，体现了个人角色地位的基本状况。所以在整个计划经济时代，个体的福利、社会保障待遇和单位是密切相关的。同时，尽管中华人民共和国成立以后打破了阶级与阶级的界限，彻底消灭了资产阶级对无产阶级的剥削，但它还是在身份等级上有所差别，比如干部、工人、农民等身份差别，不同的身份群体又享有不同的制度安排。

四是城乡二元结构化的制度设计。1956 年以后，中国开始限制农村—城市之间的居民自由流动，出台了户籍制度，对于城乡两个地区的居民进行严格的户籍身份管理。在户籍制度的严格控制下，中国形成了两个大的板块：一个是城市，一个是农村。在城市这个板块中，社会保障制度是针对市民、针对城镇劳动者的制度设计，农村居民没办法享受。这种二元化社会保障制度结构一直延续至今。

2. 改革开放以后的中国经济社会转型

改革开放之前，中国的社会结构是一个非常刚性的结构。中华人民共和国的成立，标志着一个独立自主的新兴政治主体，在世界民族国家之林中有了一席之地。中华人民共和国成立以后，国家开始通过强有力的社会动员和政治动员，把行政权力的触角一直延伸到穷乡僻壤。总体上讲，计划经济时期国家对社会结构的控制非常严格。在这种社会结构

---

[1] 路风：《单位：一种特殊的社会组织形式》，《中国社会科学》1989 年第 1 期。

下，社会成员没有太多的迁徙自由，也没有太多的就业自由，个体行为的方方面面都受到户籍制度、城乡二元分割的经济社会体制、单位身份制度的制约。改革开放以后，这种局面发生了变化，刚性社会结构逐步被打破。从整体社会的功能系统看，经济系统和政治系统开始出现了相对分离的情形。社会分化随之加剧，个体的流动性越来越强。改革开放以来，中国社会结构的变化，突出表现在以下三个方面：

（1）阶层分化加剧

计划经济时期，中国的社会结构大体上是以工人阶级—农民阶级为基础，以干部—工人—农民为身份特征的分层结构。改革以后，这种简单的工人阶级、农民阶级的二元结构发生了巨大改变，很多新兴职业群体借着改革的东风，一下子冒了出来。当时，社会上有句民谚叫"不三不四发了财"——计划经济时期没有正式职业、没有社会地位的一些人，在市场经济环境中，通过个人努力发家致富。后来，这个群体越变越大，特别是在一些东部沿海省市，家族企业、民营企业蓬勃发展，私营企业主成为中国社会的一个代表性阶层。他们在中国经济社会发展中扮演的角色越来越重要，在经济社会生活中越来越起到举足轻重的作用。除私营企业主之外，还有一些其他社会阶层，像外资企业白领，以及金融领域、房地产行业的从业人员等，不仅获得了很高的经济收入，还获得了很高的社会声望，同时也初步形成了一支能够支配社会资源的力量。这样，原有的社会阶级阶层结构逐步分化为十个阶层组成的社会分层结构，即国家与社会管理者阶层、私营企业主阶层、经理人员阶层、专业技术人员阶层、办事人员阶层、个体工商户阶层、商业服务从业人员阶层、产业工人阶层、农业劳动者阶层、无业失业半失业人员阶层。[①] 当然，随着社会分工和新兴职业的不断涌现，现在的职业阶层更多。

（2）社会流动频繁

改革开放以后，我国城乡、地区、行业，甚至国家与国家之间的流动越来越多。第一，城乡之间的流动越来越频繁。农民工是城乡流动的典型。农村土地改革之后，一方面由于农民解决了温饱问题，农村富余劳动力越来越多；另一方面由于城乡之间存在巨大的收入差距效应，大批农村劳动力向城市转移，形成浩浩荡荡的民工潮。据有关部门统计，

---

① 陆学艺主编：《当代中国社会结构》，社会科学文献出版社2010年版，第394页。

这个特殊的流动群体——农民工——有 2 亿多人。[①] 第二，地区之间的流动越来越频繁。主要是从中西部向东部的流动，形成所谓"孔雀东南飞"现象。第三，行业之间的流动也越来越频繁。计划经济时期，在单位制职业结构控制下，行业之间的流动受到严格的档案制度和户籍制度的限制。改革开放之后，一方面随着"下海潮"和私营企业的发展，另一方面随着外国资本和跨国企业的进入，单位制职业结构逐步被打破，行业之间的职业流动越来越多。第四，国与国之间的合作交流越来越频繁。改革开放以前，不管是出国留学也好，还是国际贸易也好，都受到国家的严格筛选和控制。改革开放以后，出国留学的学生越来越多、学习方式越来越灵活。国际贸易越来越常态化，特别是随着中国加入世界贸易组织，国际贸易和国家与国家之间的交流合作领域越来越广泛。近年来，随着对外贸易发展和进一步开放，中国越来越融入一个全球化的世界体系中。毫不夸张地说，这种社会流动的方式和速度，在计划经济时期是无法想象的。

（3）收入差距扩大

收入差距的扩大主要体现在三个方面，即地区之间、行业之间和群体之间。首先，地区之间的收入差距扩大。以东、中、西三大地带为区分，改革开放后，外国直接投资最先进入的是东部沿海地区，跨国公司最先进入的也是东部沿海地区。据统计，1984 年东部地区吸收外国直接投资及外商其他投资额占全国的 96.73%，仅广东一省就占 73.42%；2001 年东部地区拥有外商投资企业数占全国的 84.99%。[②] 在对外贸易这一经济增长引擎的带动下，地区经济增长的更多资源集中在东部，中西部由于缺少资本和产业，经济增长速度相对缓慢，居民收入水平普遍偏低。其次，行业之间收入差距加大。改革开放以来，从产业结构看，中国传统的农业产业逐步缩小，以制造业为主的工业产业在经济发展中占据主导地位，以金融、电信、旅游等服务业为主的第三产业发展迅速。从所有制性质看，国有企业、集体企业、外资企业、私营企业的收入水平出现明显不均衡的状况。所有制和行业垄断都是影响企业工资收入差

---

① 国务院研究室课题组编：《中国农民工调研报告》，中国言实出版社 2006 年版，第 4 页。

② 韩克庆：《经济全球化、社会分层和社会保障》，中国劳动社会保障出版社 2005 年版，第 110、112 页。

距的因素。具体而言，国有企业比私营企业工资水平平均高30.5%—35.9%；外资企业比私营企业工资水平平均高19.8%—20.6%；集体企业比私营企业工资水平平均低3.8%—6.0%。[①] 此外，国家机关事业单位的工资水平和职业福利均高于一般企业。最后，不同群体之间的收入差距更大。改革开放以后，中国居民收入差距基本上呈现出一种不断上升的趋势。有研究表明，1988年和1995年全国的基尼系数分别达到了0.382和0.452，2007年全国的基尼系数为0.485。[②] 事实上，中国已经形成了一个倒"T"形的社会结构，顶层占据了较多的社会资源和社会财富，底层则是一个非常庞大的中低收入群体，拥有少量的社会资源和社会财富。

3. 中国社会保障改革面对的社会问题

市场化改革以来，中国社会保障的构建理念、制度框架、发展走向都发生了根本变化。毫无疑问，中国社会保障的改革与发展首先是经济体制转型引领的制度变革，这种经济体制转型引领的制度变革，在制度变革初期无法脱离计划经济时期形成的社会结构母体。改革开放以来，中国社会结构发生了深刻变动，并表现一些明显的发展态势。中国社会结构的变迁，为发展中的中国社会保障增加了新的社会变量。从影响社会保障制度的对象和目标来考虑，这些社会变量主要表现在：

（1）下岗失业问题

市场化改革，也是对计划经济的劳动者主体——工人阶级，进行解构和重组的过程。20世纪90年代以来，随着企业所有制改革和劳动用工制度改革的推进，国有企业、集体企业和国有商贸企业职工，通过下岗、买断工龄、提前退休[③]等方式，由"单位人"变成"社会人"。传统的产业工人阶级不仅发生了职业身份的变化，其经济社会地位也迅速下降。

---

① 叶林祥、李实、罗楚亮：《行业垄断、所有制与企业工资收入差距——基于第一次全国经济普查企业数据的实证研究》，《管理世界》2011年第4期。

② 李实、赵人伟：《中国居民收入分配再研究》，《经济研究》1999年第4期；李实、罗楚亮：《中国收入差距究竟有多大？——对修正样本结构偏差的尝试》，《经济研究》2011年第4期。

③ 下岗与买断工龄的主要区别在于：下岗职工与原企业的劳动关系没有解除，在一定程度上还与原单位保留一定的关系。而买断工龄却是职工与原企业的劳动关系完全解除，职工不能享受原企业的任何经济利益。参见吴忠民、韩克庆等《中国社会政策的演进及问题》，山东人民出版社2009年版，第295页。

郭于华等对"4050"下岗失业人员①的调查显示，伴随着经济地位的丧失，许多下岗失业人员的身体和心理出现提前衰老现象。强烈的挫折感和疏离感是他们最主要的体验。怀旧、挫折、无助、失落、孤独、愤感、怀疑、麻木，是"4050"下岗失业人员普遍的心态。如果对疏离感做具体分析，有 76.0% 的人下岗后怀有一种"被社会抛弃的感觉"。② 由于失去了原有的单位组织资源，同时缺乏有效的社会政策保护，也由于年龄偏大、缺少文化技能等个体原因，因此一大批下岗失业职工陷入生活困境，陷入经济贫困和心理剥夺的双重打击之中。

（2）绝对贫困问题

底层群体不仅包括赤贫群体，还包括一些缺少资源和机会的社会群体。比如农业劳动者阶层，他们中的很多人生活困难，这种困难还不像下岗失业工人那样，处于一种相对贫困的境地，更多的是一种生活在缺衣少食的赤贫状态。同时，由于缺乏基本的医疗卫生条件，因病致贫、因病返贫的现象非常普遍。另外，很多贫困地区，由于缺少基本的教育资源和公共服务设施，导致适龄儿童无法接受义务教育，或者由于缺乏资金，以致教学条件简陋，不少农村中小学缺少桌椅，更没有计算机、投影仪等现代化教具。除此之外，一些孤苦无依的老人、孤残儿童、流浪乞讨人员等社会群体，基本生活需求无法满足，基本权益不能保障。

（3）收入差距问题

改革开放以后，与社会弱势群体相伴的是，精英群体成为我国成长最快的一个群体，并随着资源和财富的聚集，成为社会转型过程中受益最大的既得利益集团。自 20 世纪 90 年代以来，一个拥有社会中大部分资本的强势群体已经形成，构成这个强势群体的，有三个基本组成部分，即经济精英、政治精英和知识精英。这三部分精英不仅已经形成了一种比较稳定的结盟关系，而且对公共政策的制定和执行过程、对社会公众舆论和话语形成产生重要影响，并形成了弱势群体对强势群体的依附型关系。③ 有学者指出，同改革开放初期社会成员广泛受益有所不同的是，现阶段中国精英群体的利益结盟，造成公共投入的巨大浪费，扭曲和损

① 指女 40 岁、男 50 岁以上的下岗失业人员。

② 郭于华、常爱书：《生命周期与社会保障——一项对下岗失业工人生命历程的社会学探索》，《中国社会科学》2005 年第 5 期。

③ 孙立平：《转型与断裂》，清华大学出版社 2004 年版，第 280 页。

伤了正处在定型过程中的现代社会阶层结构，造成改革与发展两者之间的背离。[①] 由强势群体利益结盟所带来的腐败现象比比皆是，典型的表现是官商勾结、官学勾结、学商勾结。由于强势群体与弱势群体在收入水平、资源获得、社会机会等方面的差距越来越大，由此引发的"仇富""仇官"等社会心态与社会矛盾越来越突出。

（4）农民工问题

从 20 世纪 80 年代开始，大批农村外出务工人员到珠江三角洲、长江三角洲等地，去寻找发财致富的机会。从一开始自发形成乡村劳动力市场，到后来政府有意识引导，农民工群体成为改革开放以来中国社会结构层面涌现出来的最为壮观的社会力量。有人认为，城市农民工已构成中国社会的一个独立单元，成为转型期中国社会的第三元结构。[②] 然而，农民工群体的城市生活现状却不尽如人意，农民工在就业市场和社会生活方面，均缺乏有效的社会保护和面临一些制度性障碍。特别是新生代农民工，他们在生活方式、对城市的认同、对国家政策的需求、对未来生活的打算等方面，与传统意义上的农民和老一代农民工相比，都发生了较大变化。

二 改革探索阶段的中国社会保障学

1. 研究状况

社会保障研究最先在社会学界活跃起来。1979 年社会学这一学科恢复以来，逐渐开展了老年社会学的研究。1982 年在北京、上海召开的有关老年问题的会议以及对老年问题进行的调查，都开始涉及老年人的社会保障问题，对社会保障的研究提上了日程。[③] 通过中国知网对核心期刊和 CSSCI 检索显示，从 1979—1997 年篇名中含有"社会保障"的文章共有 831 篇，其中 1979—1991 年 0 篇，1992 年 34 篇，1993 年 51 篇，1994

---

① 吴忠民：《改革开放以来中国精英群体的演进及问题》（下），《文史哲》2008 年第 4 期。

② 甘满堂：《城市农民工与转型期中国社会的三元结构》，《福州大学学报》（哲学社会科学版）2001 年第 4 期。

③ 张力之：《中国社会保障改革述评》，《社会学研究》1989 年第 4 期。

年 169 篇，1995 年 219 篇，1996 年 200 篇，1997 年 158 篇。① 综合其他资料来看，这一阶段的社会保障研究有以下特点：

（1）社会保障的学术论文逐渐增多

计划经济时期的中国社会保障制度，不少借鉴于苏联。改革开放以后，中国的社会保障制度才从苏联转向大量吸收西方国家的经验。1984年 11 月，中国西欧学会的首次学术讨论会上，就对西欧的社会保障制度展开了探讨。此后，《中国社会科学》《社会学研究》及《中国民政》《社会保障报》《中国劳动人事报》等报纸杂志上陆续发表文章，介绍探讨国外的社会保障制度和港台的社会保障制度。② 这一阶段的论文主题，主要集中在三个方面：一是社会保障基本概念和理论观点的知识普及；二是国际社会尤其是发达国家的社会保障制度实践，其中不乏政府部门、研究机构对发达国家社会保障的考察报告；三是中国社会保障制度改革的理论思考以及各地的政策实践。这一阶段代表性的论文有：周弘的《欧洲社会保障的历史演变》（《中国社会科学》1989 年第 1 期），《西方社会保障制度的经验及其对我们的启示》（《中国社会科学》1996 年第 1期）、陈良瑾的《社会发展机制与社会保障功能》（《社会学研究》1987年第 1 期），周永新等的《新加坡、香港、台湾和南朝鲜社会保障规定的比较分析》（《社会学研究》1988 年第 5 期），李培林的《建立社会保障体制应当借鉴的经验和注意的问题——赴德、英、瑞考察报告》（《社会学研究》1994 年第 3 期），朱庆芳的《我国社会保障指标体系综合评价》（《社会学研究》1995 年第 4 期），杨伟民的《社会保障的理念基础及运行规则》（《社会学研究》1996 年第 6 期），郭崇德的《现代社会保障发展进程中的几个理论和实际问题探讨》（《社会学研究》1997 年第 5 期），中国经济体制改革总体设计课题组的《企业社会保障职能的独立化》（《经济研究》1993 年第 11 期），"社会保障制度改革与开征社会保障税可行性研究"协作课题组的《我国社会保障制度改革的基本思路》（《经济研究》1994 年第 10 期），穆怀中的《社会保障适度水平研究》（《经济研究》1997 年第 2 期），周传业、杨团的《对社会保障制度改革的几点

---

① 中国知网，http：//kns.cnki.net/kns/brief/result.aspx? dbprefix = CJFQ，最后访问时间：2018 年 8 月 4 日。

② 张力之：《中国社会保障改革述评》，《社会学研究》1989 年第 4 期。

思考》（《管理世界》1991 年第 4 期），国务院发展研究中心赴瑞典经济考察组的《瑞典社会保障制度的考察》（《管理世界》1991 年第 5 期），侯文若的《社会保障制度改革方向初探》（《管理世界》1993 年第 1 期），杨良初的《关于我国社会保障筹资模式的研究》（《管理世界》1995 年第 2 期），李珍的《论社会保障个人账户制度的风险及其控制》（《管理世界》1997 年第 6 期），林义的《我国养老保险基金管理模式选择与投资政策》（《保险研究》1995 年第 2 期）、《社会保险理论分析的新视角——兼论制度分析的方法论意义》（《社会学研究》1997 年第 4 期）等。

（2）社会保障的学术著作逐渐增多

这一阶段，代表性的教材和著作包括：赵立人、李憬渝编著的《各国经济福利制度》（四川人民出版社 1986 年版），该书对各国的社会保障制度进行了比较研究，介绍了西方"福利国家"的福利制度和苏联、东欧以及我国的社会保险制度，指出了各国社会保障制度中的问题，最后对中国社会保险制度的改革提出了建议。朱传一主编的《美国的社会保障制度》（劳动人事出版社 1986 年版）和杨祖功选编的《西欧的社会保障制度》（劳动人事出版社 1986 年版），选编了有关美国和西欧各国的社会保障制度的论文若干篇，既有助于对这些国家社会保障制度的了解，也对其问题进行了理论上的深入分析。国际社会福利协会日本国委员会编的《各国的社会福利》（张萍译，华夏出版社 1988 年版），介绍了欧美和亚太国家的社会福利与社会保障制度的沿革、内容、结构、主要课题和主要领域的概况，并以 20 世纪 80 年代的最新信息，对这些国家的社会福利面临的问题和发展趋势进行了预测。[①] 美国社会保障总署编著的《全球社会保障制度》（魏新武、李鸣善译，华夏出版社 1989 年版），经济合作与发展组织秘书处编的《危机中的福利国家》（梁向阳等译，华夏出版社 1990 年版）等。此外，经济科学出版社 1988 年出版了《改革与完善我国的社会保障制度》一书，该书是中央人民广播电台理论部在民政部、劳动人事部组稿并编辑出版的，这是当时唯一一本有关我国社会保障改革的理论书籍。知识出版社 1990 年出版了陈良瑾主编的《社会保障教程》，该书分为总论、社会保障的基本理论、社会保障的主要内容、建立具有中国特色的社会保障制度四编，是中国学者撰写的第一部系统论述

---

① 张力之：《中国社会保障改革述评》，《社会学研究》1989 年第 4 期。

社会保障基本理论和操作实务的教材。北京大学出版社 1992 年出版了郭崇德主编的《社会保障学概论》，该书共十二章，分别阐述了社会保障的起源和发展、马克思主义的社会保障学说、社会保障与社会问题、世界各主要国家的社会保障比较和中国社会保障的现状等诸方面内容。中国社会科学出版社 1993 年出版了朱庆芳主编的《社会保障指标体系》，该书估算了全国和 30 个省、直辖市、自治区的社会保障水平，进行了省一级评价和比较分析，还按社会保障的内涵分成 14 个方面论述，其中绝大多数列出了主要指标的统计数据，并对改革以来的发展状况、问题和今日改革的思路进行了分析。①

（3）社会保障的研究人员逐渐增多

这一阶段，社会保障的研究队伍开始形成并逐步扩大，北京大学、中国人民大学、武汉大学、中国社会科学院等高等院校和研究机构，均有专人从事社会保障研究，研究人员除来自大学有关系科和科研机构外，还有来自政府部门的专家学者，例如，国家体制改革委员会、民政部、劳动人事部、卫生部、财政部、国家计划委员会、中国人民保险公司、国务院国际技术发展研究中心等部门及其研究机构和所属院校等。这些专家学者发表了大量研究成果。与此同时，一批专业研究机构相继成立，例如，劳动部成立劳动科学研究所、民政部成立社会福利与社会进步研究所、中国人民大学劳动人事学院 1993 年成立社会工作与社会保障教研室、1993 年武汉大学社会保障研究中心成立，开始形成专业研究团队。一些学术团体也相继成立，如中国劳动学会、中国社会工作协会、中国社会工作教育协会、中国劳动学会劳动科学教育分会等，各地纷纷成立研究机构和学术团体，例如，安徽、浙江、四川、上海、黑龙江、辽宁、广州等省市成立社会保障理论研究组和社会保障协会等。

（4）社会保障的研讨活动逐渐增多

这一阶段，社会保障的学术研讨活动非常活跃，无论是政府牵头，还是学者组织，召开了多次有影响力的会议，共同研讨社会保障改革话题。1985 年国家体改委分配组组织召开"社会保障问题座谈会"，参加这次会议的有大专院校、社会科学院的理论工作者和实际部门的同志共 40

---

① 张力之：《中国社会保障研究述评》，《社会学研究》1997 年第 2 期。

多人，围绕我国如何建立新的社会保障制度问题进行了广泛的讨论。① 而后，劳动部门多次围绕养老社会保险、退休金统筹等问题召开理论研讨会，民政部门针对农村的社会保障改革、社会福利事业和福利生产及社区服务等进行研讨，卫生部门则是医疗保险的改革问题。1988 年召开了亚太地区社会工作教育研讨会，交流研讨社会工作教育中的模式和经验，探讨社会工作教育中存在的问题，并对社会工作教育发展趋势作了展望。② 北京市人民政府研究室和北京市社会学会 1990 年联合召开"城镇社会保障的实践和理论"研讨会，讨论的中心主要围绕以下两个问题：一是目前我国公费医疗制度的改革问题；二是关于社区服务问题。③ 国务院发展研究中心 1991 年主办的"中国和挪威社会保障制度研讨会"在北京国际饭店召开，参加会议的专家和学者共有 40 余人，中方由国务院发展研究中心、中国社科院的领导同志参加并主持，挪威方由挪威王国驻华大使、卑尔根大学教授、奥斯洛大学教授等 6 位专家参加，中方专家由劳动部、民政部、保险公司、计委经研所、中国人民大学劳动人事学院、北京大学、中国社会科学院社会学研究所、西欧研究所以及天津、湖南、深圳等发展中心及新闻单位 30 余人参加，会议就社会保障制度、养老保险、医疗保险、社区服务等问题进行了讨论。④ 国务院研究室宏观经济研究局、中信国际研究所、《经济导刊》编辑部 1994 年联合召开了社会保障体系建设问题座谈会，国务院研究室、国家体改委、国家计委、劳动部、卫生部、全国总工会、中国社会科学院、中国银行、中国人民保险公司的同志及企业界的有关人士参加了会议，会议就进一步建立、健全我国的社会保障体系的有关问题进行了广泛的研讨。⑤ 1994 年 5 月，由中国社会学会、上海市社会学学会和上海浦东新区社会发展局联合主办的中国社会学会 1994 年学术年会在上海浦东新区隆重召开，会议共收

---

① 陈望涛、赵晓京：《北京社会保障问题座谈会纪要》，《社会学研究》1986 年第 1 期。

② 张力之：《中国社会保障改革述评》，《社会学研究》1989 年第 4 期。

③ 张志敏：《"城镇社会保障的实践和理论"研讨会在京召开》，《社会学研究》1990 年第 4 期。

④ 朱庆芳：《"中国和挪威社会保障制度研讨会"召开》，《社会学研究》1991 年第 6 期；岳颂东：《中挪社会保障制度比较——中挪社会保障制度研讨会综述》，《管理世界》1991 年第 4 期。

⑤ 张永建：《进一步建设社会保障体系——社会保障体系建设问题座谈会述要》，《管理世界》1994 年第 5 期。

到学术论文 170 余篇，入选论文为 90 余篇，围绕"社会保障与社会发展"的主题，来自全国各地及上海市的 150 余位专家、学者和社会工作者，就深化我国社会保障制度改革展开了热烈而深入的研讨。①

（5）社会保障的相关专业开始设立

为开展社会保障研究和人才培养，北京大学社会学系新增"社会工作与管理"专业，于 1989 年开始招生，为社会工作培养高级研究与管理人才，并为民政部建立社会工作学院做准备。此后，民政部成立了"社会工作教育研究中心"，承担为社会工作教育提供咨询、培养师资、编写教材、开展研究等任务，民政部还与国外社会工作教育机构，如挪威的奥斯陆社会工作学院、美国的哥伦比亚社会工作学院、加拿大的卡尔加里大学社会福利学院、瑞典的斯德哥尔摩大学社会工作学院建立了联系。② 武汉大学 1984 年开始招收社会保障方向的硕士研究生，1985 年开始招收保险专业本科生。③ 1983 年，劳动人事部依托中国人民大学创办劳动人事学院，在创院之初就设有工资福利专业，是当时全国新创的三个专业之一，该专业的主要任务是培养工资福利管理人才；1986 年学院开始在全国率先招收社会保险方向（劳动经济学硕士点）硕士生；1993 年又在全国率先招收社会工作与管理专业本科生。④

（6）社会保障的研究课题逐渐增多

早在 1986 年，《中国社会保障问题研究》便被列入社会学学科"七五"国家重点课题。该课题通过对中国社会保障发展模式的研究和对国外社会保障的比较研究，着重研究经济发展与社会保障的关系、城市社会保障、农村社会保障、家庭和社区在社会保障中的地位和作用等问题，为建立具有中国特色的社会主义社会保障制度雏形提供科学的理论依据。课题主持人是社会福利与社会进步研究所的张一知。社会保障理论和发展模式研究由张一知和中国社会科学院社会学研究所朱庆芳负责；国外社会保障比较研究由中国社会科学院美国研究所朱传一负责。该课题的

---

① 许宏海、王莉娟：《健全社会保障 促进社会发展——1994 年中国社会学会学术年会综述》，《社会学研究》1994 年第 5 期。

② 张力之：《中国社会保障改革述评》，《社会学研究》1989 年第 4 期。

③ 武汉大学社会保障研究中心网站，http://csss.whu.edu.cn/index.php/List/3.html，最后访问时间：2018 年 8 月 5 日。

④ 该专业 1999 年正式设置为劳动与社会保障本科专业。1998 年，中国人民大学劳动人事学院在全国率先设置社会保障硕士点。

《妇女的社会保障》子课题，研究妇女生育、哺育和教育子女的社会保障的理论和现实问题，由全国妇联书记处王德意负责。对我国社会保障制度的研究，作为北京大学袁方主持的社会学学科"七五"国家重点课题《中国社会发展战略研究》的一个专题，由北京大学社会学系郭崇德负责组织研究。[①] 此后，有关社会保障的课题研究也越来越多，跟课题有关发表的研究成果也越来越多。

2. 制度实践

改革开放以来，中国社会保障的构建理念、制度框架、制度未来发展走向都发生了根本变化。特别是1992年邓小平同志南方谈话之后，取消了市场经济姓"资"还是姓"社"的争论，明确提出社会主义也可以搞市场经济，市场经济开始在中国大地上如火如荼地开展起来。东部沿海地区有很多城市对外开放吸引外资，大批跨国企业进入中国，市场经济改革已经形成不可逆转的社会潮流。在基本经济制度发生变革的前提下，社会保障制度也不可避免地面临着从国家保险到市场化改革的过渡。

在此背景下，中国社会保障开始在全国各地进行改革试验。1984年，四川、广东、江苏、辽宁等省份进行了国有企业退休费用的社会统筹试点，开始了由国家保险向社会保险的转变。1986年，国务院发布了《国营企业实行劳动合同制暂行规定》，传统意义上的工人不再是捧着"铁饭碗"甚至"钢饭碗"的永不失业的就业群体。实行劳动合同制，干得不好就解聘，退休养老费用实行社会统筹，同时实行大病医疗费用社会统筹，小病不管，只管大病，不再是由单位和国家来管，而是变成社会来管。实际上，这种改革在很大程度上是给企业"减包袱"，是把传统的国家统包统配的劳动保险、公费医疗、住房、教育分配制度向一个市场化的、社会化的路径迈进。

（1）确立多层次社会保障体系的改革目标

经过20世纪80年代末到90年代初的改革试验，中国社会保障改革达成了一些基本共识。[②] 第一个共识是社会保障制度改革应当从中国的实际出发。所谓从中国的实际出发，就是要顺应改革开放的潮流，面对中国经济基础薄弱，还是一个发展中国家、很多地区和居民还处在贫困甚

---

① 张力之：《中国社会保障改革述评》，《社会学研究》1989年第4期。
② 吴敬琏：《当代中国经济改革教程》，上海远东出版社2010年版，第308—309页。

至绝对贫困状态中这一基本国情。第二个共识是个人账户制应当取代现收现付制。不能像计划经济时代那样搞现收现付制，这样给年轻人造成的负担太大，要给个人搞账户积累。第三个共识是社会保障行政管理应当与基金运营分开，也就是管办分离。管理的职能是政府，基金运营的机构不应该还是这个管理机构或者在政府体系中，应该把二者分开，一个属于行政职能，一个属于市场职能。第四个共识是重视与其他社会经济改革的配合。社会保障制度不是一个单纯的制度，它必须和其他的经济、政治、文化制度改革配套进行。1993 年中共十四届三中全会确立了社会保障制度改革的总体目标，在《中共中央关于建立社会主义市场经济体制若干问题的决定》（以下简称《决定》）中，专门对社会保障制度的构建进行了比较详细的论述。《决定》提出建立多层次的社会保障体系，包括社会保险、社会救济、社会福利、优抚安置和社会互助、个人储蓄积累保障；按照社会保障的不同类型确定其资金来源和保障方式；建立统一的社会保障管理机构。[①]《决定》通过后为我国社会保障制度的建设指明了方向，此后各地改革试验的步伐迈得更大更快了。

（2）养老保险制度改革

在养老保险制度改革方面，首先确立了社会统筹与个人账户相结合的养老保险模式。1995 年国务院颁布《关于深化企业职工养老保险制度改革的通知》，要求各地可以进行两个方案的试点：第一个是大个人账户、小社会统筹，这叫"体改委方案"；第二个是小个人账户、大社会统筹，这叫"劳动部方案"。[②]《通知》附两个方案的实施办法，要求各地可以根据实际情况任选其中一种进行同步试点。所谓大个人账户、小社会统筹，就是把个人账户的基金做大，把社会统筹的部分放低；所谓小个人账户、大社会统筹基本上是我们现在实施的养老保险制度模式。[③] 1997 年 7 月，《国务院关于建立统一的企业职工基本养老保险制度的决定》规定，企业缴费不超过 20%，个人缴费达到 8%，然后从企业缴费

---

① 《中共中央关于建立社会主义市场经济体制若干问题的决定》，http://www.people.com.cn/GB/shizheng/252/5089/5106/5179/20010430/456592.html，最后访问时间：2013 年 4 月 3 日。

② 吴敬琏：《当代中国经济改革教程》，上海远东出版社 2010 年版，第 313 页。

③ 最终根据各地实施效果最后选择了劳动部方案，当然这一方案也有一些问题。两种方案的优劣直到目前还有争论。

中划入个人账户，按本人缴费工资 11% 的数额为职工建立基本养老保险个人账户。[①]

（3）医疗保险制度改革

1993 年国家在江苏省镇江市、江西省九江市试点社会统筹与个人账户相结合的城镇职工基本医疗保险制度，即所谓的"两江模式"，开始从制度上改革计划经济体制下所形成的劳保医疗、公费医疗制度。1996 年 5 月，国务院下发了《关于职工医疗保障制度改革扩大试点意见的通知》，把社会统筹与个人账户相结合的制度模式扩大到全国 50 多个地市进行试点。在试点的同时，制度改革向建立多层次的医疗保障制度迈进，包括基本医疗保险制度、补充医疗保险制度、商业医疗保险制度和社会医疗救助制度。

（4）社会救助制度改革

20 世纪 90 年代中期，随着城镇国有企业、集体企业的改制，大批下岗失业工人开始出现。在这种情况下，与之同步改革的社会保险制度发挥不了效用，社会保障制度面临着保险失灵的困境，城市最低生活保障制度应运而生。1993 年，这一制度在上海形成基本的制度雏形。1995 年国家民政部召开全国经验推广会议，1997 年《国务院关于在全国建立城市最低生活保障制度的通知》号召，在全国推广低保制度，随后全国 200 多个城市开始推行这一制度。

3. 研究热点

（1）国际比较研究

周弘对欧洲社会保障的历史演变进行了考察，指出现代意义的社会保障最先出现在 19 世纪下半叶俾斯麦执政时的德国，是以发展生产为目的、以稳定社会为直接目标，自上而下进行的。英国则是经过 18、19 世纪自下而上地发展，于 20 世纪初形成了全面的社会保障。20 世纪以来，欧洲产业结构和社会结构的变革引起了社会保障的深刻变化，其突出特点是国家普遍承担起社会保护的责任，通过立法及行政机构保证社会保障的实行。当代欧洲的社会保障是在资本主义生产资料占有关系不变的前提下，为稳定社会的目的，国家以社会利益仲裁人的身份进行新式社

[①] 《国务院关于建立统一的企业职工基本养老保险制度的决定》，http://wenku.baidu.com/view/75efc8d5b14e852458fb573a.html，最后访问时间：2013 年 4 月 3 日。

会再分配，它的出现标志着资本主义市场经济得到了国家社会计划的补充，标志着资本主义制度的发展进入了新的历史阶段。① 周永新在考察了新加坡、中国香港、中国台湾和南朝鲜（韩国）四个国家和地区后认为，社会保障发展值得注意的是：其一，公共援助即使不是社会保障制度最主要的部分，也仍然是其基本的构成部分；其二，四个国家和地区中有两地尚待对老年人提供适当的保护；其三，实施中的社会保障有各种形式，不过社会保险似乎愈益突出；其四，不能证明工业化过程是实行社会保障的主要决定因素；其五，最先实施的正规社会保障方案是对工伤的补偿，即使工业化过程仅仅处于开始阶段也是如此。此外，对社会保障发展有影响的可变因素是历史、意识形态、经济和政治等诸因素的混合体。对社会保障成绩的评估，则要看其减少贫困的程度、收入再分配所受影响的程度、对收入保护日益增长的需求满足的程度。② 李培林总结了德国、英国、瑞典为代表的西方社会保障体制存在的问题：一是社会保障费用负担过重；二是老龄化现象严重，形成庞大的受养人口；三是失业率居高不下；四是医疗等其他社会保障费用有增无减。③ 曹云华阐释了新加坡社会保障制度的指导思想，探究了新加坡社会保障制度的主要内容——由政府出资设立的种种社会福利措施、由政府立法和管理带有强制储蓄性质的社会福利措施、由社会团体和民间组织设立的各种社会福利设施，提出建立和完善社会保障制度是一个真正对人民负责的政府不可推卸的责任、在建立和完善社会保障制度的过程中政府必须有所为有所不为、必须充分调动与发挥政府—个人—社会三者的积极性三点借鉴和启示。④

（2）制度模式研究

周弘考察了西方社会保障的发展历程，分析了西方社会保障制度面临的问题与改革实践，提出在制定中国社会保障改革方略时，首先要对中国经济发展的阶段进行历史定位，分析各种现有社会保障机制的作用和发展前景，根据中国的特定情况平衡机制模式和补救模式，选择"固

---

① 周弘：《欧洲社会保障的历史演变》，《中国社会科学》1989 年第 1 期。

② 周永新：《新加坡、香港、台湾和南朝鲜社会保障规定的比较分析》，《社会学研究》1988 年第 5 期。

③ 李培林：《建立社会保障体制应当借鉴的经验和注意的问题——赴德、英、瑞考察报告》，《社会学研究》1994 年第 3 期。

④ 曹云华：《新加坡的社会保障制度初探》，《社会学研究》1995 年第 3 期。

定支付"（defined benefit）或"固定交费"（defined contribution）方式，建立有中国特色的社会责任机制。相对于中国来说，应通过统一的社会保障行政管理、多元化的责任、储蓄和资金管理，来构建市场经济条件下的工业社会保障。① "社会保障制度改革与开征社会保障税可行性研究"协作课题组认为，我国社会保障制度的方案设计既要符合市场经济的要求，又要建立在现有国情的基础上，采取切实可行的分步实施方案，现阶段主要解决城镇职工的养老、失业、医疗等主要项目的社会保障问题，用征收社会保障税模式取代现行社会保障统筹办法，是克服现行统筹办法弊端实现上述社会保障的最佳选择。课题组提出两个方案：方案一，"一税一费"方案，即将现在"两金"统筹改为征收社会保障税，对医疗保障实行个人医疗基金账户制度。方案二，开征社会保障税。国家通过税收形式解决养老、失业、医疗三项保险的资金来源，社会保障税属中央和地方共享税。② 侯文若认为，社会保险是中国社会保障体系最重要的组成部分，它覆盖的对象是人口群体中最富创造性的部分——劳动者群体，以保障劳动者在暂时和永远失去劳动能力，从而失去工资收入后，仍能享有和在业期间相差不大的基本生活为目标。因此，中国社会保障制度的改革，关键在于中国社会保险事业的改革，而中国社会保险改革的方向，最重要者莫过于法制化、统一化、基金化三个方面。③ 李珍分析了个人退休账户面临的风险，一是人口结构老化的风险；二是积累过程的诸多风险。因此，应当通过以下措施控制个人账户风险：一是降低个人账户制度在整个老年人经济保障制度中的权重；二是努力提高产出，增加消费总供给，将人口老化引起的消费总需求对总供给的压力降到最小；三是创造一个稳定发展的环境，并努力将经济周期控制在最小的波动范围内，这不仅是经济所要求的，也是社会保障制度所要求的；四是在基金的管理制度上，个人账户部分的基金采用公司管理模式，以期通过公司的充分竞争提高基金投资回报率、降低基金管理成本；五是个人账户基金信托人的选择权由以企业工会成员和董事会成员组成的机构来

---

① 周弘：《西方社会保障制度的经验及其对我们的启示》，《中国社会科学》1996 年第 1 期。

② "社会保障制度改革与开征社会保障税可行性研究"协作课题组：《我国社会保障制度改革的基本思路》，《经济研究》1994 年第 10 期。

③ 侯文若：《社会保障制度改革方向初探》，《管理世界》1993 年第 1 期。

实施；六是通过年金保险制度，分散个人账户基金投资风险和个人长寿的风险。[1]

（3）指标体系研究

朱庆芳根据 1993 年的统计资料估算，我国全社会享受社会保障的人数为 1.9 亿多人，社会保障的覆盖面为 30.4%，城乡覆盖面的差别较大，城镇为 92.1%，农村只有 2.7%。我国社会保障总支出占国内生产总值的 10.1%。同时，我国社会保障水平地区差别较大，越是经济发达的地区，社会保障水平越高，反之越低。社会保障非但没有起到调节地区差距的作用，反而扩大了地区差距。[2] 穆怀中根据社会保障水平测定模型，测量出社会保障水平的适度区域。对西方主要发达国家社会保障水平适度状况的测定表明，英国、美国、日本等国家在 20 世纪 70 年代中期开始超出社会保障水平"度"的上限，高福利国家瑞典等 70 年代初就超过了适度上限。中国现有社会保障水平（1992 年），从总体上看，不含住宅投资和价格补贴在 5% 左右，加上住宅投资和价格补贴在 13% 左右。中国现有社会保障水平虽然与西方工业化国家 20 世纪 60 年代的社会保障水平接近，但中国现有的人均国民生产总值（美元）却远远低于西方工业化国家 60 年代的水平。中国近期（2000 年）适度保障水平上限为 11.93%，下限为 10.06%；到 2010 年适度保障水平的上限为 13.73%，下限为 11.86%。中国中远期适度保障水平 2020 年上限为 15.03%，下限为 13.17%；2050 年上限为 26.57%，下限为 24.70%。[3]

（4）农村社会保障研究

曹贵庚提出，中国农村正在经历一场深刻的社会、经济和文化变迁，在这场深刻的社会转型阶段，现行的以家庭保障为主体的农村老年保障体系开始面临挑战，建立新的农村老年社会保障制度成为现实需要。[4] 李守经、邱泽奇认为，健全和完善农村社会保障制度是社会主义制度的内在要求，是社会主义有计划的商品经济发展的要求，是深化农村体制改革配套的要求，是农村居民生活方式变迁和需求层次上升的必然要求。

---

① 李珍：《论社会保障个人账户制度的风险及其控制》，《管理世界》1997 年第 6 期。
② 朱庆芳：《我国社会保障指标体系综合评价》，《社会学研究》1995 年第 4 期。
③ 穆怀中：《社会保障适度水平研究》，《经济研究》1997 年第 2 期。
④ 曹贵庚：《当前我国农村老年社会保障的现实基础与功能分析》，《社会学研究》1991 年第 2 期。

他们提出中国农村社会保障制度总的思路是：由贫困地区向发展中地区进而向发达地区的层次渐进中，保障的对象由少数亟待保障的社会成员向广大的农村社会成员扩展；保障项目由完全家庭自我保障和单项的社会救助、社会优抚、社会福利、社会保险等向综合性保障项目扩展，保障水平由低向高扩展；保障资金应由以财政支出为主向社区集体经济积累和乡镇企业利润提成为主发展；保障的统筹单位由村级微型社区向乡镇以至县市级社区扩展；保障的领导管理则由以民政部门为主体逐步向基金会为主体扩展。他们不赞成城乡社会保障水平差距的继续扩大；不赞成认为目前因财政困难、农村集体经济还很脆弱、农村居民尚不富裕、农村人口过多、社会保障的承受力还不大，因而就削弱农村社会保障的观念，也不赞成认为农村社会保障的目标模式只能是逐渐向以个人投保式的社会保险为主要内容，而排除国家财政拨款进行国民收入再分配来实施农村社会保障的看法。[①]

4. 总体特征

（1）经济改革引领的制度变革

如果没有经济改革，就不会有计划经济时期国家保险制度向市场经济体制下多层次社会保障制度的过渡，正是因为经济改革才导致了社会保障制度的整体变化。经济改革是国外刺激反应和国内主动选择相结合的产物，社会保障制度改革则更多的是国内主动选择的产物。改革开放之初，计划经济体制下建立起来的劳保福利制度已经成为中国经济社会发展的桎梏，所以改革是必需的。正是有了经济改革的主导，才有了多层次社会保障制度的整体规划。

（2）自由主义福利体制特点

国际学术界根据福利国家对于政府、市场和家庭三者关系的不同安排，提出三种不同的制度模式：第一种是自由主义（liberal welfare state）制度模式，第二种是社团主义（corporatist welfare state）制度模式，第三种是社会民主主义（social democratic regime - type）制度模式。[②] 自由主义制度模式强调家庭、市场在福利供给中的主导作用，在社会保障制度

---

① 李守经、邱泽奇：《中国农村社会保障概观》，《社会学研究》1990 年第 5 期。

② Gφsta Esping - Andersen, *The Three Worlds of Welfare Capitalism*, Cambridge：Polity Press, 1990, pp. 26 - 27.

安排上则通过社会救助制度解决社会中下阶层的生存困境。改革开放以后，我们抛弃了国家保险的制度模式，更多地采用了一种自由主义的制度模式，类似"教育产业化""住房商品化"等一系列"去国家化""去单位制"的福利改革措施，以及强调国家、企业和个人责任共担的社会保险制度的构建，成为市场化改革以来中国社会保障制度改革的主体内容，社会救助制度则成为市场化进程中发挥重要作用的基础性制度。

（3）过度市场化与过度国家化并存

政府与市场的关系，是社会保障改革的深层次理论问题。尤其是经历了计划经济时期的国家保险模式后，如何厘清政府—企业—个人的责任，成为社会保障改革成败的关键。概言之，社会保障改革既要避免过度市场化，也要防止过度国家化。所谓过度市场化，就是在国家应当承担责任的地方，国家把责任尤其是财政责任过多地转嫁给了市场、企业、家庭和个人；过度国家化则是指在应该让市场发挥机能和效率的地方，国家管得太多、统得太死，而没有充分发挥市场的作用。很多时候，中国的改革就像高速公路收费站，地方保护、部门利益把高速公路切割成一段一段，使原本畅通的道路变得拥堵起来。在改革进程中，政府责任不清、监管不到位也是重要原因。归根结底，政府应该站在公众的立场上，而不能成为利益集团的代表，应该从公众的利益出发出台社会政策。

（4）城乡不平等问题较为突出

受城乡二元结构和户籍制度的影响，社会保障制度的城乡不平等仍显而易见。不管是社会养老保险制度、医疗保险制度，还是低保制度和社会福利服务，在缴费标准、待遇给付、救助水平、服务质量方面，城乡居民在受益水平上仍然存在明显差距。作为游离于城乡之间的农民工群体，则面临着在城乡二元化的社会保障制度中进行选择和项目衔接的困境。总体来看，农村社会保障制度的构建，不仅要解决经济基础和公共福利建设问题，还要解决缴费责任问题。可喜的是，现行的新农保、新农合制度都把国家责任体现出来，突出了社会保险和商业保险的本质区别。至于公共福利建设与地区发展问题，则是一个更大的问题，已经超越了社会保障制度本身讨论的范畴。

三　发展完善阶段的中国社会保障学

1. 研究状况

通过中国知网对核心期刊和 CSSCI 检索显示，1998—2018 年篇名中含有"社会保障"的文章共有 6089 篇，各年度文章总数和研究主题如表 1 所示。[①]

表 1　中国知网核心期刊社会保障研究发文数量和研究主题（1998—2018）

年份	数量（篇）	研究主题			
1998	249	社会保障制度建设/体制改革	国际社会保障比较	农村社会保障	社会保障基金管理	残疾人社会保障
1999	199	城市贫困群体社会保障	老年社会保障	社会保障立法	农村社会保障	社会保障国际比较
2000	264	社会保障税	社会保障制度改革	城乡社会保障	社区化社会保障	社会保障国际比较
2001	299	农民工社会保障	社会保障与社会福利的关系	城乡社会保障	农民的社会保障	社会保障税
2002	277	失地农民社会保障	农民工社会保障	WTO 与社会保障	女性就业与社会保障	二元社会保障体系
2003	292	农民工社会保障	名义账户制	农村社会保障	社会保障理论	社会保障税
2004	327	社会保障城乡统筹	农民工社会保障	农村社会保障	社会保障的政府责任	社会保障国际比较
2005	311	下岗失业人员社会保障	农民工社会保障	资产社会政策	社会保障的政府责任	社会保障基金
2006	437	社会保障基金	社会保障理念	政府社会保障绩效评估	农民工社会保障	农村社会保障

---

① 中国知网，http://kns.cnki.net/kns/brief/result.aspx? dbprefix = CJFQ，最后访问时间：2018 年 8 月 10 日。

续表

年份	数量（篇）	研究主题				
2007	520	社会保障支出	残疾人社会保障	底线公平的福利模式	政府社会保障绩效评估	研究综述
2008	435	社会保障公平与效率	残疾人社会保障	社会保障水平	农民工社会保障	社会保障国际比较
2009	380	社会保障回顾	社会保障公平	老年社会保障	社会保障支出	农民工社会保障
2010	396	社会保障费改税	社会保障公平性和可持续性	农村社会保障	失地农民社会保障	社会保障改革与发展
2011	333	社会保障支出	流动人口社会保障	社会保障税	残疾人社会保障	社会保障一体化
2012	282	社会保障支出	社会保障与收入分配	社会保障管理体制	东亚社会保障	养老保险
2013	290	农村社会保障/养老保险	社会保障公平性	社会保障与收入分配	社会保障管理体制	保障性住房
2014	207	社会保障改革	社会保障支出	社会保障服务	社会保障与收入分配	流动人口/新生代农民工社会保障
2015	189	社会保障与生育意愿	失独群体的社会保障	社会保障公平	社会保障支出	延迟退休年龄
2016	161	社会保障收入再分配	社会保障与计划生育政策	社会保障支出	社会保障水平	互联网＋社会保障
2017	164	社会保障发展	社会保障收入再分配	社会保障支出	社会保障水平	社会保障治理
2018[a]	77	社会保障与精准扶贫	社会保障支出	新时代社会保障体系	社会保障国际化	社会保障与收入分配

注：a 为 2018 年期刊检索截止到 8 月 10 日。

总体来看，中国新型社会保障体系发展完善阶段的 20 年间，社会保障的学术成果越来越多，研究队伍越来越大，社会保障研究的国际化程度越来越高，对中国社会保障制度改革的问题讨论越来越深入。20 年间，社会保障研究主题除了继续关注社会保障制度改革、社会保障国际比较、农村社会保障研究外，社会保障与中国加入 WTO、社会保障与农民工/流动人口、社会保障与失地农民、社会保障与下岗失业人员、社会保障与信息互联网技术、社会保障与计划生育政策、社会保障与精准扶贫等研究，无不体现着社会保障紧跟时代脉搏的特点。在对社会保障制度的讨论上，也不仅仅限于对设计理念和制度走向的宏观把握，而是将研究触角伸向社会保障公平与效率、社会保障筹资与支出、社会保障与收入分配、社会保障管理与治理、社会保障服务等更为具体化的领域。

2. 制度实践

这一时期社会保障制度的发展有三个显著特点：一是管理体制几经调整。1998 年，原国家劳动人事部更名为劳动和社会保障部，在管理体制上强化了对社会保险各项事务的管理职能。2008 年劳动和社会保障部与人事部合并，组建成立人力资源和社会保障部。二是各项福利政策密集出台。首先是各项社会保险制度逐步建立和完善起来，如城镇职工养老保险制度（1997）、职工基本医疗保险制度（1998）、失业保险制度（1999）、工伤保险制度（2004）、城镇居民医疗保险制度（2007）、新型农村合作医疗保险制度（2002）、新型农村养老保险制度（2009）等。2010 年 10 月 28 日《中华人民共和国社会保险法》的颁布，标志着社会保险制度基本定型。同时，各项社会救助、社会服务、住房福利等相关政策也陆续出台，如《城市居民最低生活保障条例》（1999）、《住房公积金管理条例》（1999）、《城市生活无着的流浪乞讨人员救助管理办法》（2003）、《农村五保供养工作条例》（2006）、农村最低生活保障制度（2007）等。三是社会福利的价值导向发生根本性转变，公平、正义等制度理念逐步取代了效率优先、补救式保障等观念。

在社会救助政策方面，中国政府先后建立了城市最低生活保障制度、城市流浪乞讨人员救助管理制度、城市贫困家庭廉租住房制度、医疗救助、教育救助等社会救助制度，在管理体制上做了相应调整，2008 年 7 月 10 日，国务院办公厅印发《民政部主要职责内设机构和人员编制规定》，对民政部内部机构进行改革，对民政部职责进行调整，强化社会救助职能，对内部机构进行了重新设置，原"最低生活保障司"更名为"社会救助司"。

在社会保险政策方面，2010 年 10 月 28 日颁布的《中华人民共和国社会保险法》在对养老保险、医疗保险、工伤保险、失业保险、生育保险进一步整合的基础上，明确了养老保险逐步实现全国统筹，其他保实现省级统筹，制度的覆盖面逐步扩大，将受益对象扩大至劳动者和公民，并且进一步明确了政府责任，标志着改革开放以来具有中国特色的社会保险制度基本定型。

在农村社会保障制度方面，新型农村养老保险制度、新型农村合作医疗保险制度、农村最低生活保障制度、农村"五保"供养制度等构成农村社会福利体系的基本制度框架。农民工的社会政策日趋完善、户籍制度改革也在快速推进，城乡一体化的社会保障体系已见雏形。

（1）养老保险制度

2005 年 12 月，《国务院关于完善企业职工基本养老保险制度的决定》规定，从 2006 年 1 月 1 日起，个人账户的规模统一由本人缴费工资的11% 调整为 8% ，全部由个人缴费形成，单位缴费不再划入个人账户。①2001 年 7 月，辽宁开始进行完善城镇社会保障体系试点，社会统筹和个人账户分账管理，个人账户实账运行，此后逐步在东北三省进行试点。2006 年以后，个人账户实账运行的试点逐步扩大到辽宁、吉林、黑龙江、天津、山西、上海、江苏、浙江、山东、河南、湖北、湖南、新疆 13 个省份。② 在目前的制度体系中，养老保险制度分为三个类别，分别是职工基本养老保险制度、城乡居民基本养老保险制度和机关事业单位工作人员养老保险制度。其中，机关事业单位工作人员养老保险从 2015 年开始与企业职工基本养老保险并轨，覆盖对象为机关事业单位工作人员，分为个人缴费和单位缴费两个部分，分别对应于个人账户和社会统筹账户，个人缴费率为工资的 8% ，单位缴费率为工资总额的 20% 。达到法定退休年龄时，累计缴费满 15 年的，按月领取统筹养老金和个人账户养老金。城镇职工基本养老保险覆盖对象为企业职工、无雇工的个体工商户、未在用人单位参加基本养老保险的非全日制从业人员以及其他灵活就业人员。筹资方式分为个人缴费和企业缴费两个部分，分别对应个人账户和社会统筹账户，个人缴费率为工资的 8% ，企业缴费率不超过工资总额的20% ，灵活就业人员缴费率为上年度当地职工平均工资的 20% ，其中8%

---

① 《国务院关于完善企业职工基本养老保险制度的决定》，http：//baike. baidu. com/view/2289167. htm，最后访问时间：2013 年 4 月 3 日。

② 中华人民共和国人力资源和社会保障部：《2011 年度人力资源和社会保障事业发展统计公报》，http：//www. mohrss. gov. cn/SYrlzyhshbzb/zwgk/szrs/ndtjsj/tjgb/201206/t20120605_69908. htm，最后访问时间：2013 年 4 月 3 日。

计入个人账户。达到法定退休年龄时，累计缴费满 15 年的，按月领取统筹养老金和个人账户养老金。城乡居民基本养老保险由 2009 年开始试点的新型农村社会养老保险与 2011 年开始试点的城镇居民社会养老保险合并而成，覆盖对象为不包括学生在内的 16 周岁以上、不被以上两项制度覆盖的城乡居民，个人缴费标准目前设为每年 100 元、200 元、300 元、400 元、500 元、600 元、700 元、800 元、900 元、1000 元、1500 元、2000 元 12 个档次，缴费计入个人账户。符合国家规定条件的，按月领取基础养老金和个人账户养老金。① 现有制度安排中，不管城镇职工基本养老保险，还是机关事业单位工作人员养老保险，都要求企业或单位依法强制性缴费，保险基金维持自我平衡，政府给予财政补贴。相比较而言，城乡居民基本养老保险的缴费比例更低。同时，城乡居民基本养老保险带有一定的自愿性，缴费标准相对较低，不按月缴费，而是按年缴费，地方政府对个人缴费给予补贴，也没有社会统筹账户，基础养老金则由政府全额支付，因而有了更多的福利色彩。

（2）医疗保险制度

1998 年，《国务院关于建立城镇职工基本医疗保险制度的决定》颁布，规定医疗保险费由用人单位和职工共同缴纳。用人单位缴费率控制在职工工资总额的 6% 左右，职工缴费率一般为本人工资收入的 2%，用人单位缴费的 30% 划入个人账户。② 2007 年，国务院颁布《关于开展城镇居民基本医疗保险试点的指导意见》，启动非从业城镇居民医疗保险试点工作，以解决中小学生、老年人、残疾人等群体的医疗健康需求。现行医疗保险制度分为三个类别，分别是公费医疗制度、城镇职工基本医疗保险制度和城乡居民基本医疗保险制度。其中，公费医疗制度的覆盖对象为中央直属机关和部属高校等工作人员，个人不用缴费，由国家承担医疗费用。城镇职工基本医疗保险的覆盖对象为各类企业、机关事业单位及社会团体等非企业单位的职工。筹资方式分为个人缴费和企业（单位）缴费两个部分。个人缴费率为本人工资的 2%，企业（单位缴费

---

① 经国务院批准，从 2014 年 7 月 1 日起，全国城乡居民基本养老保险基础养老金最低标准提高至每人每月 70 元。见《人力资源社会保障部、财政部关于提高全国城乡居民基本养老保险基础养老金最低标准的通知》（人社部发〔2015〕5 号文）。

② 不管是养老保险制度还是医疗保险制度，在改革之初都是试图通过单位缴费划拨个人账户的方式提高个人缴费的积极性，具有一定的合理性。

率）为工资总额的 6% 左右，个人缴费全部计入个人账户，单位缴费的 30% 左右划入个人账户，其余划入社会统筹账户。城乡居民基本医疗保险由 2003 年开始试点的新型农村合作医疗与 2007 年开始试点的城镇居民基本医疗保险合并而成，它覆盖职工基本医疗保险应参保人员以外的其他所有城乡居民。实行个人缴费与政府补助相结合为主的筹资方式，鼓励集体、单位或其他社会经济组织给予扶持或资助。相比较而言，公费医疗制度的福利水平最高，个人无须缴费，政府承担医疗费用，并且医疗待遇高。城乡居民医疗保险制度亦即与之相关联的城乡居民大病保险制度，采取个人缴费和政府补贴相结合的方式，个人缴费负担较低。城镇职工基本医疗保险制度由个人与用人单位共同缴费，基本上是一个自我平衡、封闭运行的制度体系。

（3）社会救助制度

2014 年《社会救助暂行办法》颁布实施，规定了八项救助制度：①最低生活保障。国家对共同生活的家庭成员人均收入低于当地最低生活保障标准，且符合当地最低生活保障家庭财产状况规定的家庭，给予最低生活保障。②特困人员供养。国家对无劳动能力、无生活来源且无法定赡养、抚养、扶养义务人，或者其法定赡养、抚养、扶养义务人无赡养、抚养、扶养能力的老年人、残疾人以及未满 16 周岁的未成年人，给予特困人员供养。③受灾人员救助。国家建立健全自然灾害救助制度，对基本生活受到自然灾害严重影响的人员，提供生活救助。④医疗救助。国家建立健全医疗救助制度，保障医疗救助对象获得基本医疗卫生服务。⑤教育救助。国家对在义务教育阶段就学的最低生活保障家庭成员、特困供养人员，给予教育救助。对在高中教育（含中等职业教育）、普通高等教育阶段就学的最低生活保障家庭成员、特困供养人员，以及不能入学接受义务教育的残疾儿童，根据实际情况给予适当教育救助。⑥住房救助。国家对符合规定标准的住房困难的最低生活保障家庭、分散供养的特困人员，给予住房救助。⑦就业救助。国家对最低生活保障家庭中有劳动能力并处于失业状态的成员，通过贷款贴息、社会保险补贴、岗位补贴、培训补贴、费用减免、公益性岗位安置等办法，给予就业救助。⑧临时救助。国家对因火灾、交通事故等意外事件，家庭成员突发重大疾病等原因，导致基本生活暂时出现严重困难的家庭，或者因生活必需支出突然增加超出家庭承受能力、导致基本生活暂时出现严重困难的最低生活保障家庭，以及遭遇其他特殊困难的家庭，给予临时救助。此外，20 世纪 80 年代以后，国家根据人均收入标准划定国家重点扶持贫困县，提出农村扶贫开发战略。农村扶贫开发是以促进贫困地区经济发展，进而消除贫困为目的的社会救助项目，包括救济式扶贫和开发式扶贫两种方式。① 农村扶贫开发战略极大地改变了贫困地区的面貌，增进了贫困人口的福祉，使贫困地区的基础设施和公共服务明显改善，区域性贫困得到根本缓解。

3. 总体特征

（1）社会保险制度基本定型

在社会养老保险制度改革方面，明确了社会统筹与个人账户相结合的缴费模式。随后，社会统筹与个人账户相结合的城镇职工基本医疗保险制度开始建立。2007 年国务院颁布《关于开展城镇居民基本医疗保险试点的指导意见》，启动非从业城镇居民医疗保险试点工作，以解决中小学生、老年人、残疾人等群体的医疗健康需求。2011 年实施的《中华人民共和国社会保险法》，在对养老保险、医疗保险、工伤保险、失业保险、生育保险整合的基础上，进一步明确了制度内容和责任划分，标志着中国社会保险制度基本定型。

（2）社会救助制度创新发展

1999 年《城市居民最低生活保障条例》颁布实施，救助对象除传统的"三无"对象（无固定收入、无劳动能力、无法定赡养人或抚养人）外，还包括有收入但在持续减少、失业与下岗职工中的困难家庭、在职困难职工、部分退休人员等家庭人均收入低于当地最低生活保障线的贫困人口。2007 年，农村最低生活保障制度开始实施。2014 年，《社会救助暂行办法》颁布实施，规定了包括最低生活保障在内的八项救助制度，社会救助制度开始从补缺型走向制度型。

（3）社会保障的受益对象越来越多

社会保险是社会保障制度中最为重要的制度设计，其中，城镇职工的社会保险制度是制度建设的核心。市场化改革以来，我国的就业总人

---

① 孙光德、董克用主编：《社会保障概论》（第四版），中国人民大学出版社 2012 年版，第 249 页。

数基本维持在 7.7 亿人左右。① 如何解除企业和职工在养老、疾病、工伤、失业等方面的后顾之忧，就成了制度建设的重中之重。20 世纪 90 年代以来，我国先后建立了职工基本养老保险、职工基本医疗保险、失业保险、工伤保险和生育保险制度。截至 2016 年，参加基本养老保险人数为 88776.8 万人，其中职工基本养老保险参保人数 37929.7 万人、城乡居民基本养老保险参加人数 50847.1 万人；城镇基本医疗保险参加人数 74391.6 万人；失业保险参加人数 18088.8 万人；工伤保险参加人数 21889.3 万人；生育保险参加人数 18451.0 万人。② 历年数据显示，我国城镇职工各项社会保险制度的参加人数和参保率逐年增加。作为社会救助制度核心的居民最低生活保障制度，2016 年城市覆盖人数 1480.2 万人、农村覆盖人数 4586.5 万人，③ 二者合计 6066.7 万人，占总人口的比重为 4.39%。

（4）城乡统筹初见雏形

随着城市社会保障制度的快速推进，建立和完善农村社会保障制度，成为新时期农村扶贫政策转变的重要方向。④ 在农村社会保障制度建设中，新型农村养老保险制度、新型农村合作医疗保险制度、农村最低生活保障制度、农村"五保"供养制度等构成农村社会保障制度的基本框架，城乡一体化的社会保障制度已初见雏形。

四　中国社会保障研究的理论热点

1. 社会保障公平性

（1）学界论点

一般来说，社会保障制度是否公平，主要取决于各项制度设计是否公平、公民的基本权利能够得到保障、受益对象是否满意等。对于

---

① 中华人民共和国国家统计局：《中国统计年鉴（2017）》，中国统计出版社 2017 年版，第 98 页。

② 同上书，第 791 页。

③ 同上书，第 726 页。

④ 都阳、蔡昉：《中国农村贫困性质的变化与扶贫战略调整》，《中国农村观察》2005 年第 5 期。

我国社会保障公平性问题，景天魁认为，社会保障的目标模式应该满足三个要求：适度性——成本较低，效益最大；适当性——覆盖面广，促进公平；适用性——机制灵活，持续性强。为此，应该依据底线公平原则，建立"底线公平的福利模式"，其主要特点是包容性强、覆盖面大、机制新、结构合理。与福利国家模式不同，它不以追求福利最大化为目标，而以经济发展与社会福利的均衡为目标，它是一个福利水平适当、机制灵活、责任共担、切实可行、持续性强的福利模式。①

韩克庆提出，如果以既有的阶级结构或社会地位、职业地位为基础设计我国社会保障制度，就会在既有的社会结构下带来福利资源的阶层化，不仅造成国家财政资源的浪费和制度功能的失效，更会加大社会不平等。② 另外，我国社会保障的城乡不平等现象仍较突出。不管是社会养老保险制度、医疗保险制度，还是低保制度和社会福利服务，在缴费标准、待遇给付、救助水平、服务质量方面，城乡居民在受益水平上仍然存在明显差距。

郑秉文则认为，我国社会保障制度公平功能缺失，制度公平主要体现在纵向烫平和横向烫平这两个功能上。目前中国社保制度中横向烫平功能严重缺损，企业与机关事业单位之间的差异标志着制度改革远未到位。纵向烫平的作用虽然要好于横向烫平功能的发挥，但政府对纵向烫平的承诺常常受到质疑，制度公信力受到制度缺陷示范效应的极大抵消。③ 综观国内研究，目前学术界对于社会保障制度在促进社会公平、与社会阶层结构的契合方面的研究相对欠缺，对于中国与其他国家之间的国别比较研究也相对缺乏。

朱玲认为，为了增强现有社保体系的公平性和可持续性，需要着重采取以下政策措施：一是通过扩大社会保险覆盖面，强化社会救助和针对农村贫困群体的社会增益产品及服务供给，缩小城乡之间的社保差别，特别是提高低收入群体的社会保障程度；二是在承认城乡差别的基础上，以参保者就业方式的差异，即正规就业和非正规就业的区别，作为划分

---

① 景天魁：《大力推进与国情相适应的社会保障制度建设——构建底线公平的福利模式》，《理论前沿》2007 年第 18 期。
② 韩克庆：《社会结构变迁与中国社会保障制度的发展》，《教学与研究》2013 年第 6 期。
③ 郑秉文：《中国社会保障制度 60 年：成就与教训》，《中国人口科学》2009 年第 5 期。

同类保险项目下不同板块覆盖对象的标准，分别对社会养老和医疗保险制度下相互分割的板块加以衔接、组合或连通，以提高养老保险待遇的携带性和扩大医疗保险的风险分散规模；三是降低社会养老保险费率，以便吸纳低收入群体参保；四是改革计划经济体制遗留的公费医疗和养老保障制度，缩小公共部门与非公共部门就业者的社保差别；五是调整公共扶贫资金使用结构，降低生产性支出比重，提高社会性支出份额；六是推进财政改革，加大中央政府的社会支出责任，保证地方政府的财政收入水平与支出责任相匹配。①

（2）基本判断

毫无疑问，受经济发展水平、户籍制度和历史形成的社会结构影响，我国社会保障制度带有明显的城乡二元化特征。养老保险通过三个不同层面的制度平台——机关事业单位养老保险制度、城镇职工基本养老保险制度和城乡居民养老保险制度，搭建起不同身份群体的制度体系。其中，机关事业单位养老保险制度和城镇职工基本养老保险制度，因强调雇员雇主的缴费责任和精算平衡原则，带有更多的选择性而非普遍性特征。城乡居民基本养老保险制度，因凸显了政府的财政责任，带有更多的普遍性而非选择性特征。医疗保险则通过机关事业单位公费医疗制度、城镇职工基本医疗保险制度、城乡居民基本医疗保险制度，搭建起不同身份群体的制度体系。其中，公费医疗制度基本符合普遍性原则，城镇职工基本医疗保险制度因强调雇员雇主的缴费责任和精算平衡原则，带有更多的选择性而非普遍性特征。城乡居民基本医疗保险制度，因凸显了政府的财政责任，带有更多的普遍性而非选择性特征。社会保障的领取资格基本上是基于缴费和公民身份。一个无法回避的问题是：基于公民身份和缴费的项目设计，是否能够带来公平的社会保障待遇？事实上，社会保障制度的项目设置相对多样化，不可能带来绝对公平的社会保障待遇水平。例如，同样是养老保险制度，机关事业单位养老保险、城镇职工基本养老保险、城乡居民基本养老保险的受益水平明显不同。此外，还有一些贫困者没有参与到养老保险计划中。同样是医疗保险，机关事业单位公费医疗、城镇职工基本医疗保险、城乡居民基本医疗保

---

① 朱玲：《中国社会保障体系的公平性与可持续性研究》，《中国人口科学》2010 年第 5 期。

险的受益水平也有显著差别，也有一些贫困者没有参与到医疗保险计划中。

2. 农民工社会保障

（1）学界论点

21 世纪以来，国内外学者对中国农民工问题倍加关注。李培林认为流动民工的流动具有三重含义：一是在地域上从农村向城市、从欠发达地区向较发达地区的流动；二是在职业上从农业向工商服务等非农产业的流动；三是在阶层上从低收入农业劳动者阶层向其他较高的职业阶层流动。[①]

王西玉等认为跨地区流动就业成为农村劳动力转移的重要形式，农民工跨地区流动就业经历了四个阶段：一是 1978—1984 年，农村主题是土地承包、发展农业，农民外出打工尚属个别零散状态，带有经历近 30 年计划经济后对历史上流动的恢复性质。二是 1985—1988 年，是地区差距逐步拉大，劳动力流动稳步上升和市场扩展期，全国出县就业的人口达到 900 万人左右。三是 1989—1994 年，迅猛扩张阶段。四是 1995 年至今，是城乡就业态势趋紧，农民较大规模流动就业持续进行的阶段。他们认为，市场机制下跨地区流动就业具有凭借传统社会资源推动形成市场化就业、利益驱动下的劳动力流动形成就业的市场竞争、在土地保障机制下的市场调节是农民工流动的三个明显特点。[②]

李强从职业流动的角度考察了农民工的初次与再次职业流动情况，认为农民工的职业流动和工作变动较为频繁，农民工初次职业流动后职业地位普遍上升，农民工的再次职业流动地位变化微小。[③] 王春光认为，社会关系网络成为农民工得以流动的主要社会机制，强关系有助于农民工获得信息、经济和精神的支持和帮助，但是却难以使他们实现更大的社会地位的"跃进"和提高，这也是农民工大多停留在水平流动上的一

---

① 李培林：《流动民工的社会网络和社会地位》，《社会学研究》1996 年第 4 期。

② 王西玉、崔传义、赵阳、马忠东：《中国二元结构下的农村劳动力流动及其政策选择》，《管理世界》2000 年第 5 期。

③ 李强：《农民工与中国社会分层》，社会科学文献出版社 2004 年版，第 155 页。

个主要原因。①

在国际发表有关中国社会流动问题的研究中，边燕杰从总体上考察了中国 1980 年以来社会分层和社会流动的状况，认为市场改革和劳动力市场的崛起，使过去以城乡分割、工作单位分界、干部—工人二分法以及政治分类这些制度化区分得以瓦解，社会流动几乎成为每个人的生活经验，几百万农民现在工作（在非正轨部门）和生活在城镇。② 赵耀辉以中国农村劳动力流动为例，考察了移民网络（migrant networks）在劳动力流动过程中的角色，通过回归分析证明早期移民被排斥，有经验的移民对于后来的移民具有积极和重要的影响，而回乡的移民则没有。③

在社会流动的过程中，农民工权益受损的现象非常普遍。庞文认为，农民工在工作机会、同工不同酬、社会保障、日常生活和社会交往等方面的权益受到严重侵害，应从户籍制度、社会保障、劳动力市场等多个方面加以保护。④ 钱亚仙认为，目前农民工权益保障中普遍存在就业权利不平等、劳动合同签订率低且不规范、工资报酬得不到保证、生产条件差和劳动保护措施不力、基本社会保障普遍缺失、子女受义务教育权缺乏保障等问题。⑤

农民工社会保险问题是学者们关注的重点，学术界针对此问题有很多设计思路，比较流行的有三种：一是把农民工纳入城镇社会保险体制中来，享受与城镇职工完全一样的社会保险项目，称为"进城"方案；二是把农民工纳入农村社会保险体系，通过加快改革和完善农村社会保险制度，最终向城乡一体的社会保险体制过渡，称为"回乡"方案；三是参照现有的城镇职工社会保险制度，建立新的农民工社会保险，称为"中间"方案。无论是理论上还是实践中，"进城"和"回乡"方案都面临不可逾越的障碍。首先，"进城"方案没有考虑农民工的身份特征和城

① 王春光：《农民工的社会流动和社会地位的变化》，《江苏行政学院学报》2003 年第 4 期。

② Yanjie Bian, "Chinese Social Stratification and Social Mobility", *Annual Review of Sociology*, 2002, 28: 91–116.

③ Yaohui Zhao, "The Role of Migrant Networks in Labor Migration: The Case of China", *Contemporary Economic Policy*, 2003, 4: 500–511.

④ 庞文：《都市农民工的权益侵害与保护——武汉市农民工权益现状的调查报告》，《城市问题》2003 年第 3 期。

⑤ 钱亚仙：《农民工权益保障与政府责任》，《湖北行政学院学报》2005 年第 5 期。

市间流动就业的工作特性，强制农民工参加城镇职工社会保险被很多人批评为对农民工的再次盘剥，很多地方也出现了农民工大量"退保"现象。其次，"回乡"方案过分注重了农民工的身份特点，对农村社会保险制度的建立和完善过程过分乐观，忽略了农民工作为一个职业群体应该享有的保险权益。[①] 长远来看，应该把农民工社会保障问题纳入城乡统筹的框架中加以考虑。

（2）基本判断

在谈论农民工问题时，很多研究者都把农民工的社会流动看作中国社会发展进程中的一种进步，是推动城市化进程的力量。[②] 透过农民工现象本身，凸显出来的是中国固有的传统农业社会结构和现代工业社会结构之间的体制矛盾。客观地看，农民工的社会流动渠道不畅、城市社会地位获得面临诸多障碍。解决农民工问题应当从以下几个方面入手：一是健全城乡统一的劳动力就业市场体系，通过职业培训、工作证书等制度设计，使其成为城市产业工人阶级。二是从宏观层面解决好农村和城市的统筹发展问题，完善农村社会保障制度与社会福利服务，鼓励农民工自由选择留在城市还是回到农村。三是进一步推进户籍制度改革，消除农民工城市融入的制度障碍。目前户籍制度的改革有两种方向：一种是给在城市稳定就业的农民工当地城市户口，享受当地城市户口的福利，放开落户限制的主要是中小城市和建制镇，对于农民工比较集中的大城市和特大城市，由于受到人口规模的限制基本上不会放开；另一种是彻底改变户籍制度的作用，消除户籍制度与福利的关联，仅仅把它当成人口登记的工具，而不是利用户籍制度将人区分为当地人口和外地人口，并给予不同的福利待遇。第二种方式应当成为未来改革的目标。四是逐步由九年制义务教育向十二年制义务教育过渡，提升农民工人力资本和整体国民素质。五是整合城乡社会保障制度，提高社会保险的统筹层级和管理水平。从整体社会发展的历史脉络来说，中国的现代化步伐远远落后于西方发达国家。中国社会保障制度建设，在很大程度上都是在学习和借鉴西方发达国家的经验和教训的基础上发展起来的。在现有法律

---

① 韩克庆：《转型期中国社会福利研究》，中国人民大学出版社 2011 年版，第 347、353 页。

② 郑功成、黄黎若莲：《中国农民工问题：理论判断与政策思路》，《中国人民大学学报》 2006 年第 6 期。

法规和制度框架下，一是要提高社会保险统筹层次，让各项社会保险制度快速完善起来，逐步从体制分割走向板块融合，使目前包括农民工在内的不同体制下的企业职工、城乡居民、机关事业单位职工，走向一个融合的制度设计，构建一个更加稳定、更加公平的制度体系。二是理顺行政管理体制和基金管理运营机制，厘清政府和市场的边界，使社会保险制度能够长久地良性运行下去。三是提高受益水平和制度覆盖范围，增进制度效能。鉴于养老保险统筹层次高于医疗保险的现状，可以依托养老保险统筹平台实现与养老保险的同步统筹。在我国部分已经实现了区域经济一体化的地区，比如长三角、珠三角、京津冀等，首先探索区域间的跨省统筹，为全国统筹提供经验借鉴。

3. 社会保障费改税

（1）学界论点

很多学者主张社会保障（险）税取代社会保障（险）费。邓大松、刘昌平认为，社会保险税和社会保险费是社会保险基金的两种不同筹资模式，两者既有共性，又有各自的特点。从权威性来看，社会保险税是国家职能的体现，世界上多数国家都在法律文件中明确规定纳税是每一个公民的义务；社会保险费体现的是政府提供有偿服务的费用，各有关单位收取社会保险费的权利大都通过地方或部门立法或管理条例来规定。从征管效率来看，社会保险税在征收机关、征收标准和征收制度上都较为统一，征收机关拥有执法的解释权和强制性的实施权；社会保险费在征收机关、征收标准、征收制度上都难以统一，并且征收机关的征收权力受到各种因素制约。从财务持续性方面来说，统筹账户是财政兜底的部分，开征社会保障税有利于国家适时控制社会保障基金的财务风险。从保障的再分配原则来看，统筹账户实行现收现付和受益基准制度，统筹部分对于个人是没有非常激励性的，开征社会保障税正好适合其特点，有利于社会保障基金按时足额征缴。从保险的风险分散原则来看，保险的覆盖面越宽，制度的风险分散性越强，开征社会保障税有利于提高基本社会保障的统筹层次，实现全国统筹。①

贾康等认为，第一，开征社会保险税可以确保社会保险收入的稳定

---

① 邓大松、刘昌平：《关于我国开征社会保险税的几点理论认识》，《社会保障问题研究》2003 年第 1 期。

可靠。开征社会保险税建立起了一个比较规范稳定的收入来源渠道，以法律为依托的税收的强制性和规范性将增强社会保障资金筹集过程中的约束力，杜绝拖欠、不缴和少缴的现象，保证收入的稳定可靠。第二，开征社会保险税，有利于建立规范化的社会保险收、用、管制度和投资制度。开征社会保险税，由税务机关统一负责社会保障所需要资金的筹集，可以充分利用现有税务机关的人力和物力，降低社会保障筹资成本；在此基础上进一步设置专门的机构负责社会保险资金的管理和使用，形成收入、管理、使用各部门相对独立、相互制约、相互监督的机制。第三，有利于公平税负，促进劳动力跨地区、跨行业的流动。社会保险税通过税法规定的统一课征率，可以克服目前不同行业、不同所有制、不同地区之间企业职工缴费办法存在的筹资比例相差悬殊、负担不均、待遇有别的弊端，实现在同一比例下"多收入者多缴、少收入者少缴"的社会保障负担纵向平衡和"收入相同者负担一致"的横向公平，从而推进公平竞争和全国统一市场的形成，为人力资源的大范围合理流动提供保障。第四，有利于建立社会保障预算，确保基金的安全。开征社会保险税，为把社会保险金直接纳入预算奠定了良好的基础。建立社会保障预算，将通过税收形式筹集的社会保险金以及原来国家财政经常预算中的社会保障收支通过专门的预算反映出来，使社会保险的收支管理真正纳入预算管理的轨道，将显著地强化社会保障资金的规范化、法制化，强化国家对社会保障事业的管理，使财政对社会保障资金的管理监督更加直接、更加透明。[①]

也有学者提出了不同看法。郑秉文认为，"费改税"，一字之差，但改变的将是社保制度的根本属性。欧洲福利国家面临的财政困难足以使我们看到，国家兜底的普享型福利制度最终还是要进行改革的。作为发展中国家，我们还不具备建立一个普享型的、国家兜底的福利制度的条件，当前的制度目标还应是补救型的制度。对此，中央多次强调，要加强社保制度的"长效机制"，要加强供款与待遇之间的联系。强调国家、企业、个人三方责任共担，这应是我国社保制度长期坚持的一个基本原则。费改税则是走向一个与此完全相反方向的开始，是一个重大的制度

---

① 贾康、杨良初、王玲：《实行费改税开征社会保险税的研究》，《财政研究》2001 年第 1 期。

转折的开始。① 费改税将会加大社会保障制度的刚性，导致社会保障制度缺乏灵活性。中国社会保障制度目前还远没有定性，更没有定型，从源头供款到末端支付，从基金管理到投资运营，从机关事业单位到农民社保问题等，均处于改革探索中。都需要为制度改革留出一定余地，保留缴费制就等于为未来改革面临的不确定性保留了弹性空间。反之，费改税之后将极大地缩小未来制度调整的空间。②

朱青等认为，我国的养老社会保险实行的是社会统筹与个人账户相结合的模式，个人缴费要进入个人账户，把这部分计入个人账户的、具有明显返还性的缴费也称作"税"显然是不妥当的。事实上，目前实行个人账户式社会保险计划的国家（如新加坡、马来西亚、印度等）在管理上和学术上均不把雇主和雇员的社会保险缴费视为一种税收，而只是当作一种强制储蓄形式来看待。③

（2）基本判断

目前，学术界对社会保障费改税的讨论，不可避免地带来如下理论问题：如果实行费改税的话，可能涉及社会保险制度的基本走向，是坚持统账结合的制度模式，还是走向名义账户制？是坚持社会统筹账户的名义账户，做实个人账户？还是个人账户和社会统筹账户都名义账户化？长远来看，这也是否意味着社会保险模式的终结，从而走向另外的制度模式——社会民主主义的福利体制。事实上，在讨论费改税问题时，首先要搞清楚的基本问题是社会保障的征缴体制，所谓费改税的理论争论，必须明确社会保险费的征收主体是社会保险经办机构，还是国家税务部门。其次才是征收社会保险费还是征收社会保障税的问题。当下学术界所讨论的费改税，多指社会保险费的征收主体或者征缴体制的变更。刘军强认为，在经济发展程度不变、政府补贴不变和就业结构不变的情况下，地方税务机构征收社会保险费更有助于保险覆盖面的扩展和基金收入的增长。④ 中国人民大学课题组的调研也发现，国家社保费征收机构不

---

① 郑秉文：《目前社保筹资不宜费改税》，《中国社会保障》2007 年第 2 期。

② 郑秉文：《费改税不符合中国社会保障制度发展战略取向》，《中国人民大学学报》2010年第 5 期。

③ 朱青、李志红：《"社保缴费"面面观》，《中国税务》2003 年第 3 期。

④ 刘军强：《资源、激励与部门利益：中国社会保险征缴体制的纵贯研究（1999—2008）》，《中国社会科学》2011 年第 3 期。

统一，部门之间职责不清，严重影响了征收工作和制度发展。课题组建议，一是从国家层面，尽快统一社会保险征收机构，加强基金管理，完善社会保险制度；二是通过部门联席会议、信息平台建设等措施，加强财政、税务、人社、审计等部门的密切协作，构建无缝衔接的工作机制；三是统一缴费基数和费率，提高社会保险基金的统筹层次，尽快做实个人账户制度，建立更加便捷的社会保险转移接续办法。[①]

4. 名义账户制

（1）学界论点

在社会保险制度中，所谓名义账户制，简单点说，就是只有账户之名，而无账户之实。按照爱德华·帕尔默的解释，名义账户制是一项"缴费确定型"（DC）现收现付的养老金计划。与"实账缴费确定性"（FDC）相反，参保者计入个人账户的缴费并未被"做实"。更为明确的表述是，个人账户中的资金并未投资于金融市场工具。与"实账缴费确定型"将个人账户的资金投资于金融市场资产相比，从定义上说，"现收现付制的个人账户缴费确定型计划"是"名义上"的缴费确定型计划。[②]

对于养老保险个人账户做实还是做空的问题，学术界一直存在不同声音。一种声音认为，个人账户在短期（比如 10 年）内还难以发挥作用，但从长远发展趋势分析，它能够分流政府的压力，减轻国家和企业的负担；另一种声音则认为，个人账户制的社会保障功能很薄弱，无助于解决人口老龄化危机，甚至扩大了老年贫富差距，也无助于降低企业和个人的缴费率，而且个人账户投资的失败将会导致社会不稳定，个人账户制不太符合中国国情，应当冻结。从总体上看，不赞成取消个人账户的居多，倾向于尽快把个人账户做实。[③] 此后，随着东北三省做实个人账户试点的推进，有关做实做空的政策争论逐步平息，但对此问题的学术讨论却一直没有停止过。

在关于个人账户做实的讨论中，孟昭喜认为，所谓做实养老保险个人账户，是指在坚持实行社会统筹与个人账户相结合的制度模式下，对

---

① 赵忠、韩克庆等：《浙江省社会保险费征收体制调研报告》，载王延中主编《中国社会保障发展报告（2018）》，社会科学文献出版社 2018 年版，第 127—129 页。

② 罗伯特·霍尔茨曼、爱德华·帕尔默主编：《名义账户制的理论与实践——社会保障改革新思想》，郑秉文等译，中国劳动社会保障出版社 2009 年版，第 20 页。

③ 宋晓梧、高书生：《我国社会保障制度面临的形势和对策》，《新视野》2001 年第 3 期。

计入职工养老保险个人账户的基金实行单独记账单独管理，不与养老保险统筹基金混账管理，统筹基金不得挤占个人账户基金；个人账户基金由省级社会保险经办机构统一管理和运营，实现基金保值增值，确保职工退休后个人账户养老金的支付。①

林毓铭认为，个人账户应属于个人所有，而个人账户的"空账"现象是现行养老保险制度的产物，就"空账化"而言，目前我们提到做实个人账户，实际上是一个概念误区，只有减缓社会统筹账户对个人账户的拆借，资产权益明晰、信用关系到位，这才是个人账户从"空账"向"实账"转化的真正本质。我国养老保险个人账户与统筹账户分开管理不可能立即到位，要沿着个人账户大部分"空账化"→个人账户部分"空账化"→个人账户"实账化"的技术路线运行。②

李珍等考察了瑞典名义账户制度改革的原因、内容及运行的结果，从 1994 年瑞典名义账户试运行以来积累的 15 年的经验数据看，瑞典名义账户制新制度再分配性质减弱、成本高收益低、财务的长期稳定性以高缴费率和低替代率为代价、个人账户的效率没有得到证明。他们发现，将宏观经济和人口条件内置于制度之中的名义账户，到目前和可以预见的未来，在解决财务可持续性问题和劳动力市场效率损失方面，并没有显示出该制度比改革前的公共年金制度更优越；相反，从个人退休收入保障的角度看，该制度显得更脆弱而不是更安全，这一发现，对中国城镇企业职工基本养老保险个人账户是否应该做实以及其他人群在建立社会养老保险时是否应该选择个人账户具有警示意义。因而，瑞典名义账户制度对于中国来说，有两点实践的意义：一是对于已经建立了个人账户制度的城镇企业职工养老保险，应该尽早做实个人账户并进行市场化运营管理；二是尽可能追求资金的保值增值。③

在主张个人账户做空或者引入瑞典的名义账户制的讨论中，郑秉文认为，名义账户制不但可以解决我国社会养老保障中遇到的转型成本的

---

① 孟昭喜：《做实个人账户 建立可持续发展养老保险制度》，《中国社会保障》2005 年第 1 期。

② 林毓铭：《充分认识养老保险个人账户从"空账"向"实账"转化的长期性》，《市场与人口分析》2004 年第 3 期。

③ 李珍、周艺梦：《社会养老保障制度的"瑞典模式"——瑞典名义账户制度解决了什么?》，《经济学动态》2010 年第 8 期。

巨大困难，而且与 10 年前选择半积累制和后来明确"统账结合"模式时的初衷是相吻合的，兼顾到了"社会互济"和"自我保障"即公平与效率的问题，可以克服在养老金给付尤其是缴费"搭便车"问题和在信用体系严重缺失的经济体中导致的"行政性的逆向选择"问题，有利于提高缴费的比率和扩大保险的覆盖面。[①] 在《中国养老金发展报告 2014——向名义账户制转型》中，郑秉文再次提出，中国养老保险制度的账户设计存在天生缺陷：一是个人账户输不保赢，导致统账结合从诞生之日起就离不开财政补贴；二是社会统筹部分导致基金管理层次难以提高，基金不能横向调剂使用，落后地区收不抵支离不开财政补贴。因此，在做实个人账户未果的情况下，及时转向名义账户制，轻装上阵，把精力放在加强个人账户多缴多得的功能上，以期在制度结构上彻底解决制度的财务可持续性。[②]

（2）基本判断

在统账结合养老保险制度中，以现收现付的社会统筹账户和完全积累的个人账户为前提条件。如果以个人账户空账为理由，以名义账户制取代做实个人账户，不仅没有养老保险基金平衡的数量依据，而且还会背离改革初衷、混淆个人账户的产权性质、抑制个人参保动力、降低对企业缴费的监督制约，最终导致制度混乱，并带来政府信任危机。[③] 中国养老保险制度改革的基本路径是强调政府、企业、个人的责任分担，基金积累的方式是统账结合、部分积累。其中，社会统筹账户体现了企业的缴费责任；而个人积累账户不但体现了个人的缴费责任，更是为了提高个人缴费的积极性。因此，做实个人账户，一直是养老保险制度改革的题中应有之义。为此，应该继续沿着做实个人账户的政策路径，破除做实个人账户的制度困境，强化政府的财政责任，通过划拨国有资产等方式偿还历史欠债，真正把个人账户的缴费激励和基金积累功能发挥出来。在具体的操作方案上，可以按照"记账积累、统一管理、功能拓展、名实结合"的原则，尽快全面做实个人账户。

---

① 郑秉文：《"名义账户"制：我国养老保障制度的一个理性选择》，《管理世界》2003 年第 8 期。

② 郑秉文主编：《中国养老金发展报告 2014——向名义账户制转型》，经济管理出版社 2014 年版，第 6、9 页。

③ 韩克庆：《名义账户制：养老保险制度改革的倒退》，《探索与争鸣》2015 年第 5 期。

一是记账积累。这是个人账户的一项基本功能。目前，做实个人账户的试点省份，都具有记账积累的一般功能。通常来说，参保人可以通过信息网络平台，或者通过电话查询、到经办机构当面查询等方式，获取个人账户的资金信息，包括累计缴存额、月缴存额、利息、投资收益等。个人账户资金就像银行储蓄账户一样方便查询，使参保人的缴费信息和养老预期有据可查。

二是统一管理。在互联网时代，网络信息技术为个人账户管理提供了便捷、快速的手段。目前，各省市普遍建立了社会保险经办管理网络信息平台，参保人可以通过身份信息、社会保障号码等登录信息管理系统，对个人账户的记账信息一目了然。不仅如此，随着基本养老保险个人账户信息管理系统的完善，其他社会保险信息也更加公开、透明，比如医疗保险的个人账户信息。在未来可能的情况下，对个人参保信息进行整合，从而实现个人账户的统一管理，也是个人账户制度发展的趋势。

三是功能拓展。目前基本养老保险个人账户除了用于养老外，尚不能用于其他途径。反观美国的个人退休账户和新加坡的中央公积金制度，除了用作养老储备外，还可以在购买住房、支付房租、医疗保健、教育、股票投资等诸多方面发挥作用。在个人账户功能发挥方面，应赋予参保人更多的选择自由。

四是名实结合。与名义账户制不同的是，个人账户不像名义账户那样徒有基金积累之名，而无资金使用之实。个人账户是一种名实结合的制度设计。所谓名实结合，是指个人账户既有资金积累之名，又有资金使用之实。当参保人不使用个人账户资金时，它只有资金积累之名；当参保人使用个人账户资金时，便有了资金积累之实。当然，个人账户资金也是一种可以共济使用的基金，只不过是一种被赋予了更多个体自主性的共济基金。

可以想见的是，随着个人账户的全面做实和功能完善，一个独立于社会统筹养老金之外的第二支柱会逐步凸显出来，这个第二支柱就是强制性、全积累的个人账户。这与个人账户养老金属于第一支柱的制度设计不尽相同。全面做实个人账户，个人账户养老金和社会统筹养老金分账管理，三支柱或者多支柱的养老保险体系才能真正从理论模型走向政策实践，并在实践中发挥出各自应有的作用。

5. 养老保险全国统筹

（1）学界论点

对于养老保险全国统筹，很多学者从理论上探讨了其必要性。邓大松、仙蜜花认为，首先，统筹层次的提高意味着可以充分发挥大数法则效能，坚持精算平衡原则，在更大范围内分散风险，有助于激发人们参保和缴费的积极性，增加基金收入以及扩大养老保险覆盖面等；其次，政府能够将分散在各统筹单位的结余基金集中起来，扩大基金规模，节约管理成本，拓宽基金投资渠道，增强基金的抗风险能力，有利于缓解基金支付压力，增强制度的可持续性；再次，政府能够在更大范围内调剂基金余缺，平滑各地的养老负担，有效缓解养老金收不抵支问题，最大限度地分散养老风险，发挥基金统筹共济、促进公平的功能；最后，提高统筹层次为劳动者自由转接养老权益创造条件，对于保障劳动者利益、促进劳动力自由流动以及优化人力资源配置有着重要的推动作用。①

在政策实践中，很多学者也谈及其必要性。郑秉文等从解决养老保险财务可持续性出发，指出提高养老保险制度的统筹层次是根本途径。当今中国养老保险制度面临的诸多问题根源之一在于低统筹层次。② 对于养老保险全国统筹面临的困难，学者们从多个维度进行了剖析。林毓铭认为，改革难点有三点：一是地方利益作祟，统筹层次无法提高的阻力在于政府本身；二是无法统一养老保险制度的致命伤是碎片化的管理制度；三是统筹基金部分用于做实个人账户，地市参与省级统筹积极性降低。③ 卢建平认为，短期内实现养老保险全国统筹有重大的阻力与困难，主要是由于我国养老保险制度起步较晚，保障措施尚未完善，全国各地养老保险的覆盖率、缴费比例和缴费基数、计发办法和计发基数、待遇水平均存在一定差异，板块分割的养老保险体制使全国统筹步履维艰。④ 褚福灵认为，全国统筹面临困难包括地区发展极不平衡及财政分灶吃饭体制。一些落后地区、中央财政转移支付力度大的地区，在推进统筹层

---

① 邓大松、仙蜜花：《民族地区基础养老金统筹中的问题及对策——基于基础养老金全国统筹的视角》，《西南民族大学学报》（人文社会科学版）2016 年第 8 期。

② 郑秉文、孙永勇：《对中国城镇职工基本养老保险现状的反思——半数省份收不抵支的本质、成因与对策》，《上海大学学报》（社会科学版）2012 年第 3 期。

③ 林毓铭：《体制改革：从养老保险省级统筹到基础养老金全国统筹》，《经济学家》2013 年第 12 期。

④ 卢建平：《关于养老保险全国统筹的思考》，《中国劳动》2014 年第 10 期。

次提高方面的进展要快一些；一些发达地区、中央财政没有转移支付的地区，在推进统筹层次提高方面的进展要慢一些。在省级统筹没有完全到位的情况下，推进全国统筹工作，会遇到较大困难，应当不断巩固省级统筹成果，稳步推进全国统筹。[①]

对于如何实现养老保险全国统筹，学者们也都见仁见智。白维军、童星认为，从我国行政体制、财政体制、立法体制以及干部体制的特点来看，养老保险的统筹层次与模式定位为"稳定省级统筹，促进全国调剂"是较为现实的战略选择。[②] 林毓铭认为，理顺体制、完善机制、调整利益分配格局、各项综合配套改革多管齐下，是养老保险省级统筹走向基础养老金全国统筹成功的关键。短期内实现养老保险全国统筹有重大的阻力与意想不到的困难，需要进行以下改革：全国养老保险统筹制度模式改革、养老保险基金预算改革、明晰中央和地方政府责任，准确界定责权与事权关系、经办管理改革与养老保险信息系统大数据改革、基础养老金划为中央事权改革、养老保险基金征管改革。[③] 褚福灵认为，在省级统筹没有完全到位的情况下，推进全国统筹工作，会遇到较大困难，应当不断巩固省级统筹成果，稳步推进全国统筹。他提出了两个实现路径：一是统筹基金全国统筹路径。第一步，规范制度，实现制度统筹；第二步，统筹基金全国统筹，个人账户省级管理。二是全部基金全国统筹路径。第一步，规范制度，实现制度统筹，路径同一；第二步，全额预算管理，实现全部基金的全国统筹。[④] 穆怀中、闫琳琳、张文晓从社会统筹养老保险的收入再分配功能入手，提出选择 10% 替代率的中央统筹分比例统筹类型作为养老保险全国统筹起步方案，实现了适度的收入再分配，可以稳妥地衔接地区之间的利益关系，实现省级统筹向全国统筹的合理对接。[⑤] 何文炯、杨一心认为，应当明确"全国统筹"的含义，以推进全国统筹为契机，深化职工基本养老保险制度改革。他们认为，以

① 褚福灵：《关于基本养老保险全国统筹的思考》，《中国社会保障》2013 年第 6 期。

② 白维军、童星：《"稳定省级统筹，促进全国调剂"：我国养老保险统筹层次及模式的现实选择》，《社会科学》2011 年第 5 期。

③ 林毓铭：《体制改革：从养老保险省级统筹到基础养老金全国统筹》，《经济学家》2013 年第 12 期。

④ 褚福灵：《关于基本养老保险全国统筹的思考》，《中国社会保障》2013 年第 6 期。

⑤ 穆怀中、闫琳琳、张文晓：《养老保险统筹层次收入再分配系数及全国统筹类型研究》，《数量经济技术经济研究》2014 年第 4 期。

调剂地区基金余缺为主要目标的全国统筹难以解决现行制度不公平和不可持续等问题，建议采用统收统支式全国统筹，并以此为统领，实施综合性改革，具体措施包括尽快实行基金统收统支、实施统筹基金与个人账户基金分账管理、按照"保基本"原则完善养老金计发及调整办法、研究试行弹性退休办法、建立财政投入的科学长效机制等。[①]

综合学者们的观点可以看出，理论界对于实行养老保险全国统筹并无异议，主要分歧在于通过何种方式实现统筹。为此，需要对养老保险全国统筹的核心问题及主要障碍因素精准把握，以期提出有针对性的解决方案，并对影响养老保险甚至其他社会保险制度的可能后果，做出分析预判。

（2）基本判断

市场化改革以来，国家进行养老保险社会化改革，开始在有些省份进行社会化统筹试点，逐步形成了地方统筹和行业统筹并存的状况。随着统账结合养老保险制度的逐步定型，被现行各级社会保险经办机构统筹管理的模式所取代。我国基本养老保险制度实行的是统账结合，即社会统筹和个人账户。社会统筹部分采用现收现付，而个人账户部分采用完全积累。党的十九大报告中明确提出："完善城镇职工基本养老保险和城乡居民基本养老保险制度，尽快实现养老保险全国统筹。"因此，养老保险全国统筹已经不是统不统的问题，而是怎么统、用什么样方案来进行统的问题。从全国的总体数据来看，经济发达省市的基金结余充足，收不抵支的或者出现养老金支付危机的省份只是极少数，其他大多数省份则能较好地维持基金自我平衡。理论上，社会保险制度应遵循大数原则，强调制度的自我平衡、自我运转。但是，由于地区经济发展存在较大差异性，各个省市的人口结构也存在一定差异性，导致养老保险基金很难在省级统筹范围内实现调剂使用。究其原因，主要有三个：一是制度惯性；二是地方保护；三是部门利益。[②]

实现养老保险全国统筹有三种可供选择的政策路径：一是采取渐进方案，逐步做实地市级统筹，实现中央提出的省级统筹目标，最后过渡

---

① 何文炯、杨一心：《职工基本养老保险：要全国统筹更要制度改革》，《学海》2016年第2期。

② 韩克庆：《养老保险全国统筹的制度障碍与政策路径》，《社会发展研究》2018年第2期。

到中央级或者全国统筹的目标；二是过渡型方案，亦即根据一定比例从全国各省市提取社会统筹基金，形成一定规模的中央调剂金（比如，10% 或 20%），用于维持全国的基金平衡；三是激进方案，直接过渡到全国统收统支，真正实现全国统筹的"四个统一"，即统一制度、统一费率、统一机构、统一支付办法。

事实上，实现养老保险全国统筹还面临着很多重点难点问题：第一个问题是存量动不动。存量不动，就没法实现统筹。关键是怎么动、动多少的问题。第二个问题是缺口补不补。答案很简单：肯定要补。因为制度形成的缺口，或者基于历史原因造成的缺口，国家有责任担负起来，关键是怎么补。第三个问题是个人账户走向名义账户还是做实。目前的做法是倾向于做实个人账户，走向名义账户制，这其实是养老保险制度改革的倒退。最后一个问题是基金征收采用缴费还是缴税，目前的做法是倾向于缴税，不倾向于缴费。但是，这里既有部门衔接问题，还有整个制度顶层设计的问题，极有可能带来一些颠覆性影响。

6. 延迟退休年龄

（1）学界论点

在养老保险制度改革发展进程中，男 60 周岁、女干部 55 周岁、女工人 50 周岁，一直是国家规定的法定退休年龄。达到上述法定退休年龄，就可以按月领取养老金。延迟退休年龄的学术讨论正是基于上述法定退休年龄的规定而来的。有关延迟退休年龄的讨论，既涉及男女是否同龄退休的问题，又涉及在现有法定退休年龄的基础上，分别延长男女退休年龄的问题。然而，学术界对于延迟退休年龄的争论并没有达成共识。

从赞成者一方看，上海市社会科学院研究员左学金指出，从 2010 年开始，由于 20 世纪五六十年代生育高峰出生的庞大人群将逐步进入老年，中国城市人口将相应地逐步进入老龄化高峰。为了应对这一高峰的到来，中国养老保险面临的一个关键问题是如何尽早填补养老基金的亏空，并有效地增加养老基金的积累。在所有改善养老保险基金收支平衡的可行措施中，推迟法定退休年龄是最简单、最有效的方法。[①] 中国社会科学院拉丁美洲研究所研究员郑秉文在分析了欧债危机下世界上其他国

---

① 左学金：《面临人口老龄化的中国养老保障：挑战与政策选择》，《中国人口科学》2001 年第 3 期。

家改革养老金的趋势后认为，中国养老金制度中存在参数不合理状况：一是中国基本养老保险的法定退休年龄是目前世界主要国家中最低的，尤其是女性退休年龄与其寿命预期严重背离；二是制度参数严重不匹配，替代率（RR）、缴费率（CR）和赡养率（DR）三个参数之间存在的误差较大，显示出养老金制度存在重大的潜在财务风险。因此，提高法定退休年龄"首当其冲"。① 清华大学公共管理学院教授杨燕绥等认为，我国自 1978 年以来一直实行的刚性退休制度的弊端日趋明显：一是早退休会导致养老金支付压力；二是早退休会造成人力资源浪费；三是早退休违背人口统计趋势。因此，应当采用弹性退休的制度安排，即允许职工在一定年龄范围内、符合一定条件时，自由选择退休时点并取得相应养老金。②

从反对者一方或者主张暂缓者一方看，中国人民大学劳动人事学院教授潘锦棠指出，男女法定退休年龄，国际上没有统一的标准，完全由各个国家根据自己的国情与理念来规定。这里的国情主要是指人口性别结构、男女初始劳动年龄、男女劳动力供求状况、男女预期寿命、社会保险基金状况和历史传统等；理念主要是指政府与民众、社会公平与经济发展的价值倾向、劳动与休闲的生活态度等。③ 他认为，所谓养老金"缺口"是"制度缺口"而不是"实际缺口"。提高退休年龄不能成为弥补"缺口"的主要手段，提高退休年龄似乎还不是时候。④ 中国社会科学院社会学研究所研究员唐钧则认为，面对是否需要"延迟退休"，我们应该采取十分谨慎的态度。因为我国与欧美国家的国情不同，延迟退休年龄的结果也可能不是"双赢"，而是在就业和养老之间进退维谷、左右为难。更何况 30 年后，一个已经无法改变的事实是，中国劳动力人口的年龄偏大，这对经济发展似乎是一个不利因素。但延迟退休年龄，却很可能使这个问题进一步加剧。⑤ 中国社会科学院人口与劳动经济研究所研究

① 郑秉文：《欧债危机下的养老金制度改革——从福利国家到高债国家的教训》，《中国人口科学》2011 年第 5 期。

② 杨燕绥、张芳芳、张杰：《论职工弹性退休的平滑效应》，《中国劳动》2010 年第 12 期。

③ 潘锦棠：《养老社会保险制度中的性别利益——兼评关于男女退休年龄的讨论》，《中国社会科学》2002 年第 2 期。

④ 潘锦棠：《提高退休年龄不能成为弥补养老金"缺口"的主要手段》，《光明日报》2012 年 9 月 8 日第 6 版。

⑤ 唐钧：《"延迟退休"是否行得通》，《人力资源》2010 年第 11 期。

员蔡昉认为，由于与发达国家的情况有显著的不同，提高退休年龄的做法不应成为中国近期的选择。这是因为：首先，劳动者的不同群体在退休后的预期寿命不同。在同样的退休年龄下，不同群体退休后的余寿是不同的，从而导致能够享受养老金的时间长短各异。一项公共政策，只有在设计的起点上就包含公平的理念，才具有操作上的可行性。其次，我们当前处于"未富先老"阶段上的老龄化，人均 GDP、社会发展水平都还不够高，人力资本有它自己的特色。如果想让他们晚点领退休金，那么最后可能出现的情况就是要为他支付失业保险金或低保。① 综合学者们的观点可以看出，在支持延迟退休年龄的学理依据上，似乎还找不到权威解释。

（2）基本判断

国际社会中，各个国家的退休年龄不尽相同，欧洲、亚洲、非洲各个国家的经济发展水平和退休年龄都大相径庭。从养老保险基金平衡的视角看，虽然延迟退休年龄能缓解养老金缺口，但有没有养老金缺口以及在多大程度上缓解缺口，答案则众说纷纭。而且，提高退休年龄并非解决养老金缺口的唯一途径。从就业和劳动力市场的角度看，延迟退休年龄无疑会加大中国的就业压力，对劳动力市场的影响更为复杂。同时，因为人口寿命延长而提高退休年龄的观点看似成立，实则不然。因为从人口寿命的角度看，似乎 20 年前养老保险制度改革之初的人均寿命与 20年后的今天差别并不大，至少没有 5 年甚至 10 年的差距。尤为重要的是，一个国家的法定退休年龄往往又与社会制度、文化传统、价值观念等因素紧密相连。在现有制度框架下，延迟退休年龄需慎重推进。

2013 年 11 月 15 日中共十八届三中全会《中共中央关于全面深化改革若干重大问题的决定》明确提出，研究制定渐进式延迟退休年龄政策。然而，如何"研究制定渐进式延迟退休年龄政策"依然是一项任重道远的工作。所谓"研究"，就是目前还处于论证分析阶段。具体来说，就是对延迟退休可能带来的影响要从理论和实践上进行详细分析，对延迟退休的积极效果和负面效应有充分准备和应对策略。所谓"制定"，就是目前还没有延迟退休的实施方案或者正式文本，但应作为今后养老保险制度的改革方向。具体来说，就是在理论研究的基础上，确定政策目标，

---

① 蔡昉：《退休年龄：世界难题和中国国情》，《今日中国论坛》2012 年第 8 期。

并在政策目标的基础上进行试点，以期出台具有可行性和持续性的操作办法。所谓"渐进式"，就是有一个政策逐步实施的过程。具体来说，就是不用快速推进的方式强制实施，在时间上也不是在最近一两年推行，而应有较长的政策缓冲期。至于缓冲期的长度，则应取决于科学预测和各项社会因素的综合考虑，也可以通过自愿选择弹性退休的方式进行政策设计。

7. 最低生活保障标准

（1）学界论点

在社会保障研究中，低保制度是个持续热点，尤其是关于低保标准的讨论，是影响理论研究和制度实践的重要议题。徐月宾、张秀兰指出，科学地制定保障标准是实施最低生活保障制度的一个非常重要的环节，因为它直接关系到受助人群是否能够获得充足的帮助，这也是低保制度实现其反贫困目标的一个基本条件。[1]

关信平认为，我国低保标准偏低。理由有三个：第一，我国城市和农村的低保标准总体上达到和基本达到了发展中国家的最低标准，但仍有部分省区农村低保标准还没有达到国际最低标准。第二，我国的低保标准与发达国家的贫困线水平还有很大的差距。第三，我国的低保标准虽然完全能够满足维持温饱的需要，但无法满足贫困者共享经济与社会发展成果和提高生活质量的需要。[2]

唐钧认为，中国的现行低保标准与人均收入的距离太大。很多国际上的反贫困专家，主张贫困标准应该是社会人均收入或社会中位收入的50%。在实施中可以考虑先让老年人、未成年人和重病重残人士达到这个标准，而有劳动能力者则在这个标准的基础上相应减少10%—20%。[3]

洪大用认为，需要规范城市居民最低生活保障标准测算的原因在于：第一，部分地区对于最低生活保障的理解存在偏差，保障标准偏低，不能有效保障城市贫困人口的基本生活；第二，多数地区在确定最低生活

---

① 徐月宾、张秀兰：《我国城乡最低生活保障制度若干问题探讨》，《东岳论丛》2009年第2期。

② 关信平：《我国低保标准的意义及当前低保标准存在的问题分析》，《江苏社会科学》2016年第3期。

③ 唐钧：《追求"精准"的反贫困新战略》，《西北师范大学学报》（社会科学版）2016年第1期。

保障标准时，没有经过科学的抽样调查，或者在最终确定低保标准时不重视抽样调查的结果，存在部门协商、量入为出以致忽视贫困人口基本生活需求的现象；第三，除东部沿海发达地区的一些城市，如上海、福州、厦门、杭州等地外，多数地区没有针对不同家庭的具体情况确定弹性保障标准，而是简单地实施统一固定标准；第四，各地在低保标准的动态调整方面不太规范。①

李迎生、肖一凡提出，应当适当提高低保补助标准，扩大低保制度覆盖面。在具体的分类救助措施中强化"发展型"救助理念，在资金允许的情况下将救助金划分为最低生活救助金、特别需要救助金和个人发展基金，为受助人群渡过难关、回归社会提供强有力的制度支撑。②

朱梦冰、李实认为，低保和扶贫是我国农村反贫困政策中最核心的两项制度，二者相互配合发挥着减贫的作用。低保标准和扶贫标准的差异，决定了主体及操作方式的不同。由于地区经济发展水平的差距，各地低保标准又存在一定差别。而扶贫标准由国家统一制定，基本上不存在地区差距。具体到地区层面上，有的地区的低保标准高于扶贫标准，有的地区的情况正好相反。从扶贫的角度出发，以贫困线确定低保线或者用贫困线取代低保线，将具有更大的合理性。他们建议提高地方低保标准，扩大低保人群的覆盖面，增加低保资金的财政投入，尤其在贫困地区需要精准扶贫重在精准识别贫困人口扩大低保人群的规模。③

（2）基本判断

目前，全国各地低保标准的制定和调整方法不尽统一，尤其是在当前"打赢脱贫攻坚战"的政策背景下，低保的目标走向出现偏离。因此，统一与规范低保标准的制定和调整方法至关重要。相比较以支出占比作为低保标准的确定方法，收入比例法更加具有可操作性。摒弃支出比例法有两个简单的理由：首先，无论是市场菜篮法为代表的消费支出比例法，还是其他形式的支出比例法，支出本身就是一个非常模糊和难以计量的概念。其次，随着个人所得税等税收体制以及家庭经济状况信息比

---

① 洪大用：《如何规范城市居民最低生活保障标准的测算》，《学海》2013 年第 2 期。

② 李迎生、肖一凡：《城市低保制度运行的现实困境与改革的路径选择》，《江海学刊》2007 年第 2 期。

③ 朱梦冰、李实：《精准扶贫重在精准识别贫困人口——农村低保政策的瞄准效果分析》，《中国社会科学》2017 年第 9 期。

对系统的完善，以家庭收入占居民平均收入水平的一定比例，来确定低保标准更加简便易行，这也是国际上通行的做法。为了体现差异性、操作性的原则，收入比例不应该是一个单一值，而应该是一个区间值。此外，除了北京、上海两地外，我国其他地方还未实现低保标准的城乡统一，因此低保标准的制定和调整方法依然以目前的制度框架为基础，采用城乡不同的比例区间。单就贫困地区而言，低保制度仍是兜底性救助，而非平均化福利。因此，只有低保标准低于扶贫标准，才可以体现低保制度的"兜底"定位，发挥其"最后一层安全网"的作用。

毋庸置疑的是，在我国经济快速发展和社会急剧转型的过程中，最低生活保障制度的创新发展，无论对国家还是民众，都具有重要意义。尤其是城市低保制度的建立和实施，不仅直接发挥了对城市下岗失业工人等贫困群体的生活救助和心灵慰藉功能，而且弥补了市场经济改革初期社会政策的缺位和社会保险制度的某些不足，因而成为中国改革以来最为重要的基础性制度。①

长远来看，低保制度的健康运行，离不开以下几个重要方面：一是目标定位。低保制度的目标定位依然是制度运行的首要问题，应当防止在制度运行过程中，出现政策目标偏移甚至背离。首先，低保制度的目标群体是贫困人口，因此，应当逐步聚焦于生活无依的贫困老人和丧失劳动能力的贫困者。其次，低保制度的目标群体不是单一的个体，而应兼顾家庭规模，使单一的个体救助向家庭政策过渡。最后，适当考虑生活救助与工作福利的结合，在减负的同时，考虑低保与就业救助、临时救助的结合，提高制度弹性。二是救助标准。低保救助标准应充分考虑与最低工资标准、居民收入的关系，最终确定一个低保标准调整的参数值。同时，应当尽量简化低保标准的制定和调整方法，用简单有效的计算方法，确定和调整低保标准，比如按照居民收入的一定比例区间来确定低保标准。三是救助方式。目前的救助方式是现金救助。未来可以考虑根据救助对象特征，通过政府购买社会救助服务，逐步探索从单一的现金救助向多元化的救助方式的可能路径。四是财政投入。低保资金的财政投入至关重要。财政投入既包含总量的多少，也包含中央级、省级和地市级财政投入在低保资金中的占比。与国际社会比较，低保财政投

---

① 韩克庆等：《城市最低生活保障制度研究》，中国社会科学出版社 2015 年版，前言。

入的比重还应提高。同时，应当增加各级政府间的财政投入的透明度，使低保制度更加公开透明运行。五是工作人员。低保制度的工作人员，尤其是基层工作人员，对于制度执行至关重要。民政部门、街道居委会和乡镇、城市社区和农村村民委员会干部，是低保制度"临门一脚"能否"应声入网"、实现制度目标的重要保证。在保证低保工作人员合理配比的同时，应当提升其工作素质，增进他们的业务能力，以便更好地发挥出制度效能。

五 日趋成熟的中国社会保障学

作为一门新兴学科，社会保障具有交叉性、应用性等学科特点。改革开放以来，社会保障学科的学术影响力越来越大，对政府决策的政策影响力越来越大，对民众福祉发挥的作用越来越大，对国际交流与合作的影响力越来越大。毫不夸张地说，社会保障学科发展已经取得了巨大进步。

1. 社会保障学科成熟的主要表现

（1）开始形成系统性的研究领域

社会保障的研究范畴主要集中在价值理念、制度模式、政策方案、影响评估四个方面。首先，社会保障研究价值理念，研究人类社会的价值观和意识形态，甚至以社会保障为视角研究民族—国家的基本形态。其次，社会保障研究各种不同的福利制度，比如社会保险制度、医疗制度、教育制度、住房制度、养老制度和一些其他的制度，并通过系统化的制度设计，满足国民的福利需求。再次，社会保障还研究具体的政策方案，针对贫困者、残疾人、老年人、特殊儿童或其他社会弱势群体，针对有选择的人群出台一些具体的福利政策，有些政策方案可能是过渡性、暂时性的政策设计。最后，社会保障关注不同的制度模式和政策方案的实施效果，并根据各个国家的经济社会背景和历史文化传统做出反馈。在此基础上，社会保障已经形成了比较系统性的研究领域，主要包括针对贫困者的社会救助体系、针对劳动者的社会保险体系、针对特殊群体的社会福利服务体系等。围绕上述研究领域，又发展出社会保障筹资、社会保障管理、社会保障立法等学科领域。

（2）开始形成社会保障的学术共同体

不管是国际上还是在国内，研究社会保障的学者在逐步增多，院校数量和专业设置也在逐步增加，与社会保障相关的学科也有了很大发展，比如公共政策、健康政策等。由此，社会保障的学术共同体已经形成。其主要表现在：一是很多高等院校开设社会保障专业。据不完全统计，目前全国有130多所高等院校开设社会保障本科专业，以中国人民大学劳动人事学院和武汉大学公共管理学院为代表性的很多高校设有社会保障硕士点和博士点，并成功申报国家级重点学科和省市级重点学科。二是一些重量级的高等学校和研究机构也纷纷设立社会保障研究中心，比如中国人民大学中国社会保障研究中心、武汉大学社会保障研究中心、中国社会科学院世界社会保障研究中心等。三是一些学术组织也纷纷成立，比如中国社会保险学会、中国医疗保险学会、中国社会保障学会、中国社会学会社会政策专业委员会、中国社会学会社会福利专业委员会等。四是一些和社会保障相关的学术出版物纷纷创办，除教材和专著外，一批学术期刊开始出现，比如《社会保障研究》《社会保障评论》《社会政策研究》《劳动经济研究》《社会发展研究》、中国人民大学书报资料复印中心《社会保障制度》等。

（3）开始形成社会保障的学科语言

社会保障的专属概念和名词越来越多，一些跟研究领域相关的概念和名词开始流行，比如社会保险、养老保险、医疗保险、失业保险、工伤保险、生育保险、社会保险基金、住房公积金、企业年金、职业年金、社会救助、低保等。一些独特的概念工具也开始形成，比如现收现付、基金积累、统账结合、名义账户、适度普惠性、底线公平、福利依赖等。一些理论工具在社会保障学科广泛应用，如福利国家理论、公民权理论、发展型社会政策、福利体制比较、第三条道路理论、新自由主义、人口理论、福利经济学等。社会保障正在逐步形成自己独特的学科语言和学科边界，与其他学科如经济学、社会学、政治学的理论分野越来越清晰。

（4）开始形成社会保障的研究方法

社会保障研究的一般方法论，包括从整体性、实证性以及国际性的角度来研究相关的议题。所谓整体性，是指社会保障研究不能被隔离，尤其是不能以群体身份取代公民身份，如果将其割裂开来，便会一叶障目不见森林，比如给农民工设立单独的社会保险项目、给农民工单独的住房保障、给农民工子女设计单独的教育福利政策，这样的研究只会使制度实践越来越走向"碎片化"，使研究的价值判断越来越走向道德审判。社会保障研究必须把社会保障制度放在一个整体性的社会、放在宏观的经济—政治—社会文化环境当中来考察。所谓实证性，亦即社会保障研究要遵循社会科学研究的基本范式，既要使用定性的方法，又要使用定量的方法，使研究结论建立在定性资料和定量数据的基础上，注重定量方法和定性方法的结合。所谓国际性，亦即社会保障研究要立足中国、面向世界，要在用国际性的方法比较的同时，找出适合中国社会保障发展的道路。从技术工具来看，有很多技术工具可以使用，比如定量数据分析工具 SPSS 和 STATA、定性分析工具 NVIVO 等。同时，一些其他的统计分析方法，如统计图表、相关或者回归分析、基本数理模型的构建，也是在社会保障研究当中经常用到的方法。

2. 中国社会保障学的未来发展

（1）社会保障的概念之争与研究对象

厘清社会保障的概念和研究对象，对于社会保障学科的未来发展具有至关重要的作用。社会保障与社会福利的概念之争，自社会保障探索发展以来就一直存在。有学者认为，社会福利是一个比社会保障研究范畴更大的概念，[①] 社会保障学界则普遍认可社会福利是社会保障的一个从属概念。造成分歧的主要原因，在于社会保障的概念和研究对象模糊不清。

国际上，社会保障是一个跟收入安全密切相关的概念，因此，社会保障的研究对象应是以国民收入再分配为核心的制度运行系统，其基本实现形式是以税收（缴费）和财政支出为基础的货币发放。社会保障学，亦即研究以国民收入再分配的方式满足民众生活需要的制度运行和发展规律的交叉应用科学。这一概念界定，有别于一般教科书把社会保障理解为国民生活保障系统的模糊表述，而具有非常明确的概念外延。首先，社会保障运行和发展的主体是国家，而非国家和社会或者其他笼统的主体表述。具体点说，社会保障的运行主体是国家的组织形式——政府。反过来讲，凡是非政府的制度安排，都不是社会保障的研究对象。其次，

---

① 尚晓援：《"社会福利"与"社会保障"再认识》，《中国社会科学》2001 年第 3 期。

国民收入再分配是社会保障的主要手段。这也意味着民众生活需要的满足是通过税收（缴费）和财政支出实现的。因此，凡是以市场化或者私人化的方式满足民众生活需要的制度安排，都不是社会保障的研究对象。最后，国民收入再分配主要是通过货币来衡量。无论是具体的社会保障项目，还是一个国家或地区社会保障水平的高低，都以国民收入再分配的货币量及其占比来体现。因此，凡是与货币无关的制度安排，都不是社会保障的研究对象。

综合起来，判定社会保障的研究对象主要有两个标准：一是责任主体是不是国家，二是是否与收入再分配有关。因此，一切跟国家主体无关的内容，都不是社会保障的研究对象；一切跟国民收入再分配无关的内容，都不是社会保障的研究对象。比如，公益慈善明显不是社会保障的研究对象，社会服务也不是社会保障的研究对象。回到社会保障与社会福利的概念之争上，凡是与国民收入再分配有关的社会福利就是社会保障，反之则不是。例如，老年人福利津贴是社会保障的研究对象，老年人照料服务则不是社会保障的研究对象。区分社会保障与社会政策，同样以研究对象为标准。凡是与国民收入再分配有关的社会政策，都是社会保障的研究对象，反之则不然。例如低保政策是社会保障的研究对象，但是教育政策则在很大程度上不是社会保障的研究对象。

（2）社会保障的学科基础与研究内容

社会保障学科以社会学、经济学、政治学三大基础学科为理论支撑，并逐步交叉生长，发展壮大。劳动社会学、福利经济学、福利社会学、行政管理学的基本概念和理论观点，不仅是社会保障学科发展必不可少的理论营养，也是社会保障研究必不可少的学术话语平台。

社会保障学科发展，应注意吸收社会学、经济学、政治学已有的成熟理论，并积极跟踪社会学、经济学、政治学的学科发展动态，关注社会学、经济学、政治学的研究焦点和热点问题。在学习吸收中，逐步衍生出自己的概念体系和理论工具，进一步凝练社会保障独特的研究领域和研究方法。

社会保障的研究内容，可以从宏观、中观和微观三个层面进行规定。从宏观层面看，社会保障主要研究社会保障与社会发展、社会保障与意识形态、福利国家比较、社会保障体制、社会保障法等内容；从中观层面看，社会保障主要研究社会保障征缴体制、社会保障行政管理、社会保障基金、社会保障财政再分配、社会保障水平、社会保障与人口政策、社会保障与企业发展、社会保障与劳动就业、不同群体的社会保障制度设计、养老保险制度、医疗保险制度、失业保险制度、工伤保险制度、生育保险制度、社会救助制度、福利津贴制度等内容；从微观层面看，社会保障主要研究个体参加社会保险的意愿和行为方式、福利领取者的心理行为特征、个体和家庭的社会保障需求等内容。

（3）社会保障的国际化与本土化

中国社会保障学的发展，要处理好国际化与本土化的结合。一味地崇洋媚外和一味地闭关自守，都不利于学科的健康发展。

第一，中国社会保障学的发展要注重国际化。毫无疑问，西方国家的社会保障建设一直走在世界前列。英国 17 世纪颁布的《济贫法》，奠定了其现代社会救助的基石。德国 19 世纪形成的一系列社会保险立法，奠定了其现代社会保险制度的基本框架。第二次世界大战以后，随着英国建立了大量更加广泛的和普遍性的社会保障项目，特别是全民性的社会保险和国家健康服务（National Health Service）的建立，福利国家开始为全体公民提供最低限度的收入保障并减少无保障的程度。北欧福利国家，通过累进税制度，缩小贫富差距，促进社会包容和社会平等。美国对于贫困者的各项社会救助政策，从失业者的救助津贴，到贫困家庭的临时救助，到无家可归者的房屋庇护计划，可以说无所不包。国际社会的成功经验，无疑具有重要的引领作用。中国社会保障理论研究应自觉学习借鉴西方国家的知识精华，加强国际学术交流，并在国际社会保障理论研究中发出中国声音。

第二，中国社会保障学的发展要注重本土化。值得注意的是，西方国家有着不同的社会保障制度模式。这些不同的制度模式，不单是一种理想类型的理论分析，更是长期以来结合本国文化传统和经济社会发展水平，进行制度创造和自然选择的产物。中国的社会保障制度建设和理论研究同样如此，也要与中国的本土文化传统和经济社会发展水平紧密联系在一起。同时值得注意的是，在社会保障发展的历史上，西方国家不仅有成功的经验，也有不少失败的教训。在学习借鉴吸收西方国家成功经验的基础上，中国社会保障发展还要尽量避免西方国家的失败教训。此外，对于西方国家的制度创新和理论热点，也要从理论上准确把握，并结合中国的现实问题做出回应。

第三，中国社会保障学的发展，要在国际化与本土化相结合的过程中确立三个意识。一是主体意识。所谓主体意识，就是以中国社会为主体。没有主体意识，就没有中国社会保障的本土化，更谈不上真正意义上的国际化，亦即在国际社会保障理论研究中形成"中国学派"。有了主体意识，中国社会保障学才有了"理论灵魂"，才不会照搬照抄、亦步亦趋。二是问题意识。作为一门应用学科，社会保障具有强大的政策效力，用以解决经济社会发展中的社会问题。中国社会正处在前所未有的现代化进程中，作为重要的政策工具，解决社会问题是中国社会保障学发展的基本定位。三是批判创新意识。批判是面向国际的慎重抉择，创新则是立足本土的内生创造。批判首先是怀疑，然后是检验，最后是决策。创新首先是熟悉，然后是定位，最后是超越。中国社会保障学要在批判中创新发展，把根植于中国社会母体的制度创造和理论流派总结出来，为国际社会保障学界乃至人类社会发展提供中国经验。

第一章　养老保险的理论创新与制度发展

一　中国养老保险制度发展和理论研究概述

1. 中国养老保险制度发展概述

中华人民共和国成立后，在计划经济体制下，中国的养老保险主要体现为由 1951 年的《中华人民共和国劳动保险条例》所确立的针对企业职工的"退休养老制度"。该制度下养老金由企业全额出资。在改革开放前该条例虽然经过多次调整，但企业统筹、企业全额出资的核心制度框架未变。改革开放后，出现了私营企业和中外合资企业等新的企业形式。1984 年，劳动人事部将中外合资企业的中方人员纳入到劳动保险制度的范围内。① 1988 年，国务院规定"有条件的私营企业应该为职工办理社会保险"。② 但在新的经济形势下，"劳保"制度已经从根本上不再适用，成为国有企业改制和参与市场竞争的障碍。部分地区开始自主试点以县、市为统筹区的养老保险改革。1991 年 6 月，国务院颁布了《关于企业职工养老保险制度改革的决定》（国发〔1991〕33 号），确定由国家、企业、个人三方共同负担费用，个人缴费不超过工资 3%，并以省作为基本统筹区，彻底改变了"劳保"制度下的养老金筹资和运营模式。1993 年通过的《中共中央关于建立社会主义市场经济体制若干问题的决定》确立了"社会统筹与个人账户相结合"的改革思路。1995 年，国务院《关于深化企业职工养老保险制度改革的通知》（国发〔1995〕6 号）给出了"社会统筹与个人账户相结合"的具体方案。1997 年 7 月，国务院发布了

---

① 《中外合资经营企业劳动管理规定实施办法》（1984 年 1 月 19 日劳动人事部颁发）。
② 《中华人民共和国私营企业暂行条例》（1988 年 6 月 25 日国务院令第 4 号发布）。

《关于建立统一的企业职工基本养老保险制度的决定》（国发〔1997〕26号），中国正式建立起以社会统筹和个人账户相结合为基本形式，统筹到省的城镇职工养老保险制度（以下简称"城职保"）。在制度建立之初，个人缴费额为工资的 4%，并要求逐步提高到 8%，而个人账户按照缴费工资的 11% 建立。自 2006 年 1 月 1 日起，个人缴纳部分变为工资的 8%，全部计入个人账户，企业缴费额员工工资的 20%，全部计入社会统筹账户①。这一规则确立后未再改变，目前被绝大部分地区所采用。个人账户的资金经过积累，退休后按照累积总额/139 按月发放，社会统筹部分的基础养老金与缴费额、缴费年限和当地社会平均工资挂钩。退休后基础养老金发放额度每年度进行调整。

农村居民在中华人民共和国成立后相当长的一段时间内并无养老保险覆盖。1991 年 1 月，国务院决定由民政部负责农村社会养老保险的试点工作。② 随后，民政部在山东牟平等几十个县开始了农村养老保险的试点，并于 1992 年 10 月印发了《县级农村社会养老保险基本方案（试行)》，开始实施"老农保"。③ 老农保筹资方式为以个人缴纳为主，集体补助为辅，国家也有一定程度的扶持。老农保的基本制度设计是累积制，依靠投资增值发放养老金。1993 年，国务院正式授权民政部负责主管农村（含乡镇企业）社会养老保险工作。④ 到 1995 年，全国 30 多个省，1400 多个县按照《方案》开展了试点工作，将近 5000 万农村人口参加社会养老保险。民政部提出按照经济发达程度分类发展的设想，要求经济发达地区积极动员农村居民参保，基本建立起养老保险制度。⑤ 但在实践过程中，老农保原定的投资计划由于利率波动等原因，无法兑付当初承诺的养老金收益率，很多地区一再下调标准，导致保障水平过低。从1999 年开始，老农保不再受理新业务，民政部主导养老保险的历史告一

---

① 《国务院关于完善企业职工基本养老保险制度的决定》（国发〔2005〕38 号）。
② 《国务院关于企业职工养老保险制度改革的决定》（国发〔1991〕33 号）。
③ 《民政部关于印发〈县级农村社会养老保险基本方案（试行）〉的通知》（民办发〔1992〕2 号）。
④ 《关于印发民政部职能配置内设机构和人员编制方案的通知》（国办发〔1993〕86 号）。
⑤ 《国务院办公厅转发民政部关于进一步做好农村社会养老保险工作意见的通知》（国办发〔1995〕51 号）。

段落。但老农保的历史遗留问题直到 2017 年尚未完全解决。① 从 2003 年起，各地在人社部主导下开始了农村居民养老保险的试点，这些试点在筹资和待遇给付上有了后来"新农保"的雏形。2009 年 9 月，国务院出台了《关于开展新型农村社会养老保险试点的指导意见》，按照"保基本、广覆盖、有弹性、可持续"的原则，正式开始了针对所有成年农村居民的新型农村社会养老保险（以下简称"新农保"）第一批试点，试点范围为全国 10% 左右的县级行政区。2010 年和 2011 年，新农保开始第二批和第三批试点，试点范围先后扩大到全国 25% 和 60% 的县级行政区。②③ 2012 年年底，新农保实现了对全国所有县市区的全覆盖，比原定计划提前 8 年完成。新农保也采取"统账结合"模式。缴费不与工作挂钩，设置 100—500 元/年五个档位（档位间隔为 100 元），参保人可以自选档位。地方政府对个人缴费进行补贴，缴费连同补贴全部进入个人账户。新农保参保者年满 60 岁开始领取养老金，除个人账户按照累积额/139 每月发放外，还有中央和地方财政全额负担的基础养老金，基础养老金最初标准为每月最低 55 元。

为了解决城市中非城职保覆盖群体的养老问题，2011 年国务院发布了《关于开展城镇居民社会养老保险试点的指导意见》（国发〔2011〕18 号），开始试点城镇居民社会养老保险（简称城居保），试点范围与新农保的第三批试点基本同步，并提出 2012 年年底全覆盖的政策目标。城居保的筹资和待遇发放都与新农保类似，但参保者可以选择的档位更多，设立 100—1000 元/年 10 个档位（档位间隔为 100元）。

2014 年，国务院发布了《关于建立统一的城乡居民基本养老保险制度的意见》（国发〔2014〕8 号），将新农保和城居保合并为城乡居民基本养老保险。合并后的居民保险增设 1500 元/年和 2000 元/年两个缴费档位，并规定缴费期间个人账户可随户籍迁移。

---

① 《人力资源社会保障部办公厅关于督办解决农村社会养老保险遗留问题的通知》（人社厅发〔2017〕47 号）。

② 《人力资源和社会保障部关于 2010 年扩大新型农村社会养老保险试点的通知》（人社部发〔2010〕27 号）。

③ 《关于做好 2011 年扩大新型农村社会养老保险试点和开展城镇居民社会养老保险试点工作的通知》（人社部发〔2011〕56 号）。

　　长期以来，机关事业单位的工作人员享受"不缴费、高替代率"的退休金制度。2015 年年初，国务院发布《关于机关事业单位工作人员养老保险制度改革的决定》（国发〔2015〕2 号），确定了从 2014 年 10 月起机关事业单位实行社会统筹与个人账户相结合的基本养老保险制度，单位和职工的缴费责任划分以及待遇发放规则都与城职保基本相同。这一改革标志着养老金双轨制走向终结。

　　长期以来，中国养老保险制度的一大顽疾是统筹层次较低。由于统筹层次较低，养老保险携带转移困难，投资缺乏规模效应。2017 年 10 月，党的十九大报告提出"完善城镇职工基本养老保险和城乡居民基本养老保险制度，要尽快实现养老保险全国统筹"。[1] 2018 年 6 月，国务院决定建立企业职工基本养老保险基金中央调剂制度，在不改变企业和职工个人缴费比例、不改变现行的养老金待遇发放制度的前提下，通过各省份上解的养老保险基金，实现跨省调配。上解基数为省份职工平均工资的 90% × 在职参保人数，上解比例初始为 3%。[2] 中央调剂金的设立，是养老保险迈向全国统筹的第一步。

　　2. 中国养老保险研究概述

　　中国养老保险制度中最主要的"城职保"诞生于 1997 年。无论是中外学界，在 20 世纪 90 年代前都对中国的养老保险鲜有探讨。我们收集了中文社会科学引文索引（CSSCI）1998—2018 年的论文和社会科学引文索引期刊（SSCI）1990—2018 年以中国养老保险为主题的论文（见图 1 - 1 和图 1 - 2），分别为 2227 篇和 154 篇。通过对这些文献的统计分析，我们总结了以下几点规律。第一，中文期刊上对养老保险的关注从城职保建立起逐步增加，在 2009 年到新农保建立后达到顶峰，英文期刊上对中国养老保险的关注总体上呈现逐渐增加趋势。第二，中文学术界对养老保险的研究以经济学和社会学为主，篇数分别占 68.1% 和 19.8%，而国际学术界对中国养老保险的研究在经济学、管理学和社会学中则相对比较平均，篇数分别占 39.6%、22.1% 和 19.2%，但经济学在最近几年呈

---

　　① 习近平：《决胜全面建成小康社会　夺取新时代中国特色社会主义伟大胜利——在中国共产党第十九次全国代表大会上的报告》（2017）。

　　② 《国务院关于建立企业职工基本养老保险基金中央调剂制度的通知》（国发〔2018〕18 号）。

农村	1950	城市

1951
《中华人民共和国劳动保险条例》
——确立"退休养老制度"，养老金由企业全额出资

1990

1991
《关于企业职工养老保险制度改革的决定》
——确立社会统筹（现收现付）改革方向

《县级农村社会养老保险基本方案》
——开始实施"老农保"
1992

1993
《关于建立社会主义市场经济体制改革若干问题的决定》
——提出"社会统筹和个人账户相结合"思路

《关于进一步做好农村社会养老保险工作意见的通知》
——扩大"老农保"范围
1995

1997
《关于建立统一的企业职工基本养老保险制度的决定》——正式建立城镇职工基本养老保险

"老农保"暂停受理新业务
1999

2000
《关于完善城镇社会保障体系的试点方案》
——强调个人账户和社会统筹基金分开管理

2005
《关于完善企业职工基本养老保险制度的决定》
确定个人8%（个人账户），企业20%（社会统筹）的缴费规划

《国务院关于开展新型农村社会养老保险试点的指导意见》
——开始试点"新农保"
2009

2010

2011
《国务院关于开展城镇居民社会养老保险试点的指导意见》
——试点"城镇居民社会养老保险"

2014
《关于建立统一的城乡居民基本养老保险制度的意见》
——合并新农保和城居保

2015
《关于机关事业单位工作人员养老保险制度改革的决定》
——取消养老金双轨制

2018
《关于建立企业职工基本养老保险基金中央调剂制度的通知》
——设立中央调剂基金，迈向全国统筹的第一步

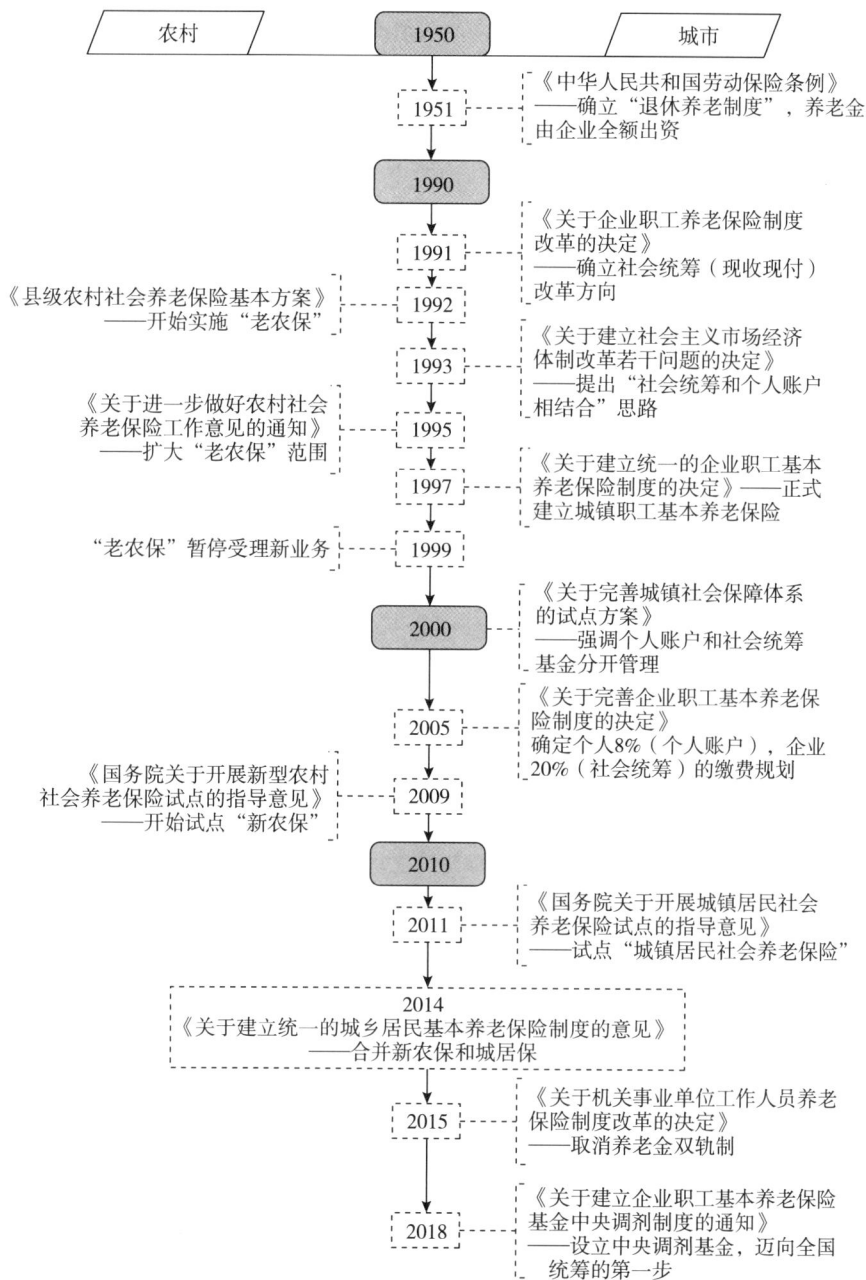

图 1-1　中国养老保险重要制度时间轴

绝对上升趋势。第三，中文学术界对养老保险的研究以政策问题为核心，较为关注政策选择和政策实施效果，国际期刊则从养老保险的核心特征出发，注重中国养老保险制度与其他发展中国家的比较，并利用养老保险的政策规则，探讨养老保险对个体、家庭、社区和企业行为的影响。

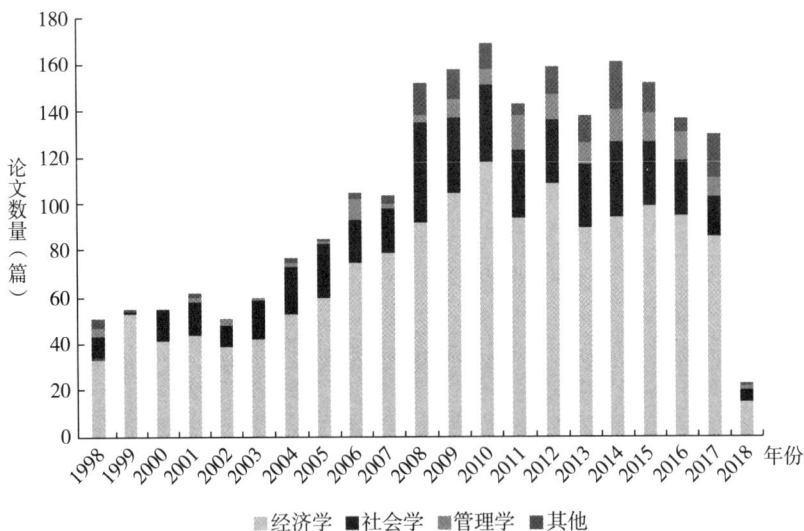

图 1 - 2　CSSCI 期刊"养老保险"主题论文数量（1998—2018 年）

注：（1）对中文养老保险主题论文的认定方式为：题目中包含"养老保险"或"养老金"；（2）中文社会科学引文索引（CSSCI）创立于 1998 年，因此从 1998 年开始统计；（3）2018 年数据统计尚不完全；（4）论文的学科分类按照 CSSCI 对论文所属期刊的分类，经济学、社会学和管理学以外的学科期刊养老保险主题论文较少，统一归并为"其他"。

　　因为中文期刊在对中国养老保险的研究中无论从论文数量还是主题的丰富性上都远超过英文期刊，接下来仅以中文期刊分析养老保险研究主题的变化。我们提取了 CSSCI 期刊以养老保险为主题的论文的关键词。表 1 - 1 展示了每一年频次最高的前五个关键词，"养老保险""养老金""养老保险制度"等无法判断具体研究主题的词汇已经被略去。

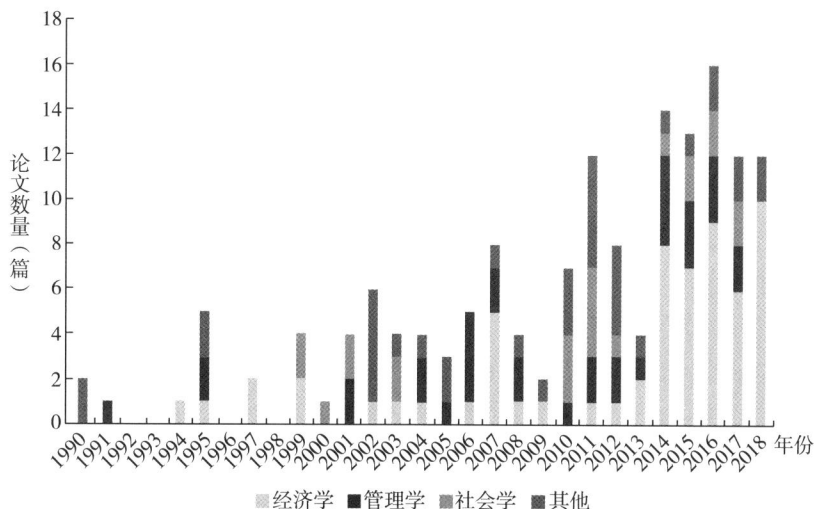

图 1-3 SSCI 期刊"中国养老保险"主题论文数量（1990—2018 年）

注：（1）对英文"中国养老保险"主题论文的认定方式为：题目中包含"pension"或"social security"并包含"China"或"Chinese"，再对搜索结果进行人工识别；（2）2018 年数据统计尚不完全；（3）论文的学科分类按照 Web of Science 对论文所属期刊的分类，经济学、社会学和管理学以外刊登中国养老保险主题论文的学科包括 area studies，environmental science 等，统一归并为"其他"。

表 1-1 CSSCI 期刊养老保险研究主题的变迁（2002—2018 年）

年份	最高频	次高频	第三	第四	第五
2002	养老金制度	个人账户	现收现付制	养老基金	人口老龄化
2003	养老保险基金	社会保障	人口老龄化	个人账户	养老金制度
2004	现收现付制	人口老龄化	农村养老保险	养老保险基金	社会保障制度
2005	养老保险基金	人口老龄化	社会保障	农村养老保险	个人账户
2006	个人账户	农村养老保险	养老金制度	现收现付制	农村社会养老保险
2007	现收现付制	农村养老保险	农村社会养老保险	养老保险基金	个人账户
2008	农民工	个人账户	养老保险基金	农村社会养老保险	社会保障

续表

年份	最高频	次高频	第三	第四	第五
2009	个人账户	替代率	农村社会养老保险	农村	社会保障
2010	农村社会养老保险	个人账户	农民工	替代率	社会保障
2011	新农保	新型农村社会养老保险	农村	新型农村养老保险	社会保障
2012	新型农村社会养老保险	新农保	个人账户	养老金制度	养老保险基金
2013	新农保	人口老龄化	个人账户	老龄化	新型农村社会养老保险
2014	新型农村社会养老保险	新农保	人口老龄化	老龄化	公平
2015	人口老龄化	社会保障	城乡居民基本养老保险	机关事业单位	延迟退休
2016	基础养老金	机关事业单位	人口老龄化	全国统筹	农民工
2017	延迟退休	城镇职工基本养老保险	人口老龄化	替代率	精算模型
2018	延迟退休	居民消费	面板数据	德国	美国

注：（1）表中统计的是 CSSCI 期刊每年度养老保险主题论文的高频关键词；（2）对中文养老保险主题论文的认定方式为：题目中包含"养老保险"或"养老金"；（3）1998—2001 年的论文在爬虫时由于技术原因缺失；（4）"养老保险""养老金""养老保险制度"等无法判断具体研究主题的词汇在统计时已经被略去。

　　从表 1-1 来看，养老保险研究与养老保险制度的变化紧密相关。在城职保建立初期，"现收现付制""个人账户"等关键词吸引了大量研究者的注意。从 2009 年新农保开始试点，研究主题迅速转向对新农保政策效果的评估上，出现了一大批研究新农保对养老模式、劳动力供给和其他家庭经济行为的文章。2013 年，中共十八届三中全会提出要研究渐进式延迟退休年龄政策，① 此后大量研究聚焦延迟退休的财政可持续性测算以及对劳动力市场的影响。2015 年，国务院宣布机关事业单位养老制度改革，② 此后对机关事业单位养老保险替代率和改革路径迅速成为研究热点。

二　中国养老保险制度的模式选择辨析

养老保险的运行模式分类中，最典型的是按照财务平衡机制分为现收现付制和完全累积制。中国城镇职工基本养老保险在 20 世纪 90 年代初地方试点阶段多采用现收现付模式，这一模式在实践过程中暴露了一些问题，引起了学界的关注。③④ 在 1997 年正式制度建立时，采用了现收现付制和累积制的混合模式：既有体现现收现付特征的"社会统筹"部分，又有体现累积制特征的"个人账户"部分。但关于中国养老金模式选择的争论却并未因统账结合制度的建立而停歇，尤其是在几年后因为转轨成本而导致个人账户大量空账，统账结合变为实际上的现收现付制之后。模式选择之争大概围绕着三个方面：一是财政可持续性，二是调节收入分配的力度，三是对经济行为的扭曲程度。

从理论上讲，现收现付制将当代年轻人的缴费作为当代老年人的养老金来源，在与"给付确定制"（Defined Benefit）搭配时，待遇的维持需要较高的人口增长率和较高的工资增长率这两个参数条件。完全累积制在与"缴费确定制"（Defined Contribution）搭配时，个人账户的储蓄总额供个人养老，不必担心无法兑付问题，养老待遇的增长率取决于经济中的利率（理论上等同于资本边际回报率）。由于人口老龄化和经济增长速度的放缓，从 20 世纪 80 年代开始，世界范围内出现了一波从现收现付制转向基金制的浪潮。⑤ 尽管对中国总和生育率的精确数字目前尚无定

———

① 中共十八届三中全会《中共中央关于全面深化改革若干重大问题的决定》（2013）。

② 《国务院关于机关事业单位工作人员养老保险制度改革的决定》（国发〔2015〕2 号）。

③ 胡荣：《我国社会保险制度改革的模式选择》，《社会学研究》1995 年第 4 期。

④ 董克用：《我国社会保险制度改革的背景环境和模式选择》，《管理世界》1995 年第 4 期。

⑤ 邹铁钉、叶航：《一个关于养老改革的外文文献综述——基于人口结构、决策环境以及新自由主义的视角》，《经济与管理研究》2013 年第 10 期。

论，但几十年来预期寿命提升、人口出生率降低抚养比持续上升已是不争的事实。也正因如此，很多研究者认为中国应该彻底改革目前的城职保，走向累积制为主的新模式。[①②] Feldstein 则基于世界银行对中国工资增长率为 7% 和 Chow 对中国当时资本回报率为 17% 的测算，认为中国采取基金制更为有利。[③④⑤] 但中国"统账结合"制度中个人账户后来的运行状况与 Feldstein 的预计相去甚远。理论上的资本回报率如何转化为现实中的养老金投资收益率，是所有基金制的倡导者不得不面对的难题。还有一些研究者持中和观点，袁志刚和 Song 等都认为即便维持现有的模式不变，也可以通过延迟退休等参数调整改善城职保的财政状况。[⑥⑦] 在 Song 等的模型中，考虑了三种可能的改革，一是在未来的某一时刻突然降低替代率，达到财政平衡；二是现在彻底改为完全累积制；三是在现收现付制的体系下，考虑人口结构内生确定替代率。在中国目前的经济、社会参数下，立刻转向累积制是对当代人利益的损害，而在未来突然降低替代率，则是对未来一代福利的损害。最优选择取决于社会福利函数对现在和将来的权重分配。

相比于每个参保者自给自足的累积制，现收现付制具有更强的收入分配调节功能。城职保的社会基本养老金领取基数采用指数化缴费工资和当地社会平均工资的加权，目的即在于调节收入分配。封进以世代交叠模型为基本框架，从社会福利最大化的视角，探讨了中国应该在多大程度上混合两种模式。结果发现，在较大的收入差距和较高的工资增长率下，完全的现收现付制因为对收入分配的调节功能，取得了最大的社

① 赵耀辉、徐建国：《我国城镇养老保险体制改革中的激励机制问题》，《经济学》（季刊）2001 年第 1 期。

② Dunaway M. S. V. & Arora M. V. B., "Pension Reform in China: The Need for a New Approach"（EPub），*International Monetary Fund*，2007，No. 7 – 109.

③ Feldstein M., "Social Security Pension Reform in China", *China Economic Review*，1999，10（2）：99 – 107.

④ de Coquereaumont M.（Ed.），"Old Age Security: Pension Reform in China", *The World Bank*，1997.

⑤ Chow G. C., "Capital Formation and Economic Growth in China", *The Quarterly Journal of Economics*，1993，108（3）：809 – 842.

⑥ 袁志刚：《中国养老保险体系选择的经济学分析》，《经济研究》2001 年第 5 期。

⑦ Song Z. M., Storesletten K., Wang Y, et al., "Sharing High Growth Across Generations: Pensions and Demographic Transition in China", *American Economic Journal: Macroeconomics*，2015，7（2）：1 – 39.

会总福利是中国养老保险的最优选择。[1] 后续的多项研究也证实了 1997 年和 2005 年城职保两次重大改革对收入再分配的影响。[2][3]

在调节收入分配的同时，现收现付制也在更大程度上扭曲了经济行为。但对个体经济行为的扭曲，尤其是强制储蓄，并不必然导致社会总福利的下降。何樟勇和袁志刚的模型表明中国经济总体处于动态无效区域，现收现付制导致的强制储蓄在事实上有助于提升长期的社会福利水平。[4] 但一般来讲，现收现付制的低精算关联度对劳动力市场的扭曲会降低社会福利。具体而言，现收现付制养老金会通过就业抑制效应和工资抑制效应降低劳动力市场参与率、压低均衡工资。[5] Feldstein 认为中国应该走向基金制的原因之一，即是基金制对参保人行为的扭曲程度更小。[6]

在养老金模式选择争论中，除了前述的是否转向完全累积制之辩，还有部分学者呼吁转向名义账户制。名义账户制（Nominal Defined Contribution）为每个参保者建立名义上的个人账户，用现收现付的模型运行养老金，但为个人账户设定记账利率，并在退休后根据名义个人账户的累积资金发放养老金。自 1995 年以来，该制度被瑞典等欧亚六国采用，引起世界关注。郑秉文观察到中国统账结合制运行过程中个人账户大量空账的状况和中国资本市场尚不成熟的事实，提倡转向名义账户制，认为名义账户制具有便于携带、有利于扩大参保面、为降低第一支柱替代率提供政治可能性等诸多优点。[7] 郑伟和袁新钊进一步从财务稳定性、对劳动力市场的影响、转轨成本、对资本市场的影响和监管成本等维度详细比较了名义账户制、现收现付制、个账累积制和总账累积制的优劣，认

[1]　封进：《中国养老保险体系改革的福利经济学分析》，《经济研究》2004 年第 2 期。

[2]　何立新、封进、佐藤宏：《养老保险改革对家庭储蓄率的影响：中国的经验证据》，《经济研究》2008 年第 10 期。

[3]　王晓军、康博威：《我国社会养老保险制度的收入再分配效应分析》，《统计研究》2009 年第 11 期。

[4]　何樟勇、袁志刚：《基于经济动态效率考察的养老保险筹资模式研究》，《世界经济》2004 年第 5 期。

[5]　程杰：《养老金的劳动力市场扭曲》，《劳动经济研究》2015 年第 6 期。

[6]　Feldstein M.，"Social Security Pension Reform in China"，*China Economic Review*，1999，10（2）：99 – 107.

[7]　郑秉文：《"名义账户"制：我国养老保障制度的一个理性选择》，《管理世界》2003 年第 8 期。

为名义账户制具有内生调节财务稳定性、对劳动力市场扭曲小、转轨成本低等优点。① 但是，也有诸多研究者表示了对名义账户制在中国适用性的担忧。首先，名义账户制不是孤立使用的，在欧亚七国的名义账户制改革中，只有三支柱养老体系齐全的瑞典获得了成功，而中国的第二支柱养老金极为薄弱，名义账户制改革所导致的待遇下降可能使一部分退休老年人陷入贫困。② 其次，名义账户制弱化了养老保险的收入再分配功能，背离了中国统账结合制的设立初衷。③④ 再次，名义账户制改革虽然在财政上成本较小，但却破坏了政策的连续性，对政府而言具有高昂的信用成本。⑤ 最后，名义账户制因为个人账户的存在，具有很高的监管成本，一旦实施，对中国的养老金监管水平是一个巨大的挑战。⑥

三　中国养老保险的财政可持续性及改革对策

1. 养老保险的财政可持续性危机的表征和成因

从官方数据来看，截至目前，除一些人口外流严重、人口老龄化程度较高的省份外，城职保并未出现整体上的收不抵支现象。⑦ 但必须注意到在基金收入中有一部分来自财政补贴。以 2016 年为例，全年城职保总收入 43310 亿元，其中含各级财政补贴 8004 亿元，基金总支出 38052 亿元。扣除财政补贴后，城职保亏空 2746 亿元。⑧

---

① 郑伟、袁新钊：《名义账户制与中国养老保险改革：路径选择和挑战》，《经济社会体制比较》2010 年第 2 期。

② 董克用、孙博、张栋：《"名义账户制"是我国养老金改革的方向吗——瑞典"名义账户制"改革评估与借鉴》，《社会保障研究》2016 年第 4 期。

③ 鲁全：《养老金制度模式选择论——兼论名义账户改革在中国的不可行性》，《中国人民大学学报》2015 年第 3 期。

④ 董克用、孙博、张栋：《"名义账户制"是我国养老金改革的方向吗——瑞典"名义账户制"改革评估与借鉴》，《社会保障研究》2016 年第 4 期。

⑤ 韩克庆：《名义账户制：养老保险制度改革的倒退》，《探索与争鸣》2015 年第 5 期。

⑥ 郑伟、袁新钊：《名义账户制与中国养老保险改革：路径选择和挑战》，《经济社会体制比较》2010 年第 2 期。

⑦ 郑秉文：《中国养老金发展报告 2013：社保经办服务体系改革》，经济管理出版社 2013 年版。

⑧ 《2017 年度人力资源和社会保障事业发展统计公报》。

　　精算模型是预测中国未来养老金财政缺口的重要工具。Sin 使用世界银行的养老金预测软件，计算了中国 2001—2075 年的养老金缺口，折算为 2001 年价格后，缺口总量为 2001 年 GDP 的 95%，在低增长率、低死亡率和高生育率的假定下，这一缺口分别变为 2001 年 GDP 的 103%、127% 和 79%。[①] 刘学良的精算模型融入了人口迁移，计算结果是从 2010 年到 2050 年维持养老金财政平衡所需要的政府补贴规模是 57.5 万亿元（折现到 2010 年），相当于 2010 年 GDP 的 143%。其中，城职保需要的政府补贴为 52.3 万亿元，占到了总补贴额度的 90%。在他的模型中，城职保从 2023 年起收入少于支出，2029 年耗尽结余资金，开始需要财政补贴。[②] 马骏的测算时间段为 2012—2050 年，得出此时段内社会统筹账户的缺口为 2011 年 GDP 的 69%。[③] 王晓军和米海杰的测算结果为统筹账户在未来 30 年内不存在缺口，未来 50 年和 70 年内累计缺口将分别达到 2011 年 GDP 的 24% 和 218%。[④] 不同测算之间的差异，源自对人口增长率、劳动力迁移率、工资增长率和经济增长率等参数的预测差异。我们很难评判何种参数设定是正确的，即便是同一学者的预测，也通常会给出不同参数组合的结果。可以得到的综合结论是，中国城职保的社会统筹账户，按照现行缴费和给付制度，在温和的工资增长和目前的人口趋势下，未来会出现大量的资金缺口。

　　城职保资金缺口的产生，一是由于制度建立时的转轨成本，二是由于当初低估的人口老龄化趋势。

　　Aaron 在其 1966 年的经典文章中提出，现收现付制下第一代老人是绝对受益的，因为他们并未在年轻时缴纳保险费，却在年老时直接领取了年轻人缴纳的保险费。这一故事在城职保中以更为复杂的方式呈现。[⑤] 1997 年城职保建立时，全体职工可以被划分为老人、中人和新人。老人未缴纳过保险费，在制度建立时已经退休。中人在制度建立时已经参加

---

　　① Sin Y. , "Pension Liabilities and Reform Options for Old Age Insurance", *World Bank Working Paper*, 2005.

　　② 刘学良：《中国养老保险的收支缺口和可持续性研究》，《中国工业经济》2014 年第 9 期。

　　③ 马骏：《中国国家资产负债表研究》，社会科学文献出版社 2012 年版。

　　④ 王晓军、米海杰：《养老金支付缺口：口径、方法与测算分析》，《数量经济技术经济研究》2013 年第 10 期。

　　⑤ Aaron H. , "The Social Insurance Paradox", *Canadian Journal of Economics and Political Science*, 1966, 371 – 374.

工作，无法缴纳足够年限。新人在制度建立时尚可缴纳足够年限。老人领取的养老金和中人领取的部分养老金，就成为制度的转轨成本。国家并未采取专门措施处理"老人"和"中人"的转轨成本问题，而是决定用年轻人的缴费逐步偿还这一隐性债务，并期望不断扩大的养老保险参保群体能够稀释这一问题。这也造成了最初的个人账户空账，引发了社会各界对中国养老金财政可持续性问题的担忧。[①] 王晓军在2000年测算的转轨成本总额大约为3.7万亿元。[②] 贾康等也专门测算了"老人"和"中人"形成的隐性债务规模。他们发现，过渡期的隐性债务问题会在2042年终结（所有的老人、中人都不再领取养老金），隐性债务总量折算到2007年为1.08万亿元，每年需要支付的债务数额为300亿—500亿元。[③]

从养老金缺口的规模和"老人""中人"的隐性债务数额来看，中国养老金财政可持续性问题的主要原因不在转轨成本，而在于人口结构。在长期的计划生育政策、不断攀升的生育成本和逐步转变的生育观念共同作用下，中国总和生育率近20年来一直严重低于更替生育率。2000—2015年，历次人口普查得到的总和生育率一直在1—1.5，老年抚养比则从9.9%上升到14.3%，城职保参保人员中在职职工和退休人员的比例从3.29下降到2.86。[④] 董克用和张栋采用联合国《世界人口展望2015》的数据对中国人口结构和养老金财政负担之间的关系做了解读：中国人口将在2030年达到高峰，此后65岁以上老人将进一步增加并在2060年达到最多，此后超高抚养比的状态将一直持续下去。这样的"老龄化高原"态势注定了人口结构对养老金的财政压力是长期的。[⑤] Sin的预测中，基本情境下2001—2075年的养老金缺口为2001年GDP的95%，而高生育

---

① 孙祁祥：《"空账"与转轨成本——中国养老保险体制改革的效应分析》，《经济研究》2001年第5期。

② 王晓军：《中国养老金制度及其精算评价》，经济科学出版社2000年版。

③ 贾康、张晓云、王敏等：《关于中国养老金隐性债务的研究》，《财贸经济》2017年第9期。

④ 数据来自"国家数据"，网站：http://data.stats.gov.cn。

⑤ 董克用、张栋：《高峰还是高原？——中国人口老龄化形态及其对养老金体系影响的再思考》，《人口与经济》2017年第4期。

率情境下这一数字则变为79%。① 王晓军和米海杰的预测中，与高生育率情境相比，低生育率情境下未来50年、75年和85年内养老金支付缺口将分别增加90%、50.67%、42.6%。②

2. 养老保险财政可持续性危机的解决之道

在现有的统账结合制度内解决养老保险的财政可持续性危机，无外乎在人口结构、退休年龄、缴费规则和领取规则等方面做出调整。如果说养老金的财政平衡是一架天平，一端是费用征缴，另一端是待遇给付，人口结构和退休年龄则是天平的支点。想让给付端明显下沉的天平重新平衡，理论上可以增加缴费、降低待遇、增加年轻人口比例或延迟退休年龄。在目前社保成本过高的舆论共识下，增加缴费几乎没有操作空间；而养老金待遇在十三连涨后也在某种程度上出现了棘轮效应，难以下调。人口结构的调整无法强制，并且从出生到参与劳动力市场至少有20年的时间。2015年年末，中央宣布全面放开二孩生育。③ 根据曾益等的研究，当所有符合"全面二孩"政策的夫妇有50%生育二孩时，中国的养老金危机可以化解。④ 但从2016年和2017年的出生人口来看，二孩生育量远未达到这一比例。⑤ 因此，延迟退休似乎成为政策工具箱中为数不多的可选工具。中国目前"男职工60岁，女职工50岁，女干部55岁"的退休政策源自20世纪50—70年代的系列法规，⑥ 已经与目前的人口预期寿命和受教育程度不相匹配，具有较大的政策空间。2013年，中共十八届三中全会提出要研究渐进式延迟退休年龄的政策，⑦ 目前尚无具体方案，但学界关于延迟退休的讨论已经日趋丰富。

一些学者以保险精算模型为基础，通过调整模型中的退休年龄参数，

① Sin Y. , "Pension Liabilities and Reform Options for Old Age Insurance", *World Bank Working Paper*, 2005.

② 王晓军、米海杰：《养老金支付缺口：口径、方法与测算分析》，《数量经济技术经济研究》2013年第10期。

③ 中国共产党第十八届中央委员会第五次全体会议公报。

④ 曾益、张心洁、刘凌晨：《从"单独二孩"走向"全面二孩"：中国养老金支付危机能破解吗?》，《财贸经济》2016年第7期。

⑤ 穆光宗：《"全面二孩"政策实施效果和前景》，《中国经济报告》2017年第1期。

⑥ 1951年国务院颁布了《中华人民共和国劳动保险条例》；1955年国务院颁布了《关于国家机关工作人员退休处理暂行办法》；1978年全国五届人大二次会议通过了《国务院关于安置老弱病残干部的暂行办法》和《国务院关于退休、退职的暂行办法》。

⑦ 中共十八届三中全会《中共中央关于全面深化改革若干重大问题的决定》（2013）。

计算延迟退休对养老金债务规模的影响，但精算模型得到的结果并不一致。曾益等的精算模型表明当男、女退休年龄分别延长至 65 岁和 60 岁时，养老金收不抵支和赤字年份将分别推迟 14 年和 23 年，但从长期来看仍然无法解决财政可持续性问题。[①] 延迟退休能够推迟养老金赤字时代的到来，但无法从根本上解决问题这一观点也得到了另外一些精算模型的验证。[②] 但张琴等的模型则发现，延迟退休相比于增加缴费基数等政策，对缓解养老金财政压力作用明显。[③] 张熠进一步把延迟退休年龄的效果细分为缴费年限效应、领取年限效应、替代率效应和差异效应，延迟退休对养老金财政的总效果取决于这四种效应的合力，也取决于延迟退休本身的方案选择。[④] 精算模型的长处是参数设定细致，短期预测精准，但是缺乏经济主体与政策之间的互动，无法探讨延迟退休可能引起的劳动力市场变动以及因此引发的对养老金财政平衡的影响。另一类研究以宏观经济学的世代交叠模型为基础，刻画个人和企业的经济行为，通过对模型的校准和退休参数的设定观察延迟退休的长期效果。这些研究普遍认可延迟退休对养老金财政压力的缓解作用，但是延迟退休的边际效果通常随着延迟退休年限的增加而递减，存在一个最优的延退年龄。[⑤][⑥] 除延迟退休对解决养老金财政危机的正面作用之外，研究者们普遍关注延迟退休对劳动力市场可能产生的影响。姚东旻和张熠等分别就产业升级和岗位创造的角度，在理论上证明了延迟退休不会引发失业，甚至会创造就业。[⑦][⑧] 张川川和赵耀辉则利用 1990 年、2000 年中国人口普查数据和

① 曾益、任超然、刘倩：《延长退休年龄有助于改善养老保险的偿付能力吗？——基于精算模型的模拟分析》，《经济管理》2013 年第 5 期。

② 袁磊：《延迟退休能解决养老保险资金缺口问题吗？——72 种假设下三种延迟方案的模拟》，《人口与经济》2014 年第 4 期。

③ 张琴、郭艳、李美玉：《延长退休年龄还是增加缴费基数：养老金改革的路径选择与政策效应》，《经济理论与经济管理》2015 年第 2 期。

④ 张熠：《延迟退休年龄与养老保险收支余额：作用机制及政策效应》，《财经研究》2011 年第 7 期。

⑤ 邹铁钉、叶航：《普遍延迟退休还是分类延迟退休——基于养老金亏空与劳动力市场的联动效应视角》，《财贸经济》2015 年第 4 期。

⑥ 王天宇、邱牧远、杨澄宇：《延迟退休、就业与福利》，《世界经济》2016 年第 8 期。

⑦ 姚东旻：《产业结构升级背景下延迟退休与失业率的关系》，《中国工业经济》2016 年第 1 期。

⑧ 张熠、汪伟、刘玉飞：《延迟退休年龄、就业率与劳动力流动：岗位占用还是创造？》，《经济学》（季刊）2017 年第 2 期。

2005 年全国 1% 人口抽样调查数据，证实了老年人就业会提高而非降低青年人就业。[①] 但也有理论分析提示了延迟退休政策虽然不会在整体上引发大规模的失业，但对临退休年龄组的就业和福利可能产生负面影响。[②]

　　除了延迟退休和改变缴费规则或待遇领取规则外，也有一些研究者分析了国有资本收入划拨养老保险这一途径。早在 1997 年制度建立之初，中央对国有资本收入划拨就有过政策意向，但当时国有企业经营负担沉重，结余利润较低，这一途径不具备现实基础。随着国有企业改革的深入，一大批央企迅速崛起，掌握国民经济命脉，积累了巨额利润。2009年，财政部出台了上市公司部分国有股由社保基金持有的相关条例。[③] 2017 年，国务院宣布将中央和地方国有及国有控股大中型企业、金融机构全部纳入划转范畴，划转比例统一为国有股的 10%。[④] 杨俊和龚六堂率先论证了国有股划拨社保基金的最优比例问题。他们在一般均衡模型中，以经济效率和社会福利的最大化为目标，发现存在最优划拨比例。[⑤][⑥] 后续研究陆续引入人力资本投资和劳动人口增长等因素，重新寻找最优划拨比例。[⑦][⑧] 这些理论研究共同指向了国有资本划拨解决养老金财政危机背后的经济原理：划拨本质上是用对资本市场的扭曲替代了延迟退休等政策对劳动力市场的扭曲。这一政策是否是一个明智的选择，取决于对现行经济运行效率的判断。此外，社保基金能否维持稳定的高收益率也是这一政策在实践中能否成功的关键。社保基金的运营模式、投资选择、

　　① 张川川、赵耀辉：《老年人就业和年轻人就业的关系：来自中国的经验证据》，《世界经济》2014 年第 5 期。

　　② 王天宇、邱牧远、杨澄宇：《延迟退休、就业与福利》，《世界经济》2016 年第 8 期。

　　③ 《财政部国资委证监会社保基金会关于印发〈境内证券市场转持部分国有股充实全国社会保障基金实施办法〉的通知》（财企〔2009〕94 号）。

　　④ 《国务院关于印发〈划转部分国有资本充实社保基金实施方案的通知〉》（国发〔2017〕49号）。

　　⑤ 杨俊、龚六堂：《社会保障基金最优持股比例研究》，《经济研究》2008 年第 6 期。

　　⑥ 杨俊、龚六堂：《国有资本收入对养老保险的划拨率研究》，《金融研究》2008 年第 11 期。

　　⑦ 高奥、龚六堂：《国有资本收入划拨养老保险、人力资本积累与经济增长》，《金融研究》2015 年第 1 期。

　　⑧ 庞杰、王光伟：《国有资本净收入对养老保险的最优划拨率——劳动力人口增长率变化情况下的研究》，《经济与管理研究》2016 年第 2 期。

监管方案等问题已经引起了大量研究者的关注。①②③

四 中国养老保险的激励问题

1. 城镇职工养老保险的激励问题

城镇职工养老保险是强制企业和员工参保的，但仍然存在复杂的激励问题。

首先需要澄清的是，在劳动力市场上，社会保险作为一种工资税，税收负担会产生转嫁，名义的缴费责任不等于实际的缴费负担。企业可以通过降低工资向劳动者转嫁养老保险税负，转嫁程度取决于劳动力市场弹性。基于 1998—2007 年我国年产值 500 万元以上的制造业企业报表数据得到的证据表明，养老保险企业缴费每增加 1%，员工工资和福利将下降 0.7%，这样的转嫁效果在高工资的企业中更大。④ 另一份使用上海企业审计数据的研究则表明，在逃费现象被严格审计前后，员工的社保负担分别为社保总负担的 9.1% 和 33.8%。⑤

通过降低工资转嫁养老保险税负，是劳动力市场在自发形成均衡工资的过程中实现的。税负转嫁并没有改变养老保险的高税率对企业的负担。企业仍然具有通过降低或瞒报雇员人数达到少缴养老保险的目的。已有研究表明，养老保险企业缴费率每上升 1%，在上市公司中会挤出 6.9% 的雇佣人数，⑥ 在规模以上制造业企业中会挤出 0.8% 的雇佣人

---

① 许闲、申宇：《"求人"还是"靠己"全国社保基金股市投资效率研究》，《金融研究》2013 年第 9 期。

② 张熠：《社会保障基金国债投资的规模扩大效应分析》，《金融研究》2011 年第 2 期。

③ 巴曙松、谭迎庆、丁波：《社保基金监管的现状、问题与建议》，《金融发展研究》2007 年第 6 期。

④ 马双、孟宪芮、甘犁：《养老保险企业缴费对员工工资、就业的影响分析》，《经济学》（季刊）2014 年第 3 期。

⑤ Nielsen I., Smyth R., "Who Bears the Burden of Employer Compliance with Social Security Contributions? Evidence From Chinese Firm Level Data", *China Economic Review*, 2008, 19 (2): 230 – 244.

⑥ 刘苓玲、慕欣芸：《企业社会保险缴费的劳动力就业挤出效应研究——基于中国制造业上市公司数据的实证分析》，《保险研究》2015 年第 10 期。

数。① 相比于中小企业，上市公司和规模以上工业企业数据的雇员人数准确性较高，上述结果更多地反映了养老保险造成的"少雇"。赵静等利用城镇住户调查数据，发现职工的参保概率仅有 77.30%。这一数据至少部分反映了瞒报雇佣人数的严重程度。② 另一种常见的社保逃费方式，是降低缴费工资。2012 年，审计署对全国社保资金的审计报告称："31 个省本级、274 个市本级和 1214 个县的参保单位和个人通过少报缴费基数等方式少缴社会保险费 98.70 亿元。"③ 赵绍阳和杨豪利用工业企业数据给出了一个瞒报基数逃费的巧妙证据：把养老金和住房公积金的缴纳额度做对比，当工资上升时，公积金的缴费比率几乎不变，而养老保险的缴费比率则持续下降。④ 赵静等测算了规模以上工业企业的实际缴费率，发现社保平均缴费率为 9.9%（包括五险），远低于法定缴费率 39.1%。其中，国有企业的实际缴费率为 19.2%，明显高于民营企业的 9.4% 和外资企业的 8.7%。⑤

对于城镇职工，城职保还可能具有诱致退休的作用。城职保社会统筹部分的领取规则中存在调节收入分配的制度设计，使养老金对不同收入群体的工作激励存在差异。彭浩然通过对九个行业代表性个体在不同年龄退休时养老保险替代率和边际隐性税率的计算，发现收入越低的行业，提前退休的激励越强。⑥ 但是，该研究仅仅是基于城职保政策和行业收入数据的理论测算。阳义南对广东省 10000 名退休职工进行了问卷调查，发现提前退休使男职工和女职工的养老金财富分别增加了 5.2% 和 8.1%。⑦ 诱导退休作用的验证仍然需要更多的基于个体观察数据的统计证据。

对于企业和劳动者缺乏参保激励的原因，目前的探讨集中在以下几

① 马双、孟宪芮、甘犁：《养老保险企业缴费对员工工资、就业的影响分析》，《经济学》（季刊）2014 年第 3 期。

② 赵静、毛捷、张磊：《社会保险缴费率、参保概率与缴费水平——对职工和企业逃避费行为的经验研究》，《经济学》（季刊）2016 年第 1 期。

③ 国家审计署：《全国社会保障资金审计结果》（2012 年第 34 号公告）。

④ 赵绍阳、杨豪：《我国企业社会保险逃费现象的实证检验》，《统计研究》2016 年第 1 期。

⑤ 赵静、毛捷、张磊：《社会保险缴费率、参保概率与缴费水平——对职工和企业逃避费行为的经验研究》，《经济学》（季刊）2016 年第 1 期。

⑥ 彭浩然：《基本养老保险制度对个人退休行为的激励程度研究》，《统计研究》2012 年第 9 期。

⑦ 阳义南：《基本养老保险制度激励提前退休的实证研究》，《财贸研究》2013 年第 3 期。

个方面。一是缴费制度设计问题。在中国城职保的缴费规则中，企业承担了大部分的名义缴费责任（雇主费率是雇员的 2.5 倍）。从横向比较来看，中国城职保的雇主缴费率（20%）也高于大部分 OECD 国家。[1][2] 在如此高的养老保险缴费负担下，"统账结合"制中的社会统筹部分占了总缴费额的 70% 以上，基本养老金的给付与缴纳之间的关联不强，给了企业和员工合谋逃费的激励。[3] 二是资金运营问题，个人账户多年来投资收益欠佳，缺乏投资渠道，相当长的一段时间内，大部分省份的计息利率仅略高于通货膨胀率，近几年才提升到 8% 左右。[4] 并且，很多省份的个人账户空账运行，自 2013 年以后"做实个人账户"被改为"完善个人账户"，[5] 难免引起潜在参保群体对养老金可持续性的担忧。三是统筹层次问题，目前城职保的最高统筹层次是省级，部分地区仅仅到市。低统筹层次造成职工在跨统筹区择业时社保转接困难，损伤职工参保和缴费的积极性。已经有研究表明流动人口占比高的城市企业的逃费行为更严重。[6] 另一方面，过低的统筹层次容易让地方政府把社保成本当作扩大招商引资、促进经济增长的手段，征缴动力不足。[7] 四是征缴体制问题，过去几十年中养老保险的征缴中，地方税务机构和社会保险经办机构二元并存。有研究发现相比于社保经办机构，税务机构征缴更有利于社保扩面和基金增收。[8]

2. 居民基本养老保险的激励问题

无论是新农保、城居保还是两者合并后的城乡居民基本养老保险，

---

① 王增文、邓大松：《基金缺口、缴费比率与财政负担能力：基于对社会保障主体的缴费能力研究》，《中国软科学》2009 年第 10 期。

② 孙祁祥：《"空账"与转轨成本——中国养老保险体制改革的效应分析》，《经济研究》2001 年第 5 期。

③ 赵耀辉、徐建国：《我国城镇养老保险体制改革中的激励机制问题》，《经济学》（季刊）2001 年第 1 期。

④ 李珍、王海东：《基本养老保险个人账户收益率与替代率关系定量分析》，《公共管理学报》2009 年第 4 期。

⑤ 中共十八届三中全会《中共中央关于全面深化改革若干重大问题的决定》。

⑥ 赵静、毛捷、张磊：《社会保险缴费率、参保概率与缴费水平——对职工和企业逃避费行为的经验研究》，《经济学》（季刊）2016 年第 1 期。

⑦ 彭宅文：《财政分权、转移支付与地方政府养老保险逃费治理的激励》，《社会保障研究》2010 年第 1 期。

⑧ 刘军强：《资源、激励与部门利益：中国社会保险征缴体制的纵贯研究（1999—2008）》，《中国社会科学》2011 年第 3 期。

都采取自愿参保原则。居民养老保险的激励问题体现为参保广度（参保率）和参保深度（缴费档位）两方面。目前对居民基本养老保险的参保率没有官方计算。根据人社部《中国社会保险发展年度报告 2014》，职工和城乡居民基本养老保险参保人数合计为 8.42 亿人，占符合条件参保人数的 80.2%。从微观调查数据来看，参保率在 2014 年为 60%—80%。这表明仍然有一部分居民未参保。二是档位选择。根据人力资源与社会保障部发布的公报数据，2013—2017 年，城乡居民养老保险的年人均缴费额分别为 177 元、186 元、196 元、205 元和 227 元。以此推断，大多数参保居民选择最低的 100 元/年和 200 元/年，存在被动参保或为父母领取基本养老金而参保的可能。

居民养老保险的参与激励较低，第一个可能性是参加居民养老保险或选择高档位缴费在金融收益上不具有合理性。第二个可能性是经济因素之外，对养老金项目的了解、地方政府的宣传和动员、流动状态等因素也会影响参保决策。

Lei 等对新农保各个档位的收益率做了测算。按照 2.5% 的个人账户记账利率，农民在各个档次和缴费年限上均会亏损。最高档次（500 元/年）和最长缴费时间（44 年）的组合亏损最多（73590 元），最低档次（100 元/年）和最短缴费时间（15 年）的亏损最少（530 元）。[1] 肖彩波和刘红卫通过建立精算模型分析了城乡居民养老保险不同缴费档位的差别化补贴政策（高档位多补贴）所引起的养老金替代率变化。结果表明高档位对替代率的增加贡献微弱，并不能提供足够的经济激励。[2] 以上讨论的暗含假定是，居民不存在借贷约束。而在现实中，城乡居民养老保险的覆盖群体并不总能够轻易地借贷消费，参保者必须在当前消费和年老阶段消费之间做出取舍，则参保在经济上是否划算不仅取决于制度本身，还取决于参保者的经济条件和时间偏好。多项微观数据均发现，在已参保群体中，家庭条件越好，越可能选择高档位。[3][4] 张宁等对中部两

---

① Lei X., Zhang C., Zhao Y., Incentive Problems in China's New Rural Pension Program. In Labor Market Issues in China, *Emerald Group Publishing Limited*, 2013, 181–201.

② 肖彩波、刘红卫：《制度理想与现实困境——城乡居保激励机制失效的理论分析》，《社会保障研究》2018 年第 1 期。

③ 黄宏伟、展进涛：《收入水平、成员结构与农户新农保参加行为——基于全国 30 省（区、市）4748 户农户数据的实证分析》，《中国农村经济》2012 年第 12 期。

④ 姚俊：《经济理性、外部激励与新农保缴费档次变动》，《人口与经济》2018 年第 2 期。

县农民的时间偏好进行了测试，以此为基础结合制度参数，构造双曲贴现效用函数模拟参保行为。他们的模拟结果与"年龄较大的居民比中青年更愿意选择高档位，女性农民比男性更愿意选择高档位，富裕地区的居民比贫困地区的居民更愿意选择高档位"这一特征事实相吻合。[①]

常芳等对 2012 年全国五个省份的农户进行了入户调查，发现农民对新农保的参保和缴费规则缺乏了解，从而影响了参保率。[②] 聂建亮和钟涨宝基于四个省份的调研数据发现，对新农保政策的深入了解有利于提升农民下一年度提高缴费档次的意愿。政治动员和宣传可能在一定程度上促进农民对新农保政策的了解，但其效果受到很多条件的制约。[③] 钟涨宝和李飞对武汉新洲区三个村的参保情况进行了调研，结果表明当农户对新农保的信息了解充分时，村干部的情理动员是无效的；当农户对新农保的信息了解不充分时，情理动员可以提升参保率，但对于提高参保档位无效果。[④] 吴玉锋的研究则发现，村域信任有助于农民通过社会网络和政府宣传了解新农保政策，提升参保率。[⑤] 常芳等的研究还发现，由于新农保必须在户籍地参保，外出务工半年以上的人群，参保率较低。[⑥] 这一研究再次触及了中国养老保险制度的一大顽疾——统筹层次过低引起的异地转接不畅。Chen 等提示了另外一个独特因素：新农保的捆绑条款问题。[⑦] 新农保在建立之初，为了扩大参保率、强调权利和责任的对等，提出了"新农保制度实施时，已年满 60 周岁、未享受城镇职工基本养老保险待遇的，不用缴费，可以按月领取基础养老金，但其符合参保条件的

① 张宁、李旷奇、樊毅等：《时间偏好、收入水平与农民参保积极性——对中部两县农民参加社会养老保险的行为分析》，《农业技术经济》2017 年第 7 期。

② 常芳、杨矗、王爱琴等：《新农保实施现状及参保行为影响因素——基于 5 省 101 村调查数据的分析》，《管理世界》2014 年第 3 期。

③ 钟涨宝、聂建亮：《新农保制度的可持续性探讨——基于农民参保行为选择的视角》，《中国农村观察》2013 年第 6 期。

④ 钟涨宝、李飞：《动员效力与经济理性：农户参与新农保的行为逻辑研究——基于武汉市新洲区双柳街的调查》，《社会学研究》2012 年第 3 期。

⑤ 吴玉锋：《新型农村社会养老保险参与实证研究：一个信任分析视角》，《人口研究》2011 年第 4 期。

⑥ 常芳、杨矗、王爱琴等：《新农保实施现状及参保行为影响因素——基于 5 省 101 村调查数据的分析》，《管理世界》2014 年第 3 期。

⑦ Chen X. , Hu L. , "Sindelar, J. L. Leaving Money on the Table? Suboptimal Enrollment in the New Social Pension Program in China", *National Bureau of Economic Research*, 2017, No. 24065.

子女应当参保缴费"这一有争议性的捆绑条款。[①] 虽然全家共同参保从整个家庭的财务收益来看可能是正的，但家庭内部如果对养老金利益的分配无法达成一致，则容易导致家庭成员无法参保。目前，我们对这一捆绑机制在参保行为和保障效果中的作用尚缺乏深入理解。

五　中国养老保险对养老模式的影响

1. 城职保对养老模式的影响

1997 年城职保的建立，使国有企业职工的养老金替代率从高变低，如果养老保险和家庭储蓄之间存在替代关系，则家庭储蓄率会因此增加。何立新等利用 1995 年和 1999 年的城镇住户调查数据，验证了这一替代效应的大小在 - 0.4—- 0.3，并发现这一效应在迫切面临养老问题的中年户主家庭更为显著。[②] 但城职保引发的养老金财富与个人储蓄之间的替代效果并不稳健，由中国家庭收入调查估计的替代效应变为 - 0.1——0.16，并且在青年组的影响更大。[③] 2006 年，国家对城职保个人账户和社会统筹账户的缴费比率以及个人和企业之间的缴费责任分配进行了调整，白重恩等以此为自然实验对养老金缴费和家庭储蓄、消费之间的关系作了检验，结果发现养老金缴费的增加并不会带来家庭储蓄的减少，而是直接引起消费的下降。[④] 这一结果至少存在两种可能的解读：一是从行为金融的角度，中国家庭设定了目标储蓄率，在借贷约束下只能减少消费；二是中国居民并不信任社会养老保险，在缴费比率提升的情况下对未来的养老金财富增长没有相应的预期。康书隆等的研究通过构建理论模型，结合 2012 年中国家庭追踪调查数据（China Family Panel Studies）证实，在低收入家庭中，前一种机制起到了主要作用，在高收入家

---

① 《国务院关于开展新型农村社会养老保险试点的指导意见》（国发〔2009〕32 号）。

② 何立新、封进、佐藤宏：《养老保险改革对家庭储蓄率的影响：中国的经验证据》，《经济研究》2008 年第 10 期。

③ Feng J.，He L.，Sato H.，"Public Pension and Household Saving：Evidence from Urban China"，*Journal of Comparative Economics*，2011，39（4）：470 - 485.

④ 白重恩、吴斌珍、金烨：《中国养老保险缴费对消费和储蓄的影响》，《中国社会科学》2012 年第 8 期。

庭中，后一种机制起到主要作用。[①] 此外，省级面板数据有一些更为令人惊讶的证据：城职保的引入和缴费的提高引发了居民储蓄率的增加。[②] 虽然这一效果存在养老保险的"认知效应"等解释，并且目前的证据并不足够稳健，但城职保与家庭储蓄的关系仍然需要引起养老保险政策制定者的注意。近年来养老金财政、生育形势和延迟退休等主题连续引发社交媒体热烈讨论，公众对养老保险制度的信任程度值得担忧。

2. 居民养老保险对养老模式的影响

对于原本处于保险真空状态的农村居民和城镇非正规就业居民，新农保和城居保的建立对养老模式改变的因果效应可能更易于观察和识别。大部分研究都采用新农保在试点时间上的差异和年满 60 岁可以免费领取基本养老金的年龄断点作为自然实验，使用入户调查数据得到计量证据。因为在实践中大部分居民都选择最低缴费档位参保（一般为 100 元/年），新农保对参保但未领取待遇居民的储蓄影响非常小。而老年居民自身收入较低，基本养老金收入（至少 55 元/月）占到老年收入的 20% 以上，领取养老金显著降低了家庭储蓄率。[③] 另一些研究以消费作为关注点，也发现了新农保养老金的发放对家庭消费的正向作用。[④][⑤] 由于储蓄和消费是一枚硬币的正反面，这些证据侧面验证了新农保对家庭储蓄的替代作用。除了家庭储蓄外，子女对父母的代际转移和同住安排也是中国农村居民的传统养老方式。已有研究使用不同的微观数据分别发现了新农保降低子女对父母的代际转移发生概率和代际转移数额的证据。[⑥][⑦] 然而，这些证据和家庭储蓄的降低存在一定程度的矛盾。如果老年人领取养老

---

① 康书隆、余海跃、王志强：《基本养老保险与城镇家庭消费：基于借贷约束视角的分析》，《世界经济》2017 年第 12 期。

② 杨继军、张二震：《人口年龄结构，养老保险制度转轨对居民储蓄率的影响》，《中国社会科学》2013 年第 8 期。

③ 马光荣、周广肃：《新型农村养老保险对家庭储蓄的影响：基于 CFPS 数据的研究》，《经济研究》2014 年第 11 期。

④ 岳爱、杨矗、常芳等：《新型农村社会养老保险对家庭日常费用支出的影响》，《管理世界》2013 年第 8 期。

⑤ 王天宇、周钦：《非缴费型养老金对消费的影响——来自断点回归的证据》，《保险研究》2017 年第 6 期。

⑥ 张川川、陈斌开：《"社会养老"能否替代"家庭养老"？——来自中国新型农村社会养老保险的证据》，《经济研究》2014 年第 11 期。

⑦ 陈华帅、曾毅：《"新农保"使谁受益：老人还是子女？》，《经济研究》2013 年第 8 期。

金后，子女代际支持减少，老年人的可支配收入降低，则老人不得不保留一定的储蓄以备养老之需。

更多的证据发现新农保对养老方式的改变体现为居住安排上。程令国等利用中国老年健康影响因素跟踪调查（CLHLS）2008—2011 年数据发现，参加新农保提高了老年人在居住意愿和实际居住模式上与子女分开的可能性。[①] Chen 利用在贵州农村的追踪调查，也发现在新农保领取年龄附近，老人与子女同住的概率出现了向下跳跃。[②] 这两项研究同时发现，居住模式的改变伴随着老人对社会照料需求的增加和日常服务性消费的上升。另一些研究发现了新农保对传统养老观念的转变，参加新农保使农村中老年人的养老预期从依靠家庭转向依靠养老金，并且降低了出生性别比的失衡。[③] 从已有证据来看，新农保已经对中国传统的家庭养老方式产生了影响，社会养老在逐步取代家庭养老。新农保与城居保并轨后，更多的档位选择和持续提高的补助力度对于养老方式的影响还需要进一步实证研究的检验。

六　结语

改革开放四十年来，中国养老保险从仅仅针对国有企业的劳保制度发展为覆盖所有职工和居民的现代养老保险体系，取得了骄人成绩，养老保险研究也从基于现状描述的简单政策建议发展为以经济学、管理学、社会学理论为基础，运用微观数据和现代统计方法的社会科学热门领域。中国养老保险制度的建立、改革和调整，与中国养老保险研究的萌芽、发展和成熟同步。在养老保险覆盖人群不断扩大，养老金给付待遇不断提高的过程中，中国家庭传统的个人储蓄加代际转移的养老模式也在悄然发生变化，养老金承担了越来越重要的作用。一大批中外学者用严谨

---

① 程令国、张晔、刘志彪：《"新农保"改变了中国农村居民的养老模式吗?》，《经济研究》2013 年第 8 期。

② Chen X.，"Old Age Pension and Intergenerational Living Arrangements：a Regression Discontinuity Design"，*Review of Economics of the Household*，2017，15（2）：455 – 476.

③ 张川川、李雅娴、胡志安：《社会养老保险、养老预期和出生人口性别比》，《经济学》（季刊）2017 年第 2 期。

的理论和实证分析，记录了这一过程。

目前，人口老龄化对中国养老金体系的财政可持续性带来严重挑战，结构性改革、参数改革、人口政策改革正在多管齐下，提高统筹层次、提升基金运营水平、优化服务经办体系势在必行，建设一个可持续的、多支柱、有保障的养老保险体系，任重道远。而中国养老保险研究领域在回应和参与这些政策讨论时尚有许多问题没有清晰的答案：什么是最适合中国国情的养老保险模式？城乡公共服务均等化过程中养老保险的作用是什么？中国独特的家庭代际关系对养老保险的保障效果有何影响？养老保险和生育政策、所得税政策如何产生叠加效应？新经济会对基于就业的传统养老保险体系造成怎样的冲击？我们期待更多扎实、精彩的研究回答这些问题。

第二章　医疗保险的理论创新与制度发展

党的十九大报告指出，未来五年应继续深化医药卫生体制改革，全面建立中国特色医疗保障制度和优质高效的医疗卫生服务体系。在此前的40年间，中国的医疗保险体系经历了从衰败到重建的跌宕过程，并已取得了里程碑式的发展。从无到有，从旧到新，从少到多，医疗保险制度成为中国政府重建社会保障体系的典型。

本章以时间为脉络，系统梳理了改革开放四十年我国医疗保险理论创新和制度发展的历史进程。本章首先阐释改革开放后至20世纪末医疗保险制度损坏的原因，继而系统描述21世纪以来医疗保障的价值重现和制度发展。此外，本章结合新医改前后的理论争论，回顾医疗保险在此中的作用和发展。最后，本章以国家医疗保险局的建立为基点，论述"医保治理"作为医疗保险理论和制度发展的可能性。

一　医疗保险制度的损坏：1978—1997 年

1949年中华人民共和国成立后，在各级政府的共同推动下，我国的医疗保险制度逐步建立起来。由于计划经济的建立，这一时期的医疗保险制度富有强烈的计划色彩。政府依托城市的国有企业和农村的集体经济分别建立了医疗保险体制。在城市，计划经济的高度集中特质使大部分城市居民依托于国有和集体企业实现就业。国家以此为基础建立了劳动保险制度。其中，医疗保险被纳入劳动保险保障范畴之中，覆盖国有企业职工及其家属；劳保医疗可为职工报销接近全部的医疗费用，并为其家属报销一半的医疗费用。在农村，人民公社的发展为建立医疗保险提供了组织基础。政府建立了以人民公社为单位的农村合作医疗制度，为农村居民提供医疗保险，并提供一定比例的报销。此外，针对在政府部门和事业单位的工作人员及其家属，政府建立了公费医疗制度，为工作人员及其家属提供接近免费的医疗服务。劳动保险、合作医疗和公费医疗共同构成了计划经济时代的医疗保险制度。①②③

　　1978 年改革开放后，随着经济改革的进行和市场机制的建立，计划经济时代建立的医疗保险制度快速崩溃。④ 原国家卫生部从 1993 年开始每隔 5 年开展一次全国卫生服务调查，调查显示，1998 年，全国将近半数的居民没有医疗保险，不得不依靠自付形式支付医疗费用，这造成了相当严重的"看病难"和"看病贵"的社会问题。医疗保险的崩溃在农村更为严重，如表 2 - 1 所示，1998 年，尽管农村居民占总人口的多数，但全国只有 2.7% 的人口享有合作医疗。⑤ 医疗保险体制的快速损坏既源于改革开放后政府对经济增长和市场化的偏重，又源于经济体制改革后制度环境的快速变化。

表 2 - 1	1993 年和 1998 年医疗保险覆盖率	单位:%
年份	1993	1998
劳保医疗	35.3	22.9
合作医疗	1.6	2.7
公费医疗	18.2	16
其他社会保险	17.4	10.9
商业保险	0.3	3.3
无保险	27.6	47.4

　　注：因参加基本社会医疗保险与参加商业保险并不冲突，故表中每列数据总和并不等于 100%。

　　资料来源：卫生部卫生统计信息中心：《中国卫生服务调查研究：第三次国家卫生服务调查分析报告》，中国协和医科大学出版社 2004 年版，第 16 页。

---

　　① 葛延风、贡森等：《中国医改：问题、根源、出路》，中国发展出版社 2007 年版，第 25 页。

　　② 王绍光：《政策导向、汲取能力与卫生公平》，《中国社会科学》2005 年第 6 期。

　　③ 顾昕：《自愿性与强制性之间——中国农村合作医疗的制度嵌入性与可持续性发展分析》，《社会学研究》2004 年第 5 期。

　　④ Winnie Yip, William Hsiao, The Chinese Health System at a Crossroads, *Health Affairs*, 2008, 27 (2)：460 –468.

　　⑤ 卫生部卫生统计信息中心：《中国卫生服务调查研究：第三次国家卫生服务调查分析报告》，中国协和医科大学出版社 2004 年版，第 16 页。

1. 对经济增长与市场化的偏重

改革开放后，"发展才是硬道理"的指导方针逐渐深入经济社会各个领域。为了追求经济的快速增长，其他社会事业都进行了相当程度的让步，包括医疗保险和医疗服务。医疗卫生领域没有成为政府关心的重点。

对于经济增长的偏重使政府在医疗卫生领域的投入变得不足。图 2-1 展示的政府卫生开支占比显示，改革开放以后，政府卫生开支占 GDP 比重逐步下降，在 1995 年降至历史最低点，仅有 0.4% 左右。政府卫生开支占财政总支出的比重最能反映政府的工作重心。1992 年之后，这一比重持续下降，到 1999 年降至 2.5% 略多。

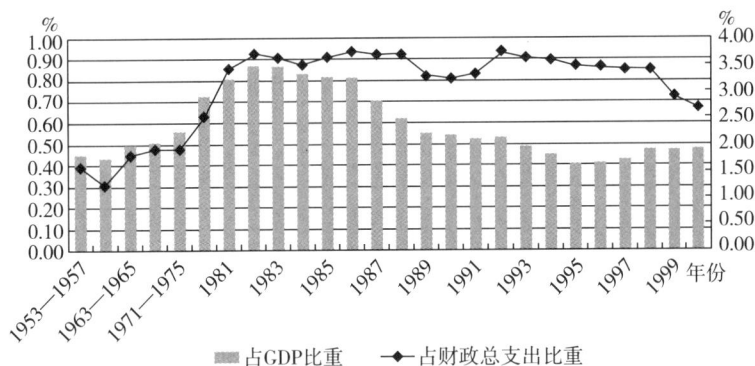

图 2-1　政府卫生开支占比

资料来源：王绍光：《中国公共卫生的危机与转机》，《比较》2003 年第 6 期。

20 世纪 90 年代后，经济改革的重点转向建立市场机制，市场被认为提高资源配置效率的最优选择。这一思想同样主导了医疗体制改革。在医疗服务领域，公立医院补偿机制发生变化，政府投入占公立医院收入的比例逐渐降低，公立医院被推向市场，患者自付费用逐渐成为公立医院的营收重头。而在医疗保险领域，对市场的迷信同样使政府不再将对医疗保险的财政补偿作为重点，转而建立分担机制，要求个人承担相应的保障责任。①② 这一变化体现在图 2 - 2，卫生总费用中政府预算卫生支出占比从 20 世纪 80 年代开始一路下滑，而居民个人卫生支出则逐年攀升。

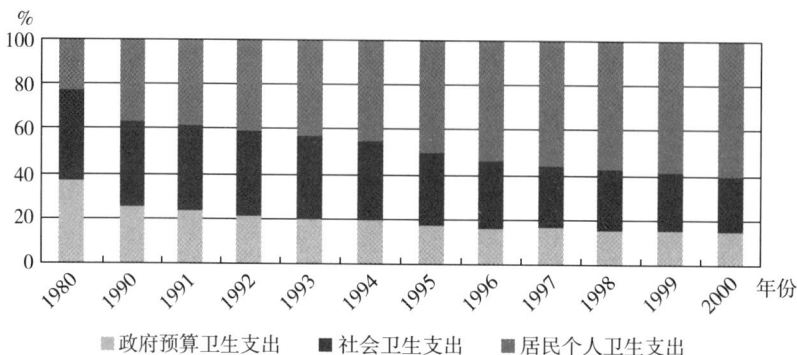

图 2 - 2　卫生总费用构成

资料来源：王绍光：《中国公共卫生的危机与转机》，《比较》2003 年第 6 期。

政府在医疗卫生领域投入的不足直接导致了医疗保险体制的崩溃。以城镇医疗保险为例，改革的主要原则是建立"责任共担"机制，减小政府和国企的卫生财政压力。1986—1993 年，政府对医疗保险引入多种成本补偿机制，包括起付线、封顶线、共付制等，以控制医疗保险的成本。但由于顶层设计的缺失，这一阶段的改革非但没有控制医疗费用的增长，反而使公费医疗和劳保医疗的支出增长更快。这使城镇医疗保险陷入财政危机，加剧了政府卫生投入的压力，迫使多数国企不得不用自身利润来补贴医保。③④ 为了应对城镇医保的财务危机，1994 年，国务院下发《关于职工医疗制度改革的试点意见》，将医保由非缴费制改为缴费制。⑤ 然而，这些改革措施虽然大大降低了政府和国企的医疗财政负担，但同时也降低了企业为员工缴纳保险费用的积极性。

---

① 王绍光：《中国公共卫生的危机与转机》，《比较》2003 年第 6 期。

② Karen Eggleston, Li Ling, Meng Qingyue, et al., Health Services Delivery in China: A Literature Review, *Health Economics*, 17, 2008, 149 – 165.

③ 吴振坤：《中国经济体制改革通论》，北京工业大学出版社 1993 年版，第 374 页。

④ 王绍光：《政策导向、汲取能力与卫生公平》，《中国社会科学》2005 年第 6 期。

⑤ 国家体改委、财政部、劳动部、卫生部：《关于职工医疗制度改革的试点意见》，http://job.sohu.com/article/2004/04/13/50/article219825079.shtml。

2. 组织基础和激励机制的双缺失

除了对经济发展和市场化的偏重以及随之带来的政府卫生投入不足，医疗保险制度的崩塌还源于制度环境的快速变迁。改革开放后，经济体制改革分别在农村和城市铺展开来，人民公社的消失和国有企业改革分别摧毁了农村和城市医疗保险制度赖以存在的组织基础。医疗保险制度随之损坏。

在农村，随着家庭联产承包责任制的实施，人民公社不复存在，合作医疗随之丧失了组织载体。尽管新成立的乡镇政府和村委会仍具有极强的资源动员能力，然而由于医疗卫生事业并非政府工作重点，基层组织缺乏相应的激励机制自发开展合作医疗。[①] 组织和激励问题并存，使得合作医疗的覆盖率快速降低，从 1976 年的 90.0% 降低至 1989 年的 4.8%，如图 2-3 所示。尽管在 20 世纪 90 年代各级政府为振兴合作医疗做过不少努力，但其覆盖率依然维持在低位。

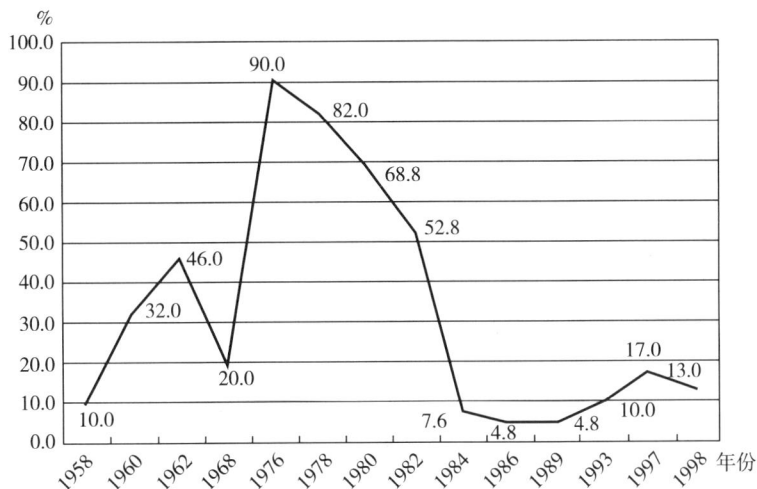

图 2-3　农村合作医疗覆盖率趋势

资料来源：顾昕：《自愿性与强制性之间——中国农村合作医疗的制度嵌入性与可持续性发展分析》，《社会学研究》2004 年第 5 期。

---

① 顾昕：《自愿性与强制性之间——中国农村合作医疗的制度嵌入性与可持续性发展分析》，《社会学研究》2004 年第 5 期。

在城市，伴随着经济体制改革的启动，城镇医疗保险从 1986 年开始进行改革。然而，组织基础和激励机制的双缺失同样困扰着城镇医保改革。民营企业的崛起和外资企业的引入对城镇医保首先产生冲击。由于这些企业并不被强制要求为员工缴纳医保，后者常常得不到充分的医疗保障。此外，随着国有企业改革的进行，大量国企面临裁员和破产的冲击，许多工人因而面临下岗和失业的艰难境地。没有了工作身份，也就丧失了参加医保的资格和资金保障。城镇医保在这些类型的企业中丧失了必要的组织基础。此外，在计划经济转向市场经济的过程中，劳动保险的筹资机制也面临着从"软预算约束"向"硬预算约束"的转变，中央政府不再为地方国企参保承担埋单责任，财政分权使参保缴费责任更多由地方政府和企业承担，国有企业不得不从自身企业盈利中抽取医保费用，这也使这些企业缺乏必要的激励机制继续为职工缴纳保费。[1] 劳保医疗的覆盖率因而持续下降。调查显示，1992—1993 年，由于企业负债或破产的原因，有约 1/3 的国有企业职工并没有劳动保险的实际覆盖。[2]

二 社会保障的价值重现：1998—2008 年

医疗保险体制的崩溃带来大量社会问题，主要表现为"看病难""看病贵""因病致贫""因病返贫"等问题。为了解决这些问题，国家开始重新正视社会保障的价值，建立新型医疗保险体制。

1. 新型医疗保险制度的建立

1998 年，国务院在试点的基础上，颁布《关于建立城镇职工基本医疗保险制度的决定》，开始在城市为有正式单位的职工建立城镇职工基本医疗保险制度；[3] 2003 年，国务院办公厅转发卫生部等部门《关于建立新型农村合作医疗制度的意见》，开始在农村建立新型农村合作医疗制

---

① 王绍光：《政策导向、汲取能力与卫生公平》，《中国社会科学》2005 年第 6 期。

② Winnie Yip，"William Hsiao，Medical Savings Accounts：Lessons from China"，*Health Affairs*，1997，16：244 - 251.

③ 国务院：《国务院关于建立城镇职工基本医疗保险制度的决定》，http：//www. gov. cn/banshi/2005 - 08/04/content_ 20256. htm。

度;① 2007 年，国务院颁布《关于开展城镇居民基本医疗保险试点的指导意见》，建立城镇居民基本医疗保险，并逐步扩大覆盖面，开始解决城镇非就业居民的医疗保险需求。②

　　医疗保险的价值得以重视。在政府的强烈政治意愿的基础上，三大公立医疗保险得到大量财政补助，尤其是城镇居民医保和新农合，其财政补助标准分别从 2003 年（新农合）的每人每年 20 元和 2007 年（城镇居民医保）的每人每年 40 元快速提升到 2016 年的每人每年 420 元，如图 2 - 4 所示。

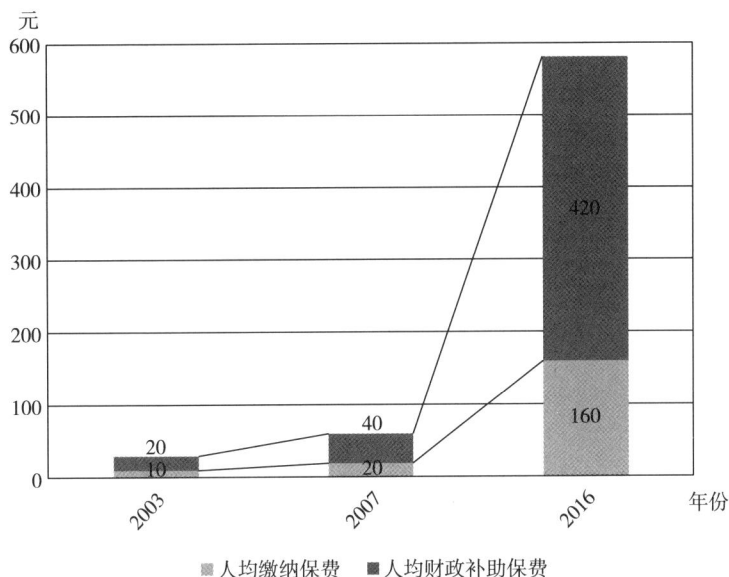

图 2 - 4　城乡居民基本医疗保险缴纳保费水平

资料来源：国务院办公厅：《国务院办公厅转发卫生部等部门关于建立新型农村合作医疗制度意见的通知》，http：//www. gov. cn/zwgk/2005 - 08/12/content_ 21850. htm；国家卫生与计划生育委员会、财政部：《国家卫生与计划生育委员会、财政部关于做好 2016 年新型农村合作医疗工作的通知》，http：//www. mof. gov. cn/zhengwuxinxi/zhengcefabu/201605/t20160506_ 1978682. htm；人力资源和社会保障部：《人力资源和社会保障部关于做好 2008 年城镇居民基本医疗保险试点工作的通知》，http：//www. chinatat. com/new/166_ 170/2009a8a21_ sync474443121289002668. shtml。

---

　　① 国务院办公厅：《国务院办公厅转发卫生部等部门关于建立新型农村合作医疗制度意见的通知》，http：//www. gov. cn/zwgk/2005 - 08/12/content_ 21850. htm。
　　② 国务院：《国务院关于开展城镇居民基本医疗保险试点的指导意见》，http：//www. gov. cn/zwgk/2007 - 07/24/content_ 695118. htm。

2. 医疗保险制度的大发展

强烈的政治意愿和大量的财政投入保证了医疗保险覆盖面的快速提升。城镇职工医保从1997年起步，到2010年已经覆盖2亿多城镇职工。新农合的参保人数增长更叹为观止，从2003年起，仅用6年时间，新农合就覆盖了绝大多数的农村居民，2008年以后始终维持8亿多农民参保的水平。在城镇地区，城镇居民医保迅速弥补了职工医保留下的覆盖漏洞，2010年覆盖了将近2亿城镇居民，如图2-5所示。

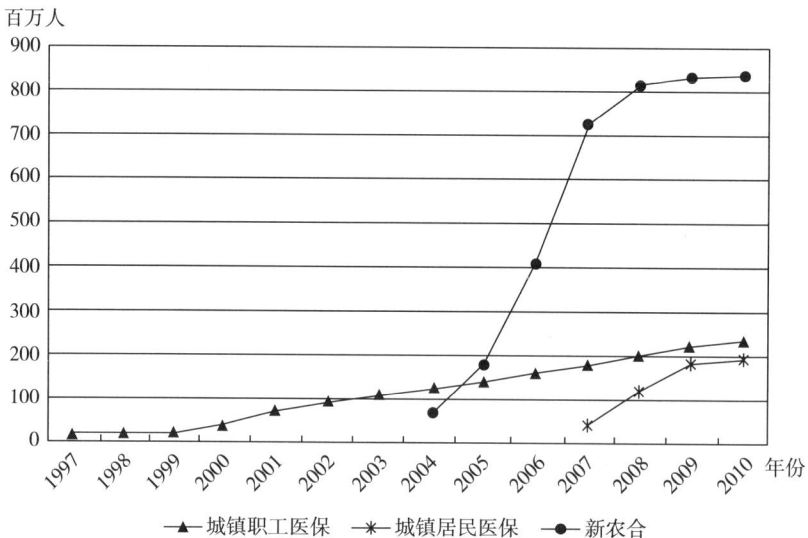

图2-5 三大公立医疗保险覆盖面变化趋势

资料来源：国家统计局人口和就业统计司、人力资源和社会保障部规划财务司：《中国劳动统计年鉴2012》，http://www.mohrss.gov.cn/SYrlzyhshbzb/zwgk/szrs/；卫生与计划生育委员会：《中国卫生与计划生育统计年鉴》，http://www.moh.gov.cn/zwgkzt/tjnj/list.shtml。

到2010年，全民医保基本实现，三大公立医疗保险在制度上为所有类型的城乡居民提供了医疗保险。尽管现行制度在覆盖面仍旧存在重复参保、漏保、逆向选择等问题，但毫无疑问，医疗保险的制度全覆盖是医疗体制改革中最为耀眼的一项成就。2012年8月22日，《人民日报》头版头条刊登文章指出，"我国编织起世界上最大的全民医保网……作为世界人口第一大国，中国仅用10年时间，就实现了全民基本医保，被国际社会誉为'中国速度'"。①

即使放眼全世界，这种扩面速度也是绝无仅有的。从医疗保险的建立到实现医保全民覆盖，德国花了127年，澳大利亚花了79年，日本花了36年，韩国花了26年。②③④ 而我国仅用了10年时间就完成了全民医保。这种现象既反映了政府强大的资源动员能力，也反映了民众对于社会保障的核心需要，是医疗保障价值回归的体现。

三　"补供方"与"补需方"大争论：2005—2008年

在医疗保障价值重现的同时，对于医疗体制改革本身的争论也在持续进行。其中，关于公共财政应该"补供方"还是"补需方"的争论尤为引人关注。⑤ 从医疗保险的角度看，这一争论的重点在于医疗体制本身的弊病能否通过医保全民覆盖加以解决。

2005年，国务院研究发展中心相关报告做出"医改基本不成功"的判断，引起社会广泛讨论，"新医改"由此开始酝酿。⑥ 2007年，国务院委托北京大学、国务院发展研究中心、复旦大学、北京师范大学、世界银行、世界卫生组织、麦肯锡公司和中国人民大学8家科研单位独立起草"新医改"建议方案。8套方案对医疗体制不同方面分别进行了分析和建议，并形成了截然不同的观点。如表2-2所示，在医疗卫生付费机

---

① 白剑峰、李红梅：《基本医保：编织全球最大全民保障网》，《人民日报》2012年8月22日，http://paper.people.com.cn/rmrb/html/2012-08/22/nw.D110000renmrb_20120822_2-01.htm。

② Till Barnighausen, Rainer Sauerborn, "One Hundred and Eighteen Years of the German Health Insurance System: Are There Any Lessons for Middle - and Low - Income Countries?" *Social Science & Medicine*, 2002, 54 (10): 1559 - 1587.

③ Guy Carrin, Chris James, "Social Health Insurance: Key Factors Affecting the Transition Towards Universal Coverage", *International Social Security Review*, 2005, 58 (1): 45 - 64.

④ Kwon S., "Thirty Years of National Health Insurance in South Korea: Lessons for Achieving Universal Health Care Coverage", *Health Policy and Planning*, 2009, 24 (1): 63 - 71.

⑤ 刘凯、和经纬：《"补供方"与"补需方"对医疗费用的影响比较——基于三明市新医改的实证研究》，《北京行政学院学报》2017年第6期。

⑥ 国务院发展研究中心课题组：《对中国医疗卫生体制改革的评价与建议（概要与重点）》，《中国发展评论》2005年增刊。

制方面，形成了交叉补贴和付费购买两种观点。在医疗卫生服务体系方面，行政化和市场化两种观点针锋相对。在医疗卫生行政管理体制方面，部分研究单位支持建立大部制，人民大学主张建立部际协调机构，还有单位主张建立第三方监管机构。在药品制度方面，部分单位主要加强行政控制，北京师范大学则主张建立市场调节机制。①② 在这些观点中，最突出的则要属于公共财政应该"补供方"还是"补需方"的争论。

表 2 - 2   8 家单位新医改方案观点

范畴	核心观点	支持单位
公共财政投入	补供方	北京大学、国务院发展研究中心
	补需方	复旦大学、北京师范大学、世界银行、世界卫生组织、麦肯锡公司、中国人民大学
医疗卫生付费机制	交叉补贴	北京大学、国务院发展研究中心
	付费购买	复旦大学、北京师范大学、世界银行、世界卫生组织、麦肯锡公司、中国人民大学
医疗卫生服务体系	行政化	北京大学、国务院发展研究中心
	市场化	北京师范大学、世界银行、世界卫生组织、麦肯锡公司
医疗卫生行政管理体制	大部制	北京大学、国务院发展研究中心、复旦大学、世界卫生组织
	部际协调机构	中国人民大学
	第三方监管机构	北京师范大学、麦肯锡公司
药品制度	行政控制	北京大学、复旦大学、中国人民大学
	市场调节	北京师范大学

资料来源：余晖：《一个独立智库笔下的新医改》（上册），中国财富出版社 2014 年版，第 1—34 页。

1. "补供方"理论论点

主张"补供方"的专家学者认为公立医院补偿制度中政府财政责

---

① 余晖编：《一个独立智库笔下的新医改》（上册），中国财富出版社 2014 年版。
② 王世玲：《医改中的智囊们》，《21 世纪经济报道》2009 年 4 月 11 日，http：//news. 163. com/09/0411/00/56J3E5D80001124J. html。

任的缺失以及公立医疗机构过度的市场化是造成"看病贵"和"看病难"的根本原因。① 改革开放以来，医院收入中财政补助所占的比例从50%以上降到10%以下。②③ 支持"补供方"的学者认为，正是财政补偿的缺位导致了公立医院产生盈利化的倾向；为了应对财政补助缺位带来的压力，公立医院不得不依靠向患者收费来维持运营。因而，虽然公立医院由政府设立，但财政补助的缺位导致其走向市场化，并由于其行政和市场双重垄断地位而产生过度市场化的倾向。与此同时，药品和医疗服务价格体系也不尽合理，体现医生劳动和专业价值的基本医疗服务的价格被行政手段降到成本之下，而药品则被允许加价销售，医生有强烈的经济动机通过"以药养医"来补贴过低的收入。④⑤⑥ 这两者力量共同促成了医院和医生的逐利行为，过度医疗、过度开药等现象成为常态。⑦⑧

　　支持"补供方"的学者所开的药方是提高公共财政对公立医院的财政补助，使公立医院回归公益性，不再因为政府补助不足而产生逐利动机；部分支持"补供方"的学者主张将公立医院全面行政化，实行收支两条线，由上级卫生部门采用行政手段介入公立医院的运营。⑨⑩

---

① 李玲：《健康强国》，北京大学出版社 2009 年版，第 58 页。

② 王绍光：《政策导向、汲取能力与卫生公平》，《中国社会科学》2005 年第 6 期。

③ Winnie Chi – Man Yip, William C Hsiao, Wen Chen, et al., "Early Appraisal of China's Huge and Complex Health – Care Reforms", *The Lancet*, 2012, 379, 833 – 842.

④ Xingzhu Liu, Yuan Liu, Ningshan Chen, "The Chinese Experience of Hospital Price Regulation", *Health Policy and Planning*, 2000, 15 (2)：157 – 163.

⑤ Karen Eggleston, Winnie Yip, "Hospital Competition under Regulated Prices：Application to Urban Health Sector Reforms in China", *International Journal of Health Care Finance and Economics*, 2004, 4 (4), 343 – 368.

⑥ Tian Yang, Junhua Lu, Mengchao Wu, "Chinese Doctors' Salaries", *The Lancet*, 2008, 371, 1576 – 1577.

⑦ William Hsiao, "When Incentives and Professionalism Collide", *Health Affairs*, 2008, 27 (4)：949 – 951.

⑧ Winnie Chi – Man Yip, William Hsiao, Qingyue Meng, et al., "Realignment of Incentives for Health – care Providers in China", *The Lancet*, 2010, 375, 1120 – 1130.

⑨ David Blumenthal, William Hsiao, "Privatization and Its Discontents：The Evolving Chinese Health Care System", *The New England Journal of Medicine*, 2005, 353 (11)：1165 – 1170.

⑩ William Hsiao, "When Incentives and Professionalism Collide", *Health Affairs*, 2008, 27：949 – 951.

2. "补需方" 理论观点

支持"补需方"的专家学者认为医疗市场中公立医院的势力过大是造成"看病难"和"看病难"的根本原因。[1][2] 从信息资源的角度看，医疗行业是典型的信息不对称行业，由于医疗技术具有高度的专业性，使医生在患者面前具有极大的信息优势和权威性；从市场地位的角度看，公立医院在医疗市场中占据垄断地位，且医疗资源在城乡之间的分布高度不平衡，医疗市场上基本不存在竞争性力量。在这种情况下，无论是公立医院的行政监管部门，还是医疗服务的购买方（个体患者和医保部门），都没有足够的力量通过契约和谈判来降低医疗服务价格。

支持"补需方"的学者提供的解决方法是壮大医疗服务的集团购买方——医保部门，通过提高对医疗保险的财政补助，实现全民医保，加强医保部门的谈判和监督能力，监督医方行为，抑制医疗费用不合理的增长。

简言之，"补供方"的思路可以概括为"腾笼换鸟"，用公共财政取代部分患者自付，同时将公立医院全面行政化，消除医方过强的经济激励，以此提高群众对医疗费用的可负担性。"补需方"的思路可以概括为"寻求均衡"，通过做大社会医疗保险，在医疗市场上形成限制医方行为的第三方，达到一种均衡点，抑制医疗费用的过快增长。

四 新医改策略：2009—2017 年

2009 年 3 月 17 日，中共中央和国务院发布《关于深化医药卫生体制改革的意见》，正式启动了"新医改"。[3]"新医改"的最大特色在于强调医疗卫生回归公益性，强化政府筹资责任，以弥补过去三十年政府投入不足的问题。[4] 时任国务院总理温家宝宣布，2009—2011 年，各级政府将

---

① 顾昕、高梦滔、姚洋：《诊断与处方：直面中国医疗体制改革》，社会科学文献出版社 2006 年版，第 31 页。

② 顾昕：《全民医保的新探索》，社会科学文献出版社 2010 年版，第 125 页。

③ 中共中央、国务院：《中共中央国务院关于深化医药卫生体制改革的意见》，http://www.gov.cn/jrzg/2009-04/06/content_1278721.htm。

④ 顾昕：《公共财政转型与政府卫生筹资责任的回归》，《中国社会科学》2010 年第 2 期。

投入 8500 亿元财政增量到医疗卫生领域,[①] 并在促进社会医疗保险发展和增强基层医疗机构服务能力方面取得了举世瞩目的成就, 主要表现为社会医疗保险几乎完成全民覆盖, 村级诊所、乡镇卫生院、社区卫生服务站和社区卫生服务中心的设施和诊疗水平得到加强, 公共卫生体系进一步完善等。[②]

1. 政府财政责任回归

政府投入巨额财政用于新医改。图 2-6 展示了新医改前后政府卫生投入的趋势。在新医改前, 由于三大公立医疗保险的建立, 政府实际上已经加大了对医疗体系的投入。这种趋势在新医改后变得更加明显。2009 年新医改宣布要在 2008 年政府财政投入水平（2757 亿元）的基础

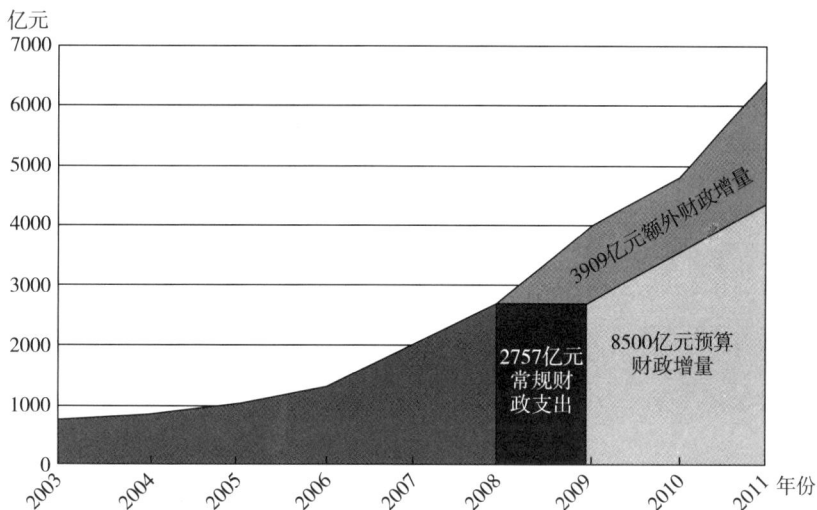

图 2-6 新医改前后政府卫生投入的变化趋势

资料来源: 国务院医改办:《全国深化医药卫生体制改革三年总结报告》, http://www.gov.cn/jrzg/2012-06/26/content_2170124.htm。

---

① 国务院医改办:《全国深化医药卫生体制改革三年总结报告》, http://www.gov.cn/jrzg/2012-06/26/content_2170124.htm。

② Winnie Chi-Man Yip, William C Hsiao, Wen Chen, et al., "Early Appraisal of China's Huge and Complex Health-Care Reforms", *The Lancet*, 2012, 379: 833-842.

上，额外增加 8500 亿元的财政增量。而实际上，2009—2011 年，各级政府总共投入了 15166 亿元用于新医改，这意味着三年间各级政府额外投入了 3909 亿元。

政府财政责任的回归为医疗保险的发展注入了极大的动力。然而，2009 年的新医改方案在"补供方"和"补需方"的问题上并没有终结争论，而是坚持部分"补供方"，部分"补需方"。

部分"补供方"表现在政府并未提高对公立医院的财政补助，而将重点放在补贴基层医疗机构，巨额财政增量投入中的 26% 用于基层医疗卫生机构的基础设施建设、人员能力培训、工资待遇提升等，[①] 如图 2 – 7 所示。随着公立医院规模的扩张，财政补助占其收入比重从 2010 年的 18% 下降到 2013 年的 14%。[②] 这种考虑主要源自财政部门和人社部门对提高公立医院补助的担忧，两部门认为政府已经通过各种渠道加强了对公立医院的投入，尤其是社会医疗保险的快速发展已经为公立医院带来大量收入，加上公立医院的垄断地位，对如此强势的医方加强财政补助

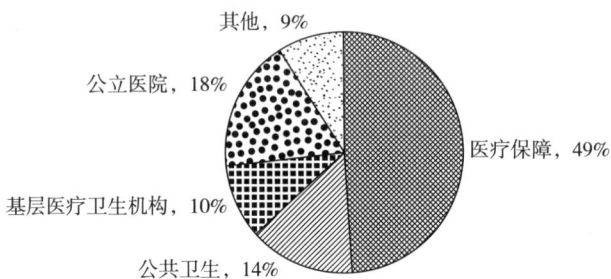

图 2 – 7 新医改政府财政投入流向（2009—2011 年）

资料来源：财政部：《全国财政决算（2009—2011）》，http：//yss. mof. gov. cn/zhengwuxinxi/caizhe ngshuju/index_ 1. html。

---

① Winnie Chi – Man Yip, William C Hsiao, Wen Chen, et al., "Early Appraisal of China's Huge and Complex Health – Care Reforms", *The Lancet*, 2012, 379: 833 – 842.

② 国家卫生与计划生育委员会：《中国卫生和计划生育统计年鉴（2012—2015）》，ht-tp：//www. nhfpc. gov. cn/zwgkzt/tjnj/list. shtml。

显然是难以让人信服的。① 因而,"补供方"策略的壁垒体现在财政资源总量约束上,对公立医院的财政投入很难回归到计划经济时代的水平。

部分"补需方"表现为政府全面提高对城镇居民医保和新农合参加者的财政补助,但并未大幅度提高对医保部门的财政补助,在推进医保第三方购买机制建设方面也未进行充分的顶层设计。财政增量投入中的 50% 放了了对两大保险的参保补助上,② 如图 2-7 所示。然而,医保基金实行专款专用,医保部门不得抽取医保基金用作部门开支;而医保部门自身又未得到大量财政补助,2010 年,我国平均每个医保部门每年的行政经费约为 200 万元,仅相当于医保基金规模的 1% 左右。③ 这就使医保部门常常没有充足的经费进行政策创新,也无力发展先进的控费信息平台。作为需方的代理人,医保部门面临着激励缺失、资源有限和监督成本多高等问题,既无心也无力承担控制医疗费用增长的职责;除经办工作之外,医保部门并无足够的组织能力和谈判能力抗衡医方。④ 因而,"补需方"策略并不一定能够健全医保的第三方购买机制,对医保参加者的补助并不意味着医保管理者能力的增强;相反,由于医保部门控费激励和资源的不足,大量"补需方"财政投入可能被浪费,转化为医疗机构的利润而非参保者的实际所得。

2. 医保控费职能的启动

自 2009 年新医改以来,我国的医疗系统得到了极大改观。然而,与此同时,一些顽疾依然存在,主要包括医疗费用快速增长、健康不平等

① Kai Liu, Alex Jingwei He, "Able to Purchase? Agency Problems in China's Social Health Insurance System and the Pitfalls of Third - Party Strategic Purchasing", *International Journal of Health Planning and Management*, 2018, DOI: 10. 1002/hpm. 2559.

② Winnie Chi - Man Yip, William C Hsiao, Wen Chen, et al., "Early Appraisal of China's Huge and Complex Health - Care Reforms", *The Lancet*, 2012, 379: 833 - 842.

③ 人力资源和社会保障部:2010 年全国社保经办机构情况,http://www.gov.cn/gzdt/2011 - 08/10/content_ 1923002. htm。

④ 刘凯、和经纬:《激励机制、资源约束与监管成本——医保经办机构组织能力影响医疗费用增长的实证研究》,《公共行政评论》2018 年第 2 期。

加剧和医患关系持续恶化等。①②③ 其中，医疗费用快速增长表现得尤为突出，造成人们在享受医保报销的同时，依然要负担高额的自付费用，收入风险依旧较高；其直接后果就是因病致贫、因病返贫的问题依然严重，家庭灾难性医疗开支的发生比例居高不下。④⑤⑥

理论上，作为医疗保险的管理者，医保部门承担了医保资金筹集、待遇发放和医疗服务购买等职责，因而也就成为供方和需方之外的第三方，代表需方购买供方的服务。⑦ 第三方购买机制要求医保部门不仅要承担起医疗费用报销支付的功能，还要承担调节就医行为和促进医疗服务提供效率的功能。⑧ 因而，医保部门便被赋予了控制医疗费用增长的重要职责。

然而，在实践中，由于医疗保险仅仅被作为一种医疗费用的报销手段，其第三方购买功能没有得到充分重视，导致了医保部门并没有具备充分的费用控制能力。各地普遍推行按服务项目付费的支付方式，导致

---

① Kai Liu, *The Effects of Social Health Insurance Reform on People's Out – of – Pocket Health Expenditure in China: The Mediating Role of the Institutional Arrangement*. Singapore: Springer, 2016, 31 – 57.

② Jiaoli Cai, Peter C. Coyte, Hongzhong Zhao, "Decomposing the Causes of Socioeconomic – Related Health Inequality among Urban and Rural Populations in China: A New Decomposition Approach", *International Journal for Equity In Health*, 2017, 16 (1), doi: 10.1186/s12939 – 017 – 0624 – 9.

③ Jingwei Alex He, Jiwei Qian, "Explaining Medical Disputes in Chinese Public Hospitals: The Doctor – Patient Relationship and Its Implications for Health Policy Reforms", *Health Economics, Policy, and Law*, 2016, 11 (4): 359 – 378.

④ Kai Liu, Qiaobing Wu, Junqiang Liu, "Examining the Association between Social Health Insurance Participation and Patients' Out – of – Pocket Payments in China: The Role of Institutional Arrangement", *Social Science & Medicine*, 2014, 113: 95 – 103.

⑤ Chunling Lu, Yuanli Liu, Jian Shen, "Does China's Rural Cooperative Medical System Achieve Its Goals? Evidence from the China Health Surveillance Baseline Survey in 2001", *Contemporary Economic Policy*, 2012, 30 (1): 93 – 112.

⑥ Qun Meng, Ling Xu, Yaoguang Zhang, et al., "Trends in Access to Health Services and Financial Protection in China between 2003 and 2011: A Cross – Sectional Study", *The Lancet*, 2012, 379 (9818): 805 – 814.

⑦ Josep Figueras, Ray Robinson, Elke Jakubowshi, *Purchasing to Improve Health Systems Performance*, Maidenhead: Open University Press, 2005, 3 – 10.

⑧ Kai Liu, Qiaobing Wu, Junqiang Liu, "Examining the Association between Social Health Insurance Participation and Patients' Out – of – Pocket Payments in China: The Role of Institutional Arrangement", *Social Science & Medicine*, 2014, 113: 95 – 103.

医疗服务提供者往往会根据患者的保险状态收取费用。没有医疗保险的患者实际医疗费用可能会较低，而拥有医疗保险的患者有很大可能性发生较高的医疗费用，这就造成了医疗保险刺激医疗费用上涨的尴尬局面。[1][2] 这种局面很大程度上造成了医保基金的浪费，威胁基金安全和风险分摊能力。

为了控制医疗费用的增长，各地推行了多种多样的政策和改革，例如对医疗机构药占比的行政控制、医保支付方式改革、分级诊疗、药品集中招标采购机制改革等。[3][4][5][6] 在这个过程中，医疗保险作为控制医疗费用增长的重要手段被提上日程。[7]

在改革的过程中，各地的医保经办机构成了控费的主体。城乡医保经办机构大致采用六种措施控制医疗费用增长：强调基金安全红线、付费方式改革、指标管理、日常监察、违约处罚和三方谈判。[8] 通过对医保基金安全性的高度重视，各地设计了形式多样的医保付费方式，例如总额预付、按病种付费、按人头付费等措施。[9] 这些付费方式的实施依赖于一系列指标的管理，例如次均费用、人次人头比、住院天数、政策范围内报销比例、目录外药品比例等。医保部门还采用日常监察的方式，监督医疗机构的异常情况。若医疗机构出现费用增长过快或医疗质量问题，医保部门还可以采用违约处罚的方式拒付报销费用。除此之外，部分地

---

① Adam Wagstaff, Magnus Lindelow, "Can Insurance Increase Financial Risk？The Curious Case of Health Insurance in China", *Journal of Health Economics*, 2008, 27, 990–1005.

② Kai Liu, Qiaobing Wu, Junqiang Liu, "Examining the Association between Social Health Insurance Participation and Patients' Out – of – Pocket Payments in China：The Role of Institutional Arrangement", *Social Science & Medicine*, 2014, 113, 95–103.

③ Winnie Chi – Man Yip, William Hsiao, Qingyue Meng, et al., "Realignment of Incentives for Health – care Providers in China", *The Lancet*, 2010, 375, 1120–1130.

④ Jingwei Alex He, Jiwei Qian, "Hospitals' Responses to Administrative Cost – Containment Policy in Urban China：The Case of Fujian Province", *The China Quarterly*, 2013, 216, 946–969.

⑤ Jingwei Alex He, Wei Yang, "Clinical Pathways in China：An Evaluation", *International Journal of Health Care Quality Assurance*, 2015, 28（4）：394–411.

⑥ Jingwei Alex He, "China's Ongoing Public Hospital Reform：Initiatives, Constraints and Prospect", *Journal of Asian Public Policy*, 2011, 43, 342–349.

⑦ 刘军强、刘凯、曾毅：《医疗费用持续增长机制——基于历史数据和田野资料的分析》，《中国社会科学》2015 年第 8 期。

⑧ 同上。

⑨ Qianyue Meng, *Provider Payment Reforms in China：An Updated Review*（World Bank AAA Report），Washington, D. C.：World Bank, 2008.

区的医保经办机构还尝试开展三方谈判，通过和医疗机构以及药品供应商的谈判，降低药品、医疗服务和检查的价格。

五　走向"医保治理"：2018 年以后

2018 年 3 月 17 日，党的十三届全国人大一次会议正式审议通过了新的国务院机构改革方案。其中新成立的国家医疗保障局，整合了之前人社部的城镇职工和居民基本医疗保险和生育保险职责、卫计委的新农合职责，发改委的药品和医疗服务价格管理职责，以及民政部的医疗救助职责。

虽然国家医疗保障局在未来仍有并入卫生或人社部门的可能，但其成立本身已经为新医改带来了新气象，我国医改可能会迈入"单一付费者"改革阶段，"补需方"的效用可能会得到进一步体现，医保"第三方购买"的职能也有望全面落实，饱受诟病的公立医院改革将迎来全新的"医保制衡"时期，这预示着"医保治理"可能成为未来新的理论和实践探索。

1. "医保治理"的必要性

"医保治理"的诞生首先是为了应对现有财政补助策略的缺陷。2009年新医改确定的部分"补供方"、部分"补需方"策略并不足以解决现有医疗体制面临的弊病。

在"补需方"方面，通过大力提高对居民参保的财政补助，有助于增强医保制度的认受性和覆盖率，提高居民就医的可及性和可负担性。然而，由于缺乏强势"第三方"，医保的快速发展会刺激医疗费用的快速膨胀，最终又会危及居民就医的可及性和可负担性。因此，在"补第三方"策略没有得到重视之前，单纯地"补需方"只会导致"双增悖论"——医疗保险快速发展的同时，医疗费用和居民医疗负担都在快速增长。[①]

在"补供方"方面，现有的财政支出并没有重点投向公立医院，而

[①] 刘凯、和经纬：《激励机制、资源约束与监管成本——医保经办机构组织能力影响医疗费用增长的实证研究》，《公共行政评论》2018 年第 2 期。

是偏重于基层医疗卫生机构建设。虽然我们发现"补供方"策略可以抑制医疗费用的快速上涨，但囿于财政总量限制，短期内加大对公立医院的财政补助似乎并不现实。目前，公立医院改革主要强调卫生部门内部的"管办分离"、降低市场准入门槛和公立医院法人化，这些改革的成效还缺乏科学有效的评估。但不可否认的是，医疗市场不仅缺乏来自民营医院的竞争力量，更缺乏来自医保部门的监督力量。没有切实地"补第三方"策略，"补供方"策略和公立医院改革会面临外部监督的缺失，使医疗市场无法形成均衡状态。

"医保治理"势在必行。国家医保局的成立对"医保治理"的推行具有重大战略意义，"医保治理"策略可能会成为"补供方"和"补需方"之外第三种策略选择。国家医保局应以建设第三方购买机制为核心，重视对地方医保部门财政投入的力度、投放重点和相关配套措施。

医疗保险制度中的供方、需方和第三方的关系如图 2-8 所示。需要注意的是，"补需方"并不等于"医保治理"。正如上文所述，"补需方"策略补贴的对象是参保者，也就是医疗保险基金本身；用于"补需方"的巨额财政投入带来的结果是人民群众积极参保，医保快速实现全民覆盖，医保基金规模迅速扩大。然而，虽然医保基金支付在医院收入中所占比例持续扩大，但这并不一定给医保部门带来强大的话语权。由于医保部门资源不足，控费激励缺失，这造成医保部门无心也无力制约医疗机构的行为，抑制医疗费用增长。[①] 简言之，"补需方"策略带来的医保全民覆盖并不能弥补现行"医保治理"策略弱化造成的医保部门控费动力缺失。

若实施"医保治理"策略，就要求政府提高对医保部门的财政补助，提高其管理和经办能力，建立健全第三方购买机制；医保部门不仅是医方的出资者，更是医疗服务的购买者和监督者，应在医疗市场上寻求服务提供和服务监督的力量平衡。[②] 即使在国家医保局成立之前，这些策略已经是医保部门的职责所在。国家医保局的成立有望促使医保部门全面履行上述职责。

[①] 刘凯：《倒逼的改革还是资源的优势？——医疗保险控制医疗费用增长的动力及其地区差异》，《社会保障研究》2018 年第 3 期。

[②] Alexander S. Preker, John C. Langenbrunner, *Spending Wisely：Buying Health Services for the Poor*, Washington, D. C.：The World Bank, 2005, 23–46.

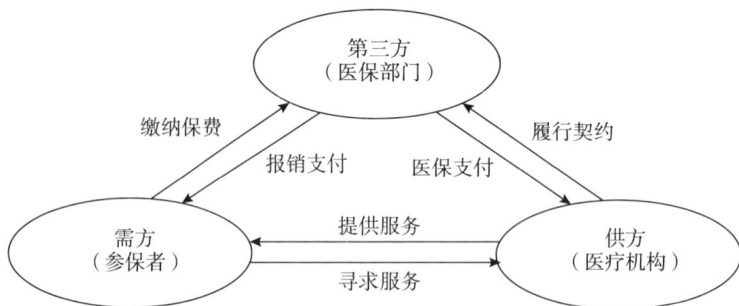

图2-8　医疗保险的功能及利益相关方

2. 探索"单一付费者"模式

"医保治理"的重点在于建立强大的第三方。由于我国的医保属于社会医疗保险，政府是三大公立医疗保险的承办人，因而建设强大第三方的重点在于探索"单一付费者"模式。

综观世界各国医疗体制，"单一付费者"模式是众多医保支付方式中的一种选择方案。医保第三方购买至少包含了两种模式：管制市场下的竞争性购买者和管制市场下的非竞争性购买者。[①] 实施前者的典型国家是荷兰，通过多个购买者的竞争，为消费者提供更多医疗市场选择，同时激发第三方付费者产生更多的控费激励。实施后者的典型是我国台湾地区，通过设立全民医保局，在医疗市场上形成一个强大的医保付费者，提供强有力的谈判杠杆，抑制医疗服务提供者的不合理行为。

我国传统的医保体制不属于以上两种模式的任何一种。历史上，我国的医保管理机构面临着碎片化的尴尬境地，三大公立医疗保险分立，且各保险实行属地管理，县级医保机构、区级医保机构、市级医保机构各管一块（主要是医保基金），市级统筹迟迟不能真正实现，造成全国形成几千个分散的医保基金，各基金之间不能有效联结。[②] 党的十九大报告提出要"完善统一的城乡居民基本医疗保险制度"，国务院和相关部委也多次发文要求各地推进医疗保险市级统筹，国家医保管理局的成立正是

---

① Weiwei Xu, Wynand P. M. M. van de Vena, "Purchasing Health Care in China: Competing or Non - Competing Third - Party Purchasers?" *Health Policy*, 2014, 92（2）: 305 - 312.

② 刘凯、和经纬：《激励机制、资源约束与监管成本——医保经办机构组织能力影响医疗费用增长的实证研究》，《公共行政评论》2018年第2期。

对这些战略诉求的回应。

　　值得注意的是，我国的"单一付费者"模式并不一定意味着建立非竞争性购买者，即上述第二种模式。目前而言，我国的"单一付费者"仅指中央层面的单一机构；在地方层面，未来应实行"中央与地方统一的医保管理局购买机制"，还是"中央单一机构、地方医保机构竞争机制"仍有待于进一步探讨。在体系设计层面，国家医保局的统一管理依然为地方医保购买者之间的竞争留有一定空间。随着医保统筹层次的提高，官办医保机构之间、官办医保机构和商业保险公司之间都可以相互竞争。以一个城市为例，未来医保基金的管理若继续留在官办医保机构，可以允许不同县、区之间的医保机构扩大管辖范围，吸纳群众跨地区参保，医保机构自身的管理能力、经办能力和监督能力会形成品牌效应，提高医保经办效率和医疗服务质量。若未来医保基金的经办开放给商业保险公司，官办医保机构即可以通过商业保险公司竞标以提高消费者选择空间，促进市场竞争。①

　　3. 理顺"医保治理"机制

　　"医保治理"局面的实现还有赖于理顺医疗保险的功能机制。在设计之初，医疗保险的政策目标被设定为分摊患者费用负担、降低患者费用风险。随着医疗费用的快速上涨，这种报销支付机制的功能大打折扣，甚至反过来刺激医疗费用的膨胀，违背了医保政策的初衷。从制度主义的角度看，福利制度不仅要通过提供利益满足人们的需要，还要通过调节人们的行为和促进服务提供效率来保障制度可持续运行。医保政策同样如此。如图2－9所示，医保如要发挥治理功能，不仅要发挥报销支付机制，还要建立就医行为调节和医疗服务效率促进两种机制。②

　　在调节人们就医行为方面，医保制度需要和分级诊疗机制进一步衔接，提高医疗资源分配的合理性。目前，我国患者的就医行为存在无序流动、过度向上流动等问题，这在一定程度上源于医疗资源向发达地区、

---

① Kai Liu, *The Effects of Social Health Insurance Reform on People's Out - of - Pocket Health Expenditure in China: The Mediating Role of the Institutional Arrangement.* Singapore: Springer, 2016, 145 - 146.

② Kai Liu, Qiaobing Wu, Junqiang Liu, "Examining the Association between Social Health Insurance Participation and Patients' Out - of - Pocket Payments in China: The Role of Institutional Arrangement", *Social Science & Medicine*, 2014, 113, 95 - 103.

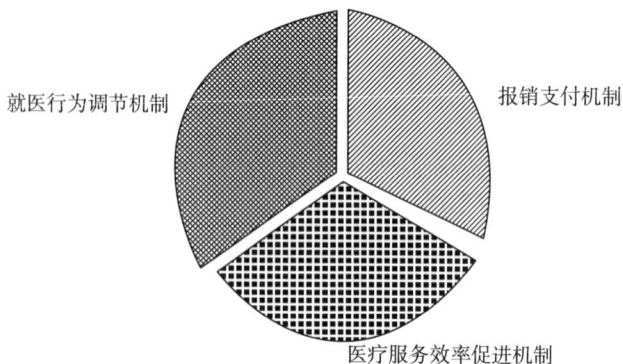

图 2-9 医保治理的三种机制

大城市、大医院的过度集中。我国正在加强基层医疗卫生体系建设，推行"家庭医生"和"全科医生"模式，以期形成"健康守门人"效应，但往往收效不佳。国家医保局未来可从做实差异化报销机制和促进医疗资源分配合理性两个角度调节人们的就医行为。目前，由于医疗服务提供的复杂性和医方的逐利取向，人们在基层医疗卫生机构就诊的实际报销率往往远低于政策范围内报销率。国家医保管理局可做实基层医疗机构的实际报销率，切实降低患者的医疗负担，以此引导人们前去基层就医。此外，医保管理部门可在医保基金的分配上侧重基层医疗机构，探索对基层医疗机构基础设施建设、人员培训、组织建设等方面的资金介入，做大做强基层。

在促进医疗服务提供效率方面，医保的第三方购买机制应得到进一步加强。国家卫生健康委员会卫生发展研究中心医疗保障研究室副主任顾雪非认为，"在全民医保时代，医保的功能变得综合多样，全民医保制度不仅可以分散人群疾病的风险，还会影响卫生资源配置，也可以改善卫生系统绩效，促进全民健康。"[1] 这意味着卫生系统绩效的改革不仅是医疗管理部门的职责，还是医保管理部门的职责。通过形成有效的第三方购买机制，制约医疗市场上"供方"和"需方"的行为，限制医生的过度诱导需求行为，监管患者的道德风险，从而提高医疗服务提供效率。

---

[1] 李子君：《四权归一　国家医保局成最大医疗支付方》，https：//www.cn - healthcare. com/articlewm/20170111/content - 1010139. html。

目前，中央和地方政府都在大力推进医保支付方式的改革，以期对供需双方形成引导制约作用，国家医保局的成立会使预付制支付方式的推进更为有力。

4. 加强"医保治理"能力

宏伟的政策意图离不开完善的机构建设，健全的功能设计需要依托强大的治理能力。医保利益分摊、行为调节和效率促进的功能实现需要建立在一个强大且负责的医保管理机构基础上。应通过改革激励结构、提高行政能力和降低监管成本，完善医保管理机构的组织建设，加强医保治理能力。

我国的医保管理机构（尤其是医保经办部门）被赋予了"小马拉大车"的职责；实际的情况却是这匹"小马"过于赢弱，无法承担起拉动整个医疗系统"大车"的职责。各地经办机构的首要职责是保障医保基金安全而非控制医疗费用增长，这使经办机构的激励结构偏向"收大于支"或"收支平衡"而非"成本控制"。在行政能力方面，经办机构无论在人员配置、经费配置还是信息平台建设方面均面临限制。在监管成本方面，一个经办机构往往要面临数以十万计的参保人员、数以万计的医务人员、数以千计的医药供应商和十多个相关政府部门，而经办机构自身过低的行政级别又限制了其职权履行，结果导致经办部门面临着过高的监管成本，控费效果往往大打折扣。[1]

国家医保管理局成立后，医保机构的治理能力有望得到根本性加强。我国医疗保险体量庞大，然而医保管理部门无论在激励结构、行政能力还是监管成本方面均面临较大问题，集中表现为激励结构扭曲、行政能力羸弱、监管成本过高等。为了解决这些问题，国家医保局未来至少要在以下三方面做出改革的努力。

第一，在改革激励结构方面，医保管理局可探索追求医保基金长期财务平衡、做实费用控制指标等改革措施。医保基金安全仍是医保管理机构的政策目标，但基金的当期平衡应该被长期平衡取代，这需要建立在严格而有效的精算基础上。费用控制指标设计需要更加精细化，摒弃传统的集成式费用指标。此外，为使医保机构具有较强的控费动机，国

---

[1]　刘凯、和经纬：《激励机制、资源约束与监管成本——医保经办机构组织能力影响医疗费用增长的实证研究》，《公共行政评论》2018 年第 2 期。

家医保局可以考虑实施医保经办机构的社会化和法人化改革，使其由政府或事业单位变为社会单位，直接参与市场竞争，用"无形的手"代替"有形的手"。

第二，在提高行政能力方面，应大力提高对医保部门的财政投入，通过"补第三方"策略消除医保部门的资源劣势。总体上来看，经办机构的治理能力和管理水平是建立在充分的经费投入的基础上的，财政经费是其治理能力的基本保障。医保管理部门可探索基金结余抽成、加强信息平台建设等措施。医保基金的"专款专用"模式可适当调整，基金结余可考虑按比例划归医保部门，用作下年度的行政经费。2010年，我国医保经办机构的行政费用仅相当于医保基金的1%，远低于发达国家平均水平，甚至低于同为发展中国家的印度（3.8%），大大限制了医保机构的治理能力。① 此外，医保监管并不是人力密集型工作，信息平台的建设可大规模提高监管效力。医院信息的实时传输、精密控费指标的设计、违规行为的及时制约都可通过发达的信息平台得到实现。

第三，在降低监管成本方面，国家医保管理局获得了药品和医疗服务价格管理职责，这为建立第三方购买谈判机制打开了新的局面，"医保调价"不再面临制度制约；此外，各地医保管理部门的行政级别也有望得到提升。这些都会进一步降低医保的监管成本。未来，国家医保管理局需要进一步介入公立医院和医药市场的改革过程中，可探索新的药品招标采购机制、价格谈判机制、公立医院绩效评估机制等。

六　简要总结

本章系统梳理了改革开放后医疗保险的制度发展及背后伴随的理论争论与创新。20世纪最后的20年，随着改革开放进程的启动，医疗保险制度经历了快速崩溃的阶段，这既源于政府对于经济增长与市场化的偏重，也囿于医保相关的组织基础和激励机制双缺失。医疗保险制度的缺位造成了大量社会问题，因而20世纪末政府重新正视社会保障的价值，

---

① 人力资源和社会保障部：《2010年全国社保经办机构情况》，http：//www.gov.cn/gzdt/2011-08/10/content_1923002.htm。

开始重建医疗保险体系；强烈的政治意愿和大量的财政投入保证了三大公立医疗保险覆盖面的快速提升。在此过程中，新医改开始酝酿和启动，"补供方"和"补需方"的大论战促使政府开始重新审视医疗保险的功能和机制，医疗保险和医疗服务递送体系的关系也被反复讨论，医疗保险的第三方购买机制建设也被重视起来。新医改后，政府财政责任回归，医疗保险也被作为重要的控费工具在各地实践。而 2018 年组建的国家医保局，则赋予了医疗保险重要的治理职能，用于弥补传统财政补助策略的不足；医保治理的顶层设计、机制梳理和能力建设都将迎来崭新的发展局面。

　　在未来医改过程中，随着医保第三方力量的崛起，医疗市场会逐渐实现医方和医保方的力量均衡，抑制医疗费用的快速增长会进一步降低人们的就医负担，促进人们的医疗服务利用率。未来我国医保第三方购买机制的实现还需要在完善体系设计、理顺医保功能、加强治理能力等诸多方面进行探索，这些都将助力"健康中国"战略目标的实现。

第三章　失业保险的理论创新与制度发展

一　中国失业保险制度变迁

在现代工业化社会中，失业通常会给劳动者及其家庭的生计造成极大影响，若处理不当便会引致严重的社会问题。然而，失业又是市场经济条件下伴随着经济周期、经济结构调整、产业升级、企业竞争等所必然出现的问题。[①] 因此，如何建立并完善失业保险制度来为劳动者提供失业期间生活保障、再就业支持以及预防失业服务，成为改革开放以来我国建设社会保障制度、建立积极就业政策、促进国民经济发展等方面的重要工作目标之一。

1. 失业保险的起源

贝弗里奇早在 1909 年的《失业：工业问题》一书中，便阐述了失业很大程度是由工业组织造成的这一观点，并在 1941 年的《贝弗里奇报告》中进一步阐述了国家对于失业的直接责任，并提出政府除了应该重视刺激经济快速发展、建立劳动培训制度以及弹性退休年龄机制等主动就业政策，还应重视通过财政建立失业保险制度等被动就业政策。在《贝弗里奇报告》的基础之上，1944 年英国政府颁布了《社会保险白皮书》，并于 1948 年将失业保险正式纳入了社会保险的范围之内。

在我国，失业保险制度源于 1950 年的失业救助。彼时，中华人民共和国刚刚成立，国家处于破旧立新的历史特殊时期，城市化进程快速发展，社会经济结构也发生剧烈的变化。这些共同引致了新中国第一次失业高峰的出现，400 多万的失业人口给新中国带来了巨大的挑战。为此，

---

① 翟志俊：《中国失业保险历史回顾及其思考》，上海社会科学院出版社 2009 年版。

政府于 1950 年开始实行失业救助制度。① 此后，我国开始了失业保险制度较为漫长的发展过程。

2. 改革开放四十年失业保险制度发展

在梳理我国改革开放四十年来失业保险制度发展情况时，若仅单一地将重点放在某一时期的制度特点上，很难全面地把握失业保险制度演变过程。因此，笔者将失业保险制度放在社会保障制度乃至社会经济发展的整体框架之中，以期对我国改革开放四十年来的失业保险制度发展的过程进行较为系统的梳理，厘清失业保险制度发展的脉络。

（1）1978—1985 年：失业保险制度的萌芽阶段

1978 年 12 月，党的十一届三中全会提出要发展社会主义商品经济。自此，我国开始实行对内改革、对外开放的政策。② 随着"文化大革命"的结束，经济体制改革的开展，中国迎来了新一轮失业高峰。1980—1982 年，大量"上山下乡"知青返城，再加上城镇新生劳动力的增加，进而形成了 1300 多万人的庞大待业队伍，就业危机开始集中爆发，这给当时我国的计划经济转型带来了沉重的负担。为解决"文化大革命"所引致的就业难题，1980 年 8 月我国发布了《进一步做好城镇劳动就业工作》，并于 1981 年 10 月发布了《关于广开门路，搞活经济，解决城镇就业问题的若干决定》（以下简称《若干决定》）。《若干决定》中提出了"三结合"的就业方针，即"在国家统筹规划和指导下，实行劳动部门介绍就业、自愿组织起来就业和自谋职业相结合"。"三结合"的就业方针是对我国计划经济体制下原有的"统包统配"制度的一项重大突破。该就业方针通过将竞争机制引入就业领域、拓宽就业渠道的方式，提高了企业与劳动者的自主性，对推进就业制度改革、推动非公有制经济发展起到了重要作用。此后，1984 年我国开始了以城市为中心的经济建设，随着国有企业改革的不断推进，"统包统配"制度对于国有企业改革方案落实的制约逐渐显现。

（2）1986—1992 年：失业保险制度的产生阶段

随着经济体制改革的深化，为提高企业的市场竞争力，1986 年我国推行的《国营企业辞退违纪职工暂行规定》《国营企业招用工人暂行规

---

① 程连升：《中国反失业政策研究》，社会科学文献出版社 2002 年版。

② 翟志俊：《中国失业保险历史回顾及其思考》，上海社会科学院出版社 2009 年版。

定》以及《国营企业实行劳动合同制暂行规定》，改革了"统包统配"制度，引入了劳动合同制。我国首次在国营企业中推行了劳动合同制，通过企业与劳动者的双向选择机制，将企业和劳动者推向了市场，允许企业在一定条件下解除劳动合同，劳动者则择优上岗，这一改革有利于充分开发和利用劳动力资源。改革后，依法宣告破产的企业的职工、濒临破产的企业在法定整顿期间被精减的职工、按照国家有关规定被撤销、解散企业的职工等多种类型的劳动者与企业终止了劳动关系进而流向社会，这部分劳动者迫切地需要劳动制度改革的配套方案来保障他们失业后的基本生活。因此，《国营企业职工待业保险暂行规定》（以下简称《暂行规定》）应运而生，我国自此建立了"待业保险"制度。《暂行规定》明确了待业保险的参保对象（宣告破产的企业的职工；濒临破产的企业法定整顿期间被精减的职工；企业终止、解除劳动合同的工人；企业辞退的职工）、缴费机制（企业按照全部职工标准工资总额的1%缴纳待业保险基金）、待遇领取期限（最长不超过二十四个月）、待遇标准（以失业者离职前两年的月平均工资为基准，工龄在五年和五年以上的，最多发给二十四个月的待业救济金，其中：第一至十二个月，每月为本人标准工资的60%—75%，第十三至二十四个月，每月为本人标准工资的50%；工龄不足五年的，最多发给十二个月的待业救济金，每月为本人标准工资的60%—75%）等。《暂行规定》是中华人民共和国成立以来第一个失业保险领域的法规，标志着我国失业保险制度的产生，全面规定了国营企业职工待业保险基金的筹集、管理和发放工作。其中，待遇水平"前高后低"的方案设计在一定程度上提高了失业机会成本，有利于激励劳动者积极地摆脱失业状态，但这一方案并未在之后的失业保险制度发展过程中得以延续。此外，《暂行规定》仍存在诸如保障范围窄、保障水平低、资金来源单一、无法体现权利与义务相对等原则等一系列问题。

1989年的《国营企业职工待业保险基金管理办法》（以下简称《管理办法》）规定了待业保险基金的收缴标准以及待业救济金的发放标准，明确了待业保险基金的地方统筹原则。《管理办法》还特别规定了实行企业化管理、领取营业执照、自负盈亏的事业单位，要按照国营企业标准从本单位自有资产中开支来为职工缴纳待业保险，并将全民所有制机关、团体、事业单位招收的劳动合同制工人也纳入待业保险的覆盖范围之内。

《管理办法》从覆盖范围、基金来源、待遇标准、基金管理等多方面对《暂行规定》进行了补充完善。

总的来说，此阶段的失业保险制度还处在起步阶段，并不能起到防范劳动力市场风险的作用，而且，制度本身还存在所有制、身份、城乡的界限等问题。[①] 此阶段相关制度的发展触动了固定工制度的根本，但没有普遍试行全员劳动合同制。[②]

（3）1993—1998 年：失业保险制度的调整阶段

1993—1998 年这一阶段是国有企业改革的制度创新阶段，此阶段失业保险制度的调整是与深化国企改革联系在一起的。1993 年 4 月，《国有企业职工待业保险规定》（以下简称《规定》）出台，进一步扩大了保险的覆盖范围（包括依法宣告破产的企业的职工；濒临破产的企业在法定整顿期间被精减的职工；按照国家有关规定被撤销、解散企业的职工；按照国家有关规定停产整顿企业被精减的职工；终止或者解除劳动合同的职工；企业辞退、除名或者开除的职工；依照法律、法规规定或者按照省、自治区、直辖市人民政府规定，享受待业保险的其他职工）；修订了缴费机制（企业按照全部职工工资总额的 0.6%—1% 缴纳待业保险费）；修改了待遇标准（待遇领取期限仍为最长不超过二十四个月，但待遇标准调整为当地民政部门规定的社会救济金额的 120%—150%）；调整了待业保险基金的统筹层次（由原来的省级统筹调整为市、县级统筹）；补充了对非法领取、挪用、拖欠待业保险金相关人员的法律和刑事追究责任。此外，《规定》还提出了将待业保险工作与职业介绍、就业训练和生产自救等就业服务工作紧密结合，进行统筹安排。《规定》虽然进一步扩大了失业保险的覆盖范围，使失业者获得了失业救济水平的基本生活保障，浮动的缴费费率也有利于减轻效益不好企业的负担，但并没有从根本上改变制度框架，[③] 制度仍局限于国有企业职工，将待遇水平与生活救济挂钩的做法仍未体现权利与义务相对等的原则。

1993 年 11 月，党的十四届三中全会通过的《中共中央关于建立社会主义市场经济体制若干问题的决定》（以下简称《决定》）提出了以建立

---

① 齐艳华：《中国失业保险制度变迁研究（1950—2012 年）——基于主体认识的视角》，博士学位论文，辽宁大学，2013 年。

② 翟志俊：《中国失业保险历史回顾及其思考》，上海社会科学院出版社 2009 年版。

③ 丁煜：《我国失业保险制度的演变、评估与发展建议》，《中国软科学》2005 年第 4 期。

现代企业制度为主的国有企业改革方向，并提出了失业保险费由企业按职工工资总额一定比例统一筹交，这也是我国第一次在正式文件中使用"失业保险"一词。此后，国有企业通过定岗定编、精简机构，解决了机构臃肿、效率低下、冗员过多的问题，并通过推行竞争上岗、聘用合同以及与考核结果密切相连的工资制度，实现了对于劳动者工作积极性的激励。但伴随国有经济实行战略性调整而来的，是下岗失业问题越来越严重。"下岗分流，减员增效和实施再就业工程"由此产生。

1998 年，国务院出台了《关于切实做好国有企业下岗职工基本生活保障和再就业工作的通知》，关于失业保险方面明确提出了以下两点：第一，普遍建立再就业服务中心，保障国有企业下岗职工基本生活。再就业服务中心（包括类似机构或代管科室）负责为本企业下岗职工 [主要是实行劳动合同制以前参加工作的国有企业的正式职工（不含从农村招收的临时合同工），由于企业生产经营等原因而下岗，但尚未与企业解除劳动关系、没有在社会上找到其他工作的人员] 发放基本生活费（原则上可按略高于失业救济的标准安排并按适当比例逐年递减，但最低不得低于失业救济水平）和代下岗职工缴纳养老、医疗、失业等社会保险费用，组织下岗职工参加职业指导和再就业培训，引导和帮助他们实现再就业。下岗职工在再就业服务中心的期限一般不超过 3 年。3 年期满仍未再就业的，应与企业解除劳动关系，按规定享受失业救济或社会救济。再就业服务中心的资金筹措原则上采取"三三制"的办法解决，即财政预算安排三分之一、企业负担三分之一、社会筹集（包括从失业保险基金中调剂）三分之一，具体比例各地可根据情况确定。第二，提高失业保险基金缴费比例。为了完善失业保险机制，提高失业保险基金的支付能力，从 1998 年开始将失业保险基金的缴费比例由企业工资总额的 1%提高到 3%，由企业单方负担改为企业和职工个人共同负担，其中个人缴纳 1%，企业缴纳 2%。同时，要使社会保险制度、下岗职工基本生活保障制度和城市居民最低生活保障制度相互衔接、相互补充，不断完善社会保障体系。

（4）1999—2009 年：失业保险制度的发展阶段

1999 年 1 月，国务院颁布了《失业保险条例》（以下简称《条例》），以国家法规的形式正式确立了我国失业保险制度的基本模式，自此，我国的失业保险制度进入了一个新的发展阶段。《条例》指出，失业保险旨在为因失业而暂时中断生活来源的劳动者提供基本生活保障促进其再就业。该条例对失业保险的资金筹集方式、领取条件、待遇水平及待遇期限等都进行了具体的规定。在资金筹集方式上，采取了用人单位缴费、职工个人缴费、失业保险基本利息、财政补贴和依法纳入失业保险基金的其他资金相结合的方式。城镇企业事业单位按照本单位工资总额的2%缴纳失业保险费。城镇企业事业单位职工按照本人工资的1%缴纳失业保险费。城镇企业事业单位招用的农民合同制工人本人不缴纳失业保险费。在领取条件上，除劳动者应属在非本人意愿中断就业这一基本条件外，劳动者还应满足以下两个条件：第一，用人单位和劳动者个人必须按照相关规定履行缴费义务满一年；第二，劳动者已登记失业并有求职要求。失业保险待遇包括失业保险金、医疗补助金、职业培训补助以及抚恤金等。在待遇水平上，劳动者在失业后所获得失业保险金额取决于劳动者的缴费年限，具体待遇标准在全国范围内并无统一规定，待遇标准由省、自治区、直辖市人民政府制定。在待遇期限上，缴费期满1年但不足5年的劳动者，最长可领取12个月的失业保险金；缴费期满5年但不足10年的劳动者，最长可领取18个月的失业保险金；缴费期满10年以上的劳动者，失业保险金的领取期限为24个月。失业人员跨统筹地区流动的，失业保险关系随之转迁。伴随着市场经济改革的深入推进，《失业保险条例》有力地发挥了健全失业保险制度、强化保障功能、强调失业保险权利与义务的对应等方面的作用。

与1986年的《国营企业职工待业保险暂行规定》和1993年的《国有企业职工待业保险规定》相比，《失业保险条例》具有以下几点区别：第一，从命名上看，将之前的"待业"正式改为"失业"；第二，从覆盖范围上看，将之前的只针对国营企业，改为失业保险面向城镇各类企事业单位；第三，从基金的筹集上看，将之前的个人不需缴纳、单位缴纳1%，改为由个人和单位共同承担，单位承担的部分也由之前的1%提升到2%，个人则需缴纳本人工资的1%；第四，从待遇期限上，将之前的按照工龄或连续工作时间分为两阶段（工龄或连续工作时间不足五年的，最多发放十二个月；工龄或连续工作时间超过五年的，最多发放二十四个月）改为按照缴费时间分为三个阶段（累计缴费1—5年的最长可领取12个月，累计缴费5—10年的最长可领取18个月，累计缴费10年以上的最长可领取24个月）。

下岗职工方面，《失业保险条例》实施后，1993 年以来建立的国有企业下岗职工基本生活保障制度仍然继续实施。1998 年，《关于切实做好国有企业下岗职工基本生活保障和再就业工作的通知》，要求"各地广泛建立再就业服务中心，负责为本企业下岗职工发放基本生活费和代下岗职工缴纳养老、医疗、失业等社会保险费，组织下岗职工参加职业指导和再就业培训，引导和帮助他们实现再就业"。进入 21 世纪后，政府逐渐将下岗与失业并轨，以一定的方式使下岗职工脱离了原企业，使他们真正进入了劳动力市场。2001 年，全国人大九届四次会议通过了《国民经济和社会发展第十个五年计划纲要》，首次把创造就业放在经济发展的重要位置，并明确提出今后 5 年创造 4000 万个就业机会、城镇登记失业率控制在 5% 左右的目标。2002 年，《关于进一步做好下岗失业人员再就业工作的通知》肯定了国有企业下岗职工基本生活保障制度、失业保险制度和城市居民最低生活保障制度的"三条保障线"的作用，并指出要进一步积极稳妥地做好下岗职工基本生活保障制度向失业保险并轨的工作方针。2003 年我国开始将下岗职工基本生活保障制度与失业保险进行并轨，到 2007 年年底全国基本完成这两项制度的并轨工作。在此阶段，失业保险制度在配合国企改革方面发挥了重要作用。1999—2002 年下岗再就业人数逐年下降，而到了 2003 年，下岗再就业人数上升到 2002 年的 5 倍，其中，"4050"人员的再就业得到了相当大数量的解决。[1]

农村劳动力方面，这一阶段农村富余劳动力问题越来越显现，城市经济体制改革的深化对农村劳动力流动提出新的要求。2006 年，国务院颁布《关于农民工若干问题的通知》，引起全社会的高度重视。2007 年金融危机，我国新增失业人口达到 2500 万人，占全球新增失业人口的 50%。[2] 金融危机时期，非正规就业者（大部分是农民）的失业情况最为严重。据估计，我国的非正规就业人数占到城镇就业人数的 20%—41%，[3] 对我国失业保障制度提出了挑战。

大学生方面，21 世纪开始，我国加速了经济结构的调整，失业人口

---

① 陈谦：《我国失业保险制度评估及改革研究》，硕士学位论文，西北大学，2014 年。

② 郑秉文：《中国失业保险基金增长原因分析及其政策选择——从中外比较的角度兼论投资本体制改革》，《经济社会体制比较》2010 年第 6 期。

③ 王静敏：《当代中国失业保险问题研究》，博士学位论文，东北师范大学，2008 年。

总数以及结构性失业人口数量均有所增加。从 2000 年到 2009 年，大学生的就业率始终维持在 70%—80%，每年都有 20%—30% 的大学毕业生毕业后就面临着失业的状况，进而形成了一个新失业群体。新失业群体的出现对我国失业保险制度提出了新的挑战，但我国的失业保险制度并未对该群体做出针对性安排。

事业单位人员方面，2000 年的《关于切实做好事业单位参加失业保险工作有关问题的通知》要求各地劳动保障部门及其经办失业保险业务的社会保险经办机构切实抓紧事业单位失业保险工作。

此外，2005 年《关于进一步加强就业再就业工作的通知》、2006 年《关于适当扩大失业保险基金支出范围试点有关问题的通知》、2008 年《关于采取积极措施减轻企业负担稳定就业局势有关问题的通知》等均在不同方面对失业保险制度进行了补充和完善。

（5）2010 年以后：失业保险制度的完善阶段

2010 年，《中华人民共和国社会保险法》（以下简称《社会保险法》）的正式通过标志着我国社会保障体系建设已经由摸索阶段过渡到稳定、可持续发展阶段。作为我国社会保障立法的主体性法律，《社会保险法》不仅规范了我国社会保险制度的基本内容，而且在一定程度上规范了整个社会保障制度的基本框架。在失业保险方面，我国实施的依旧是 1999 年颁布的《失业保险条例》，而《社会保险法》则对该条例的部分内容已经做出了调整，例如，将待遇标准由原来的"低于当地最低工资标准、高于城市居民最低生活保障标准"修改为"不得低于城市最低生活保障标准"。此外，党的十八大、十九大先后提出了完善失业保险制度、增强失业保险制度预防失业促进就业功能等目标，这些都需要依法逐步进行落实。从政策实施效果的层面上来看，自 1999 年《失业保险条例》出台以来，失业保险制度取得了一定的成效，但仍存在诸多问题。从失业人数上来看，国家统计局数据显示，从 2010 年到 2015 年，我国城镇失业人口数从 908 万人增加到了 972 万人，总体呈现波动上升趋势，失业政策的实施并未使失业人口的绝对数量得以减少。值得注意的是，此数据仅指登记失业的人口，并未涉及没有登记的失业人口，且随着城镇化进程的加快，大量农村剩余劳动力也未计入该统计口径之下，再加上当前我国由于不同经营主体在劳动者就业市场上并没有完全市场化，存在隐性失业的现象，① 所以我国真实失业人口数量要远高于该官方统计数据。

《社会保险法》正式通过之后，我国又相继出台了一系列规定对失业保险实施过程中所暴露出的问题进行了修正。为降低企业经营成本、提高企业活力，根据《社会保险法》等有关规定，2016 年《关于阶段性降低社会保险费率的通知》规定，我国失业保险采取用人单位与个人共同缴费的模式，总费率为 1%—1.5%，其中个人缴费不得超过 0.5%，具体方案由各省（区、市）确定。2017 年 11 月人社部就《失业保险条例（修订草案征求意见稿）》（以下简称《征求意见稿》）向社会公开征求意见。人社部指出相比于现行条例，《征求意见稿》对适用范围、缴费费率、基金支出范围、待遇水平、农民合同制工人失业保障、被判刑收益执行的失业人员待遇领取、相关主体法律责任等方面提出了修改方案②。

二　中国失业保险研究概述

为了探索近年来国内和国际对于中国失业保险制度的研究进展，笔者收集了中文社会科学引文索引（CSSCI）和 Web of Science 核心合集 20 年（1998—2017 年）期间以中国失业保险为主题的论文（见图 3-1 和图 3-2），分别为 119 篇和 12 篇。通过对这些文献的梳理和分析，笔者发现：第一，不论是国内还是国际上，相比养老保险、医疗保险等其他社会保障研究领域，失业保险领域的论文数量都相对较少，失业保险并不是社会保障领域的热门研究方向。第二，CSSCI 论文中，1998—1999 年为 20 年多来失业保险领域研究的数量顶峰，这可能与两个因素有关。其一，1993—1998 年是我国失业保险的制度发展阶段。其间，我国失业保险制度的调整与深化国企改革联系，此阶段我国相继出台《国有企业职工待业保险规定》《中共中央关于建立社会主义市场经济体制若干问题的决定》《关于切实做好国有企业下岗职工基本生活保障和再就业工作的通

---

① 柏培文：《1978—2008 年中国隐性失业人口估算及影响因素分析》，《中国经济史研究》2011 年第 4 期。

② 资料来源：人社部网站。

知》等相关政策文件。社会经济在此阶段的重大变革所带来的民生保障
问题与失业保险制度息息相关，因此失业保险在此阶段得到了学界的普
遍关注和讨论。其二，1999 年我国颁布了《失业保险条例》，第一次以国
家法规的形式正式确立了我国失业保险制度的基本模式，故而失业保险
在此阶段成为学界讨论的热点。第三，CSSCI 中第二个论文数量高峰为
2010—2012 年，这可能与 2010 年《中华人民共和国社会保险法》正式通
过有关。由于《中华人民共和国社会保险法》对《失业保险条例》的部
分内容做出了修改，故而失业保险领域再次引发了学界的较多关注与讨
论。第四，在 Web of Science 核心合集中，关于我国失业保险制度的相关
讨论非常少，而在仅有的 12 篇文章中，只有 3 篇被收录于社会科学引文
索引期刊（SSCI）。CSSCI 中对于我国失业保险的研究不论从数量上还是
内容的丰富程度上均远超过英文期刊。

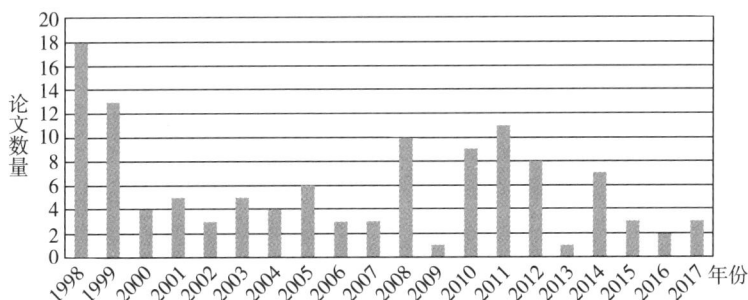

图 3 – 1　CSSCI 期刊中以"失业保险"为主题的论文数量（1998—2017 年）

注：（1）对 CSSCI 中"失业保险"主题论文的搜索方式为：题目中包含"失业保险"一词；

（2）中文社会科学引文索引（CSSCI）创立于 1998 年，因此论文检索结果是从 1998 年开始
统计的；

（3）2018 年数据统计尚不完全。

考虑到 Web of Science 核心合集中对于我国失业保险的研究数量和内
容过少，因此，笔者以 CSSCI 中关于失业保险的研究为素材，对 20 年来
失业保险领域的研究主题情况进行了统计和描述。表 3 – 1 展示了笔者在
CSSCI 以失业保险为主题的论文中所提取的每一年度排名前五位的关键

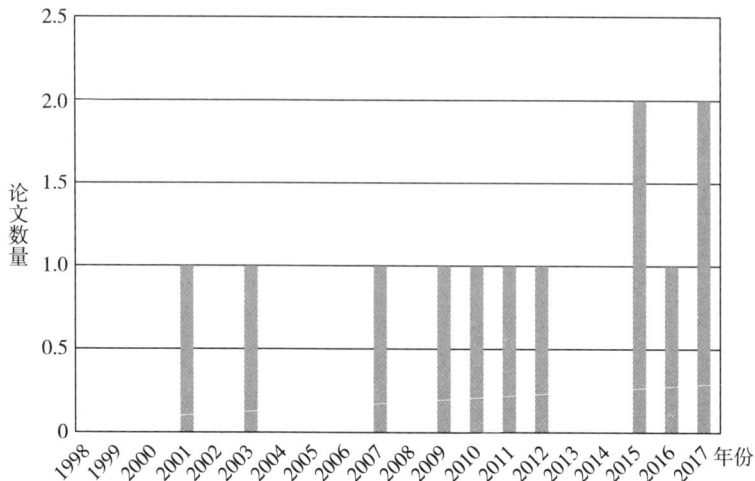

图 3 - 2　**Web of Science 核心合集以"中国失业保险"**
为主题的论文数量（1998—2017 年）

注：（1）对英文"中国失业保险"主题论文的搜索方式有两种：第一种，题目中包含"So-cial security"并包含"China"或"Chinese"，且主题中包含"Unemployment insurance"，然后对搜索结果进行人工识别；第二种，题目中包含"Unemployment insurance"并包含"China"或"Chinese"，然后对搜索结果进行人工识别；

（2）为与 CSSCI 论文统计标准一致，Web of Science 核心合集中对于论文的搜索起始时间定为 1998 年；

（3）2018 年数据统计尚不完全。

词。[1] 通过梳理笔者发现，首先，近 20 年来我国失业保险领域的研究更多的是倾向于制度实践层面的研究，对于失业保险理论方面的讨论较少；其次，失业保险研究方向与失业保险制度的发展变化关系密切。例如，在深化国企改革时期，我国将做好国有企业下岗职工基本生活保障和再就业工作作为失业保险制度的重点工作。因此，从 1998 年开始，"再就业工程""下岗职工"等成为研究热点；2010 年《中华人民共和国社会保险法》对《失业保险条例》的部分内容做出了修改，故从 2010 年开始，对于失业保险的"功能""弹性失业保险制度"等模式与功能方面的讨论开始增多，而"领取失业保险程度""农民工"等关键词的频繁出现

---

[1]　由于以"失业保险"为关键词无法判断该文章的具体研究主题，因此，在表 3 - 1 的统计中，"失业保险"这一关键词并不在排序的考量范围之内。

则体现了这一时期学者对于失业保险待遇水平和覆盖面等具体实践问题的广泛关注。

表 3 - 1　　　CSSCI 中失业保险研究主题的变迁（1998—2017 年）

年份	最高频	次高频	第三	第四	第五
1998	再就业工程	失业保险基金	失业问题	下岗职工	再就业
1999	市场经济	社会保障	保险基金	再就业	社会保障制度
2000	效率工资	保险政策	劳动者缴费制度	国家公务员	社会保障
2001	社会保障	下岗职工	社会保障制度	保险基金	社会职能法律
2002	监管机构	实施机制	社会统筹	立法	失业保险基金
2003	再就业政策	社会保障资金	中国	德国	再就业问题
2004	就业模式	失业人员	失业保险条例	下岗职工	基本生活保障
2005	完善制度	加强立法	失业人保障	就业机制	下岗
2006	道德风险	自我保险	隐性就业	激励机制	失业保险基金
2007	雇佣保险	就业促进津贴	管理体制	知识失业	教育资源
2008	比利时	失业保险金	递减支付	固定支付	再就业奖金
2009	大学毕业生	制度缺失	问题研究		
2010	农民工	失业保险需求	国际金融危机	功能	存在问题
2011	促进就业	农民工	潜在需求	弹性失业保险制度	政策体系
2012	失业保险条例	领取失业保险程度	失业保险法	就业保障	预防失业
2013	失业保险金	标准	工资关联		
2014	失业保险金	使用效率	预防失业	德国保险	魏玛共和国
2015	就业保险制度	特点	新路径	失业保险基金	失业人员再就业
2016	就业保险制度	就业保障	加拿大	促进再就业	社会保障法
2017	失地农民	可持续生计	经济补偿	劳动合同	解雇保护

三　中国失业保险理论研究进展

1. 从"待业"到"失业"：相关概念的厘清

国际上，1988 年第 75 届国际劳工大会通过的《促进就业和失业保险公约》第 168 号文，对于"失业"这一概念进行了界定，即能够工作，可以工作，并且确实在寻找工作，而无法得到适当工作职位，致使没有工资收入。而我国改革开放以来，对于"失业"的认识则经历了不承认"失业"，承认"待业"，再到承认"失业"这三个阶段。

第一阶段，不承认"失业"阶段。中华人民共和国成立之初，主流认知普遍认为社会主义国家人人有工作，不存在"失业"这一概念。即便是1978年我国开始实行改革开放政策，大量"上山下乡"知识青年返城，而后其中相当数量的人处于失业状态，在我国的各种政策制度表述中，也均未提及"失业"一词，此阶段我国并没有承认失业的客观存在。

第二阶段，承认"待业"阶段。从1979年到1986年，劳动制度改革开始的这7年间，我国城镇失业人数在235.7万—567.6万人。一方面是客观存在的失业现象已经再无法忽视，另一方面是要与资本主义国家的失业现象相区分。基于以上两种考虑，1986年，我国出台了《国营企业职业待业保险暂行规定》，"待业"一词开始在各种失业保险制度相关文件中出现。

第三阶段，承认"失业"阶段。郑海航认为，"传统经济学理论把'失业'看作是资本主义制度的产物，否定社会主义社会存在'失业'。在政策上用牺牲经济效率的途径，采取隐性失业的形式来实现'充分就业'。我们认为，失业不是资本主义特有的产物。因为失业的产生从根本上讲是劳动力的供给和劳动力的需求在生产力发展的动态中产生矛盾的结果。不管是社会主义还是资本主义，失业，即劳动力的供过于求，都可能实际存在着。只不过前者不讲究效率表现为隐性失业，后者讲究效率表现为公开失业而已。"[①] 因此，失业不是资本主义特有的现象，而是不可避免的社会经济现象。1993年11月，党的十四届三中全会通过的《中共中央关于建立社会主义市场经济体制若干问题的决定》提出了失业保险费由企业按职工工资总额一定比例统一筹交，这也是我国第一次在正式文件中使用"失业保险"一词。1999年国务院颁布了《失业保险条例》正式在失业保险制度性文件中用"失业"替代了"待业"，我国第一次"正视"了失业这一社会经济现象的客观存在，社会各层次对于失业的认识在不同程度上从感性上升为理性。考虑到"失业"概念的覆盖面要比"待业"更大，因此这一变化也有利于劳动制度改革的深化和失

---

① 郑海航：《我国失业和失业保险理论的探讨》，《首都经济贸易学报》1999年第3期。

业保险制度的逐步完善。

2. 中国失业保险理论研究

失业保险理论研究方面，国外学者已经在失业保险领域展开了大量、深入的理论研究，研究领域涉及福利经济学、公共经济学以及劳动经济学，① 研究按照内容则大体可以分为以下三类：第一，失业保险制度对个人劳动供给影响的研究；第二，失业保险制度对企业劳动需求影响的研究；第三，失业保险制度对福利影响的研究。② 就我国而言，深化或发展失业保险理论的研究还十分匮乏。③ 目前在失业保险领域已经展开的理论研究主要包括两个方面：第一，利用搜寻理论来讨论失业保险制度对个人劳动供给的影响；第二，从发展型社会政策视角来探讨我国失业保险制度功能。

（1）搜寻理论及其应用

菲利普斯等经济学家于 1970 年提出了搜寻理论（search theory），也称职业搜寻理论，是在劳动经济学中用于研究失业保险对于劳动力供给所产生影响的主要理论之一。搜寻理论认为，由于劳动力市场上各个用人单位的工资报酬有差异，再加上劳动者无法获得各个用人单位完全充分的工资报酬信息，因此，劳动者必须不断地通过在劳动力市场上进行工作搜寻的方式，最终获得工作，而劳动者搜寻和获得工作必须付出成本。劳动者在劳动力市场上进行工作搜寻的整个过程中，相当于是在权衡工作搜寻的边际成本和可能的边际收益（工资收入和享受闲暇的函数④），而劳动者是否接受某个工作机会取决于继续进行工作搜寻的边际成本与可能的边际收益之间的关系。当边际收益大于边际成本时，工作搜寻会继续，直到边际收益与边际成本相等为止。⑤ 因此，劳动者会根据劳动力市场上的有限信息来估计工作搜寻的成本和收益，以决定参与工作的心理底价或可接受的最低工资水平，即保留工资水平。在失业保险研究方面，该理论正是通过改变失业者的保留工资水平与时间，进而影

---

① 别朝霞：《西方失业保险理论：评述与启示》，《江西财经大学学报》2007 年第 2 期。

② 同上。

③ 杜选、高和荣：《失业保险制度研究述评》，《河北工业大学学报》（社会科学版）2016 年第 2 期。

④ 别朝霞：《西方失业保险理论：评述与启示》，《江西财经大学学报》2007 年第 2 期。

⑤ 李玉梅、程聪：《劳动力市场工作搜寻理论及其启示》，《首都经济贸易大学学报》2007 年第 2 期。

响失业者的失业时间和就业状态。①

在搜寻理论的指导下，国外学者对于失业保险对个人劳动力产生影响的情况进行了广泛的探讨，结论大致分为以下三种：

第一种，失业保险对个人劳动供给产生积极影响。Hamermesh 提出，劳动者认为相比不参加工作、没有任何收入而言，选择参加工作会获得工资报酬，而且即使将来被解雇，仍有失业保险金来保障基本生活，因此，失业保险促进了劳动者参与劳动力市场的积极性。② Yaniv 从失业保险金替代率的角度进行分析，认为失业保险金与失业前工资报酬联动的机制会促使劳动者更愿意增加劳动力供给以获得更高的工资报酬。③ Kahan 和 Low 将失业者的工作搜寻方式分为系统搜寻和随机搜寻两种，认为失业保险提供的现金与时间补偿能够支持失业者选择系统搜寻的方式去获取相关的工作信息，并在较短的时间里找到自己满意的工作。④

第二种，失业保险对个人劳动供给产生的影响是不确定的。Mortensen 认为，在领取失业保险待遇的初期，失业者参与劳动力市场的积极性相对较差，而在待遇领取的截止时间将至之时，失业者搜寻工作的积极性则会极大提高。⑤

第三种，失业保险对个人劳动供给产生消极影响。劳动者在劳动力市场上进行工作搜寻的整个过程中，相当于在权衡工作搜寻的边际成本与可能的边际收益。Feldstein 认为，当失业保险待遇较好时，失业者搜寻工作的预期收益和保留工资水平就会相应地提高，因此失业者会延长失

---

① 杜选、高和荣：《失业保险制度研究述评》，《河北工业大学学报》（社会科学版）2016 年第 2 期。

② Hamermesh, Daniel S., "Social Insurance and Consumption: an Empirical Inquiry", *The American Economic Review*, 1982, 72 (1): 101 – 113.

③ Yaniv G., "Unemployment Insurance Benefits and the Supply of Labor of an Employed Worker", *Journal of Public Economics*, 1982, 17 (1): 71 – 82.

④ 别朝霞：《西方失业保险理论：评述与启示》，《江西财经大学学报》2007 年第 2 期。

⑤ Mortensen D., "Unemployment Insurance and Job Search Decisions", *Industrial and Labor Relations Review*, 1977, 30 (4): 505 – 517.

Meyer B. D., "Unemployment Insurance and Unemployment Spells", *Econometrica*, 1990, 58 (4): 757 – 782.

业时间。[①]

在我国利用搜寻理论对失业保险制度进行的研究方面，李玉梅、程聪从搜寻理论出发，介绍并评价了搜寻理论的基本框架及主要分析模型。他们认为，尽管搜寻理论存在一些需要完善的地方，但是该理论为完善我国劳动力市场的运行机制提供了一个具有较强解释能力的理论分析框架，对分析和了解我国劳动力市场的微观行为具有一定的启示。[②] 杜凤莲、鲍煜虹在搜寻理论和持续数据模型、转换模型的基础上，计算了失业救济金和失业持续时间的关系，并得出了失业保险制度对个人劳动供给产生消极影响的结论，即失业救济金会降低再就业概率、延长失业持续时间。[③] 同样，吴先国、侯波也得出了我国失业保险对个人劳动供给产生消极影响的结论。他们指出，我国失业保险待遇领取期相对较长，这种长而恒定的失业保险待遇，不能给予失业者及时且足够多的"刺激"，因而对于失业者搜寻工作的强度产生不利影响，进而容易演变成为惯性或长期失业。[④]

（2）从发展型社会政策视角探讨失业保险制度功能

20 世纪 80 年代，詹姆斯—米奇利提出了发展型社会政策的概念。发展型社会政策主张社会政策和经济政策相结合，以增进人力和社会资本、改善生活环境和社会关系为基础，并在此之上将发展经济、提高物质生活水平视为提升社会福祉的途径。相较于传统社会政策，发展型社会政策并不将政府局限于提供社会服务这一狭小的职责范畴内，而将更为广泛的国计民生问题包含在内，[⑤] 从而在更广阔的意义上设计自己的政策议

---

①　Feldstein M. "Temporary Layoffs in the Theory of Unemployment", *Journal of Political Economy*, 1976, 84 (8): 937 - 957.

Topel R., "On Layoffs and Unemployment Insurance", *American Economic Review*, 1983, 73 (7): 541 - 559.

②　李玉梅、程聪：《劳动力市场工作搜寻理论及其启示》，《首都经济贸易大学学报》2007 年第 2 期。

③　杜凤莲、鲍煜虹：《搜寻理论、失业救济金与中国城镇人口失业持续时间》，《经济理论与经济管理》2006 年第 3 期。

④　吴先国、侯波：《搜寻匹配理论下失业保险水平对再就业的影响》，《经营管理者》2011 年第 18 期。

⑤　［英］安东尼·哈尼、［美］詹姆斯·梅志里：《发展型社会政策》，罗敏等译，社会科学文献出版社 2006 年版。

程和政策目标。① 依据发展型社会政策理论，社会福利应当立足"以人为本"、促进个人能力建设，体现在失业保险制度领域则是：政府不应该仅局限在为失业者提供单纯的生活保障上，而应该在失业保险制度中倡导积极的社会政策理念，通过提供具有投资性质的待遇以促进失业者人力资本的提升，进而增加其就业能力；同时，采取积极的措施稳定现有就业、减少失业。失业保险改革要体现失业保险在保障生活、促进再就业、预防失业上的三大功能。而在三大功能之中，保障生活则被视为最基本的功能。② 发展型社会政策理论视角下的失业保险制度，应当从传统上只重视保障失业后生活向促进再就业、预防失业与保障生活三者并重转变。③

在促进就业功能方面，学者们指出，虽然失业保险制度从中华人民共和国成立之初便明确了保障生活和促进再就业这两项制度功能，并对失业者在待遇领取期间接受职业培训、职业介绍进行补贴以促进再就业作了规定，但是，我国失业保险制度在促进就业方面成效并不大。④ 甚至有学者指出，我国现行失业保险制度的政策设计存在抑制就业的逆向安排。⑤ 从失业保险金支出方向上，申晓梅指出，我国失业保险金用于促进就业支出的投入每年仅占总支出的 10%，如北京、上海等大城市用在促进就业方面的投入甚至不足总支出的 5%。⑥ 徐悦、李志明指出，失业保险只对职业培训和职业介绍这两项进行补贴，并且补贴的办法和标准由省、自治区、直辖市人民政府制定，资金支出非常有限。⑦ 从失业保险待

① 张伟兵：《发展型社会政策理论与实践——西方社会福利思想的重大转型及其对中国社会政策的启示》，《世界经济与政治论坛》2007 年第 1 期。

② 周沛、易艳阳、周进萍：《社会保障概论》，武汉大学出版社 2010 年版，第 245 页；尹慧敏：《社会保障制度创新研究》，经济科学出版社 2009 年版，第 111—113 页。

③ 徐悦、李志明：《从失业补偿到就业促进：发展型社会政策视角下中国失业保险制度的改革与发展》，《社会保障研究》2011 年第 3 期。

④ 王延中、张车伟：《我国失业保险制度的主要问题与对策》，《中国经贸导刊》2005 年第 11 期；徐悦、李志明：《从失业补偿到就业促进：发展型社会政策视角下中国失业保险制度的改革与发展》，《社会保障研究》2011 年第 3 期；张新文、李修康：《英中两国失业保险制度比较研究》，《经济研究》2001 年第 3 期。

⑤ 丁煜：《完善我国失业保险制度的政策研究——以促进就业为导向》，《经济理论与经济管理》2008 年第 2 期。

⑥ 申晓梅：《论失业救济制度向就业保险制度的转型及其政策探析》，《人口与经济》2007 年第 3 期。

⑦ 徐悦、李志明：《从失业补偿到就业促进：发展型社会政策视角下中国失业保险制度的改革与发展》，《社会保障研究》2011 年第 3 期。

遇领取期限上，周娟认为"中国失业保险金领取时间最长 24 个月的设计不利于促进就业。"① 杜凤莲和刘文忻的研究也表明，失业救济金对再就业机会比率的影响是负向而且显著的。② 从覆盖范围上看，失业保险制度对非正规就业人员的排斥无从鼓励非正规就业的发展。③

　　在预防失业功能方面，许多学者指出了我国失业保险在预防失业方面的功能缺陷。高和荣、廖小航通过数学模型指出了失业保险制度实施过程中的失业预防功能普遍性不足问题。④ 徐悦、李志明认为，失业保险基金支出范围狭窄、预防失业等积极功能缺乏问题很大程度上导致了失业保险基金大量出现结余，使用效率低下、保值增值困难的同时，企业在困难时期却得不到来自失业保险基金为稳定就业而提供的专项补贴。⑤ 常飞、谭金可认为，失业保险制度中对富余人员安置、企事业单位裁员给予转岗和在职培训补贴，应成为制度中稳定就业的重要制度工具。⑥ 莫荣认为，失业保险基金缺少长效应急机制，且没有鼓励企业多承担安置就业的社会责任。⑦ 针对预防失业功能不足的问题，一些学者给出了对策：巩春秋认为，应该扩大失业保险金预防失业的支出，以保就业岗位不流失、保企业不倒闭为出发点，用浮动费率鼓励用人单位少裁员，用失业保险基金帮助经营困难的企业稳定就业岗位。⑧ 应在发展性社会政策理念的指导下，更好地发挥失业保险制度的综合效能，特别是失业保险基金在促进再就业、预防失业等方面的重要作用，⑨ 稳定就业局势、促进充分就业。

----

① 周娟：《完善失业保险的促进就业功能》，《重庆科技学院学报》2012 年第 20 期。

② 杜凤莲、刘文忻：《失业救济金与中国城镇人口失业持续时间》，《经济科学》2005 年第 4 期。

③ 丁煜：《完善我国失业保险制度的政策研究——以促进就业为导向》，《经济理论与经济管理》2008 年第 2 期。

④ 高和荣、廖小航：《我国失业保险制度的实施与普遍整合》，《西北人口》2012 年第 1 期。

⑤ 徐悦、李志明：《从失业补偿到就业促进：发展型社会政策视角下中国失业保险制度的改革与发展》，《社会保障研究》2011 年第 3 期。

⑥ 常飞、谭金可：《就业保障导向下的我国失业保险制度改善探析》，《中国人力资源开发》2012 年第 4 期。

⑦ 莫荣：《发挥失业保险预防失业促进就业的作用》，《中国社会保障》2010 年第 9 期。

⑧ 巩春秋：《关于失业保险制度功能转型问题的思考》，《山东社会科学》2014 年第 11 期。

⑨ 梁书毓、薛惠元：《费率降低背景下失业保险保障水平的确定》，《西北人口》2016 年第 1 期。

（3）其他理论研究

总的来说，我国关于失业的研究很少涉及对失业保险制度进行理论研究的方面，更多的是停留在如何利用西方理论来解释和理解中国的失业现象上，而所涉及的理论则包括：古典失业理论、凯恩斯失业理论、菲利普斯失业理论及货币学派、新凯恩斯主义理论、马克思失业理论等。[1]

四　中国失业保险制度实践研究进展

1. 失业保险覆盖面与覆盖率研究

我国失业保险在事业单位扩展覆盖面上的努力取得了良好的效果，但在企业化管理的从业人员中的覆盖率却在逐年下降，依旧存在覆盖范围过窄的问题。[2] 顾昕指出，造成这一情况的根本原因在于失业保险制度设计仍存在一定的问题，给付水平的济贫实践打击了高收入者的参保积极性。[3] 高和荣、廖小航提出，失业保险覆盖面不够普遍主要有两方面原因：一方面，现行的《失业保险条例》最初只规定城镇企业事业单位职工才能参加，而"城镇企业事业单位招用的农民合同制工人"则"不缴纳失业保险费"，这就导致每年有2亿多农民工不能普遍地参加到失业保险制度之中来。[4] 李强在研究中国城市化进程时发现，2009年年末参加失业保险的农民工仅仅占到就业农民工人数的10.99%。[5] 国际劳工组织以及国际社会保险协会公布的中国失业保险覆盖率与大部分发达国家一样，属于面向"所有有薪工人和其他纳入失业保险的就业者"，主要包括城镇企事业单位的所有员工，而不包括自由职业者。虽然目前北京、上海等

---

① 蒋南平、黄珣：《马克思失业理论与西方主流失业理论：当代中国失业问题的解读》，《经济学家》2009年第1期；范旭东：《失业理论、失业保险机制设计与中国失业保险制度》，硕士学位论文，武汉大学，2005年；都阳、陆旸：《中国的自然失业率水平及其含义》，《世界经济》2011年第4期；沈水银：《中国城镇职工失业保险问题研究》，中国书籍出版社2013年版，第16—23页。

② 何灵、郭士征：《完善失业保险制度应对国际金融危机冲击——以上海市失业保险制度为例》，《经济纵横》2010年第3期。

③ 顾昕：《通向普遍主义的艰难之路：中国城镇失业保险制度的覆盖面分析》，《东岳论丛》2006年第3期。

④ 高和荣、廖小航：《我国失业保险制度的实施与普遍整合》，《西北人口》2012年第1期。

⑤ 李强：《中国城市化进程中的"半融入"与"不融入"》，《河北学刊》2011年第9期。

地已将农民工纳入到了失业保险保障范围，但大部分地区仍没有纳入。与发达国家相比，我国具有典型的二元制结构，拥有庞大的农业人口以及大量的农民工，因此，我国失业保险的实际劳动人口覆盖率要远低于发达国家；另一方面，大量非公经济组织有意不为本单位职工缴纳失业保险金。这种"雇主性寻租"行为导致了失业保险覆盖率较低。① 翟志俊则认为，隐性就业问题是使我国失业保险对象越来越模糊的重要原因。② 然而，无论是对失业保险覆盖面还是覆盖对象的探讨，学者们往往容易忽视失业保险制度在劳动力人口中的实际覆盖百分比，更缺少对各类覆盖对象的具体覆盖程度的研究。③

在增加失业保险覆盖面、提高失业保险覆盖率的对策方面，高和荣、廖小航提出"应该提高劳动者参加失业保险的普遍性，将所有劳动者都整合到现行的失业保险制度中来，做到应保尽保，从而发挥这个制度的普遍整合功能。"④ 杨方方等则认为将新兴职业与灵活就业者纳入失业保险制度是具有挑战性的问题。⑤ 杨文忠则认为可以根据不同人的特点建立不同的失业保险制度。⑥

2. 失业保险金待遇标准研究

我国学者对待遇标准的定量研究并不多，这可能与我国失业保险支付标准与其他国家不同，采用的是固定保险金待遇的方式。⑦ 在已有的一些研究之中，聂爱霞发现，失业保险的待遇领取期限及月发放标准与再就业的时间呈负相关关系。⑧ 在失业保险的待遇标准方面，谭金可、王全兴指出，我国失业保险仍存在待遇标准不合理、待遇领取条件不完善、

① 孙虹、俞会新：《主要发达国家失业保险制度结构与劳动力市场表现》，《中国劳动》2015 年第 7 期。

② 翟志俊：《中国失业保险历史回顾及其思考》，上海社会科学院出版社 2009 年版。

③ 杜选、高和荣：《失业保险制度研究述评》，《河北工业大学学报》（社会科学版）2016 年第 2 期。

④ 高和荣、廖小航：《我国失业保险制度的实施与普遍整合》，《西北人口》2012 年第 1 期。

⑤ 杨方方、郑功成：《中国失业保障体系现状和未来挑战》，《甘肃社会科学》2004 年第 2 期。

⑥ 杨文忠：《德国的失业保险与促进就业》，《中国劳动保障》2009 年第 4 期。

⑦ 杜选、高和荣：《失业保险制度研究述评》，《河北工业大学学报》（社会科学版）2016 年第 2 期。

⑧ 聂爱霞：《失业保险对失业持续时间的影响》，《南方人口》2012 年第 3 期。

待遇期限过长等问题。① 孙虹、俞会新指出，与发达国家不同的是，我国的失业保险金标准未能参照缴纳失业保险金的失业者的前期工资水平，而是以最低工资为主要衡量标准。目前，我国各省市的失业保险金水平为最低工资标准的 60%—80% 及以上不等，一些省市在发放失业保险金时还会考虑缴费年限、失业前工资水平以及失业者年龄等因素。2013 年，国务院颁布了《国务院办公厅关于深化收入分配制度改革重点工作分工的通知》，要求"适时调整最低工资标准，到 2015 年绝大多数地区最低工资标准达到当地城镇从业人员平均工资的 40% 以上。"但实际上，各地目前的最低工资标准一般仅在 35% 左右。因此，实际上我国的失业保险替代率大致在 20%—25% 这一区间范围内。② 梁书毓、薛惠元通过构建失业保险替代率精算模型，将计算结果与国内外实际情况进行比较，发现我国当前失业保险保障水平过低，长期会出现失业保险基金积累过多，建议提高失业保险的待遇给付水平。③ 吕丹、曲展在研究其他国家的失业保险制度待遇及费率情况后提出，我国应借鉴其他国经验适当提高失业金、完善基金的支出结构、选择费率调整时机。④ 穆怀中认为，失业保险基数的计算需要以上年社会平均工资的一定百分比加上固定比例 40%—45%。⑤ 然而，也有学者在待遇标准方面持相反意见。孙虹、俞会新认为，由于经济实力的限制，我国的失业保险覆盖率和失业保险金水平并不高，均低于所对比国家的平均值之下，这种较为收敛的制度结构可能是比较符合我国目前的情况。有必要借鉴国际经验，努力消除失业保险制度的消极性，并与积极的劳动力市场制度相融合，例如将失业金水平维持在较低的水平上。⑥

3. 失业保险管理监督机制研究

失业保险的管理监督体制的完善是保证失业保险制度顺利运行的前

① 谭金可、王全兴：《论失业保险法的就业保障目标扩展》，《中州学刊》2012 年第 1 期。

② 孙虹、俞会新：《主要发达国家失业保险制度结构与劳动力市场表现》，《中国劳动》2015 年第 7 期。

③ 梁书毓、薛惠元：《费率降低背景下失业保险保障水平的确定》，《西北人口》2016 年第 1 期。

④ 吕丹、曲展：《典型国家失业保险制度》，《中国劳动》2014 年第 10 期。

⑤ 穆怀中：《社会保障国际比较》，中国劳动保障出版社 2001 年版，第 235 页。

⑥ 孙虹、俞会新：《主要发达国家失业保险制度结构与劳动力市场表现》，《中国劳动》2015 年第 7 期。

提和基础。① 在基金的投资收益方面，我国失业保险金收入的增长远高于支出，而大量的结余却处于闲置的状态，基金须存入社保基金财政专户，购买国债或存入银行。投资回报率低、投资渠道狭窄的问题仍未得到改善。在基金的统筹层次方面，基金的统筹层次较低，导致基金的整体抗风险能力较弱，基金只能在范围内实现互济作用，② 削弱了基金的保障能力，也加大了运行成本。在失业保险制度的管理上，有学者提出应由中央和地方政府分担责任。中央政府需要承担宏观政策的制定和监督，财政上给予地方政府一定的权力；具体的管理运作，应由省级政府掌握。③

4. 失业保险便携性问题研究

在全球一体化的背景之下，劳动者失业保险跨行业、跨国家、跨地区转移的便携性逐渐成为各国必须面对和解决的重要问题。成本收益理论指出，在流动收益一定的情况下，劳动者的流动成本将是决定其是否流动的关键。失业保险的便携性问题作为流动成本的重要组成部分，近年来得到了学者和政策制定者的广泛重视。如何有效衔接各地区的失业保险，提高失业保险的便携性，进而有效保障劳动者的基本生活与权益，逐渐成为学界讨论的重点。

在社会保障便携性的定义方面，Holzmann 和 Koettl 指出，社会保障的便携性是社保制度不受劳动者职业、国籍、居住地等条件限制，保护和转移劳动者既定或即将被认定的社保权利的能力。④ 便携性主要包括两方面内容：第一，劳动者可以全数获得基于缴费、居住资格等条件而获得的法定社保权利以及私人部门管理下的权利；第二，劳动者可以全数转移基于缴费、居住资格等条件而获得的法定社保权利以及私人部门管理下的权利。国内学者杨燕绥则将社保便携性细化为"可以携带"和"方便携带"两个范畴。"可以携带"是指参保者的权益记录可以随着参保者劳动地点的变更而进行转移和接续；"方便携带"是指转移接续过程应该简易、方便和及时。⑤ 而失业保险的便携性问题则主要涉及两个群

---

① 王利清：《社会资本、人力资本与牧区劳动力转移就业风险》，《前沿》2011 年第 23 期。

② 胡云亮、刘祖德：《我国失业保险制度的缺陷与改进》，《价格月刊》2010 年第 7 期。

③ 杨方方、郑功成：《中国失业保障体系现状和未来挑战》，《甘肃社会科学》2004 年第 2 期。

④ Holzmann R. & Koettl J. 2011. Portability of Pension, Health, and Other Social Benefits：Facts, Concepts, Issues. Available online：http://ftp.iza.org/dp5715.pdf.

⑤ 杨燕绥：《社会保险关系的接续与携带》，《中国劳动保障》2005 年第 10 期。

体：一是因工作调动而异地就业的在职职工；二是需在异地领取失业保险金的失业者。

在我国失业保险的便携性方案方面，我国社会保险统筹层次较低，在涉及失业保险转移接续时，不仅涉及了跨省、自治区、直辖市一级的跨统筹地区迁转，也涉及了在省、自治区范围内的跨统筹地区迁转。根据 1999 年的《失业保险条例》以及 2000 年的《失业保险金申领发放办法》，对于因工作调动而异地就业的在职职工，我国规定在转出地工作期间的累计缴费年限应当与转入地工作期间的缴费年限合并计算，但劳动者在转出地缴纳的失业保险费并不随着劳动者的迁移而转移至转入地。对于需在异地领取失业保险金的失业者，若其情况为跨省、自治区、直辖市一级的跨统筹地区迁转，则可将所需失业保险费用随失业保障关系一并划转至转入地的经办机构。需在异地领取失业保险金的失业者可到转入地的经办机构领取失业保障金。划转的费用包括：失业保险金和失业救助金（医疗补助金和职业培训、职业介绍补贴）。其中，失业救助金按照失业人员应享受失业保险金总额的一半计算。若需在异地领取失业保险金的失业者为在省、自治区范围内跨统筹地区迁转，失业保险费用的处理由省级劳动保障行政部门规定。

在我国，社会保障制度设计不合理、管理水平局限使得劳动者的自由流动受到了保险关系转移接续难的限制。[1] 世界上许多国家早于我国实行了失业保险制度，在制度设计上也较为完备。了解和研究国外失业保障具体政策及其针对便携性问题的具体做法，成为我国改进和完善失业保障制度的突破口。在改善我国失业保险便携性的对策方面，目前我国的研究仍较少。笔者选取了在失业保障制度上发展较为完备的几个国家进行了梳理，其中包括自由主义模式的代表英国、美国，以及保守主义模式的代表德国、法国，[2] 根据国外经验，结合我国失业保险便携性问题的现状，提出了以下几点对策：

第一，提高失业保险统筹层次。我国社会保障体系的统筹层次仍停留在省级以下，劳动者在跨地区迁转时经常会遇到政策性壁垒。在失业

---

① 杨燕绥：《社会保险关系的接续与携带》，《中国劳动保障》2005 年第 10 期。

② Esping - Andersen, Gosta, "*The Three Worlds of Welfare Capitalism*", Princeton, New Jersey: Princeton University Press, 1990.

保险方面，对于失业人员跨省、自治区、直辖市以及在省、自治区内跨统筹区迁转的不同规定，更是增加了失业保险转移接续的困难性。从目前对于欧盟各国失业保障政策的梳理来看，英、法、德在失业保险管理上均采用了高度集权的方式。这有利于保证法律政策执行的规范、统一，也有利于按照实际需要，大范围调度资金，为保证失业保险的便携性提供基础。美国的失业保障统筹层次虽并未像英、法、德保持在全国层面，但也保证了本州内部的统一，避免了由于本州内部各地在政策上的不一致而导致的转移接续困难问题。由此可见，提高失业保险的统筹层次是我国改善失业保险便携性的关键。

第二，完善个人权益信息记录。居民的基础信息是公共管理的基础，公民的权益记录则是其享有社会保障权利的基础。对于失业保险的转移接续而言，完善个人权益信息记录是改善失业保险便携性的前提条件。个人权益信息不仅应包括人口信息，还应将就业状态、参保情况、过往社保关系转移接续情况等纳入统计范围，[1] 以便在劳动者跨统筹区失业时，社保部门更好地完成待遇、服务的对接，进而有效地保证劳动者权益的获得。

第三，失业保险金是否跨统筹区划转值得进一步讨论。对于失业者跨统筹区迁转时失业保险金是否随之转移这一问题，我国的做法与欧盟、美国并不相同。在欧盟和美国，失业人员目前所居住的统筹区更多地扮演了"协调人""联系人"的角色，以便更有效地帮助失业者向其原缴费积累的统筹区进行失业保险待遇申请。失业人员参保缴费的统筹区则对失业人员进行审核资格并为符合条件的失业者发放待遇。这种做法明确了跨统筹区转移时，各统筹区的责任和义务。在我国，失业人员发生跨省、自治区、直辖市迁转时，失业保险金也随着失业人员的失业保险关系一并划入转入地的经办机构。长期以来，由于跨统筹区转移涉及社保基金的实际汇寄转移，一些转入地出于地方利益等原因的综合考虑，接收积极性往往并不高，这便影响了跨统筹区转移的效率，容易造成待遇拖延发放、各地方互相推诿责任的现象。我国目前的这种做法是否最有效率仍值得商榷。

---

① Holzmann R. & Koettl J. 2011. Portability of Pension, Health, and Other Social Benefits: Facts, Concepts, Issues. Available online: http://ftp.iza.org/dp5715.pdf.

第四章　生育保障的理论创新与制度发展

　　生育保障作为社会保障的重要组成部分，不仅保障了妇女权益和社会地位，也是体现女性生育社会价值、保障企业公平竞争、保证和提高人口素质的一项制度。改革开放以来，中国的生育保障经历了从生育补偿，到城镇职工生育保险，再到全民生育保障的制度和理念变化。新时代，如何更好地发挥生育保障在社会发展中的促进与稳定作用，不仅关系到妇女权益的保障，也关乎国家人口发展大计，关系到社会的和谐与可持续发展。

一　生育保障的基本理念和思想基础

　　人口再生产是社会生产的必要前提，是社会发展的根本。生育作为人口再生产行为，为社会劳动力的再生产做出了巨大贡献。妇女在生育过程中要承担一定的身体和心理风险，这些风险甚至影响妇女的一生，不仅给妇女发展造成很大的障碍，影响了人口再生产的效益，也在一定程度上影响了社会发展的速度与社会的公平正义。生育保障是国家和社会为生育子女的劳动妇女提供暂时经济保障的制度，不仅满足劳动者个人特殊时期生存发展的需求，也是对社会必要劳动——人类自身再生产活动的社会价值的承认与支持。

　　生育保险所提供的医疗服务、产假、生育津贴等，既是对女性繁衍生命所做的社会贡献的补偿，也是对妇女个人的一种人文关怀；政府、企业、家庭共担生育责任的生育保障制度，不仅体现生育的社会价值，保障女性享有与男性同等劳动就业权利以及企业间的公平竞争，解除妇女包括家庭养育孩子的后顾之忧，也可以较好地保障妇女生育期间的生活水平，保障孩子良好的成长环境，保障和提高人口素质。

1. 生育保障制度的思想基础

"根据历史唯物主义的观点，历史中的决定因素，归根结底是直接生活的生产和再生产。但是生产本身又有两种。一方面是生活资料即食物、衣服、住房以及为此所必需的工具的生产，另一方面是人类自身的生产，即种的繁衍"。① 两种生产"是同一人类历史活动的两个不可分割的方面，它们作为人类历史存在和发展的基础，共同在人类历史的发展进程中发挥着作用"。② 女性是两种生产都不可或缺的参与者，一方面是人口生产的主要责任者，承担孕育和抚养教育的重要责任；另一方面作为物质生产的重要人力资源，与男性共同推动社会发展。在经济贸易全球化、物质资源相互流动和知识技术、制度等各方面不断相互学习跟进的今天，在教育、人口素质和人均人力资本差异不断缩小的今天，人口实力（包括数量、质量和结构）成为决定一个民族与国家竞争力和发展未来的重要因素。生育作为人类自身生产的唯一途径、社会生产的重要方式，是一种社会活动，为未来经济社会发展注入人力资源和人力资本动力，具有物质资料生产所不能替代的社会价值。女性作为生育主体为社会发展与劳动力市场健康发展做出贡献，社会需要为其提供基本的保障和一定的补偿。对女性生育价值的社会认同是生育保障的基本宗旨和目标。

我国生育保险的理论来源是马克思主义的妇女解放理论和社会主义建设中低生产力发展对女性劳动力的需求理论。③ 从现实意义看，设立职工生育保险的目的是使"妇女享有与男子平等的就业权利"，保障女性劳动力的恢复与再生，保障生育期间的基本生活，维护社会稳定。④

2. 生育保障立法理念的讨论与确立

理念是政策制定的核心和指导思想，生育保障的立法理念直接影响甚至决定着生育保障制度政策的具体内容和水平，影响着女性生育权益的保障程度。生育是个创造价值的生产过程，是一种社会活动，生育行为主要由女性承担，是基于男女不同的生理特点/女性特殊的生理特点，

① 中共中央编译局：《马克思恩格斯文集》（第四卷），人民出版社 2009 年版，第 16 页。
② 隽鸿飞：《马克思的两种生产理论及其当代意义》，《哲学研究》2004 年第 8 期。
③ 郭慧敏、王慧芳：《女性特殊劳动权益保护的负效应分析及消解》，《河北大学学报》2009 年第 4 期。
④ 潘锦棠：《生育保险中的女性利益、企业利益和国家利益》，《中国妇运》2001 年第 1 期。

因此应为社会生产做出独特贡献的女性给予特殊的补偿与照顾。生育保障的制度政策要以此为基本理念来制定，充分考虑生育对女性就业和职业发展的影响。

专家学者对生育保险立法中的性别平等进行过较多的讨论。生产行为由女性完成，生育责任应该是男女共同承担，增加男性的陪护假期，让男性承担更多责任。《社会保险法》和《生育保险办法（征求意见稿）》还没有构建公平合理的生育成本的社会化分担机制，没有很好解决女性的就业歧视问题。建议立法机关创设反就业性别歧视的法律评估机制，以防出现性别意识缺失导致的主观动机与客观效果相悖的制度性就业性别歧视。①

我国的生育保障制度，主要是保护在劳动力市场上暂时处于弱势的生育女性，从保护员工健康和减轻生活困难，到经济补偿和医疗保健，再到使公民共享发展成果，保障其获得物质帮助的权利，再到"促进公平就业"，保障其劳动就业权，实现了从基本人身安全的保障到发展权的保障。改革开放前，我国没有专门的关于生育保险的法规政策，相关内容分散在劳动保险、女职工劳动保护以及女工生育待遇等相关通知中，对于生育保险的规定也是基于保护其劳动力的角度，定位于保护女职工的健康，减少女职工因生理特点造成的特殊困难。② 1988 年女职工劳动保护规定增加了工作家庭的平衡；1994 年企业职工生育保险试行办法，提出生育保险是为了维护企业女职工的合法权益，保障她们在生育期间得到必要的经济补偿和医疗保健；2012 年《生育保险办法（征求意见稿）》，增加了"促进公平就业"，保障女性就业权，实现了从对女性生育行为的一种特殊照顾，到保障女性平等劳动权利的促进公平就业。用人单位按照工资总额的一定比例缴纳生育保险费，生育保险缴费的无性别差异和生育保险基金的社会统筹在一定程度上可以减少用人单位的性别歧视，进一步保障女性的劳动就业权。

男女平等的生育保险立法理念不仅体现了社会对妇女生育权益的维

---

① 黎建飞：《我国生育保险的立法进程与完善》，《河南省政法管理干部学院学报》2010 年第 5 期；李鑫：《我国生育保险制度与妇女就业问题的思辨》，《改革与战略》2011 年第 3 期；李荣艳：《男职工参加生育保险的必要性探讨》，《重庆科技学院学报》2014 年第 2 期。

② 1951 年《中华人民共和国劳动保险条例》的总则是"为了保护雇佣劳动者的健康，减轻其生活中的特殊困难"。

护，对妇女平等就业权的维护，体现了党和国家对妇女权益的保护和重视，也充分体现了人们对生育社会价值的认同，对妇女在人口再生产中特殊贡献的承认与补偿，使全社会认识到生育不是一个家庭的私事，而是事关人类社会发展的大事。

3. 生育保障的责任分担

生育保险的责任分担体现了对生育与生育保险价值的认识与选择。一是主张政府承担主要责任。从理论上看，世界各国建构生育保险制度主要是基于社会关怀论、公民权利观、儿童发展权益观、国家责任论，[①]单独设立生育保险，不能包含在医疗保险中，是因为生育保险是直接意义上的劳动力扩大生产，远远超过失业、疾病保险对劳动力扩大再生产的间接保障意义。[②] 二是主张生育责任和生育成本共担。学者们采用社会学和经济学的方法，从生育行为对国家、企业、家庭和个人的效用和生育的经济成本与非经济成本分析，认为应该建立健全包含生育保险制度在内的生育成本分担的社会化体系。[③] 生育保障社会化分担责任，不仅可以促进劳动力资源特别是女性劳动力的合理利用，更体现了性别视角下的社会公正。[④]

二　生育保障的社会统筹：城镇职工生育保险

生育保障制度建设是一个制定制度政策、执行制度政策，并在实践中检验和完善制度政策的动态过程。中国的生育保障制度政策，始于20世纪50年代的《劳动保险条例》《女职工劳动保护条例》等，主要实行单位负责职工生育期间有关待遇的办法。为适应计划经济向市场经济转轨的需要，1988年部分地区开始进行生育保险制度改革的尝试，以社会统筹基金共济为特点的职工生育保险制度应运而生。为了配合《中华人

---

① 刘咏芳：《生育保险制度构建理念之基本取向探索》，《东岳论丛》2012年第3期。

② 施裕壬：《生育保险为何要单独设立险种》，《卫生软科学》2002年第2期。

③ 庄渝霞：《实施生育保险制度的社会学和经济学双透析》，《上海经济研究》2009年第10期；苏雪萍：《论企业女职工生育成本的分配——职业过程性别歧视现象分析》，《北京市工会干部学院学报》2011年第3期；陈琳：《生育保险、女性就业与儿童发展的研究评述》，《江西财经大学学报》2010年第6期。

④ 刘咏芳：《生育保险制度构建理念之基本取向探索》，《东岳论丛》2012年第3期。

民共和国劳动法》的贯彻实施，原劳动部于1994年颁布了《企业职工生育保险试行办法》，成为推动生育保险工作的主要政策依据。国民经济"十二五"规划提出要"完善失业、生育保险制度"，社会保障"十二五"规划提出"要加快完善生育保险制度体系，研究探索建立生育保障制度体系。"2011年开始实施的《中华人民共和国社会保险法》使生育权益有了真正的法律保障，生育保险单列一章，男性未就业配偶重新纳入生育保险享受范围，未就业女性的生育权益得到一定保障。2012年颁布实施的《女职工劳动保护特别规定》提高了女职工生育待遇中的产假标准。2012年《生育保险办法（征求意见稿）》，将生育保险覆盖到所有与用人单位签订劳动关系的职工。

1. 制度探索和建立

改革开放以前，中国的生育保险包括在劳动保险中，生育费用全部由女职工所在单位承担。20世纪80年代中期以后，随着改革的不断深入，国企改革尤其是企业逐步实现自主经营、自负盈亏，使企业间的竞争日趋激烈，而单位负责的生育保险造成企业承担的生育费用畸轻畸重，女工多的企业负担较重，在竞争中处于不利地位，为了提高竞争力，一些企业不愿招用女工，一些企业为减轻负担，给生育女工放长假，有些单位宁可放弃进人指标也不要女生，更有甚者竟将已报到的女大学毕业生退回，[①] 1987年年底北京高校87届女大学毕业生朱红被用人单位退回，并且三个月内求职近40家单位均遭拒绝，新闻界大篇幅报道并称为"朱红现象"，[②] 女性的合法权益受到侵害。全国总工会1987年对全国660个企业的调查显示，88.2%的领导不愿招收女工的主要原因是由于生育。[③] 原有的生育保险制度难以适应新的经济发展形势并逐步凸显其弊端。

国有企业改革，大量职工下岗，为了缓解就业压力，社会上开始有人呼吁生育期女性回归家庭，腾出岗位给男性，这样女性也会有更多时间抚养子女和从事家务。支持生育期妇女回家/阶段就业的人，幻想用"一刀切"的方式——工资照发、工龄照计来赎买妇女回家，相当于给生育期妇女放长假的方式来解决问题。这本身违背了市场经济的运行规则，

---

① 《一些用人单位不看德才只问性别　拒收女大学毕业生是何道理》，《人民日报》1985年2月28日。

② 潘锦棠：《去适应社会还是求社会适应》，《中国妇女管理干部学院学报》1989年第8期。

③ 全国总工会女职工部编：《中国女职工状况》，中国工人出版社1997年版，第50页。

全国妇联更是坚决反对，认为劳动力市场供大于求的矛盾不是妇女造成的，不能转嫁到妇女头上，而给妇女放长假、阶段性就业，严重侵犯了妇女就业权，妇女就业的社会保障在经济发展的过程中不应该被人为削弱，相反应不断加强。争论最后惊动了中南海，以胡耀邦同志批示"妇女回家是以消极的方式看待就业问题，是对社会主义失去了信心的表现"而告终。①

生育价值的认同与责任承担成为学者和相关部门关注的热点。1986年，有学者提出妇女的生育补偿问题，认为妇女在为社会承担生育、抚育后代中所付出的代价应该得到社会承认和合理补偿，不应由妇女自己或其所在单位承担。② 1987年，全国总工会建议有关部门对生育保险制度进行改革，实行生育基金社会统筹、男女双方单位合理分担或运用税收机制进行调节等办法。1988年4月，在七届全国人大、政协会议上，全国总工会和全国妇联领导呼吁设立生养基金，引起社会很大反响。1988年4—11月，全国总工会女职工部与《工人日报》开展了"在发展商品经济中如何正确认识女职工生育价值"大讨论，全国除西藏外有29个省（区、市）组织了本地区的讨论。③ 同年11月30日至12月4日，全国妇联"妇女社会保障"课题组在辽宁省鞍山市召开研讨会，会议认为"生育价值社会补偿"是由国家和社会对妇女生育所创造的价值进行补偿，补偿对象应为所有生育妇女。

各地在调研和研讨的基础上，开始探索生育费用的社会统筹。1988年7月，南通市率先颁布《南通市全民、大集体企业女职工生养基金统筹暂行办法》，规定县属以上的全民、集体企业按每个职工每年向生养基金会缴纳20元统筹金，参加统筹企业的女职工按计划生育孩子，企业可一次性向基金会领取1000元补偿金。同年，鞍山市、南京市和株洲市也分别采取措施，对企业女职工生育给予一定的保障。到1992年年初，全国已有11个省（区、市）的59个市县试行了生育费用社会统筹。④

---

① 丁娟：《男女平等基本国策研究》，中国妇女出版社2005年版，第219页。

② 王金玲：《社会应为妇女生育抚育后代承担责任——有关招工招干中男女不平等问题的经济上思考》，《中国妇女报》1986年9月5日。

③ 全国总工会女职工部编：《中国女职工状况》，中国工人出版社1997年版，第51页。

④ 李年贵：《女职工生育保险制度改革形势喜人　59个市县试行女工生育费用社会统筹》，《人民日报》1992年3月7日。

全国妇联作为妇女的娘家人和权益维护的源头，积极推进生育保障制度的建立，提出《建立妇女生育社会保障制度设想》。1989年3月25日，全国妇联书记处书记、全国政协委员关涛在全国政协七届二次会议上建议有关部门对南通、鞍山等地试行的生育费用社会统筹进行研究和论证，加快妇女生育保险制度在全国范围内的建立与实施。

各级工会女职工组织积极推动生育保险制度改革。1988年各级工会多次通过工会系统的人大代表、政协委员提出"实行女职工生育费用社会统筹""进行生育保障制度改革"的提议案。1991年3月，在全国人大、政协会议上，全国总工会的代表和委员提出"将推行女职工生育费用社会补偿办法纳入社会保障制度改革总体规划的建议案"。1992年，全国总工会向劳动部提出"关于加强对女职工生育保障制度的研究指导，并将其纳入社会保障制度改革总体规划、有计划地分期分批在全国推行的建议"，并抄送国务院。[1]

在各地生育保险制度探索的基础上，1994年12月14日原劳动部颁布《企业职工生育保险试行办法》，并于1995年1月1日在全国试行，全国有了统一的生育保险社会统筹的制度。《企业职工生育保险试行办法》在全国的推广实施标志着中国生育保险制度改革进入了一个新的发展阶段，[2] 实现了由企业保障向社会统筹的转变。1998年，全国已有1412个县（市）实行了生育保险社会统筹，[3] 2000年城镇职工生育保险覆盖率为26%，2005年提高到46%，2010年达到95%，[4] 基本实现全覆盖。

生育保险成为一个独立的险种，也成为促进妇女就业的一项专门的社会保障制度，通过提高女性工作概率和人力资本积累的连续性增加了改善女性就业的可能，强制雇主缴费义务对分散雇主因女性生育造成的经济损失、保护女性生育权益具有一定作用，但分散雇主雇用女性因生育而给其带来的用工风险和成本不足，反而刺激了雇主对女性的就业歧

---

① 顾秀莲主编：《20世纪中国妇女运动史》（下卷），中国妇女出版社2013年版，第83页。

② 全总女职工部：《〈企业职工生育保险试行办法〉试行情况》，《中国妇运》1997年第3期。

③ 《〈中国妇女发展纲要〉1998年监测评估报告》，载全国妇联办公厅编《妇女儿童工作文选（1998年8月—1999年12月）》，中国妇女出版社2000年版，第56页。

④ 国家统计局社会科技和文化产业统计司：《社会中的女人和男人——事实和数据（2012）》，第44页。

视，也在一定程度上强化了对女性的工资歧视。① 2012 年《生育保险办法（征求意见稿）》将"促进公平就业"作为重要立法宗旨，表明中国意图通过《生育保险办法》解决女性因生育而引起的就业歧视问题。生育保险以激励性机制、替代性选择机制和利益平衡机制作为生育保险改革的关键点和重点，设立先行支付和代位追偿制度，可以有效解决女性生育所致的就业问题。②

2. 责任分担

1994 年《企业职工生育保险试行办法》第 1 条确立了生育保险制度的宗旨，为了维护企业女职工的合法权益，保障她们在生育期间得到必要的经济补偿和医疗保健，均衡企业间生育保险费用的负担。国家制定公平的生育保障制度，提供相关的生育保障，企业承担为职工缴纳生育保险费用的责任，男性按照规定享受陪护假，与妻子一起共同分担生育责任，对弱势生育女性尤其是农村妇女给予财政支持。国家、企业、家庭共同承担生育责任，使所有生育女性都有渠道获得一定的生育保障，体现生育是社会共同责任的理念。

《企业职工生育保险试行办法》规定，企业按照国家规定以职工工资总额为基数按比例缴纳生育保险费，个人不缴费。应该说，这是市场对生育社会价值的认同，体现了用人单位的社会责任。从制度本身来看，生育保险费用由用人单位以职工工资总额为基数按比例进行缴纳，以男职工名义缴纳的生育保险费为女职工充分享受生育保险待遇提供了较好的资金保障，也在一定程度上分担了女性员工较多企业的生育保险负担，保障女职工在生育期间得到必要的经济补偿和医疗保健，为女性就业和职业发展提供了较好的环境。之后，有部分地区探索将灵活就业人员、非本市城镇户籍就业人员纳入生育保险，进一步扩大了生育保险的覆盖面。③ 2010 年社会保险法将有生育保险的男职工未就业配偶纳入生育保险，未就业女性的生育权益通过配偶得到保障，也是男性承担生育责

① 陈琳：《生育保险、女性就业与儿童照料——基于中国微观数据的分析》，《经济学家》2011 年第 7 期。

② 吕惠琴、刘万：《〈生育保险法〉调整与减少女性就业歧视》，《中国劳动》2015 年第 10 期。

③ 2007 年 1 月 1 日成都市非城镇户籍从业人员就可以参加综合保险，其中包括女职工生育补贴，之后又有广州、厦门、威海、北京等市将生育保险覆盖到非本市城镇户籍从业人员，广东、上海等地则将灵活就业人员、失业人员也纳入保障范围。

任的一种形式。丈夫带薪陪护假是男性在配偶生育期间为了照顾母婴而享受的带薪陪护假期，体现男性对生育责任的分担。但是，生育保险费用的筹资渠道单一，只由企业缴纳，没有很好地平衡企业利益与职工利益和国家利益，导致企业负担过重。[①]

很多专家都认为，生育保险待遇的享受对象主要是女性，一方面会加重企业对女性的歧视，加深用人单位和社会对"生育是女性责任"的刻板印象，强化了传统的社会性别分工，以致相关产假政策不仅不能保护女性，反而限制了女性的平等就业权；另一方面忽视了男性在家庭生育中的角色，没有很好地体现男性的生育权利，也会降低男性对生育保险的关注与认同。比如全国缺乏男性带薪陪护假的统一规定，地方上有男性带薪陪护假的探索，但大部分省市生育保险的津贴都是支付给女性，未能充分保障男性的生育权，男性也就不能很好地尽到生育主体的责任。[②] 1994 年出台的《企业职工生育保险试行办法》，20 多年一直处于"试行"地位，存在立法层次低、覆盖面窄，忽视男性生育角色、效力低及待遇不明确等诸多不足之处，妇女的生育权益得不到有效保障，极大地影响了女职工劳动积极性、创造性的发挥和社会公平的实现。[③]

只有认识到男性在生育保险制度中的主要作用，包括稳定基金、均衡生育保险费带给用人单位的负担以及缓解女性在就业方面遭遇到的性别歧视问题等，才能使女性真正获得制度的保障，进而保护妇女平等就业的权利。[④] 有专家通过研究提出相应对策建议，比如通过鼓励性政策强化男性在生育中的责任对于引导男性承担育儿责任，消除对女性的就业歧视具有积极作用，建议在生育保险待遇中增加"生育陪护假"一项，

① 胡芳肖：《我国生育保险制度改革探析》，《人口学刊》2005 年第 2 期；杨连专：《生育保险立法问题研究》，《人口学刊》2010 年第 5 期。

② 刘文明、段兰英：《男性生育角色与我国生育保险制度改革》，《华南农业大学学报》2006 年第 2 期；谭宁、刘筱红：《生育保险政策中的社会性别意识与女性平等就业权》，《湖北经济学院学报》2009 年第 1 期。

③ 刘海燕、吴海建：《我国生育保险法律制度的演替与完善》，《人口与经济》2011 年第 4 期；杨连专：《生育保险立法问题研究》，《人口学刊》2011 年第 5 期；孙启泮：《生育保险法制建设初探》，《南京人口管理干部学院学报》2007 年第 4 期。

④ 李鑫：《我国生育保险制度与妇女就业问题的思辨》，《改革与战略》2011 年第 3 期。

即将男性生育陪护假纳入生育保险津贴补贴内容。[①] 要推动男性生育陪护假从奖励到权利的转变,将男性生育陪护假纳入生育保险,不能以"晚育"和"独生子女"为条件。[②]

对弱势生育女性尤其是农村妇女给予财政支持,提供相关的生育保障,城乡居民可以在医疗保险中报销部分住院分娩费用和产前检查费(城乡居民医保财政都有补充);财政设立专项基金,补助住院分娩的农村产妇,是政府承担生育责任的另一种方式。

3. 生育待遇

生育保险制度是在生育事件发生期间对生育行为承担者给予收入补偿、医疗服务和生育休假的社会保障制度。[③] 生育待遇主要包括产假、生育津贴、生育医疗服务等内容。

1994 年《企业职工生育保险试行办法》规定:"女职工生育的检查费、接生费、手术费、住院费和药费由生育保险基金支付。"2010 年《社会保险法》规定有生育保险的男职工的未就业配偶可以享受生育医疗待遇。部分国家机关、人民团体、企业、事业单位的女职工,怀孕期间的检查费、接生费、手术费、住院费和药费由所在单位负担。"城镇居民基本医疗保险参保人员住院分娩的医疗费用可以由城镇居民基本医疗保险基金支付,开展门诊统筹地区的产前检查费用也可由基金支付"。[④] 女职工产假期间的生育津贴按照本企业上年度职工月平均工资计发,由生育保险基金支付。实践中,生育保险待遇偏低的同时存在基金大量结余的问题。一方面生育医疗费用给付水平低、给付落实不到位,有些地区社会保险经办机构采取定额或者限额支付生育医疗费用的方式,尤其是产前检查费用,各地基本都是采取限额报销的方式,根本不能满足生育妇女的实际需要;另一方面企业缴费水平高,覆盖面窄,造成基金收大于支,基金结余过高。

据统计,1999 年年底,征缴生育保险费 9.78 亿元,基金征缴率为

---

① 蒋永萍:《社会性别视角下的生育保险制度改革与完善——从〈生育保险办法(征求意见稿)〉谈起》,《妇女研究论丛》2013 年第 1 期。

② 唐芳:《从奖励到权利——生育护理假的正当性论证》,《中华女子学院学报》2012 年第 1 期;蒋小民:《论"男性护理假"入〈社会保险法〉的可行性》,《劳动保障世界》2010 年第 4 期。

③ 潘锦棠:《中国生育保险制度的历史与现状》,《人口研究》2003 年第 2 期。

④ 《人力资源和社会保障部办公厅关于妥善解决城镇居民生育医疗费用的通知》(人社厅发〔2009〕97 号)。

82.48%，有 28.13 万人享受了生育保险待遇，人均 2346 元。[1] 2010 年全国生育保险基金收入 160 亿元，支出 110 亿元，[2] 使用率 68.9%。社会保障"十二五"规划提出，要"提高生育保险待遇水平"。数据显示，女职工产假期间的生育津贴也有所提高。各地也在具体办法中提高了参保职工的待遇享受水平。2011 年，全国生育保险基金收入 220 亿元，支出 139 亿元，使用率 63.2%，年末基金累计结存 343 亿元；全国有 265 万人次享受了生育保险待遇，人均生育待遇达到 9228 元，比上年增长 6.1%。2014 年生育保险基金总收入 446 亿元，支出 368 亿元，使用率 82.5%，全国有 613 万人次享受了各项生育保险待遇，人均生育待遇支出为 14457 元，比上年增加 1002 元，增长 7.4%。2016 年，生育保险基金收入 522 亿元，支出 531 亿元，生育保险基金第一次出现了收不抵支的情况。随着生育待遇水平的不断提高，尤其是生育政策的调整，生育保险基金收不抵支的情况越来越明显。

生育保险在社会保险五大险种中涉及的基金最少，但涉及的人数最多，而生育津贴是生育保险的关键部分，其计发办法的变动会涉及参保人的利益。大多数学者认为生育津贴应该是保障生育期间女性的基本生活水平。有专家提出，现有生育津贴"按照职工所在用人单位上年度职工月平均工资的标准计发"的规定，可能会因为中国职工的工资收入中基本工资只占收入的一半的现状，导致生育津贴水平大幅降低，无法维持产妇和婴儿的生活和健康，建议生育津贴按照职工所在单位上年度职工平均工资计发给用人单位，职工个人生育津贴则按"补高不扣低"的原则发放。[3] 有专家提出，生育津贴不仅是对参保人法定产假内工资损失的经济补偿，也应该对工作者的家属（如妻子）的生育费用给予补贴以及生育小额补助等。[4]

---

① 中国劳动和社会保障部编：《中国劳动和社会保障年鉴（2000）》，中国劳动社会保障出版社 2001 年版，第 250 页。

② 国家统计局和社会科技统计司编：《中国妇女儿童状况统计资料（2011）》，第 44 页。

③ 蒋永萍：《社会性别视角下的生育保险制度改革与完善——从〈生育保险办法（征求意见稿）〉谈起》，《妇女研究论丛》2013 年第 1 期。

④ 潘锦棠：《生育津贴计发标准更趋公平》，《中国社会保障》2014 年第 3 期。

三　生育保障的改革发展：合并
生育保险与医疗保险

2012 年《生育保险办法（征求意见稿）》意味着生育保险的覆盖面会得到较大幅度的扩大，生育保险制度进一步完善，但是征求意见稿迟迟未出台，生育保险的去留又成为政府和学界都十分关注的问题。党的十八届五中全会提出"建立更加公平更可持续的社会保障制度"，并在国家"十三五"规划纲要以及中央全面深化改革任务中部署"将生育保险和基本医疗保险合并实施"的任务，对社会保险一体化运行管理提出了新要求。为了有利于提高行政效率，降低管理运行成本，进一步增强生育保障功能，2017 年 1 月国务院下发通知，在保留险种、保障待遇的前提下，在全国 12 地试点生育保险和职工基本医疗保险合并，生育保险基金并入职工基本医疗保险基金，不再单列，参加职工医疗保险的职工同步参加生育保险，进一步扩大了生育保险的覆盖面，但也在一定程度上增加了医疗保险基金的压力和风险。时至今日，生育保险和医疗保险合并实施试点已满一年，效果如何，女性生育及就业权益是否得到了保障，社会影响如何等。本部分基于对试点地区的试行情况和部分试点地区的调研，对合并实施的情况进行初步的分析。

1. 合并实施的讨论与探索

生育和疾病待遇都属于短期支付，都与医疗服务有着密切关系，国外许多国家的生育保险都与医疗保险合二为一，各国提供的医疗服务也大同小异，形成相对比较完善的医疗保健体系。

2015 年 11 月 3 日《中共中央关于制定国民经济和社会发展第十三个五年规划的建议》提出"将生育保险和基本医疗保险合并实施"，这是我国生育保障改革发展的一个新的里程碑。有研究认为，生育保险和基本医疗保险的合并实施将不仅影响生育保险的发展，还影响人们对生育价值的认同、社会生产力和经济活力的提升，以及妇女发展和性别平等的实现。通过分析合并实施的两种思路及五种模式，认为生育保险单独设置，合并管理，待遇不变，最易操作，但对生育保险的发展推动力度较小。从我国社会发展尤其是生育保险的长期发展来看，全民覆盖、生育保险与医疗保险统一收费，生育医疗费按生育保险标准由生育医疗保险基金支付，财政投入建立生育津贴制度，领取时间统一为法定产假时间，在业人员按照原有的生育津贴标准领取，其他人按照社会平均工资领取。这种模式最优，可以更好地体现生育的社会价值和生育责任社会共担的思想。① 李芳凡等认为，两险可以进行制度层面的合一，在基本医疗保险全覆盖的情况下，实现生育保险的全覆盖，但在合并中要很好地处理资金筹集、给付待遇等问题，并且要提高统筹层次，既保障生育女性的权益，又要兼顾公平与效率、权利义务对等。②

杨燕绥等预测两险合并经办之后，生育率增长会引起生育相关医疗费用增长，对医保基金支出带来压力；生育津贴支出对医保的筹资、支付等管理能力形成挑战；"全面二孩"政策实施后，参保人的"逆向选择"风险将导致生育保险基金支出的大幅增加。③ 有专家认为，生育保险纳入医疗保险应该注意几个问题，包括确定合理的缴费比例和适当的筹资模式、探索一个高效合理的保险管理方式以及制定适当的保险待遇发放模式、加大监督管理力度等。④

2017 年 1 月 19 日，国务院办公厅印发《生育保险和职工基本医疗保险合并实施试点方案》。合并管理实施一方面可以节省管理方面的人力资源；另一方面可以增加保险基金，以保障生育保险待遇按原有标准支付，同时可更好地保障妇女的就业权和生育权益，也有利于"全面二孩"政策的推行。同时，我国目前的医疗保险则由单位与个人分担，政府有一定补充。合并实施后，政府补充可以为无法享受生育保险的农业劳动者和未就业的城镇居民提供基本的生育保障，体现政府在生育中的责任。

在实践中，合并实施合并的只是管理，生育保险其实还是单独设置。生育保险单独设置有重要意义。一方面体现生育的社会价值，生育作为社会生产的一种，不仅为社会发展提供基本人口和劳动力资源，还制约人口结构、影响人口质量。另一方面在鼓励、促进妇女就业和保障妇女

---

① 黄桂霞：《合并生育保险与医疗保险》，《中国社会科学报》2016 年 4 月 26 日。
② 李芳凡、杨超柏：《试论生育保险与医疗保险的合并》，《卫生经济研究》2017 年第 5 期。
③ 杨燕绥、刘跃华：《生育保险并入基本医疗保险的问题研究》，《中国人力资源社会保障》2016 年第 12 期。
④ 梁艳华、李菲菲、王传华：《将生育保险纳入医疗保险之中的可行性分析》，《劳动保障世界》（理论版）2012 年第 9 期。

就业权和生育权、推动男女平等方面可发挥重要作用。社会发展需要妇女与男性共同参与社会生产，而社会统筹生育保险可更好地实现习近平总书记在全球妇女峰会上提出的"推动妇女和经济社会同步发展""积极保障妇女权益"的主张。

2. 合并实施的进展及经验

合并实施不仅扩大了生育保险的覆盖面，还能统筹安排使用两项基金，充分发挥社会保险大数法则的效能，增强基金抗风险能力，更好地保障生育保险职工生育期合法权益。

一是生育保险覆盖范围明显扩大。一方面两项险种合二为一，必须同时参保，杜绝了合并前部分参保单位选择性地只参加职工医保而不参加生育保险的现象，真正实现了职工医保和生育保险的协同推进、融合发展。另一方面大部分试点将原政策参加职工医保却不享受生育保险待遇的灵活就业人员，直接纳入生育保险保障范围，且不用额外缴纳生育保险费，有部分地区将失业人员纳入生育保险保障范围，[①] 还有地区将退休人员纳入医疗保险，享受生育待遇，晋中市将政府购买服务和公益岗位人员（主要是国企解除劳动关系的"4050"人员）全部纳入生育参保范围，费用由财政负担。截至2018年3月底，邯郸市生育保险参保人数为57.422万人，参保人数较试点工作实施前增长9.1%。

二是待遇水平提高，享受待遇人数增加。按照国务院文件，生育保险和医疗保险合并实施，生育保险待遇不降低，保障了待遇水平，部分试点提高了待遇标准。比如邯郸市将原政策中顺产定额补贴由3000元提高到4000元，鼓励顺产，提倡优生优育，节省医疗资源。同时，由于待遇领取条件放宽，待遇申领政策更加人性化，比如延长备案时间、延长待遇申领时间等，申领门槛进一步降低，比如缩短享受生育补贴的等待期，报销程序更加方便、快捷，享受人次明显增加，比如邯郸市将原政策中女职工生育后一个月内申领相关待遇，调整为生育后150日内均可申领，两险合并前享受生育保险待遇为10500余人次，合并后为16143人次。

---

① 合肥市规定，女性失业人员在领取失业保险金期间符合计划生育政策生育的，享受生育医疗费待遇，同时享受相关失业保险政策规定的生育补助费。失业人员、灵活就业人员在缴费费率不变的情况下，可享受计生、生育医疗费待遇。

三是增强了基金共济能力，解决了生育保险基金透支问题。通过两项保险基金的融合，参保覆盖面不断扩大，基金风险被进一步分散，增加了基金的共济能力。2016 年昆明市生育保险基金收入约为 3.87 亿元，两险合并实施后，2017 年生育保险收入约为 5.4 亿元，增加 1.53 亿元，增长约 40%，基金的共济能力明显增强。受二孩政策尤其是"全面二孩"政策的影响，生育医疗费用和生育津贴增长明显，给生育保险基金支出带来很大的压力。安徽合肥 2014 年就出现收不抵支的情况，2014 年生育保险基金收入 2.09 亿元，支出 2.11 亿元，亏损 200 万元；2016 年 3 月起，生育保险基金历年滚存结余出现倒挂，全年基金出现缺口 6972 万元；2017 年前 4 个月生育保险基金收入 1.52 亿元，支出 2.23 亿元，缺口 7100 万元。2017 年 1 月国务院公布合并实施试点方案后，合肥市在全国第一个开始实施合并方案，较好地解决了"全面二孩"生育政策实施后生育基金收不抵支的问题。

四是经办流程优化，制度运行成本降低，服务水平提高。医疗保险和生育保险实现一体化管理，业务经办实行"一条龙服务、一个窗口对外"，经办流程进一步优化。晋中市依托"互联网＋人社"建设，完成了全市生育保险信息建设化，生育医疗待遇报销结算模式由过去的手工事后审核报销提升为在定点医疗机构出院直接结算，报销周期最长缩短了 8 个月。合并前参保人如果有因生育引起合并症和并发症的，除了需要到生育保险经办机构报销外，还要到医保经办机构报销合并症和并发症的医疗费用，两险合并后在医保经办机构即可统一办理，降低了管理成本，提高了服务水平。合肥市参保职工 YLH 急诊流产，只按住院流产核报了 500 元，多次电话反映其流产医疗当期并发症问题，经调查取证后，人本化处理当事人的医疗费用，又报销 1.8 万元，维护了参保人权益。

3. 合并实施面临的挑战

由于生育保险缴费费率的下降，以及"全面二孩"政策效应，以及大部分地区产假天数的增加，医疗保险基金支出压力较大。同时，两险合并实施后，覆盖面扩大，但因为生育的可计划性与阶段性，在一定程度上增加了基金风险。而生育保险与医疗保险制度本身存在差异，在管理方面也会出现新的问题。

一是生育待遇不降低，可能削弱保险的公正性。生育保障待遇不降低，是为了有效保障生育女性的权益，但在一定程度上侵占了部分职工的医疗保险权益。"全面二孩"政策的实施，在一定程度上加大了生育保险基金的支付压力，生育保险本来是以支定收，现在与医疗保险合并缴费，无法根据支出来调整缴费，在保障待遇不降低的基本原则下，只能从医疗生育基金里面支出。而职工医疗保险是以收定支，基金少了，势必会影响其保障水平，长此以往，基金可能难以为继。从保险的权利义务角度来看，生育保险经费的过度支出，也削弱了医疗保险的公平性。合肥市试点后 10 个月，职工医统统筹基金收入 63.51 亿元，统筹基金支出 37.1 亿元，其中用于生育保险费用支出 6.35 亿元。

二是基金可能产生赤字风险。吴红卫以国家、珠海市近年享受生育保险待遇人数增速、生育保险等变量，分析论证生育保险并入基本医疗保险后对总基金可能产生的赤字风险。① 据统计，晋中市全市 2015 年生育待遇享受人数为 3575 人，2016 年生育待遇享受人数 7603 人（其中二孩生育人数 2965 人，占 39%），2017 年全市享受生育保险人数达 9454 人（其中，生育二孩人数 5359 人，占比达到 56.7%），2017 年生育二孩人数比 2016 年增加了 18%，另一方面目前生育二孩的多数为高龄、大龄产妇，孕产期间的医疗费用也高于生育一孩时的费用。

三是生育保险与医疗保险统筹层次存在差别。不同地区生育保险与职工基本医疗保险待遇享受等方面政策存在差别，比如合肥市职工基本医疗保险已经实现市级统筹，但生育保险还是县区级统筹，两险合并管理，政策的不统一，影响工作推进。有的试点地医疗保险基本已经实现联网实时结算，但生育保险依然采取手工报销，经办系统尚未与各医疗机构进行联网结算，因而各经办机构对各医疗机构的生育医疗费用监督管理不能做到实时管理。

四是生育津贴占比过高，增加了基金压力。目前生育津贴的发放全国没有统一标准，地方政府规定的奖励生育假时间不一致，地方奖励假时间偏长，比如云南昆明、辽宁、沈阳是 60 天，广东珠海是 80 天，生育津贴支出比重偏大，大部分试点地区达到 70% 以上，云南昆明甚至达到 82%。安徽合肥市全面放开二孩政策后，生育津贴人均增加 1.5 个月，费用增长明显，导致生育基金支出压力过大。如果长期从医保资金支出生

---

① 吴红卫：《生育保险并入基本医疗保险对基本医疗保险基金产生的风险》，《财会月刊》2018 年第 6 期。

育津贴，不利于基金的可持续发展。云南昆明 2017 年生育津贴支出 2.4 亿元，同期生育保险收入仅 2.3 亿元，生育保险征缴不足以支付生育津贴待遇。生育保险基金并入基本医疗保险基金后，生育保险的支出风险将转移至基本医疗保险基金，对基本医疗保险基金运行带来较大压力。

五是参保灵活就业人员享受生育医疗费用报销存在政策风险。有的试点规定灵活就业人员可以参保，但由于怀孕的可计划性，有人可能出现带孕参保，报销后立即断保；或者按高收入缴费，产假休完调低缴费基数甚至断保。例如，在合肥，一名女性参保人员在 2017 年 7 月至 2018 年 6 月按灵活就业人员参加医疗保险，年度最低缴费额为 2203 元。而她可享受生育医疗费待遇：最低为产前检查 800 元加顺产 3000 元合计 3800 元，剖宫产则合计为 5800 元。合肥市通过合并实施，将 17.31 万参加基本医疗保险的灵活就业人员和失业人员纳入生育保险保障范围。2017 年合并实施的 8 个月共为 820 名灵活就业人员提供了生育医疗保障。① 到 2018 年 5 月底，合肥市灵活就业人员参保 18.3 万人，试点后 1276 人备案享受生育医疗待遇。

六是试点参保范围与国家要求存在矛盾。如威海市现行的两项保险均覆盖机关企事业单位职工和灵活就业人员。其中，男未满 45 周岁、女未满 35 周岁的灵活就业人员必须参加生育保险；男年满 45 周岁、女年满 35 周岁的灵活就业人员可自愿选择是否参加生育保险。国家《试点方案》仅要求在职职工统一参加职工基本医疗保险和生育保险，灵活就业人员如何参加生育保险并未提及。两项保险合并实施后，灵活就业人员不在参保范围之内，同时也不再单列生育保险基金收入，势必影响有生育意愿的灵活就业人员。②

七是两项保险享受待遇条件之间存在矛盾。生育保险待遇享受时间的可预期性与职工医疗保险待遇享受时间的不可预期性，形成了两项保险制度的本质区别。以威海市为例，按生育保险政策规定，参保职工连续缴纳生育保险费 2 个月后可享受孕检报销待遇；连续缴费满 12 个月后可享受分娩医疗待遇报销和领取生育津贴待遇；分娩前补缴中断的生育保险费，也可以享受相关生育待遇。而职工医保政策规定，参保职工连

---

① 合肥市从 2017 年 5 月开始生育保险与基本医疗保险合并实施。
② 刘泉鑫：《威海：两险合并难题待解》，《中国社会保障》2017 年第 6 期。

续缴费满 3 个月后可享受相关医疗待遇；缴费未满 3 个月时发生的各项医疗费不予报销。两项保险合并实施后，如果不处理好二者享受待遇条件之间的矛盾，极易造成执行过程中相关待遇难以落实。

四　生育保障的城乡统筹：全民生育保障的探索

生育不仅关乎一个家庭的幸福，更是事关人类自身繁衍、社会进步发展的大事。[①] 国家、社会与家庭共同分担生育责任，为人口再生产提供全面、普及、高质量的生育保障待遇和服务，逐渐成为共识。

1. 制度探讨与设计

与生育保险制度政策覆盖范围的不断扩大相适应，生育保险制度覆盖研究也从 20 世纪 90 年代的生育保险社会统筹拓展到生育保险城乡统筹、全民覆盖的研究。全民生育保险的提出与讨论，主要基于以下几个方面：一是基于 1994 年城镇职工生育保险办法规定，生育保险只覆盖本市城镇户籍职工，虽然有部分地区将灵活就业人员和非本市城镇户籍职工纳入，但仅限于职工，占人口 80% 的农村居民尚未纳入生育保险。二是原有生育保险待遇相对较低，未能很好地保障女职工生育权益，生育医疗费用自付较高，加重了家庭负担，现有生育保障制度不能满足人们越来越高的公共服务的需求。三是随着国家经济社会的发展，人们对生育的社会价值进行重新审视，对生育保障进行重新定位，不仅是对暂时中断劳动的经济补偿，还是对人口再生产社会价值的认同和尊重，为国家人口发展战略、社会持续发展提供支持。

大部分学者是针对某些未被覆盖的群体的生育保险的必要性与可行性进行研究，但学者们普遍认同生育保险是救助生命，全民生育保险比职工生育保险更符合生育保险的宗旨。王璐莎提出将生育医疗费用纳入社会医疗保险，单独设置覆盖全民的生育津贴制度，并通过测算得出政府完全有能力构建以政府和用人单位共同承担筹资责任的生育津贴制

---

① 黄桂霞：《生育支持对女性职业中断的缓冲作用——以第三期中国妇女社会地位调查为基础》，《妇女研究论丛》2014 年第 4 期。

度。① 黄桂霞基于我国生育保险的发展现状提出，"十三五"期间可以参照我国改革比较成功的医疗保障，先设计不同的城镇职工生育保险（所有用人单位的职工）、失业女工生育保险、城镇居民生育保障、农村居民生育保障，然后逐步整合，建立城乡统一的生育保障制度。首先不断完善城镇职工生育保险制度，实现城镇职工生育保险的全面覆盖；其次建立失业女性生育保障和城乡居民生育保障制度，并且逐步提高生育保障水平，真正发挥生育保障对生育期间劳动收入中断的补偿功能以及社会保障的再分配功能。②

针对 1994 年城镇职工生育保险制度覆盖范围窄、覆盖率低的问题，有专家提出将未就业配偶纳入生育保险，惠及没有工资收入的"全职太太"。一是可以使下岗失业女工和"全职太太"也能享受生育保险，保障她们的基本生活和减少贫困；二是保障企业能按市场经济规则用工，提高各类企业生育保险缴费的积极性；还有助于女农民工融入城市。在此基础上，进一步完善配偶生育保险，将怀孕期间离婚的女性、丈夫失业或者死亡的怀孕女性以及失业女工纳入生育保险，以更好地保护配偶的保险权利。③ 未就业配偶纳入生育保险，在 2010 年的社会保险法中已有明确规定，可以说是中国生育保险制度的一大进步。但是生育保险政策对农村妇女关注太少，尤其是农民工生育保险的规定近乎空白，女农民工被排斥在政策保护之外，其生育状况令人担忧。④ 马晶以重庆市为例进行了统筹城乡生育保险研究，认为生育保险制度要覆盖农村，还要做好城乡生育保险的对接工作。⑤

专家学者对全民生育保障的建立进行了探索和讨论，并提出了具体的方案。唐钧提出，建立全国统一的生育保险制度，并将生育保险制度与医疗保险制度合并，称为"医疗和生育保险制度"，统一规划、统一实施。对于农村女性，设计"非缴费"的生育津贴制度，由中央财政和地

---

① 王璐莎：《生育津贴制度研究》，硕士学位论文，浙江大学，2013 年。

② 黄桂霞：《"十三五"时期生育保障制度的发展展望》，载《中国社会保障发展报告（2015）No. 7》，社会科学文献出版社 2015 年版，第 182—199 页。

③ 潘锦棠：《覆盖未就业配偶生育保险问题研究》，《中华女子学院山东分院学报》2009 年第 4 期。

④ 张莹：《建立城市流动人口生育保险制度的探讨》，《卫生软科学》2007 年第 4 期。

⑤ 马晶：《统筹城乡的生育保险制度构建——以重庆市为例》，《时代金融》2009 年第 6 期。

方财政全部或者部分补贴她们的孕产期的生育医疗费用。① 潘锦棠认为全民社会保障应首选生育保障，并提出两种思路。一是通过职工生育保险、城镇居民医疗保险和新型农村医疗保险覆盖全民，这种思路避免了制度的碎片化，但实施起来有待时日。二是在"职工生育保险""居民医疗保险"和"新农合"的基础上，再为"城镇灵活就业者""城市农民工""职工未就业配偶"和"在校大学生"分别设立生育保险（保障），以追求实质性的"有保障"，这种思路能较好地保障城镇灵活就业人员、职工未就业配偶、农民工和在校大学生的生育权益，但容易造成身份重合，管理困难。② 郑功成则提出可以借鉴国际经验进行探索：一是作为保险类，可以是单独的生育保险，也可以放在医疗保险里，只要参加了医疗保险，不管有没有就业，都可以享受生育保险的待遇。二是作为津贴类，与是否就业无关，甚至不需要交费，只要有生育行为就可以享受。③ 杨立雄提出可将生育保险变为一种普惠性生育福利制度，而这种基于公民身份而非经济基础的生育福利制度可以完全消除现有的生育保险制度所带来的生育不平等现象。④

2. 必要性与可行性

人口再生产是社会发展的根本，生育作为主要的实现途径和主要手段，应该由整个社会来分担责任。生育保障是对女性作为人口再生产者所承担的生育行为给予保障和一定的经济补偿，不仅是维护妇女的就业权，保障妇女儿童的身心健康，更关系到千万家庭的幸福，关系到国家社会稳定可持续发展，其所面对的对象应该是所有生育承担者。由此，生育保障应该是覆盖全民的、普惠型的，以保障所有有生育行为女性的生育权益，与女性是否就业无关，与户籍也无关。党的十八大提出"社会保障全民覆盖"，作为社会保障重要组成部分的生育保障实现全民覆盖是题中应有之义。生育保障全民覆盖，由政府和企业共担责任，既是对女性在人口再生产中所做社会贡献的补偿、体现女性生育的社会价值，

① 唐钧：《生育保障是全民族的大事》，《中国社会保障》2010 年第 8 期。

② 潘锦棠：《生育保障全覆盖的两种设想》，《中国社会保障》2010 年第 8 期。

③ 郑功成：《社会保险法草案：生育险不与户口挂钩将具强制性》，中国人大新闻网，2008 年 12 月 25 日，2012 年 11 月 16 日访问，http://www.chinajob.gov.cn/SocialSecurity/content/2008-12/25/content_351733.htm。

④ 杨立雄：《可将生育保险变为生育福利》，《中国社会保障》2013 年第 10 期。

也可更好地保证和提高人口质量与素质。

将生育医疗保险设计为普惠性的生育保险项目，纳入社会医疗保险合并实施，将男性生育陪护假及其津贴纳入生育保险待遇，可以确保生育津贴的水平足以维持产妇和婴儿的生活和健康，激励企业参与生育保险，积极聘用女工等。① 或者将现行生育保险制度分拆，其中生育医疗费用纳入基本医疗保险，同时建立生育津贴制度，补偿生育者因生育而中断劳动的基本收入，并将覆盖范围由工薪劳动者扩展到全体国民。经测算，生育津贴制度资金需求量占财政收入的比重维持在较低水平，将生育医疗费用部分纳入职工基本医疗保险并没有明显加重用人单位缴费负担，因而此项改革必要且可行。②

调研发现，生育政策的调整，使现有生育保险制度已经难以为继，政府要发挥更大作用，为人口再生产提供支持。我国计划经济时期尤其是社会主义建设时期推行的生育保障证明全民生育保障可行，而且目前也有了相对较好的社会基础。

一是政府有责任、有能力为全面生育保障提供支持。一方面生育行为属于正常生理现象，无特殊情况不需要治疗，只要求定期对产妇进行身体检查，以及对产妇和胎儿的监护、观察，以保证其正常分娩。同时，生育保险风险预见性强，分娩后一般不会重复享受。③ 而且生育保障有享受限制，首要享受条件就是符合国家计划生育政策，还要符合生育保险报销程序，怀孕生育行为不易造假，生育保障医疗费用的享受要有医院怀孕生育的相关票据，无法以其他名目享用生育医疗服务。另一方面，在业女工生育时享受产假和生育津贴，要有前期的怀孕过程，还要有计划生育部门的生育服务证，甚至要有婴儿出生证明才可以享受，借用产假的行为不容易出现，造假、冒领生育津贴也比较难。从所需经费额度来看，相对于疾病而言，正常的生育行为所需经费少。每对夫妇一生只享受一到两次生育保险待遇，与其他保险相比而言，保险费用可预见、

---

① 蒋永萍：《社会性别视角下的生育保险制度改革与完善——从〈生育保险办法（征求意见稿）〉谈起》，《妇女研究论丛》2013 年第 1 期。

② 何文炯、杨一心、王璐莎、徐琳：《中国生育保障制度改革研究》，《浙江大学学报》（人文社会科学版）2014 年第 4 期。

③ 孙丽萍：《生育保险与女职工劳动保护政策问答》，中国劳动社会保障出版社 2004 年版，第 9 页。

可控。在"五项基金"支出中，生育保险支出最低。而且，我国经济快速发展，为生育保障的全面推行提供了基本的物质基础。

二是现有生育保险制度为全面生育保障奠定了坚实基础。21 世纪以来，各地在 1994 年《企业职工生育保险试行办法》的基础上，探索生育保险打破城镇户籍界限实现就业人员全覆盖取得一定成就。2010 年社会保险法将职工未就业配偶纳入生育保险，如此，失业女工、没有工作经历的"全职太太"以及集中于非正规部门的女性农民工，都可以利用未就业配偶的身份得到基本的保障。2012 年的《生育保险办法（征求意见稿）》将生育保险扩展到所有与单位有劳动关系的职工，城乡居民的生育则可以从医保报销医疗费用。医疗保险、养老保险的城乡统筹为生育保险的城乡统筹提供了成功经验，各地在实践中积累了丰富的经验，生育保险的城乡统筹面临良好的机遇，生育保险与医疗保险合并实施试点，为建立城乡一体化的生育保险制度提供了更好的经验。

3. 实践进展

生育保险的统筹范围和覆盖面不断扩大。1994 年 12 月，劳动部颁布《企业职工生育保险试行办法》，规定城镇企业为本单位职工缴纳生育保险。之后，又有 27 个省区市相继颁布当地生育保险试行办法。各地生育保险虽有差异，但基本覆盖本市户籍的女职工。随着社会的不断发展，一些省市调整了政策，2007 年 1 月 1 日成都市非城镇户籍从业人员就可以参加综合保险，其中包括女职工生育补贴，之后又有广州、厦门、威海、北京等市将生育保险覆盖到非本市城镇户籍从业人员，广东、上海等地则将灵活就业人员、失业人员也纳入保障范围。[①] 2010 年 10 月颁布的《中华人民共和国社会保险法》在原有的企业职工生育保险基础上，将有生育保险男职工的未就业配偶纳入生育保险范围。北京市在 2012 年新颁布的规定中，将生育保险覆盖到用人单位所有劳动关系的女职工。2012 年《生育保险办法（征求意见稿）》将所有与用人单位有劳动关系的职工都纳入生育保险，这意味着所有女职工不分户籍都可以平等享受生育保险待遇。目前，全国已有 30 个省（区、市）出台了生育保险法规或规范性文件，为建立全民覆盖的生育保障制度奠定了良

---

① 蒋永萍：《社会性别视角下的生育保险制度改革与完善——从〈生育保险办法（征求意见稿）〉谈起》，《妇女研究论丛》2013 年第 1 期。

好的基础。2016 年人力资源和社会保障事业发展"十三五"规划提出要建立更加公平可持续的社会保障制度，基本实现法定人员全覆盖。2017 年 1 月国务院下发通知，在全国 12 地试点生育保险和职工基本医疗保险合并，参加职工医疗保险的职工同步参加生育保险，部分试点地区将灵活就业人员、失业劳动者甚至退休人员纳入生育保障范围，进一步扩大了生育保险的覆盖面。实现生育保障的全民覆盖，还需要将生育保险与医疗保险全部合并实施，所有参加医疗保险（包括城镇职工基本医疗保险与城乡居民医疗保险）的劳动年龄人口，都同时参加生育保险。

1994 年《企业职工生育保险试行办法》颁布实施以来，城镇职工生育保险快速发展，从生育保险的参保率来看，2000 年城镇职工生育保险覆盖率仅为 26.0%，2005 年有 5409 万人享有生育保险，占城镇职工数的 46%；2010 年有 13892 万人，达到职工总数的 95%；[1] 2017 年参加生育保险人数达到 19240 万人。

在城镇职工生育保险不断扩大覆盖面的基础上，政府也日益重视城乡居民的生育保障。城镇非就业妇女的生育医疗待遇借助城镇居民医疗保险平台得到了解决。[2] 农村居民分娩费用报销由新农合支付，在此基础上，国家财政设立专项资金，建立了涵盖全国 31 个省区市的农村妇女分娩补助项目，[3] 项目覆盖范围内的所有农村户籍孕产妇住院分娩时都可以得到财政补助，农村妇女的住院分娩医疗费问题得到了解决。目前，城乡居民的生育医疗费用可以按照规定从城乡居民医疗保险中进行报销，这意味着城乡居民也纳入了生育保障体系。当然，相对于城镇职工生育保险来说，城乡居民的生育保障水平还较低，而且只有基本的生育医疗费用的部分报销，基本没有生育津贴。

---

① 国家统计局社会科技和文化产业统计司：《社会中的女人和男人——事实和数据 (2012)》，第 44 页。

② 2009 年《关于妥善处理城镇居民生育医疗费用的通知》将城镇居民的住院分娩费用以及产前检查费用纳入城镇居民医保基金支付范围。

③ 2009 年卫生部、财政部印发了《关于进一步加强农村孕产妇住院分娩工作的指导意见》（卫妇社发〔2009〕12 号），2010 年卫生部办公厅颁布了《2010 年农村因产妇住院分娩补助项目管理方案》。

五　生育保障实践中存在的问题及未来展望

生育保险制度的建立和完善，不但是国家对妇女生育社会价值的肯定，也是均衡用人单位生育负担、预防就业性别歧视、促进公平就业的制度保障。

1. 存在的问题

多年实践证明，生育保险制度运行平稳，为维护女性平等就业权益、均衡企业负担、保障职业妇女生育期间基本生活和身体健康起到了重要作用。但生育保险的法制建设落后，立法层次低，相关法规不一致等缺陷与不足逐渐凸显，制度实施中存在覆盖面较窄、各地生育保险待遇差距较大、制度保障公平性不足、生育保险基金来源单一、政府责任不充分、男性责任和权利没有得到充分体现等问题。①

（1）生育保障制度未能与时俱进

生育保障需要有一套系统的制度安排，但目前的生育保障体系缺乏整体设计，"碎片化"现象严重。不同地区、不同制度下的生育待遇差异较大。一方面，承担生育保障职能的社会保障项目有多个（生育保险、新型农村合作医疗、城镇居民基本医疗保险等），且制度之间难以衔接转换。不同身份的社会成员适用不同的生育保障制度，享受不同的保障待遇，部分小微企业不参加生育保险也不承担生育保险责任。国家机关和部分事业单位带薪产假的生育保障制度与社会统筹的生育保险的双轨制依然存在，而城乡居民基本上没有生育保障。另一方面，大部分是地区统筹（一般是县级或市级统筹），各地政策差异较大。与建立全面覆盖的社会保障尚存在差距。同时，生育医疗费用个人负担较重，一方面，产前检查自费比例过高，调研发现，主要是检查项目增加，而可报销项目和报销标准未变，现有产检基本是定额或者限额报销，远远不能满足现在医院规定的十几次产检所需的费用；另一方面，尽管自费药种类增加，但有些药品不在医保药品目录，分娩女性就陷入选择自费药或拒不用药

① 张永英、李线玲：《新形势下进一步改革完善生育保险制度探讨》，《妇女研究论丛》2015 年第 6 期。

的尴尬境地，于是很多人只能选择自费，还有新时期医院的空调费、剖宫产后的止痛药物等都不在报销范围之内，这些都在无形之中增加了生育家庭的负担。

（2）生育保险制度政策执行差

相较于养老保险、医疗保险、失业保险以及工伤保险来说，中国生育保险的政策制定与法制建设滞后，立法层次低，法律效力低，执行差。很多企业为降低成本，不给女职工提供生育保险；很多单位还会通过各种方式使本来有生育保险的怀孕女员工感觉"待不下去"而"主动"辞职，导致她们生育后无法享受待遇。虽然《企业职工生育保险试行办法》《社会保险法》等规定职工和未就业配偶按照国家规定享受生育医疗费用，但实践中分娩费用报销比例很低。《社会保险法》也明文规定女职工在产假期间可以按照所在企业上年度职工平均工资的标准领取津贴，但在实践中还经常出现生育津贴给付不落实的现象，或者用人单位按照最低基数缴费，生育津贴无法按照"就高补低"来兑现。

（3）政府责任不足，生育保险的职业福利性质难以保障弱势女性生育权益

生育保险应由国家、用人单位和个人三方负担。但在中国，虽然生育保险的财政责任逐渐扩大，但仍然以用人单位为主体，城镇职工生育保险由企业缴纳费用，政府没有补充，这使生育保险变相成为职业福利。对于没有生育保险的女工，以及广大农村妇女，她们更需要保障，这些人有可能会因为生育风险和负担尤其是养育负担而生活困难，更容易陷入生活困境。政府缺位、单位负责使生育保险难以脱离企业职工福利的桎梏，无法体现生育保障的社会性和公民的基本权利。据统计，2013 年，共有 522 万人次享受了生育保险待遇，仅占当年出生人口（1640 万人）的 31.8%。2017 年有 1113 万人次享受了生育保险待遇，比上一年增加 199 万人次。

2. 未来展望分析

应该从人口再生产的角度出发，转变生育保障的理念，实现从保险到保障，到人口再生产社会价值的认同与补偿的转变，强调国家在女性生育保险缴费的主体责任地位，加大政府财政投入方式，实现生育保障全覆盖，建立国家、单位、个人三者相结合的缴费和责任分担机制，并且要处理好生育保险与家庭政策的关系，男性在生育中的责任与权利

问题。

（1）推进全民生育保障的制度建设

生育保障是我国社会建设的重要内容，关系到千家万户、关系到社会生产和人口再生产，甚至影响到社会的稳定发展。党的十八大明确提出建立"社会保障全民覆盖"，生育保障全民覆盖是题中应有之义。党的十九大进一步提出"加强社会保障体系建设。按照兜底线、织密网、建机制的要求，全面建成覆盖全民、城乡统筹、权责清晰、保障适度、可持续的多层次社会保障体系。全面实施全民参保计划"。生育保险与基本医疗保险合并实施试点为全民生育保障提供了丰富的经验，打下了坚实的基础，可以在试点基础上，完善城乡居民生育保险制度，以城乡居民医疗保险为依托，将生育保障覆盖到城乡全部妇女。

（2）政府承担更多责任

中国的生育保险基本是单位负责，国家基本不承担补偿责任，不能很好地平衡企业利益与职工利益和国家利益，导致企业负担过重，以及企业招工中的性别歧视，无法很好地保障女性的生育权益，在一定程度上影响了女性人力资本的利用。女性作为人口再生产的主体，生育本身也是为社会发展、民族延续做出贡献，国家有义务承担人口再生产的责任，分担生育保障的费用。一方面可以减轻用人单位负担，减少生育保险基金的压力，另一方面将生育保障作为社会公共服务，使符合规定条件的生育女性能够及时获得相应的保障，不仅是对女性为人口再生产做出重大贡献的体现，也是体现服务型政府职能的重要方式。鉴于生育津贴占比太高，基金压力较大的现实情况，生育津贴最好由其他途径解决，比如政府财政拨付。

（3）重视男性在生育中的权利与责任

虽然两险合并对女性就业的影响并不显著，但通过调研发现，随着"全面二孩"政策以及延长产假等政策的落地实施，女职工休产假带给用人单位的时间成本短期内迅速提升，尤其是企业招聘时，男性偏好更加突出，女性就业歧视现象越发明显。建议有关部门在出台政策时，有针对性地予以考虑增加男性职工的育儿假，既保障了男性的带薪休假权利，更好地分担妻子育婴压力，又能缩小男女因休假给用人单位带来的时间成本，促使用人单位在招聘时不再过多考虑女职工休产假对企业造成的影响，逐步推进男女在就业时实现公平竞争。实地调研也发现，女性普遍愿意增加丈夫的陪产假，有很多女性甚至愿意减少自己的产假时间，拿出一部分作为育儿假与丈夫共享，甚至转让给丈夫当作陪产假，更好地陪伴自己及孩子。"男性至少休够一个月"是女性们的普遍呼声。

（4）处理好妇女就业与生育保障以及家庭政策的关系

生育保障是通过为因生育暂时失去劳动力期间的女性提供保障，以均衡企业间的负担，促进妇女就业。潘锦棠通过研究指出，男女公平就业原则是在劳动就业领域男女平等竞争，在公共家庭政策上向女性利益倾斜。目前中国通过公共家庭政策增进女性公平就业权利可以做的工作包括加快推进生育保险覆盖面、女工劳动保护成本社会统筹或政府补贴、兴办公立幼儿园、兴办公立养老院和禁止用人单位"以怀孕为由"拒收女性五个方面，目的是增加用人单位对女工的需求、减少家务劳动、增加女工的劳动力供给以及完善女性就业保障立法。[①] 也有越来越多的人将提高生育保障作为提高生育率的一个途径。社会转轨时期，生育政策的调整需要"一揽子"的制度方案去应对，不能把过高的关于家庭福利服务的社会期待放在生育保险一个制度上去承载。需要在完善生育保险制度的基础上，尽快建立健全家庭政策，包括男性分担更多养育责任，以更好地支持婴幼儿的抚育，将子女抚育作为社会共同的责任等。

---

① 潘锦棠：《向公共家庭政策要妇女公平就业权利》，《湖南师范大学社会科学学报》2015年第 1 期。

第五章 老年人长期照护保障制度的建设与发展

长寿不等于健康，寿命延长与自理能力的下降并存，高龄往往和失能相生相伴。改革开放四十年以来，伴随着我国人口老龄化、高龄化趋势，以及家庭功能弱化和代际关系变迁，传统的非正式长期照护模式正经历着向正式照护的转变。在需要、风险理论、权利理论和福利多元主义思想的指引下，针对失能失智老年人的长期照护保障制度逐步建立起来。与此同时，学者对于长期照护相关领域的研究也日益丰富，共同推动长期照护的建设与发展。

一 背景

1. 人口结构变化

人口老龄化是目前中国人口结构变化的显著特点。根据联合国在1956年出版的《人口老龄化及其经济社会影响》一书中提出的建议：如果一个国家或地区65岁及以上老年人口在总人口中的比重超过7%，就表明这个国家或地区将步入老龄化社会。按照这个定义，中国在2000年步入了老龄化社会，2016年年底，我国65岁及以上的人口数约为1.5亿人，占总人口的10.8%。[①] 另一方面，高龄人口比率扩大，在全国60岁及以上的老年人口中，80岁及以上的高龄老年人所占比重正在不断上升。到21世纪中叶，大约每4个中国老年人中就有1个人年龄高达80岁及以上。[②]

[①] 见《2017年中国统计年鉴》。

[②] 翟振武、陈佳鞠、李龙：《中国人口老龄化的大趋势、新特点及相应养老政策》，《山东大学学报》（哲学社会科学版）2016年第3期。

伴随着人口高龄化，失能老年人口数及所占比重快速增长。根据中国老龄科学研究中心 2011 年的数据显示，2010 年年底，全国部分失能和完全失能的城乡老年人约 3300 万，占老年人口的 19%。其中完全失能人口 1080 万，占老年人口的 6.23%。① 根据 CLHLS（"中国老年人口健康长寿影响因素跟踪调查"）2008 年数据分析，65 岁以上老年人中重度失能率为 12.3%，预测 2015 年将达到 1560 万。②

2. 家庭功能与代际关系变迁

与人口结构的变化相对应，作为社会成员基本生存载体的家庭也发生着深刻的变化。自严格的计划生育政策实施以来，中国长期保持着较低的生育水平，低生育率以及其他一些社会经济因素导致了家庭规模的不断缩小，至 2016 年中国平均家庭户规模仅为 3.11 人/户。③ 此外，"空巢"老人、失独老人的数量显著增加。近年来，随着城市化进程的不断发展，劳动力流动的阻碍逐渐消除，人口迁移流动加速了家庭分化。郭志刚认为中国流行的主干家庭模式在未来会促发老年"空巢"家庭，④ 王跃生基于 2010 年人口普查数据，发现核心家庭比例明显下降，单人户显著上升。⑤

家庭规模的小型化使传统的家庭养老这一功能受到挑战，"4－2－1"的家庭结构普遍存在和人均预期寿命的延长都加重了子女赡养父母的负担，失独老人更是面临着无人赡养的困境。子女与父母的代际关系是家庭功能得以发挥的重要基础，随着子女数量的减少，父母与子女间的代际互动更加密切，独生子女在代际关系中的作用甚至具有不可替代性。宋健、黄菲发现独生子女比非独生子女更可能与父母同住，并得到父母较多的经济帮助。⑥ 刘晓婷等利用 2011 年的 CHARLS 数据发现子代对亲代的经济转移增加与照料支持的减少同时存在，并且配偶逐渐替代子女

---

① 黄匡时、陆杰华：《中国老年人平均预期照料时间研究》，《中国人口科学》2014 年第 4 期。
② 曹信邦、陈强：《中国长期护理保险需求影响因素分析》，《中国人口科学》2014 年第 4 期。
③ 见《2017 年中国统计年鉴》。
④ 郭志刚：《关于中国家庭户变化的探讨与分析》，《中国人口科学》2008 年第 3 期。
⑤ 王跃生：《中国家庭代际功能关系及其新变动》，《人口研究》2016 年第 5 期。
⑥ 宋健、黄菲：《中国第一代独生子女与其父母的代际互动——与非独生子女的比较研究》，《人口研究》2011 年第 3 期。

成为主要的照料提供者。① 从整体上看，子代赡养亲代的功能有所下降，65 岁老年人与子女同住虽然仍占多数，但比例有所下降，中国家庭正在往现代化转型。②

虽然政府正在积极完善养老服务体系，但是受到财务危机和正式照料资源限制，加之传统文化观念的影响，大部分失能老人依然住在家里接受照料。在国际上家庭成员成为主要照料者，80% 的照顾者所照料的是他们的亲属。然而，面对人口与家庭双重变迁所导致的家庭传统养老功能弱化，"找回家庭"、强化居家失能老人的非正式支持，成为社会政策的重要使命。③

3. 长期照护服务与保障制度缺失

针对长期照护需求的日益增加，我国的长期照护服务与保障体系尚不健全，整体呈现出"总量不足，结构不合理、专业化水平低"的特点，无法满足失能老年人的照料需求。在总量不足方面，90% 以上的老年人选择社区居家养老，但生活照料、健康照料、精神慰藉等需求得不到满足；在结构不合理方面，虽然许多社区都建立了居家养老服务中心，但是功能比较单一，缺乏专业性，无法满足失能失智老年人进餐、日间照料、医疗康复等需求。而且，长期照护制度中十分重要的需求评估体系还尚未健全，缺乏统一需求评估系统和标准，亟须提高专业化水平。

二　长期照护保障制度构建的理论基础

需要、风险和权利责任理论是现代社会福利制度建立重要的价值基础，也是老年人长期照护保障制度建立的核心价值；福利多元主义提供了构建长期照护服务供给体系的基础。

1. 需要理论

"需要层次"理论由马斯洛于 1943 年提出，人类的需要分为五个层

---

① Liu X.，Lu B.，Feng Z.，"Intergenerational Transfers and Informal Care for Disabled Elderly Persons in China：Evidence from CHARLS"，*Health & Social Care in the Community*，2017，25（4）：1364 – 1374.

② 曾毅、王正联：《中国家庭与老年人居住安排的变化》，《中国人口科学》2004 年第 5 期。

③ 刘晓婷、侯雨薇：《子女经济支持与失能老年人的非正式照料研究：基于 CLHLS 的分析》，《浙江大学学报》（人文社会科学版）2016 年第 4 期。

次，即生理、安全、爱、尊重、自我实现，每当一种需要得以满足，另一种需要便会取而代之。① 马斯洛认为人类的需要有一个从低到高发展的过程，每个人在每个时期都有一种需要占主导地位，其他需要占从属地位。其中，生理需要是人类生存最基本的需求，主要包括食物、空气、水、呼吸、性欲和健康等。② 一方面，老年人失能即身体功能能力的丧失，影响健康状况，是基本的生理需要；另一方面，当生理需要得到满足之后，又会激发失能老年人更高层次的需要，这些需要是长期照护保障制度建立的基础。

也有学者把这种个人基本生活活动需要他人协助、辅助才能够实现基本生活的状态，称为照护需要性。③ 这种照护需要性的产生是由于身体功能能力的缺失（包括日常活动及认知能力），常常不具有恢复性，一旦发生将延续至生命的终结，而且常常伴随慢性疾病等同时出现。长期照护需求往往意味着较高昂的费用，较大负荷的照料负担，而且往往涉及照护提供者的身心健康，甚至耗费更多无法估量的社会经济成本。

2. 风险理论

长寿不等于健康，随着人口预期寿命的延长，不健康寿命期也延长了。伴随着预期寿命的提高，患病率和失能率也逐年提高。根据美国与日本的研究，随着人口老龄化（无论女性还是男性），健康寿命的提高幅度明显慢于预期寿命的增长幅度。④ 乔晓春测算了我国老年人的未患病寿命、未残障寿命、有活力的寿命，研究结果表明老年人不健康、带病的、有残障的，或生活不能自理的寿命有好几年。于是，在未来有关健康寿命的研究及失能转移规律的识别与探索，应该成为医疗卫生与健康照护系统应对长寿风险的重点研究领域。⑤

由于老人（特别是高龄老人）具有较高的疾病发生率，老人的医疗费用支出要大大高于年轻人，因此人口老龄化与长寿风险增加了医疗服

---

① 马斯洛：《马斯洛人本哲学》，成明编辑，九州出版社 2003 年版，第 1 页。

② 曹信邦：《中国失能老人长期护理保险制度研究》，社会科学文献出版社 2016 年版，第 40 页。

③ 和红：《社会长期照护保险制度研究：范式嵌入、理念转型与福利提供》，经济日报出版社 2017 年版，第 14—15 页。

④ 王德文、檀晓青：《人口老龄化语境中的健康寿命及其探索》，《福建江夏学院学报》2012 年第 2 期。

⑤ 乔晓春：《健康寿命研究的介绍与评述》，《人口与发展》2009 年第 2 期。

务需求，进而对医疗费用的增长产生了影响。长寿风险也带来了疾病结构的变化，非传染性疾病和慢性病的增加对医疗卫生系统构成重要挑战。

然而，中国政府和学界对因慢性病和失能所带来的长期照护需求的增加，不仅尚未给出有效的解决方案，而且相应的理论和实证研究还相对匮乏。在财务方面，大部分研究围绕护理保险而展开讨论，但护理保险也未必是最佳的方案，更何况现有的中国护理保险的研究主要为描述性观点陈述，较少基于证据的量化分析，对护理补贴制度的研究则更加缺乏。具体而言，现有的研究主要围绕如下方面而展开：护理保障制度的必要性、护理保障的可行性、护理保障制度的实现机制——社会保险、商业保险、社会与商业保险的结合、基于精算模型讨论护理保险的定价等问题。

在服务方面，机构养老服务与居家养老服务的研究还较为粗放，主要围绕服务体系和组织的发展。基于长寿风险视角的长期护理问题研究，相较于长期护理保险和养老服务体系，更为基础的是对老年人失能状态及其转移规律的识别与分析，及其如何建立成本分担与合理的筹资机制。

3. 社会权利与责任理论

根据马歇尔对英国公民身份发展的研究，公民身份包含三个重要的权利元素，即公民权利（civil rights）、政治权利（political rights）和社会权利（social rights）。其中，社会权利出现于20世纪，是指享受社会保障、医疗卫生和教育等国家提供福利的权利，每个人（无论他们是谁）都有权利获得保障以维持一定的生活水准。[1]

公民身份包含着社会发展的理念，因为马歇尔认为福利、社会权利的表现或载体，是整体社会及经济系统的一部分，需要国家经济发展作为物质支持，这就要求社会发展与经济发展的兼顾与和谐。这也体现在自由主义者贝弗里奇对英国战后福利体制的设想中：全民福利体系建立在劳动力完全就业的基础上，福利开支所倚赖的税收支持也需要国家经济的发展。也就是说，社会权利的实现是建立在国家积累的一定的物质基础之上的，否则过重的福利负担会阻碍社会发展，造成20世纪70年代

---

[1]　Marshall T. H.，"Citizenship and Social Class". In G. Shafir（Ed.），*The Citizenship Debates：A Reader*，Minneapolis，MN：University of Minnesota Press，1998，93 – 112.

以来的"福利国家危机"。①

战后资本主义的黄金时代，持续的经济增长支持了日益扩大的福利国家的开支，因此马歇尔早期在对公民身份的描绘当中更多地强调了权利而不是义务。20 世纪 70 年代的资本主义经济危机打破了经济增长对公共福利开支的继续支持，导致大多数发达国家不得不控制福利支出，并将其作为政治命令。20 世纪 70 年代末到 80 年代，这种政策在美国和英国还得到了"新右派"的支持。新右派反对国家对经济的干预，特别是反对凯恩斯主义，对福利国家进行批评；在所有的公共政策领域（包括满足社会的福利需要）支持利伯维尔场机制。② 20 世纪 90 年代，福利国家发展面临更大的限制，正如 Esping - Andersen 指出的那样：由于人口老龄化愈演愈烈，社会保障系统在增加福利开支方面面临巨大压力，劳动人口的减少和健康照顾需求的增加要求对养老金的财政支出增加。当国家提供福利的能力下降，福利改革的受害者主要是作为福利依赖者的弱势社群，也就是说无条件的社会权利受到削减，尤其是弱势社群所依赖的福利。③

当经济发展的条件不再普遍，主要的公民资格的元素也遭到了质疑。④ 有许多研究公民身份的学者批评了过分强调权利、资格，而忽略责任和义务的观点，从关注公民权利转为关注公民责任和义务，社会权利的合法性减弱。⑤ 蒂特马斯和左派集体主义者认为权利主导的福利国家制度化可能被下一代的福利参与者损坏道德特征。⑥ 因此他们都主张"有条件的福利"，才能够使使用者承担相应责任，并得以改造穷人和下层阶级的不良性格和行为。哈贝马斯认为：现存的福利国家制度提倡依赖及被

---

① Beveridge W. , *Social Insurance and Allied Service*, London：Majesty's Stationery Office, 1942.

② King D. S. , Waldron J. , "Citizenship, Social Citizenship and the Defence of Welfare Provision", *British Journal of Political Science*, 2009, 18 (4)：415 - 443.

③ 景天魁、彭华民：《西方社会福利理论前沿：论国家、社会、体制与政策》（第一版），中国社会出版社 2009 年版。

④ Atkinson R. , "Citizenship and the Struggle Against Social Exclusion in the Context of Welfare State Reform". In J. Bussemaker (ed.), *Citizenship and Welfare State Reform in Europe*, London：Routledge, 1999, 149 - 166.

⑤ Cox R. H. , "The Consequences of Welfare Reform：How Conceptions of Social Rights are Changing", *Journal of Social Policy*, 27 (1), 1998, 1 - 16；Mead, L. M. , *The real crisis. Society*, 23 (2), 1986, 12 - 15.

⑥ Roche M. , *Rethinking citizenship：Welfare, Ideology and Change in Modern Society*, Cambridge：Polity Press, 1992.

动，已使公民沦为受助者的角色。[①]

从西方社会对公民身份、社会权利和公民责任的论述中可以看出：尽管后期随着福利国家危机而产生了一些对权利主导的福利体制忽略责任的反思，整体的共识还是强调公民权利的应得资格和合法性，经历了一个由以权利为基础的"普遍福利"到关注责任的"选择福利"的过程。因此，长期照护保障制度的建立也深深受到这一福利思想变迁的影响。

4. 福利多元主义理论

产生于 20 世纪 70 年代的福利多元主义是对福利国家的反思，主张社会福利来源的多元化。除家庭、市场和国家三个部门之外，志愿部门也是老年人长期照护不可或缺的供给主体，被纳入到福利多元主义框架中。伊瓦斯构建了福利三角理论，认为"市场对应的是正式组织，体现为价值的自主选择；国家对应的是公共组织，体现的是价值的平等和保障；家庭作为非正式的或私人的组织，体现的是团结和共有的价值"。[②]

福利多元主义的核心观点是将政府由社会福利中的单一供给者转变成社会福利的规范者和管理者，社会福利由多个主体承担，即对福利供给主体进行多元化组合安排，强调在社会不同部门参与下，重视家庭、社区和其他非正式组织，由福利国家转型为福利社会，以此来化解资本主义福利危机。[③] 福利多元主义成为重要的社会政策分析工具，也是长期照护服务供给的主要分析框架。

三　长期照护保障需求分析与成本测算

1. 老年人失能状态及其转移规律

（1）我国老年人失能状态

世界卫生组织（WHO）将失能定义为："个人在日常生活中主要活

---

① Habermas J. , "Citizenship and National Identity: Some Reflections on the Future of Europe". In R. Beiner （ed. ）, *Theorizing citizenship*, Albany, N. Y. : Suny Press, 1995, 255 – 282.

② Evers A. , "The Welfare Mix Approach: Understanding the Pluralism of Welfare System" S. In A. Evers & I. Svetlik （Eds. ）, *Balancing pluralism*. Avebury/European Center Vienna, Aldershot, 1993.

③ 肖云：《中国失能老人长期照护服务问题研究》，中国社会科学出版社 2017 年版，第 12—14 页。

动能力或生活能力丧失或受限"，随着年龄增长，老年人身体机能逐渐退化，生理器官功能逐渐丧失，这时失能便可能发生。研究我国老年人长期照护保障需求，需要先评估老年人的失能状况。基本生活自理能力（ADL）量表和工具性日常生活自理能力（IADL）量表是被最广泛应用的衡量老年人失能状况的指标，它们可以较为全面科学地衡量老年人身体机能状况。此外，MDS－COGS 量表和精神病态量表（PS）是老年人认知状态的评估工具，能全面地评估老年人认知能力与精神状况。而 InterRAI 长期照护机构评估（LTCF）量表则可以对老年人疾病、心理及功能进行多维度的鉴定评估。[①]

国内学者对于我国失能老人的规模和发展趋势尚未达成统一定论，甚至由于选用的数据或对失能的评判标准不一，得出的结论可能大相径庭。中国老龄科学研究中心课题组根据 2006 年全国城乡老年人口状况调查的数据得出城乡老年人的失能率大概在 6.4%。[②] 潘金洪等利用 2010 年第六次人口普查数据，推算出我国老年人口失能规模为 522 万，总失能率为 2.95%。[③] 张文娟、魏蒙统一了 ADL 失能状态的评判标准，并对 3 个老年专项调查数据［中国城乡老年人口状况跟踪调查（SSAPUR）］、中国老年人健康长寿影响因素跟踪调查（CLHLS）和中国健康与养老跟踪调查（CHRLS））进行分析比较，发现 2010 年中国老年人的失能率约为 11%。[④] 对于中国失能老年人未来的发展趋势，顾大男、曾毅的研究结果显示 1992—2002 年中国老年人生活自理能力失能率平均年下降 1%。[⑤]

（2）失能转移规律

随着人们寿命的延长，健康预期寿命占预期寿命的比率究竟是延长

[①] 李玮彤、徐桂华：《老年人照护需求综合评估研究现状及进展》，《中国全科医学》2018 年第 6 期。

[②] 中国老龄科学研究中心课题组、张恺悌、孙陆军、牟新渝、王海涛、李明镇：《全国城乡失能老年人状况研究》，《残疾人研究》2011 年第 2 期。

[③] 潘金洪、帅友良、孙唐水、张吟鹤、薛晓华、周长青：《中国老年人口失能率及失能规模分析——基于第六次全国人口普查数据》，《南京人口管理干部学院学报》2012 年第 4 期。

[④] 张文娟、魏蒙：《中国老年人的失能水平到底有多高？——多个数据来源的比较》，《人口研究》2015 年第 3 期。

[⑤] 顾大男、曾毅：《1992—2002 年中国老年人生活自理能力变化研究》，《人口与经济》2006 年第 4 期。

了还是缩短了，在学术界尚存在争论。理论上存在三种不同模式：Fries
提出老年失能期压缩模式，即非失能的时间不仅在绝对量上会增加，相
对于生命长度的比重也会增加；[1] Gruenberg（1977）和 Kramer（1980）
的老年失能期扩张模式指出，人口预期寿命的延长，只是现代医疗技术
延长了患病人口和失能人口的生命，因此失能寿命会在余寿中的比重不
断扩大；Manton 的动态均衡模式则认为，预期寿命和健康预期寿命的延
长是平行发展的。[2] 上述三种模式在欧美国家均得到了验证。

　　我国部分学者通过测算健康预期寿命及其发展趋势来表现失能的转
移规律。Liu 利用 1987—2006 年的全国临床数据比较了健康预期寿命的
变化，结果发现 75 岁及以上的老年人失能期呈现缩减趋势，而相对年轻
的老年人失能期呈现延长趋势。[3] 张文娟、杜鹏基于 1994 年和 2004 年人
口变动抽样调查数据的研究结果则支持了老年人失能期扩张的假设。[4] Lu
利用 2000—2010 年中国城乡老年人口状况跟踪调查数据，也支持了老年
人失能期扩张的假设。[5]

　　2. 长期照护成本的测算研究

　　综观实施长期照护保障制度的国家，其筹资模式主要可以分为三
种：一是以荷兰、瑞典等北欧国家为代表的普惠模式，以国家财政收入
作为资金的主要来源；二是以德国、日本为代表的强制性社会保险模
式，以雇主以及雇员的缴费作为资金的主要来源；三是以英国、澳大利
亚为代表的基于家计审查的社会救助模式，以国家税收收入作为资金的
主要来源。此外，商业保险也作为一种重要的长期护理保障制度发挥
作用。

---

　　[1] Fries J. F.，"Aging，Natural Death，and the Compression of Morbidity"，*N. Engl. J. Med*，
303（3），130–135，1980；Fries，J. F.，"Aging，Natural Death，and the Compression of Morbidi-
ty"，*Bull. World Health Organ*，2002，80（3）：245–250.

　　[2] Manton K. G.，"Changing Concepts of Morbidity and Mortality in the Elderly Population"，*Mil-
bank Memorial Fund Q. Health Soc*，2009，60（2）：183–244.

　　[3] Liu J.，Chen G.，Song X.，et al.，"Trends in Disability – Free Life Expectancy Among Chi-
nese Older Adults"，*Journal of Aging and Health*，2009，21（2）：266–285.

　　[4] 张文娟、杜鹏：《中国老年人健康预期寿命变化的地区差异：扩张还是压缩?》，《人口
研究》2009 年第 5 期。

　　[5] Lu B.，Liu X.，Lim J.，et al.，"Changes in the Morbidity Prevalence and Morbidity – free
Life Expectancy of the Elderly Population in China from 2000 to 2010"，*Journal of the Economics of Age-
ing*，2018.

　　一般来说，老年人的照护费用分为三个部分：直接成本、间接成本以及无形成本。其中直接成本指的是在照护老人过程中产生的直接现金开支，包括日常生活服务照料费用、医疗保健护理服务费用和精神慰藉服务费用；间接成本又称为机会成本，指非现金支出的家庭成员照料时间；无形成本又称为心理成本，包括被照料老人和照料家属的情绪低落、精神痛苦等。由于间接成本和无形成本较难衡量，大部分的研究以衡量直接成本为主。

　　长期护理服务费用测算的核心在于两个部分：一是对长期护理服务需求量的评估与预测，即确定处在不同失能状态或护理等级的老年人数量，目前大部分的研究重点在于解决这个问题；二是对不同护理等级对应的服务项目、护理时间或次数、服务单价等的确定，这需要依靠调查数据，以及对未来医学发展、经济发展的合理估计才能进行较为科学合理的测算。而在我国，由于长期护理保险制度尚处于试点阶段，尚未有全国统一规范的制度出台，所以以国内对长期护理保障制度的费用测算以定性研究偏多，仅有少部分研究采用了定量测算的方式。[①] 这些采用定量测算的研究使用的方法大体分为两类：宏观模拟预测和微观模拟预测。

　　宏观模拟预测利用宏观人口数据，根据年龄、性别、收入、健康状况等特征将人口分类，假设每一类别人口特征的演变规律和人口规模的相对变化，直接对全国老年长期护理需求费用进行估算。

　　朱铭来、贾清显从宏观角度分析我国老年人长期护理服务的需求趋势，并根据国内有关经济指标来获取老年人长期护理需求者的年均费用，估算出若按照我国 2004 年的调查标准，2050 年我国长期护理总费用将达到 8018 亿—13364 亿元。[②] 马骏等采取固定失能率的方式预测出中国未来需要接受长期护理的老年人数量，并将其进行不同护理等级的划分，同时对护理人员的劳务费用和器械器具的设备费用进行假定，预测至 2020

　　① 俞卫、刘柏惠：《我国老年照料服务体系构建及需求量预测——以上海为例》，《人口学刊》2012 年第 4 期；汤哲、方向华、项曼君、吴晓光、刁丽君、刘宏军、孙菲：《北京市老年人卫生服务需求研究》，《中华医院管理杂志》2014 年第 8 期；蒋承、赵晓军：《中国老年照料的机会成本研究》，《管理世界》2009 年第 10 期；彭荣：《基于马尔科夫模型的老年人口护理需求分析》，《统计与信息论坛》2009 年第 3 期。

　　② 朱铭来、贾清显：《我国老年长期护理需求测算及保障模式选择》，《中国卫生政策研究》2009 年第 7 期。

年、2030 年、2040 年、2050 年，长期护理费用占 GDP 的比重分别为
0.7%、1%、1.3%、1.7%，呈现上升趋势。[①] 李杰将老年人长期照护的
费用标准与全国居民服务和其他服务业就业人员平均工资挂钩，并假设
工资按照每年 4% 的速度增长，结果显示从 2015 年到 2050 年，中国老年
人长期照护资金的需求规模会不断增加，将从 2015 年的 12878 亿元增加
到 2050 年的 141697 亿元，35 年的时间，将增长 11 倍。[②]

国内更多的研究采用微观模拟预测的方式，利用微观数据和人口多
元特征，建立不同健康状态之间的转移概率矩阵、马尔科夫链、多状态
生命表等，追踪老年人生命周期内的健康演变轨迹，预测需要护理的老
年人口规模、护理层次、在不同护理层次的停留时间、护理生存时间，
进而测算长期护理服务费用。

曾毅等基于多维家庭人口预测模型，建立了包括老年人口年龄、性
别、城乡、婚姻、家庭结构以及生活自理能力状态动态变化的老年家庭
照料需求成本预测模型，预测照料残障老人现金成本总额占 GDP 比率的
增长速度将大大地快于残障老人总数的增长。[③] 胡宏伟等基于中国老年健
康影响因素跟踪调查（CLHLS）纵贯数据，运用马尔科夫链方法估算老
年健康状态转移概率，并预测估算出老年护理服务需求，估计结果显示，
2014—2050 年老年护理服务潜在需求可能从 3089.96 亿元上升至 4.27 万
亿元，有效需求可能从 1172.42 亿元上升至 1.60 万亿元，重度失能老人
护理服务有效需求可能从 276 亿元上升至 4944 亿元。[④] 黄枫、吴纯杰也
运用了连续时间齐性 Markov 过程刻画老年人口健康状态的变化，对老年
人的长期护理需求进行预测分析。[⑤] 蒋承等（2009）则采用多状态生命表
对老年人的照料成本进行分析。吴蓓、刘晓婷等基于 2011 年 CHARLS 数

① 马骏、张晓蓉、李治国等：《对中国长期护理费用和制度负担的预算》，载《中国国家
资产负债表》，社会科学文献出版社 2012 年版，第 272 页。

② 李杰：《老年人长期照护资金需求规模预测》，载《中国老年人长期照护筹资制度研
究》，中国社会科学出版社 2016 年版，第 72 页。

③ 曾毅、陈华帅、王正联：《21 世纪上半叶老年家庭照料需求成本变动趋势分析》，《经济
研究》2012 年第 10 期。

④ 胡宏伟、李延宇、张澜：《中国老年长期护理服务需求评估与预测》，《中国人口科学》
2015 年第 3 期。

⑤ 黄枫、吴纯杰：《基于转移概率模型的老年人长期护理需求预测分析》，《经济研究》
2012 年第 S2 期。

据，运用多项 Logistic 回归模型来预测未来老年人在不同失能状态的分布，发现老年人失能状态的变化与教育水平、收入水平、城镇化等一系列因素相关，同时估计了在实施基于家计审查的社会救助长期护理保障制度下政府的最低财政预算。对于中低收入的失能老年人，按照 2011 年的标准，需要花费 0.25% GDP（占财政收入的 1.25%）的资金可以建立起长期照护补贴政策，如果只覆盖重度失能的中低收入老年人，只需花费 GDP 的 0.14%（占财政收入的 0.7%）。预计到 2050 年，花费 1.42% GDP 的资金即可以覆盖 11.4% 的贫困失能老年人。①

两种模拟方式各有优缺点，微观模拟预测的精度较高，在学术界广泛使用，但由于其在模型细化和预测精度上的优势，也使其失去了中长期预测的信度。相反，宏观模拟虽然短期内不够精细，但是由于它不会受更多不稳定因素的影响，在长期预测的信度反而更高。

四　长期照护保障制度研究

改革开放四十年来，随着人口、家庭和社会经济文化变迁，长期照护保障逐渐从非正式的制度安排走向正式的社会福利制度安排，尤其是进入 21 世纪，中国进入老龄化社会，国家更是加快了长期照护保障制度的建设步伐。这一节首先梳理改革开放以来的长期照护政策沿革，其次从我国的制度实践中来说，政府举办的长期照护保障制度主要为长期照护服务补贴制度（在我国大部分地区又叫作养老服务补贴制度）以及正在试点的长期护理保险制度。我们对这两类制度实践以及相应的研究进展进行了梳理。

1. 改革开放以来长期照护政策沿革

（1）养老服务政策发展

我国大陆地区并没有形成专门的长期照护政策体系，而是分散于老龄事业规划、养老服务及各部门的涉老政策当中。从政策特点和历程来

---

① Lu B., Liu X., Yang M., "A Budget Proposal for China's Public Long – Term Care Policy", *Journal of Aging & Social Policy*, 2017, 29（1）：84 – 103.

看，我国养老服务政策发展可分为三条线。①

第一条线是民政安置救济政策的延续和完善，主要面向传统民政对象及民政管辖的公办养老机构，旨在保障民政基本兜底服务提供。这些政策包括 1999 年发布的《社会福利机构管理暂行办法》（民政部令第 19 号）、2000 年发布的《老年人社会福利机构基本规范》（MZ008—2001）和 2006 年发布的《民政部关于农村五保供养服务机构建设的指导意见》（民发〔2006〕107 号）等。在计划经济时期，无论城市还是农村，养老政策主要都是针对家庭无力赡养的极端贫困人口。具体而言，政府首先界定出"无劳动能力、无经济收入来源、无法定赡养人"的老人作为政策对象，这类老人能获得维持其基本生活的收入补贴，而对于生活不能自理的老人，可以入住城市的福利院和乡镇敬老院。城乡的不同在于，城市的筹资主体是地方政府，一般每个县至少有一家公立福利院，运营资金完全来源于地方政府；而农村的筹资主体是村集体，一般每个乡镇至少有一家敬老院对"五保"老人实行"集中供养"。由此可见，当时的政策包括了收入保障和生活照料两个方面，而对于失能老人的生活照料主要是基于福利院和敬老院的机构照料。② 从 20 世纪 80 年代开始，公立的福利院和敬老院开始以收费的方式接受社会上的非"三无"老人。

第二条线是养老服务业政策的丰富和激增，这些政策主要面向全体老年人和养老服务业，服务对象不再局限于"补缺式"的"三无对象"，而是扩展到"普惠式"的全部有养老需求的老年人口，服务提供者不再只是公立的福利机构，而代之以"社会福利社会化"的理念，强调筹资和服务提供者的多元化。2000 年，民政部等 11 部委联合颁布了《关于加快实现社会福利社会化的意见》提出："广泛动员和依靠社会力量，大力推进社会福利社会化，加快社会福利事业的发展。"在养老服务方面，文件提出了"在供养方式上坚持以居家为基础、以社区为依托、以社会福利机构为补充"的原则以及投资主体多元化、服务对象公众化、服务方式多样化、服务队伍专业化的发展路径。2011 年，国务院办公厅印发《社会养老服务体系建设规划（2011—2015 年）》（国办发〔2011〕60 号）。这是我国第一个养老服务方面的专项规划。《规划》明确提出，要

---

① 伍小兰：《中国长期照护体系的发展与思考》，《老龄科学研究》2017 年第 5 期。
② 房莉杰：《理解我国现阶段的长期照护政策》，《北京工业大学学报》2015 年第 5 期。

优先保障孤老优抚对象及低收入的高龄、独居、失能等困难老年人的服务需求，兼顾全体老年人改善和提高养老服务条件的要求。特别是 2013 年发布的《国务院关于加快发展养老服务业的若干意见》（国发〔2013〕35 号）拉开了养老服务政策密集出台的序幕。2014 年开始，各部委密集出台各项落实做出政策，推进养老服务标准化、养老服务业人才培养、政府购买养老服务和养老服务设施建设，推动全面放开养老服务市场，扶持社会资本进入养老服务领域。北京、浙江、天津等地更是采用制定地方法规的方式，引领和推动社会养老服务和居家养老服务发展。

第三条线是长期护理保险政策进入大众视野。《国民经济和社会发展第十三个五年规划纲要》明确提出："探索建立长期护理保险制度，开展长期护理保险试点。"2016 年 7 月，人社部办公厅发布了《关于开展长期护理保险制度试点的指导意见》（人社厅发〔2016〕80 号）。该意见明确指出，试点任务在于：探索建立以社会互助共济方式筹集资金，为长期失能人员的基本生活照料和与基本生活密切相关的医疗护理提供资金或服务保障的社会保险制度；利用 1—2 年试点时间，积累经验，力争在"十三五"期间，基本形成适应我国社会主义市场经济体制的长期护理保险制度政策框架。至此，我国长期照护保险开始了较大范围的试点，14 个省、市加入到这批试点中，包括山东、吉林这两个重点试点地区。[①]

（2）长期照护制度基本框架

长期照护领域的相关政策较为碎片化，缺乏长期性、连贯性。相关的责任分落于医疗卫生体系和社会福利服务体系中。这两个体系均未将长期照护全面而系统地纳入其政策规划中，且缺乏完善及稳定的协调机制，从而导致在现有整体政策体系中，长期照护并没有清晰的位置和架构。虽然我国目前还没有建立完善的长期照护制度，但依据西方国家"立法先行"的原则，我国具有长期照护保险立法需求、机构立法需求和长期照护从业人员立法需求，可以先立法，后实施，以健全的法律法规为长期照护制度的建立和发展提供指导和依据。[②] 在立法过程中，政府具有较强的推动作用，必须依靠政府的力量，推动我国长期照护法律法规

---

① 倪赤丹：《老年长期照护服务体系构建的国际经验与中国路径》，《改革与战略》2017 年第 11 期。

② 庄汉：《我国社会保险立法的宪法分析——以〈社会保险法（草案）〉为主要分析样本》，《法学评论》2009 年第 5 期。

的发展。[①] 长期照护法律法规的内容包括几个方面，分别为资金来源、指导思想、照顾主体、服务制度和法律责任等。[②] 在建立健全法律法规过程中，要注重发展性、应当性和体系性。[③]

雷鹏认为，长期照护制度基本框架包括服务体系和保障制度两大部分，共涵盖十个要素。分别是：覆盖人群、筹资机制、资格条件、评估方案、服务机构、服务形式与项目、转介机制、支付范围和办法、保险待遇、监管机制。每个要素可视为长期照护制度的一个变量，至于要素如何赋值以及彼此之间如何组合搭配，则可以并且应该因地制宜、因时制宜，从而形成与地域和时代相适应的长期照护制度。[④]

2. 养老服务补贴制度

截至 2018 年 4 月，养老服务补贴制度覆盖全国 30 个省份。[⑤] 我国养老服务补贴制度起始于居家养老服务补贴。20 世纪 80 年代以来，国家推进社会福利社会化，一些民办性质的养老机构逐渐发展起来，对此，政府加大政策扶持，养老服务补贴才开始出现。[⑥]

（1）养老服务补贴制度发展

总体来说，养老服务补贴制度发展可分为两个阶段：居家养老服务补贴阶段和融通居家和机构的基本养老服务补贴制度建立阶段。重要政策及主要城市实践情况如下：

2001 年 4 月，上海市民政局下发《关于全面开展居家养老服务的意见》（沪民事发〔2001〕23 号），要求以政府购买服务的方式全面推开居家养老服务，标志着上海成为全国最早实行养老服务补贴制度的城市。2003 年，规定老年人获得服务后，以居家养老服务券的形式对上门服务人员进行支付。[⑦] 2004 年起，上海建立了社区居家养老服务补贴制度，为

---

① 陈超：《美国老年人长期照护法律体系及其对我国的启示》，《浙江树人大学学报》2007 年第 2 期。

② 王维达：《老年人照顾体系的建立及其法律完善》，《同济大学学报》2005 年第 2 期。

③ 戴建兵、曹艳春：《论我国适度普惠型社会福利制度的构建与发展》，《华东师范大学学报》2012 年第 1 期。

④ 雷鹏：《我国长期照护制度建设现状与思考：基于青岛、南通和长春的实践探索》，《中国医疗保险》2016 年第 2 期。

⑤ 中央政府门户网站，http://www.gov.cn/xinwen/2016-08/23/content_5101684.htm。

⑥ 董红亚：《我国养老服务补贴制度的源起和发展路径》，《中州学刊》2014 年第 8 期。

⑦ 《关于进一步规范居家养老服务补贴经费管理和使用的通知》（沪民福〔2003〕28 号）。

生活自理困难且经济困难的老年人提供服务补贴。

2006年2月，国务院办公厅转发全国老龄委办公室和发展改革委等部门《关于加快发展养老服务业意见的通知》（国办发〔2006〕6号），要求建立专项资金，大力推进居家养老服务。2008年1月，全国老龄办等有关部门在《关于全面推进居家养老服务工作的意见》（全国老龄办发〔2008〕4号）中进一步提出，有条件的地区可针对性地设立专项资金，开设资助项目，探索适应当地特点的居家养老服务模式。同年，上海市进一步明确了养老服务补贴和护理补贴的范围、标准以及享有的资格条件等。① 北京在2008年对符合条件的老年人给予养老服务补贴；② 在补贴方式上采用发放服务券的形式。③ 天津于2008年规定具有本市户籍、享受城市最低生活保障待遇、特困救助和抚恤补助的优抚对象中60周岁以上需要生活照料的老年人按照轻度、中度、重度三个等级进行补贴划分，服务补贴形式为居家养老服务券。④

2010年10月，民政部在江苏省无锡市召开全国社会养老服务体系建设推进会，明确要求建立养老服务补贴制度，开始了全国统一建制的过程。同年，《北京市市民居家养老（助残）服务办法》已全面实施，北京市80周岁及以上的老年人每个月都可以领取到价值100元的居家养老助残券，凭券可以在社区指定服务范围内使用。2011年，浙江省率先对养老服务补贴进行城乡统筹，融通居家和机构，在全国引起极大反响。同年，北京对未纳入居家养老（助残）券补贴的部分老年人实施了特殊老年人养老服务补贴政策，重点关注了不能完全自理的特殊老年人群体。

2012年12月28日，《中华人民共和国老年人权益保障法》修订并颁布，明确"对经济困难的老年人，地方各级政府应当逐步给予养老服务补贴"。同年，天津市根据市人民政府《关于进一步发展我市居家养老服务的意见》（津政办发〔2011〕51号）规定在现行居家养老服务补贴基

---

① 《关于全面落实2008年市政府养老服务实事项目　进一步推进本市养老服务工作的意见》（沪民福发〔2008〕5号）。

② 《关于深入开展居家养老服务试点工作的通知》《北京市特殊老年人养老服务补贴办法（试行）》。

③ 罗晗：《特殊老年人养老服务补贴实施效果研究》，硕士学位论文，首都经济贸易大学，2016年。

④ 《关于印发天津市居家养老服务政府补贴管理办法（试行）的通知》《关于推进居家养老服务政府补贴工作的实施意见》。

础上增加居家养老护理补贴，解决困难老年人居家养老护理服务需求。2013 年 9 月，国务院下发《关于加快养老服务业发展的若干意见》（国发〔2013〕35 号），进一步强调要建立针对困难老人的养老服务补贴制度。

2014 年《财政部、民政部、全国老龄办关于建立健全经济困难的高龄、失能等老年人补贴制度的通知》（财社〔2014〕113 号）明确要求将"《建立健全经济困难的高龄、失能等老年人补贴制度》的要求细化为具体的政策措施"，帮助经济困难的高龄、失能等老年人提高购买能力，减轻其经济压力。次年，上海养老服务补贴政策进行了调整，一是对轻度、中度、重度三个照护等级分别进行了服务时数与服务单价的划分；二是城乡低保家庭中的老年人享受全额养老服务补贴。

2017 年 6 月国务院办公厅公布《关于制定和实施老年人照顾服务项目的意见》，明确了 20 项老年人照顾服务的重点任务，意见要求全面建立针对经济困难高龄、失能老年人的补贴制度，并做好与长期护理保险的衔接。[1] 北京市在 2018 年将以往分散的不同类型的养老补贴整合为老年人居家养老服务补贴津贴，包括困境家庭老年人生活服务补贴、失能老年人护理补贴、高龄老年人津贴三类，其中失能老人护理补贴为新增项目，从重度失能老人开始发放，此外，这些补贴均在原有基础上提高了补贴标准。2017 年 12 月起，天津市为困难老人发放居家养老服务（护理）补贴，由原先以服务券的形式支付调整为现金方式发放，并且在全市 10 个涉农区开展农村居家养老服务（护理）补贴试点。

从以上养老服务补贴制度的演变和实践发展中不难看出，一方面，政策的出台指导着各地的实践；另一方面，各地的实践情况也在指引着政策的更新与制度的规划，两者相互影响，共同推进了养老服务补贴制度的发展。

（2）养老服务补贴制度研究

一些学者针对养老服务补贴制度及其问题进行了探讨。米红等建议建立比例补贴式的、具有最高限额的、多选择性的居家养老服务补贴制

---

[1]　中华人民共和国中央人民政府，http：//www.gov.cn/xinwen/2017 - 07/14/content_5210584.htm。

度，并以浙江省为例进行了可行性分析与论证。① 罗晗采用问卷调查的方式对特殊老人养老服务补贴政策和服务状况进行了调查，结果显示特殊老年人养老服务补贴的实施取得了良好的效果，但在补贴标准、评估机构、养老服务资源利用率、养老信息、监督机制等方面均存在一定问题。②

在财政分配方面，董红亚探讨了我国养老服务补贴制度的对象、标准和发展的步骤，测算了几种方案所需财政支出的规模。③ 何文炯等对我国高龄津贴制度进行了财务分析，2014 年又提出我国应先行建立救助性质的老年照护服务补助制度，基于此制度设计进行了财政支出分析，并进一步提出了减少供方补贴等配套政策。④ 穆光宗（2015）则认为，应采取积分补贴的方式，通过老人家庭困难程度和老年人及子女对社会的贡献程度进行综合打分，根据不同得分给予相应的经济补贴和政策扶助。⑤

在补贴标准方面，如米红等认为，最高补贴 50% 即可满足基本生活需求；⑥ 唐钧认为，在对失能老人的护理补贴方面，城乡老人的平均月收入和机构所需照护费用的差额来实施相应的补贴。⑦

在补贴的对象方面，何文炯认为，应界定为低保低收入的失能老人；⑧ 唐钧认为需要长期照料的失能老人都应得到相应程度的补贴；董红亚则扩大到所有有养老服务需求的老人，但是在起步阶段，应当把低保中失能老人作为补贴的优先对象。

在补贴的金额方面，米红、华迎放⑨认为，应该以低保为标准，才能

① 米红、杨贞贞：《老年残疾人居家养老服务补贴模式创新与实证研究》，《残疾人研究》2011 年第 2 期。

② 罗晗：《特殊老年人养老服务补贴实施效果研究》，硕士学位论文，首都经济贸易大学，2016 年。

③ 董红亚：《我国养老服务补贴制度的源起和发展路径》，《中州学刊》2014 年第 8 期。

④ 何文炯、洪蕾：《高龄津贴：制度定位与财政可行性》，《学术研究》2012 年第 7 期。

⑤ 穆光宗：《分层养老，积分补贴》，《中国卫生》2015 年第 1 期。

⑥ 米红、杨贞贞：《老年残疾人居家养老服务补贴模式创新与实证研究》，《残疾人研究》2011 年第 2 期。

⑦ 唐钧：《失能老人护理补贴制度研究》，《江苏社会科学》2014 年第 2 期。

⑧ 何文炯：《老年照护服务制度与成本分析》，《行政管理改革》2014 年第 10 期。

⑨ 米红、华迎放：《我国城乡居民高龄津贴政策分析与发展建设》，《中国劳动》2013 年第 4 期。

满足老人的基本需求；董红亚（2012）、何文炯（2014）则认为应该与所需的实际照护费用为标准。

3. 长期照护保险制度

（1）长期护理保险制度的试点实施

2015 年 11 月，《中共中央关于制定国民经济和社会发展第十三个五年规划的建议》发布，明确指出要"探索建立长期护理保险制度"。2016 年 6 月，人社部办公厅发布了《关于开展长期护理保险制度试点的指导意见》（以下简称《指导意见》），公布了开展长期护理险试点的 15 个城市，① 标志着我国长期护理险试点的全面展开。从 20 世纪 90 年代开始，学界关于长期护理保险制度的争论就从未停止，下面将围绕长期护理保险制度构建的要素与争论，并结合我国十五个试点城市的实践情况进行总结。

（2）关于建立长期护理保险制度的理论争论

一是关于长期护理保险模式的选择，学界主要分为三种见解：社会长期护理保险论、商业长期护理保险论、"社会化＋商业化"混合模式论。戴卫东认为，过去强制性制度变迁的两种形式——老年"星光计划"和居家养老模式都存在筹资难和低效益的问题，诱致性制度变迁的商业护理保险存在高成本和缺服务的问题，且二者覆盖范围有限，仅包含城镇老年人口，其中后者受传统观念、人均可支配收入等因素的限制难以覆盖广大群众，因此，其主张推行社会化的长期护理保险制度。② 吕国营、韩丽则从侧面说明了走社会保险的道路可以解决商业性长期护理保险无法解决的逆向选择问题。③ 胡晓义认为，我国现有的"五险"制度难以满足老年人的长期护理需求，为打破传统养老保险、医疗保险的界限，建议将"长期护理保险"设为独立险种。④ 此外，同样认为我国应采取社会性长期护理保险模式的学者还有张笑天、吕海清、张亚林和蒋安庆，

---

① 全国十五个试点城市为：河北省承德市、吉林省长春市、黑龙江省齐齐哈尔市、上海市、江苏省南通市、苏州市、浙江省宁波市、安徽省安庆市、江西省上饶市、山东省青岛市、湖北省荆门市、广东省广州市、重庆市、四川省成都市、新疆生产建设兵团石河子市。

② 戴卫东：《中国长期护理保险制度构建研究》，人民出版社 2012 年版，第 95—115 页。

③ 吕国营、韩丽：《中国长期护理保险的制度选择》，《财政研究》2014 年第 8 期。

④ 胡晓义：《关于建立长期护理保险制度的几点思考》，《中国医疗保险》2016 年第 2 期。

郭士征，王东进等。① 鲁於、杨翠迎认为，大多数学者在制度选择上都会更倾向于将长期护理保险纳入社会保险体系中，提出以社会保险为主体、商业保险为补充的模式更符合中国国情。② 而结合我国目前实践情况来看，15 个试点城市无一例外地都采用了社会性长期护理保险的模式。

二是关于筹资机制的研究，资金的筹集始终是保险体系的关键，同样，此处仅就社会长期护理保险进行展开。社会长期护理保险的筹资采取"个人 + 企业 + 政府补贴"的三方负责制，③ 是学术界共识。结合各地实践情况来看，除青岛、长春、广州、苏州四地采取的是单一筹资模式——"职工或居民基本医疗保险基金的一定比例 + 政府补贴"，其余 11 个地区都采取的是多元筹资模式，即基本医疗保险基金、财政补贴、用人单位、个人、福彩公益金等至少三种来源按一定比例筹资。学术界的主要分歧点在于筹资是采取"按比例收费"还是"基金划拨"，坚持前者的学者大多借助国际经验或精算方法来确定长期护理保险的缴费比率，如王维运用精算平衡的方法，测算出我国长期护理险总费率为 4.6%，个人和单位的缴费率为 1.15%。④ 戴卫东根据德、日两国的经验建议我国的长期护理险费率应为 1%。⑤ 桂世勋借鉴日本、我国台湾地区的经验认为雇主应为雇员缴纳 0.5%—1% 的长期护理保险费。⑥ 坚持后者的学者认为基金筹集主要依附于现存的社会保险基金，如曹信邦认为在制度推行前期可将长护险与医疗保险捆绑，不需额外缴纳资金，坚持总缴费率不变，只调节结构。⑦ 鲁於（2016）认为，在制度实行初期民众参与意愿不高时可采取"基金划拨"的方式，后期可将二者结合采取"基金划拨 + 按比

---

① 张笑天、吕海清、张亚林等：《城市老年人长期照护保障体制探讨》，《中国卫生事业管理》1995 年第 9 期；郭士征：《国外老年护理服务制度的发展现状与经验教训》（上），《外国经济与管理》1997 年第 3 期；王东进：《从完善社会保障体系的战略高度考量构建长期照护保险制度》，《中国医疗保险》2015 年第 6 期。

② 鲁於、杨翠迎：《我国长期护理保险制度构建研究回顾与评述》，《社会保障研究》2016 年第 4 期。

③ 戴卫东：《中国长期护理保险制度构建研究》，人民出版社 2012 年版，第 202—210 页。

④ 王维：《上海市长期护理保险制度设计研究》，硕士学位论文，上海工程技术大学，2011 年。

⑤ 戴卫东：《中国长期护理保险制度构建研究》，人民出版社 2012 年版，第 207—208 页。

⑥ 桂世勋：《我国探索长期护理保险试点及完善方案研究》，"华东师范大学老年长期照护社会保险会议发言稿"，2016 年。

⑦ 曹信邦：《中国失能老人公共长期护理保险制度的构建》，《中国行政管理》2015 年第 7 期。

例缴费"的模式，但划拨比例的确定是重中之重。就各地实践情况来看，长春、青岛、广州、承德四地采取单一筹资模式的"基金划拨"，其余十地采取多元筹资模式的"基金划拨＋按比例收费"，其中上海市为用人单位单独缴费。但邓晶、邓文燕则认为，由于资金来源不同，长护险的筹资方式对职工医保参保人来说是"按比例缴费"，对居民医保参保人来说则是"基金划拨"。①

三是关于给付结构的研究，主要可分为三点：给付对象、给付标准、给付方式。首先，关于给付对象，学术界的统一观点是以老年人为主，主要分歧在于需要长期照护服务的不限于老年人，裴晓梅认为生活无法自理的残疾人也应作为长期护理保险制度的给付对象，忽视此类人群的长期护理需求，可能会弱化制度的保障功能，② 持同样观点的还有胡晓义、鲁於等。③ 结合实践情况来看，除长春、苏州两地对长期重度、中度失能参保人员进行给付，其余十三地都仅对长期重度失能参保人员进行给付。其次，关于给付标准，学术界统一观点认为给付标准的确定依托于护理等级的评定，主要分歧点在于护理等级的划分，韩振燕、梁誉认为，国际上通用的评估量表分类不全、界限模糊，建议从基础健康、机能专项检查、初期护理与定期检查结合、专业与自我评估结合等方面制定护理评估量表。④ 高小芬、于卫华通过对临床试验的数据分析，认为 Barthel 指数评定表的三个等级应细化为九个，以适应老年护理等级的划分。⑤ 而在具体实践中，各地仍采用国际上通用的评估量表，等级划分各地略有差异。最后是关于给付方式，学术界主流观点认为应采取"服务给付＋现金给付"的方式，但在具体分配上存在分歧，邓大松、郭婷认为，给付方式应"按地区"进行区分，东部经济发达地区以服务给付为

---

① 邓晶、邓文燕：《长期护理保险第一批试点城市保险筹资方案比较分析》，《中国卫生政策研究》2017 年第 8 期。

② 裴晓梅：《长期照护社会保险的世界趋势与中国推展》，《上海城市管理》2010 年第 1 期。

③ 胡晓义：《关于建立长期护理保险制度的几点思考》，《中国医疗保险》2016 年第 2 期；鲁於、杨翠迎：《我国长期护理保险制度构建研究回顾与评述》，《社会保障研究》2016 年第 4 期。

④ 韩振燕、梁誉：《关于构建我国老年长期护理保险制度的研究——必要性、经验、效应、设想》，《东南大学学报》（哲学社会科学版）2012 年第 3 期。

⑤ 高小芬、于卫华：《采用 Barthel 指数评定表对医养结合老年患者护理级别再分度研究》，《护理学杂志》2014 年第 4 期。

主，西部经济欠发达地区以现金补偿为主。[1] 刘金涛、陈树文认为，应以"服务给付"为主，保险公司可对家庭护理对象进行现金给付，以保证长护险的公平性。[2] 鲁於等主张为确保制度基本属性不变，无论地区差异，都应以"服务给付"为主，"现金给付"为辅，但可对服务给付困难地区进行现金补贴，并建议赋予家庭自主选择给付方式的权利。[3]

四是关于护理模式与服务供给，学术界一致认为应采取"居家＋社区＋护理机构"的多元护理模式。戴卫东认为，以居家养老为基础、社区养老为核心、机构养老为补充的服务模式是中国长护险制度的必然趋势，[4] 持有同样观点的还有吴蓓、徐勤，谭睿等。[5] 鲁於等认为，除了护理模式，学界应进一步明确护理人才的培养与服务内容标准的制定。[6] 这一点，也与实际实践情况相对应，除南通、长春、安庆、重庆四地采取定点服务机构，其余地区都是"居家＋社区＋护理机构"的多元护理模式。

五是风险控制与质量监管，沈焕根等、胡宏伟等认为在制度设计时应建立风险防控与评估监督机制，以防范逆向选择、道德风险、基金管理不规范、护理人员短缺等问题的发生。[7] 胡苏云认为，可通过建立快速有效的"医疗—护理—养老"标准评估机制来规避制度中的风险。[8] 实践中，各地也在不同程度上进行了规定，但实际成效还有待考察。

---

[1] 邓大松、郭婷：《中国长期护理保险制度构建浅析——以青岛市为例》，《卫生经济研究》2015 年第 10 期。

[2] 刘金涛、陈树文：《构建我国老年长期护理保险制度》，《财经问题研究》2012 年第 3 期。

[3] 鲁於、杨翠迎：《我国长期护理保险制度构建研究回顾与评述》，《社会保障研究》2016 年第 4 期。

[4] 戴卫东：《中国长期护理保险制度构建研究》，人民出版社 2012 年版，第 197—201 页。

[5] 吴蓓、徐勤：《城市社区长期照料体系的现状与问题——以上海为例》，《人口研究》2007 年第 3 期；谭睿：《我国长期护理保险制度的实践及思考》，《卫生经济研究》2017 年第 5 期。

[6] 鲁於、杨翠迎：《我国长期护理保险制度构建研究回顾与评述》，《社会保障研究》2016 年第 4 期。

[7] 沈焕根、万彬、冷明祥等：《建立中国老年长期护理保险制度研究》，《南京医科大学学报》（社会科学版）2015 年第 2 期；胡宏伟、李佳怿、栾文敬：《美国长期护理保险体系：发端、架构、问题与启示》，《西北大学学报》（哲学社会科学版）2015 年第 5 期。

[8] 胡苏云：《老年护理保险制度的建立研究——上海个案分析》，《上海金融学院学报》2011 年第 6 期。

六是关于长护险制度构建的步骤，学术界对于制度构建的各个方面达成了基本共识，主要分歧点在于制度实施是"统一论"还是"分步实施论"，支持前者的学者主要是为了避免长护险制度的"碎片化"，如桂世勋认为，各级政府应加强对"探索长期护理保险制度"工作的统筹规划与协调，防止各地试点方案的"碎片化"。① 胡宏伟等吸取美国经验启示，认为目标应趋向全国统筹，建立全国统一结算平台。② 郭秀云在总结社会保险制度的经验教训上，提出应不分城乡、不分地区实施长护险制度，避免再次面临并轨这一难题。③ 支持后者的学者认为应因地制宜，分步实施，陈璐、徐南南主张"分城乡论"，认为应考虑我国城乡二元结构的特殊性，城镇职工、居民、农村居民的参保应割裂开来。④ 胡晓义等主张"分步走论"，认为制度的开展应从重点需求群体着手再试点推开。⑤ 李兵等主张"分地区论"，认为地方政府应在顶层设计的基础上结合自身情况进行调整。⑥ 赵艳等主张"分地区＋分步走＋分人群论"，认为东部、西部、中部地区应根据经济状况来选择长护险的实施方案。⑦ 鲁於等认为应从制度要素出发，在护理等级评估、护理人员资质认定、服务内容和保障对象等方面应全国统一规定，但在筹资来源、缴费分担比例等方面可由地方规定。⑧ 从实践情况来看，我国采取了"分步实施论"，在参保范围上，除了苏州实现城乡人口全覆盖，其余各地都只对城镇职工、居民进行覆盖，在给付对象上，除长春、苏州，其余各地都是"分步走"，从重度失能人群的需求出发。

---

① 桂世勋：《我国探索长期护理保险试点及完善方案研究》，"华东师范大学老年长期照护社会保险会议发言稿"，2016 年。

② 胡宏伟、李佳怿、栾文敬：《美国长期护理保险体系：发端、架构、问题与启示》，《西北大学学报》（哲学社会科学版）2015 年第 5 期。

③ 郭秀云：《长期护理保险筹资模式研究》，"华东师范大学老年长期照护社会保险会议发言稿"，2016 年。

④ 陈璐、徐南南：《中国长期护理保障制度的财政负担——基于德、日社会保险模式的测算》，《保险研究》2013 年第 1 期。

⑤ 胡晓义：《关于建立长期护理保险制度的几点思考》，《中国医疗保险》2016 年第 2 期。

⑥ 李兵、张航空、陈谊：《基本养老服务制度建设的理论阐释和政策框架》，《人口研究》2015 年第 2 期。

⑦ 赵艳：《我国实施老年人长期护理保险制度探析》，《经济纵横》2014 年第 8 期。

⑧ 鲁於、杨翠迎：《我国长期护理保险制度构建研究回顾与评述》，《社会保障研究》2016 年第 4 期。

（3）制度实践中的问题与反思

首先，在制度设计上，邓大松、郭婷认为，青岛市的长期医疗护理保险由于立法上的缺位，导致其必须依附于基本医疗保险制度，由此带来了筹资缺乏独立性、保障范围有限等问题。[①] 谭睿认为，目前我国仍将长期护理保险定位为基本医疗保险的补充，而非真正独立的一项社会保险制度，这将直接导致其在保障范围、资金筹集、待遇给付等方面存在诸多问题。[②] 其次，在筹资机制上，戴卫东，谭睿等认为，依赖划拨医保基金结余的方式，一旦医保基金结余较少或不够，则筹资来源缺乏可持续性。[③] 邓晶、邓文燕认为，第一批试点城市（青岛、长春、南通、上海市）在筹资方面存在的共性问题有：筹资渠道单一，仅有上海市体现了企业责任，且政府财政支持比例也不高；筹资水平不高，即类似基本医疗保险的"低水平、广覆盖"；筹资公平性有待改善，农村居民并未全部纳入保障范围，且个人缴费部分，采用等额或等比例划转，难以体现水平及垂直公平性。[④] 戴卫东认为，我国社会保险基金的缴费率为统一制度，各类账户存在相互透支的现象，因此我国"护理保险跟从医疗保险"的做法仅限于在试点阶段，在全面推广时期应采取"个人缴费＋政府补贴"的形式，以保障制度运行的可持续性。[⑤] 再次，在给付结构和参保范围上，谭睿认为，大多数城市仍将《日常生活能力评定量表》作为主要标准，而未根据等级给付保险待遇。[⑥] 戴卫东认为，我国现行长护险制度未对 65 岁及以下的参保对象提供长护险待遇享受。最后，在服务内容上，王巧芸认为，大部分试点地区并未对服务内容进行细化，[⑦] 如齐齐哈尔、荆门等地，仅有南通、青岛两地根据参保人的需求进行了护理服务的区分。

---

① 邓大松、郭婷：《中国长期护理保险制度构建浅析——以青岛市为例》，《卫生经济研究》2015 年第 10 期。

② 谭睿：《我国长期护理保险制度的实践及思考》，《卫生经济研究》2017 年第 5 期。

③ 戴卫东：《长期护理保险的"中国方案"》，《湖南师范大学社会科学学报》2017 年第 3 期；谭睿：《我国长期护理保险制度的实践及思考》，《卫生经济研究》2017 年第 5 期。

④ 邓晶、邓文燕：《长期护理保险第一批试点城市保险筹资方案比较分析》，《中国卫生政策研究》2017 年第 8 期。

⑤ 戴卫东：《长期护理保险的"中国方案"》，《湖南师范大学社会科学学报》2017 年第 3 期；谭睿：《我国长期护理保险制度的实践及思考》，《卫生经济研究》2017 年第 5 期。

⑥ 谭睿：《我国长期护理保险制度的实践及思考》，《卫生经济研究》2017 年第 5 期。

⑦ 王巧芸：《我国长期护理保险：实践、反思与对策》，《唯实》（现代管理）2017 年第 7 期。

（4）长期护理保险制度的展望

学者就以上问题对我国现行的长期护理保险制度提出了相应建议，大致有以下几点：

一是明确长期护理保险定位，完善相关法律法规。谭睿认为，要明确长期护理保险的定位与发展方向：建立独立的长期护理保险制度、逐步扩大保障范围和护理内容。[①] 安平平等通过青岛和南通的对比也指出应构建独立的长期护理保险制度，与医疗保险制度双轨运行，减少运作矛盾，节约社会管理成本。[②] 此外，戴卫东认为，《意见》的制定和发布者的行政层级别不够高导致了一系列问题，建议由人社部牵头，联合发改委、卫计委等部门上报国务院，再由国务院办公厅讨论同意后颁布文件，这样才具有更高的法律效力。[③]

二是筹资渠道多元化。邓晶、邓文燕认为，应从筹资来源、筹资公平性、筹资管理三方面来进行完善。[④] 谭睿同样提出要建立多渠道的独立筹资机制，长期护理保险应逐步从医疗保险体系中独立出来。[⑤] 持有同样观点的学者还有王玉沐等。[⑥]

三是扩大覆盖面，区分给付对象和水平。邓大松、郭婷认为，保险对象的界定应遵循"社会连带互助"等原则，应扩大失能老年人的覆盖面。[⑦] 谭睿指出，应建立水平适度的补偿机制，根据需求分级给付，按服务项目付费，合理确定补偿水平。[⑧] 安平平等指出具体的给付范围方面除了医疗护理服务外，还应涵盖生活照料服务。[⑨] 戴卫东认为，应合理区分

[①] 谭睿：《我国长期护理保险制度的实践及思考》，《卫生经济研究》2017 年第 5 期。

[②] 安平平、陈宁、熊波：《中国长期护理保险：制度实践、经验启示与发展走向——基于青岛和南通模式的比较分析》，《中国卫生政策研究》2017 年第 8 期。

[③] 戴卫东：《长期护理保险的"中国方案"》，《湖南师范大学社会科学学报》2017 年第 3 期。

[④] 邓晶、邓文燕：《长期护理保险第一批试点城市保险筹资方案比较分析》，《中国卫生政策研究》2017 年第 8 期。

[⑤] 谭睿：《我国长期护理保险制度的实践及思考》，《卫生经济研究》2017 年第 5 期。

[⑥] 王玉沐、刘培松、谷月等：《老年人长期护理保险的研究》，《医学与哲学（A）》2016 年第 9 期。

[⑦] 邓大松、郭婷：《中国长期护理保险制度构建浅析——以青岛市为例》，《卫生经济研究》2015 年第 10 期。

[⑧] 谭睿：《我国长期护理保险制度的实践及思考》，《卫生经济研究》2017 年第 5 期。

[⑨] 安平平、陈宁、熊波：《中国长期护理保险：制度实践、经验启示与发展走向——基于青岛和南通模式的比较分析》，《中国卫生政策研究》2017 年第 8 期。

定点医疗机构、养老机构和社区医疗机构之间的待遇差异。① 王巧芸认为，不仅要将长期护理保险与传统的"五险"相区分，还要对参保对象根据评估管理进行分类管理和服务。②

四是提高护理人员素质，这也是几乎所有学者都提到的我国长期护理保险制度的改进点。吕国营、韩丽③认为，要加大对长期护理人员的培训，建立护理审查委员会，持有同样观点的学者还有邓大松、郭婷（2015）、王玉沐（2016）、王巧芸（2017）等。

五是运用互联网技术优化经办机构管理。蒋佳欣认为，为了防止重复保险的状况出现、提高管理效率，其他试点地区可效仿上海、长春创建长期护理保险信息系统，实现信息服务平台与养老护理机构、医疗卫生机构等相关机构的信息共享和互联互通。④ 持有同样观点的学者还有戴卫东等。⑤

---

① 戴卫东：《长期护理保险的"中国方案"》，《湖南师范大学社会科学学报》2017 年第 3 期。
② 王巧芸：《我国长期护理保险：实践、反思与对策》，《唯实》（现代管理）2017 年第 7 期。
③ 吕国营、韩丽：《中国长期护理保险的制度选择》，《财政研究》2014 年第 8 期。
④ 蒋佳欣：《我国长期护理保险制度试点模式探究》，《社会福利》（理论版）2018 年第 3 期。
⑤ 戴卫东：《长期护理保险的"中国方案"》，《湖南师范大学社会科学学报》2017 年第 3 期。

第六章　社会救助的理论创新与制度发展

社会救助是社会保障制度体系中最为古老的制度。一般认为，它起源于原始社会末期人类出于恻隐之心或宗教信仰，而对贫困者施以援手的慈善事业。目前社会救助已经发展成为社会保障制度中的基础组成部分，被称为"最后一道安全网"。[①] 社会救助的基本逻辑是当公民因各种原因导致难以维持最低生活水平时，由国家和社会按照法定的程序给予物款接济和服务，使其生活得到基本保障。

一　中国社会救助理论与制度概述

我国早在几千年前就有社会救助制度的前身，即当时的官方向社会中贫困者和其困难家庭提供帮助的制度。在计划经济时期，中国形成了自然灾害救助、城市单位救济与农村集体救济相结合的社会救助制度。它是以中央财政作为基本经济后盾，专为极少数陷入较深生存危机的人或灾民提供援助的单一政府救助制度。[②] 社会救助由中华人民共和国成立初期的临时性紧急生活救济，逐步发展为以农村为主、城乡分割的定期定量救济。由于我国财力匮乏，无法对普遍贫困者予以救助，只能扶危救难，因此救急型的举措成为当时的主要保障形式，主要表现在救灾和救危两方面，都属于道义性救助。[③]

改革开放四十年来，我国的社会救助制度得到了举世瞩目的长足发展，为我国的反贫困事业做出了重要贡献。改革开放初期，我国的社会

---

① 乐章：《社会救助学》，北京大学出版社 2008 年版，第 1—7 页。

② 韩克庆：《中国社会救助制度的改革与发展》，《教学与研究》2015 年第 2 期；方青：《论我国社会救助制度的改革》，《安徽师范大学学报》（人文社会科学版）1999 年第 4 期。

③ 刘旭东：《我国社会救助制度的历史演进及其社会意义》，《社会主义研究》2007 年第 5 期。

救助延续了以往的思路，先是恢复计划经济时期的救助模式，维持城乡分野的救助格局，并在救助范围、救助方式、救助资金投入等方面有所发展。[①] 20 世纪 90 年代，我国社会经济体制转型，社会风险剧增，而原有的城乡福利保障体系却逐步瓦解，客观上导致居民收入分配的公平性下降，贫富差距扩大。为适应社会主义市场经济体制的变迁，更加精准有效地救助新贫困群体，促成社会公平，我国逐步建立了为新型的以城乡低保为核心的社会救助制度，并以农村五保供养为核心，以医疗救助、住房救助、教育救助等专项救助为辅助，以临时救助、社会帮扶为补充。[②]

覆盖城乡的新型社会救助体系初步实现了新型社会救助制度的定型化、规范化和体系化，不仅大大提升了社会救助的政治地位，强化了政府责任，而且在救助思想上突破了原有的传统残补式救助思维，实现了济贫理念由"救济"向"救助"的转变，从根本上改变了中国社会保障制度的理念，实现了从人性关爱到维护权利的转变，凸显了政府在维护公民基本生活安全方面的责任。新型社会救助体系，为今后我国社会救助事业的稳步发展奠定了基础，在制度发展体现出了极具特色的中国模式。[③]

我国社会救助制度模式的选择及其发展，既与特定时期的社会条件、经济发展状况有关，也受到经济体制、用工方式以及社会保障制度的制约。社会救助制度的初衷在于确保各地贫困人群能平等地享受到项目待遇，以维持其基本生活水平。这些社会救助项目的绩效如何，是否真正实现了其初衷，一直备受学界和公众的瞩目。随着制度的发展与成熟，社会救助相关的理论创新与学术研究蓬勃发展，取得极大进步。近年来，学术界对社会救助的研究更是产生了前所未有的兴趣与热度，学界不断反思和探索我国社会救助的特点、效果、弊端、政策设计与发展方向。特别是在有关社会救助的理念发展、对象界定、救助标准与水平、府际

① 刘喜堂：《建国 60 年来我国社会救助发展历程与制度变迁》，《华中师范大学学报》（人文社会科学版）2010 年第 4 期。

② 关信平：《朝向更加积极的社会救助制度——论新形势下我国社会救助制度的改革方向》，《中国行政管理》2014 年第 7 期。

③ 刘喜堂：《建国 60 年来我国社会救助发展历程与制度变迁》，《华中师范大学学报》（人文社会科学版）2010 年第 4 期。

关系、财政责任、政策传递与执行、福利依赖等诸多基础性问题上，许多学者开展了深入研究，形成了独特而有深度的研究成果，构成了我国社会救助研究体系。

本章将梳理我国社会救助制度在改革开放四十年来的进展、变迁和现状。在综合评述社会救助相关文献的基础上，进一步回顾社会救助的概念演进、制度特色、争议与困惑，比较不同理念的异同，辨析不同的社会救助体制模式及其与社会福利体制模式之间的关系，对我国社会救助体制模式的进行反思与探讨。

二　中国社会救助的制度发展

1. 城市社会救助制度发展

（1）传统社会救济济贫：改革开放前期（1978—1992 年）

党的十一届三中全会以后，我国社会主义现代化建设事业进入新的历史时期，对困难群众的社会救济得到党和政府的高度重视。1979 年 11 月，民政部召开全国城市社会救济福利工作会议，明确城镇救济对象主要是"无依无靠、无生活来源的孤老残幼和无固定职业、无固定收入、生活有困难的居民。对中央明文规定给予救济的人员，按规定办理"。到 20 世纪 80 年代中期，全国特殊救济对象有 20 多种。从救济标准看，从 80 年代初开始，各地民政部门在深入调查的基础上，根据当地经济发展和物价上涨情况分别调整了定期救济标准。从资金投入看，国家不断增加城市社会救济费的支出额度。据不完全统计，1979 年全国城市享受定期救济的人数为 24 万人，支出社会救济费 1785 万元，平均每人每年 75 元；1989 年全国城市享受定期救济的人数为 31 万人，支出社会救济费 8450 万元，平均每人每年 273 元。1992 年城镇困难户得到救济和补助的人数是 908 万人，和 1985 年的 376.9 万人相比，增加了 2.4 倍多。[①]

正如 1983 年 4 月召开的第八次全国民政会议所提出的基本方针："依靠群众，依靠集体，生产自救，互助互济，辅之以国家必要的救济和

---

① 张时飞：《1978—1992 年中国社会保障事业的恢复和发展》，《党史研究与教学》2008 年第 4 期。

扶持"。虽然当时的社会救济工作得到了较快的恢复发展，但并未突破原有体制和框架。救助经费的投入缺乏必要的保障机制；救助工作的随意性较大，救助对象认定、救助标准和救助程序有待进一步完善等。总的来讲，这一时期社会救济制度具有过渡性特征，其制度设计、具体操作，以及资金投入尚不足够。扶贫与救助工作比较偏重农村，城市贫困问题依然十分突出。

（2）探索与推进：1993—2002 年城市社会救助的历史沿革

自 20 世纪 90 年代到 21 世纪初期，中国开始了被称为经济体制转轨和社会结构转型的"两个转变"。在这样一个关键时期，日趋严重的城市贫困却成为困扰中国社会、经济发展的主要问题之一。[1] 经济改革主导的思路大大削弱了城市的传统劳动保障和职业福利，下岗和失业人口逐渐成为城市贫困人口的主体，城市贫困问题日益严重，负面后果日渐显露。

1993 年 6 月，上海市民政局等部门发布了《关于在本市建立城镇居民最低生活保障线的通知》，在全国率先试点城市居民最低生活保障制度，开始了城市社会救济制度的改革。1993 年 6 月至 1997 年 9 月为探索阶段。这一时期的工作是"搭架"，即确定最低生活保障线测定方法、资金来源和发放形式，对保障对象进行摸底调查。1997 年，国务院下发了《关于在全国建立城市居民最低生活保障制度的通知》，明确了保障范围、保障标准、保障资金等重要政策问题，就城市居民最低生活保障工作做出全面部署。1997 年 9 月至 1999 年 9 月是发展阶段。这一时期明确界定了城市最低生活保障对象，即人均收入低于当地最低生活保障标准的持有非农业户口的城市居民。受助对象从"三无"人员（无生活来源、无劳动能力、无法定赡养人或抚养人）扩展到全体城镇居民。城市低保制度是改革开放以来我国社会救助事业最重大的制度创新，体现了政府在保障困难群众基本生活问题上所承担的责任，满足了我国建立健全社会主义市场经济体制的现实需要，为我国新型社会救助体系建设奠定了基础。[2]

1999 年 9 月至 2002 年是城市低保的完善阶段，1999 年 9 月，国务院

---

① 唐钧：《中国的城市贫困问题与社会救助制度》，《江海学刊》2001 年第 2 期。

② 刘喜堂：《建国 60 年来我国社会救助发展历程与制度变迁》，《华中师范大学学报》（人文社会科学版）2010 年第 4 期；唐钧：《中国的城市贫困问题与社会救助制度》，《江海学刊》2001 年第 2 期。

颁布《城市居民最低生活保障条例》（中华人民共和国国务院令第 271号），标志着我国社会救助制度在经济体制和社会转型中迈出了关键一步。城市居民最低生活保障工作开始走上规范化、法制化管理的轨道。这一时期的中心工作是做好"应保尽保"工作。① 2001 年 11 月，国务院办公厅下发《关于进一步加强城市居民最低生活保障的通知》（国办发〔2001〕187 号），明确要求"尽快把所有符合条件的城镇贫苦人口纳入最低生活保障范围"。至 2002 年第三季度，全国享受城市低保的人数达到 1960 万，占当时全国非农业人口总数的 5.6%，基本实现了应保尽保的目标。②

（3）定型与拓展：2002 年至今城市社会救助的历史沿革发展

2002 年以后，城市低保制度不断发展完善，逐渐走向规范化和法制化。政府陆续出台了扩大制度覆盖面、增加财政投入、加强信息管理系统建设、规范委托金融机构代发低保金、规范低保对象档案的管理、规范低保对象的认定条件等相关政策规定。③ 例如 2008 年印发了《城市低收入家庭认定办法》、2009 年印发了《民政部关于积极开展城市低收入家庭认定工作的若干意见》、2010 年印发了《民政部关于进一步加强城市低保对象认定工作的通知》、2011 年印发了《民政部关于确定"全国首批城市居民家庭经济状况核对示范单位"的通知》等。2012 年 9 月 1 日，国务院发布了《国务院关于进一步加强和改进最低生活保障工作的意见》，对低保工作提出了健全工作机制，严格规范管理，加强能力建设，努力构建标准科学、对象准确、待遇公正、进出有序的最低生活保障工作格局等要求。在不断完善的规章制度下，城市低保逐渐走向成熟。救助对象更加精准、程序更加规范、救助标准不断提升。截至 2017 年年底，全国有城市低保对象 741.5 万户，1261.0 万人。全年各级财政共支出城市低保资金 640.5 亿元。2017 年全国城市低保平均标准 540.6 元/人·月，比上年增长 9.3%。全国共有城市特困人员 25.4 万人。全年各级财政共支出城市特困人员救助供养资金 21.2 亿元。

---

① 杨立雄：《通过社会救助实施社会保护——基于弱势群体的社会保障制度重构》，《中国软科学》2004 年第 7 期。

② 刘喜堂：《建国 60 年来我国社会救助发展历程与制度变迁》，《华中师范大学学报》（人文社会科学版）2010 年第 4 期。

③ 韩克庆：《中国社会救助制度的改革与发展》，《教学与研究》2015 年第 2 期。

在此基础上，其他各项社会救助制度不断拓展，包括教育救助、医疗救助、住房救助、特困人员供养服务、"救急难"等，社会救助体系的内容不断丰富。为了更好地建设社会救助制度，我国政府于 2003 年 8 月 1 日出台了《城市生活无着的流浪乞讨人员救助管理办法》，采用新的社会救助制度取代原收容遣送制度，单纯对生活无着的流浪乞讨人员这一弱势群体实行救助；2003 年 12 月，建设部、财政部、民政部等联合发布了《城镇最低收入家庭廉租住房管理办法》；2005 年 3 月，国务院办公厅转发民政部、财政部等发布了《关于建立城市医疗救助制度试点工作的意见》（国办发〔2005〕10 号）；2007 年 8 月发布了《关于解决城市低收入家庭住房困难的若干意见》；2009 年出台了《民政部、卫生部、财政部、人力资源和社会保障部关于进一步完善城乡医疗救助制度的意见》。城市社会救助制度日趋完善，成为一个综合的救急助困体系。

国务院于 2014 年发布了《社会救助暂行办法》，标志着社会救助制度走向成熟定型。《暂行办法》明确将最低生活保障、特困人员供养、受灾人员救助、医疗救助、教育救助、住房救助、就业救助、临时救助 8 项制度和社会力量参与作为社会救助基本内容，构建了一个分工负责、相互衔接、协调实施，政府救助和社会力量参与相结合的具有中国特色的社会救助制度体系。①

2. 农村社会救助制度发展

我国在计划经济时期建立起了国家负责与依托集体经济相结合的农村社会救助制度。但是在农村经济体制改革以后，原有的社会救助体系出现了结构性缺口，因此需要在新的经济与社会条件下重构农村社会救助体系。从 20 世纪 90 年代中期起，各地农村逐步建立特困户救助、农村居民最低生活保障制度和农村医疗救助制度，并进一步完善了农村"五保户"制度和灾害救济制度。②

（1）扶贫与救济：1978—1996 年农村社会救助的历史发展

这一时期社会救济工作的重点是农村贫困救济。随着家庭联产承包责任制的推行，集体经济组织的统筹保障功能日益弱化，迫切需要政府

---

① 民政部长解读《社会救助暂行办法》，中央政府门户网站，www.gov.cn 2014 – 04 – 29 07：47，资料来源：《人民日报》。

② 关信平：《论建立农村居民最低生活保障制度的条件、原则及运行机制》，《文史哲》2007 年第 1 期。

改革救济方式。针对当时较大范围的农村贫困，社会救济主要采取如下一些措施。首先，探索定期定量救济。救济对象主要是农村常年生活困难的特困户、孤老病残人员和精减退职老职工，一般按照一定周期（按季节或按月）给予固定数额的救济金或救济粮等实物，以保障其基本生活；对其他贫困人口，则通过灾民荒情救济的方式给予临时救济。至1985年，农村享受国家定期救济的人数达到百余万人。

同时，政府也继续探索完善农村"五保"供养救助。中央明确从村提留和乡统筹（"三提五统"）经费中列支资金用于农村"五保"供养。自1985年起，全国逐步推行乡镇统筹解决五保供养经费的办法，以保证五保对象的基本生活来源。1994年国务院颁布的《农村五保供养工作条例》，再次明确"五保"供养经费由"村提留或乡统筹"中列支。因此，农村五保供养主要依赖农村集体经济。据不完全统计，从1978年到1996年，农村集体用于"五保"供养和贫困户补助的资金总计达200多亿元。

在"输血式"扶贫的基础上，政府还力图通过开发式扶贫改善农村贫困状况。针对农村绝对贫困人口主要集中在"老、少、边、穷"地区的现状，国家开展了有计划、有组织、大规模的农村扶贫开发。[①] 到1985年以后，社会救济的方法和手段发生了较大改变，体现为：实行救济救灾同扶贫扶优相结合，把救助的重点转移到全国8000万贫困户的脱贫致富上。救济款采取无偿使用和有偿使用相结合的方法，并缩小无偿使用的范围；救济款的管理变单纯行政管理为行政与经济手段相结合。中共中央和国务院进一步重视农村贫困问题，加大对农村贫困人口的救助力度，1994年制订了"八七扶贫攻坚计划"。扶贫工作的深入开展使农村绝对贫困人口逐年减少，到1994年，我国农村没有解决温饱的贫困人口由1978年的2.5亿人减少到7000万人。[②] 当时的扶贫工作更多地以大规模的地区扶贫为重点，而不是针对农村家户的个人/家庭救助。

---

① 刘喜堂：《建国60年来我国社会救助发展历程与制度变迁》，《华中师范大学学报》（人文社会科学版）2010年第4期。

② 方青：《从"集体保障"到"社会保障"——中国农村社会保障1949—2000》，《当代中国式研究》2002年第1期。

（2）探索与试点：1997—2006 年农村社会救助的发展改革

在我国城市低保迅速发展的同时，部分地区也逐渐探索建立了农村低保制度。1994 年，山西省阳泉市率先推出了农村低保制度，其所属的县乡村根据各自的经济发展水平，确定了最低生活基本保障线，对所有生活在该线以下的贫困户，逐户建档，逐年核定，实施救济。之后，各种农村低保的试验在全国各地逐步推展，然而农村低保工作在一些地方存在反复。[①]

1996 年 12 月，民政部办公厅印发了《关于加快农村社会保障体系建设的意见》（民办发〔1996〕28 号），明确提出："凡开展农村社会保障体系建设的地方，都应该把建立最低生活保障制度作为重点，即使标准低一点，也要把这项制度建立起来。"2001 年，农村低保建制县市曾达到2037 个。到 2002 年，全国多个省份都不同程度地实施了农村低保，救助对象为 404 万人。[②] 到 2005 年年底，全国有 13 个省（直辖市），在全省范围内实施了农村低保制度。[③]

从总体上看，该阶段的十年间，各地在建立农村社会救助制度的过程中已经取得了不小的成绩。从 20 世纪 90 年代中期起各地农村逐步建立特困户救助、农村居民最低生活保障制度和农村医疗救助制度，并且进一步完善了农村"五保户"制度和灾害救济制度。但与城市社会救助体系相比较，农村社会救助制度当时仍然很不完善，农村低保工作在一些地方存在反复与倒退，一些农村地区在农村居民最低生活保障制度等基本项目的建设上还存在认识分歧，在制度实践中也还存在不少困难和问题。社会救助仍然没有建立起统一的正式制度，即使是相对完善的农村最低生活保障制度，也缺乏全国性的政策框架和统一规范。

（3）规范与框架：2006 年至今农村社会救助的发展改革

十余年来，中央和地方政府在新的发展战略目标的指导下，推动农

---

① 顾昕、高梦滔：《中国城乡社会安全网的覆盖面与横向公平性问题》，《河北学刊》2007年第 2 期。

② 刘喜堂：《建国 60 年来我国社会救助发展历程与制度变迁》，《华中师范大学学报》（人文社会科学版）2010 年第 4 期。

③ 顾昕、高梦滔：《中国城乡社会安全网的覆盖面与横向公平性问题》，《河北学刊》2007年第 2 期。

村社会救助取得了较大进展。2006 年 7 月 11 日，国务院印发了《关于在全国建立农村最低生活保障制度的通知》（国发〔2007〕19 号），对农村低保标准、救助对象、规范管理、资金落实等内容做出了明确规定，要求在年内全面建立农村低保制度并保证低保金按时足额发放到户。2006 年 10 月，中共中央十六届六中全会第一次提出在全国"逐步建立农村最低生活保障制度"的要求。至此，农村低保进入全面实施的新阶段。到 2007 年 9 月底，全国 31 个省（自治区、直辖市），2777 个涉农县（市、区）已全部建立农村低保制度。① 另外，为了适应农村税费改革形势，切实保障"五保"对象的合法权益，2006 年 3 月，政府还修订发布了《农村五保供养工作条例》。

目前，农村社会救助制度逐渐朝综合救助体系的方向发展，涵盖了基本生活救助、供养救助、医疗救助、灾害救助等多种制度项目。农村最低生活保障、供养救助"五保户"制度、灾害救助和医疗救助都已经建立起全国性的制度规范，并且正在走向逐步完善。全国有农村低保对象 2249.3 万户，4045.2 万人。全年各级财政共支出农村低保资金 1051.8 亿元。2017 年全国农村低保平均标准为 4300.7 元/人·年，比上年增长 14.9%。全国共有农村特困人员 466.9 万人，比上年减少 6.0%。全年各级财政共支出农村特困人员救助供养资金 269.4 亿元，比上年增长 17.7%。② 农村社会救助制度发展是我国社会保障体制建设的重大转折，标志着全社会范围内的社会公平底线开始构建，是消除二元结构、整合社会体系的重要举措。

近年来，我国政府还一直致力于建设城乡统筹的社会救助体系。城乡一体化社会救助体系是为保障城乡困难群众的基本生活，以城乡统筹发展战略为指导，以城乡一体化发展为目标，按照统一救助政策、整合救助资源、协调救助行动、城乡互助互促的要求，建立均衡的社会救助制度，赋予城乡居民平等的权利，实现对城乡居民平等保护的管理系统。③

---

① 刘喜堂：《建国 60 年来我国社会救助发展历程与制度变迁》，《华中师范大学学报》（人文社会科学版）2010 年第 4 期。

② 中华人民共和国民政部：《2017 年社会服务发展统计公报》，2018 年 8 月 3 日。

③ 蒋悟真、杨博文：《我国社会救助城乡一体化保障机制探究》，《江西财经大学学报》2016 年第 5 期。

三 社会救助的理论综述与分析

　　社会救助是社会保障体系中的重要制度，与一个社会中的基本经济制度、公共管理体系以及社会结构都密切相关。社会安全网的编织是经济社会协调发展的中心内容之一。[①] 社会救助的概念、标准、水平和方式，体现了一个国家收入分配模式和基本的公平观。

　　改革开放四十年来，我国经济体制和社会结构都发生了巨变，社会救助制度也在不断创新发展、与时俱进。社会救助在社会保障研究中也受到了越来越多的关注。我国社会救助制度的出台与发展，一定程度上也是许多学者和各界人士积极建言献策的结果，而且在制度设置过程中离不开相关研究成果的参考作用。自 20 世纪 90 年代以来，我国学术界开始对社会救助，特别是城市最低生活保障制度展开讨论，并随着制度的完善和扩张，在近年来取得了长足进步。截至 2018 年 8 月 1 日，[②] 在中国知网以"社会救助"为主题进行搜寻，共计有 8961 篇学术文章（自1989 年起）。早在城市低保制度开始酝酿试点的 90 年代，已有侯文若[③]、唐钧[④]、郭崇德[⑤]、丛树海[⑥]、洪大用[⑦]、郑功成[⑧]等学者敏锐地关注并探讨社会救助问题。以"社会救助"为主题的 CSSCI 核心期刊文章共有1693 篇（自 1998 年起），近年来学界对社会救助的关注度逐渐提升，特别是自 2008 年起，社会救助相关的中文核心期刊文章年产量稳定在百篇以上。

　　综观这批学术论文，最突出的特点即为能够抓住时代的脉搏，积极

---

　　① 顾昕、高梦滔：《中国城乡社会安全网的覆盖面与横向公平性问题》，《河北学刊》2007年第 2 期。

　　② 2018 年数据统计尚不完全。

　　③ 侯文若：《谈谈社会保障》，《世界知识》1989 年第 19 期。

　　④ 唐钧：《中国的贫困人口和社会救助指标体系》，《社会科学》1992 年第 5 期。

　　⑤ 郭崇德：《改革和完善我国社会保障体系的构想》，《社会工作》1994 年第 2 期。

　　⑥ 丛树海：《我国社会保障模式的几个重大问题》，《财经研究》1995 年第 8 期。

　　⑦ 洪大用：《"负所得税制"与我国社会救助制度改革》，《中国社会工作》1996 年第 5 期。

　　⑧ 郑功成：《中国社会保障体系的发展与框架设计》，《武汉大学学报》（哲学社会科学版）1996 年第 2 期。

参与国家重大决策，以研究成果为社会救助制度的建立与发展提供了必要的参考作用。其次，从社会救助制度研究的现状来看，学界的探讨可以说是全方位的，包括制度本身所要涉及的社会救助制度的含义、保障对象的界定、最低生活保障线的划定方法以及制度实施的办法，而且积极借鉴国外经验，对这项制度的进一步完善提出了许多可行性建议。最后，社会救助研究吸引了来自不同学科的研究者，这个研究群体已初具规模，他们发展各学科的优势获得研究成果，使社会救助研究愈加深入。

本节将在综合评述社会救助相关文献的基础上，通过不同视角来回顾社会救助的概念演进、制度特色、争议与困惑，比较不同理念的异同，辨析不同的社会救助体制模式及其与社会福利体制模式之间的关系，对我国社会救助体制模式进行反思与探讨。

1. 中国社会救助政策发展创新：理念与制度转型

由于社会救助是为弱势群体提供的特殊制度安排，因此极易受政治、经济、社会和文化力量左右。社会救助的功能和地位在世界各国也历经浮沉摇摆。在新自由主义思潮和福利国家转型的浪潮中，社会救助的理论探讨和政策导向都不断发生着深刻转变。政府执政的理念是推动社会救助政策创新发展不可缺少的要素。政策中理念是关于需要、国家和政策之间关系的相对系统的理论，是政策制定和执行的依据。

改革开放后，我国政府执政和社会保障理念有不同阶段的变化，相关研究可为中国社会救助政策创新发展研究提供依据。一些学者敏锐地注意到了政策理念与制度设计之间的关系，讨论并分析社会救助发展阶段及其背后的逻辑与原因。例如彭华民认为，中国改革开放后政府执政理念有三大阶段，即从经济建设为中心阶段发展到社会主义市场体制阶段，再转型到重视民生为本的社会建设阶段。社会救助政策嵌入民生为本的社会建设后有多个创新：构建了贫困群众基本生活保障、专项救助和临时救助结合，法律、政策和实施细则结合，补救与预防结合的多元多层社会救助政策体系；社会救助通过资金、物资、服务、机会等多元福利提供形式帮助贫困者解决问题。[①]

具体而言，社会救助发展可根据国家整体发展重心而分为三个阶段：

---

① 彭华民：《中国社会救助政策创新的制度分析：范式嵌入、理念转型与福利提供》，《学术月刊》2015 年第 1 期。

1979—1987 年是以经济发展为中心的理念阶段；1988—2002 年是以社会主义市场体制建设为中心的理念阶段；2003—2014 年是社会建设逐步得到重视的阶段。中国政府三个发展阶段的理念是推动转型的动力。与前面两个发展阶段的理念相比较，第三个阶段非常明确地将民生事业视为关键发展内容，社会建设从改革开放之始附属于经济建设，升级为与经济建设并行的建设内容。理念转型为反贫困的社会救助政策从修修补补的补救政策转型为补救与预防结合的政策体系提供了指导思想。与政府理念发展三个阶段相对应，与嵌入的社会建设发展阶段相对应，中国社会救助政策发展也经历了三个阶段：即社会救助政策缺位阶段、基本生活保障救助政策阶段、专项救助政策发展阶段。[①]

从社会层面的目标上看，在 20 世纪 80 年代末至 21 世纪初的 20 年，我国社会保障制度发展受制于以下三个方面的环境因素：一是在"效率优先、兼顾公平"的口号下，对全社会的经济增长率的重视程度高于对公平分配和提高普通个人实际生活水平的重视程度；二是对社会政治稳定的重视程度高于对社会平等和社会和谐的重视程度；三是对城市的重视程度明显高于对农村发展的重视程度。更具体地讲，我国政府过去的政治与经济目标主要围绕着快速发展经济和保持政治与社会稳定这两大战略目标。相应地，我国社会保障改革与发展的目标也主要集中在社会层面，并且事实上是在两大目标的约束下进行：一是为经济体制改革配套和为经济建设服务的经济目标。二是维护社会稳定的政治目标。而进入 21 世纪以来，中央政府在发展目标上发生了较大的变化，给普及农村低保带来了新的契机。新的发展目标明显带有以下几个方面的特征：其一，更加强调"以人为本"的发展目标；这意味着个人和弱势群体的利益在发展战略中将受到更多的重视；其二，以"构建社会主义和谐社会"的目标取代单纯追求眼前社会稳定的政治目标；其三，是突出强调"社会主义新农村建设"。因而，农村发展日趋边缘化的趋势得以扭转，近年来社会救助体系逐渐朝向城乡统筹的方向发展。

缪燕子以间断—均衡理论为基础，分析了中华人民共和国成立以来社会救助政策五次间断性的变迁，体现在政策目标、政策工具与具体政

[①] 彭华民：《中国社会救助政策创新的制度分析：范式嵌入、理念转型与福利提供》，《学术月刊》2015 年第 1 期。

策设置的范式性转换，并且这种转换依赖自上而下强制型变迁的路径，个别专项救助领域出现自下而上诱致型变迁的特征。我国社会救助政策具备自上而下强制性变迁的典型特征，党和中央政府某时期的指导思想从根本上决定了社会救助政策变迁的方向。在这五次间断变迁之间的社会救助政策由于政策形象和政策场域的互相强化处于均衡式垄断的状态。间断与均衡的变迁构成了中华人民共和国成立以来社会救助政策的非线性变迁。中华人民共和国成立以来的社会救助政策工具的变迁特征为自愿型—强制型—政府主导下的混合型—全面混合型。这个过程也体现了政府在社会救助活动中全面统揽—退位—再临—共治的角色变迁特征，以及救助主体从单一到多元联动的变迁特征。①

在福利政策研究中，理解话语和制度之间关系的研究极大地丰富了我们的视野，可以更好地理解制度发展。② 话语理念对于我国社会救助的发展变迁具有重要意义，话语概念的引入可以为我们理解我国社会救助政策发展提供一个有效的关键解释变量。我国社会救助政策的发展可以用中央政府体系和精英的话语转变来理解。关于社会救助的讨论可以概念化为三个阶段：城市第一话语（1999—2003 年）、话语辩论（2003—2007 年）与城乡一体化话语（2007 年至今）。值得关注的是，在近年有关建立综合社会救助系统的话语体系下，农村社会救助得以迅速发展。③

此外，文化理念的作用也不可小觑。中国传统社会救济是现代社会救助不可回避的历史基础，其救济思想源于道义性。社会救助制度是对传统社会救济的根本性改革，其基本原则与传统社会救济截然不同。然而，传统社会救济思想以其强大的惯性力量影响着现代社会救助理念建设，使其表现出一定的滞后性。理念建设的滞后使部分民众和工作人员对社会救助认识模糊、混乱，一定程度上阻碍了社会救助制度健康发

---

① 缪燕子：《新中国成立以来社会救助政策变迁研究——基于间断—均衡理论的解释》，《中国行政管理》2017 年第 11 期。

② Shi S‐J.，"Left to Market and Family‐Again? Ideas and the Development of the Rural Pension Policy in China"，*Social Policy & Administration*，2006，40（7）：791‐806；Tang，K & Ngan，R. China：Developmentalism，2001.

③ Zhang H.，"Discourse Change and Policy Development in Social Assistance in China"，*International Journal of Social Welfare*，2012，21：433‐442.

展,[1] 需要通过社会救助法制化和制度化的手段解决。[2]

2. 社会救助瞄准机制

社会救助制度安排核心是贫困界定和反贫困目标。[3] 社会救助瞄准机制反映了一个国家和社会的贫困观与社会救助的目标定位。目前世界各国的社会救助制度确定受助人的主要思路有两个：一是用量的方式，即制定一条或几条最低生活标准，凡收入低于这一标准的人便有权向政府申请救助；二是用定性的方式，即根据社会上现实存在的各类贫困群体分门别类地来确定救助对象。[4] 我国的社会救助对象界定既包含定量也包括定性的特征。

我国传统社会救济在管理上大多缺乏严格规定，没有相应的操作程序作约束，工作人员的自由裁量权较大。新型社会救助制度则以严谨的家庭收入调查为基础，在救助对象认定、救助申请审批、救助金发放、动态管理以及申诉核查等方面都有一套严格、规范的操作程序，从而杜绝随意性，体现规范性。[5]

《城市居民最低生活保障条例》是中国社会救助制度奠基和创新的里程碑，该条例将城市贫困者界定为"共同生活的家庭成员人均收入低于当地最低生活保障标准，且符合当地最低生活保障家庭财产状况规定的家庭"，对低于当地最低生活水平的家庭给予最低生活保障。《社会救助暂行办法》综合城市和农村贫困人群的特点，综合儿童、老人、残疾人等群体的特点，提出对贫困人群的新界定，覆盖人群更为符合贫困群体实际情况的定义：国家对无劳动能力、无生活来源且无法定赡养、抚养、扶养义务人，或者其法定赡养、抚养、扶养义务人无赡养、抚养、扶养能力的老年人、残疾人以及未满 16 周岁的未成年人，给予特困人员供

---

① 汪雁、慈勤英：《中国传统社会救济与城市贫困人口社会救助理念建设》，《人口学刊》2001 年第 5 期。

② 蒋悟真：《我国社会救助立法理念及其维度——兼评〈社会救助法（征求意见稿）〉的完善》，《法学家》2013 年第 6 期。

③ 彭华民：《中国社会救助政策创新的制度分析：范式嵌入、理念转型与福利提供》，《学术月刊》2015 年第 1 期。

④ 乐章、陈璇、风笑天：《城市居民最低生活保障制度研究述评》，《浙江学刊》2000 年第 3 期。

⑤ 刘喜堂：《建国 60 年来我国社会救助发展历程与制度变迁》，《华中师范大学学报》（人文社会科学版）2010 年第 4 期。

养。这些接受社会救助的人群就是中国的贫困人群。

我国社会救助对象的边界越来越清晰，以所具有的劳动能力为标准可将保障对象大致分为两类：一类是已经丧失或者尚不具备劳动能力的救助对象，包括民政社会救济对象（社会孤老残幼、社会困难户和按党和国家政策应该享受社会救济的救济对象，以及享受国家补助的优抚对象）。另一类是有劳动力但一时丧失工作机会或工作机会不足的救助对象，主要是失业和下岗人员中未能再就业的低收入家庭，以及停产、半停产企业中的低收入职工家庭。[①] 为了提高救助对象瞄准的准确度，近几年，民政部着力推进低收入家庭经济状况核对机制建设。开展低收入家庭经济状况核对是社会救助体系建设的基础性工作和关键环节。自 2010年以来，通过建立和完善低收入家庭经济状况核对信息系统，社会救助规范管理水平得以提升。

许多学者关注了社会救助的瞄准机制以及救助效果和效率。例如都阳和 Albert Park 利用两轮城市微观调查数据，分析了城市贫困救助体系的瞄准及其救助效率问题。研究表明，对于城市贫困的救助手段在城市经济体制转型过程中发生了明显的变化。而且和国际上类似的项目相比较，中国目前的救助体系具有较好的救助效率。[②] 刘凤芹和徐月宾[③]、谢东梅[④]、韩华为和徐月宾[⑤]还着重考察了农村社会救助的瞄准有效性、瞄准效果和反贫困效应等。总体而言，农村低保瞄准执行具有较高的覆盖率和瞄准率，救助资源较高程度地集中朝向低收入家庭，基层社区组织实践的"分类管理、分类复核、分类补助"做法体现了瞄准执行的水平公平原则。[⑥]

---

① 乐章、陈璇、风笑天：《城市居民最低生活保障制度研究述评》，《浙江学刊》2000 年第3 期。

② 都阳、Albert Park：《中国的城市贫困：社会救助及其效应》，《经济研究》2007 年第 12 期。

③ 刘凤芹、徐月宾：《谁在享有公共救助资源？——中国农村低保制度的瞄准效果研究》，《公共管理学报》2016 年第 1 期。

④ 谢东梅：《农村低保制度瞄准执行与动态贫困减少的有效性检验——基于福建省 14 个县（市、区）28 个村庄的调研》，《东南学术》2016 年第 6 期。

⑤ 韩华为、徐月宾：《中国农村低保制度的反贫困效应研究——来自中西部五省的经验证据》，《经济评论》2014 年第 6 期。

⑥ 谢东梅：《农村低保制度瞄准执行与动态贫困减少的有效性检验——基于福建省 14 个县（市、区）28 个村庄的调研》，《东南学术》2016 年第 6 期。

3. 社会救助标准

社会救助的基本逻辑是采取补差手段来保障最贫困人口的基本生活，因此低保标准既是低保对象的资格标准，也是低保待遇给付的标准。事实上，我国的最低生活保障标准是整个社会救助制度的入门标准，在社会救助体系的运行中发挥着基础性作用。低保标准是我国城乡的事实"贫困线"，它应该客观、合理地反映我国贫困程度和状况。[1] 社会救助标准制定的科学性和执行力直接影响社会救助制度在实践中的有效性和生命力。[2]

近年来，许多学者关注了社会救助标准在社会救助体系中的重要性及其与其他元素的密切联系。[3] 社会救助是政府通过转移支付向贫困者提供基本的生活保证，这是各国普遍接受的救助政策目标。然而，由于各国政府对"基本生活水平"的理解并不一致，社会救助标准在现实中呈现出了巨大差异。世界银行因此曾将社会救助标准决策定义为政府对"穷人权利"的政治判断和解释，而非单纯的贫困线测量过程。[4]

我国社会救助标准的设定主要基于绝对贫困的概念。根据《城市居民最低生活保障条例》，城市低保标准"按照当地维持城市居民基本生活所必需的衣、食、住费用，并适当考虑水电燃煤（燃气）费用以及未成年人的义务教育费用确定"。根据《国务院关于在全国建立农村最低生活保障制度的通知》，农村低保标准主要"按照能够维持当地农村居民全年基本生活所必需的吃饭、穿衣、用水、用电等费用确定"。

边恕、曹艳春、关信平、柳清瑞、米红、姚建平、杨立雄等学者探

---

① 关信平：《我国低保标准的意义及当前低保标准存在的问题分析》，《江苏社会科学》2016 年第 3 期。

② 何平、张远凤：《论我国的社会救助标准》，《中南财经政法大学学报》2009 年第 6 期。

③ 参见曹艳春、陈翀：《从"低保"标准到"家庭运行标准"——社会救助制度的革新与设计》，《现代经济探讨》2016 年第 4 期；李春根、夏珺：《中国城市最低生活保障标准：变化轨迹和现实考量——基于 2003—2013 年 31 个省域城市低保数据的聚类分析》，《中国行政管理》2014 年第 12 期；米红、叶岚：《中国农村最低生活保障标准的模型创新与实证研究》，《浙江社会科学》2010 年第 5 期。

④ World Bank, "Balancing Protection and Opportunity: A Strategy for Social Protection in Transition", Economies, Washington, World Bank, 2000: 35–40.

究了社会救助标准的应然水平与调整机制、替代率、地区比较等问题。[①]
研究表明，由于我国社会救助制度中的"低保"标准是建立在绝对贫困
的基础上，无论是与世界银行为最贫困国家设定的推荐标准相比，还是
与城乡居民平均消费支出相比，其标准值都比较低，存在保障不足的缺
陷。在实际执行过程中，由于财政支付能力的限制以及"恩赐思想"的
影响，各地制定的"低保"标准均比较低，许多地区的"低保"标准仅
仅能保障贫困居民的"食品支出"，较低的"低保"标准无法为其他如衣
着、住房、交通、教育、医疗等支出提供保障。[②] 李春根和夏珺将替代率
定义为救助后的收入占当地人均收入的百分比，亦即城市平均最低生活
保障标准占城镇居民人均可支配收入的比重，并考察了 2003—2013 年全
国 31 个省域城市低保标准及低保支出水平变动情况。结果显示，各地城
市低保标准变化大致趋同。城市低保标准确实普遍偏低，只能保证低保
对象基本生存需要，更确切地说是仅能满足基本食品需求。[③]

郑新业等以县市级数据为基础，对我国低保支出影响因素进行了回
归分析，发现低保支付水平不仅受地方政府自有财力影响，还与辖区内
需要救助的人口数量、教育支出和行政管理支出比例高度相关。[④] 这一定
程度上，体现了社会救助标准中已经在一定程度上包含了相对贫困的理
念。随着中国社会经济的发展，让低保对象一定程度上分享经济发展成
果是制度发展的必然趋势，这一问题与提高低保标准水平密切相关。相

---

① 边恕、孙雅娜、郝悦：《城市居民低保标准确定及指数化调整机制设计——以辽宁省为例》，《人口与经济》2015 年第 1 期；曹艳春、陈翀：《从"低保"标准到"家庭运行标准"——社会救助制度的革新与设计》，《现代经济探讨》2016 年第 4 期；关信平：《我国低保标准的意义及当前低保标准存在的问题分析》，《江苏社会科学》2016 年第 3 期；李春根、夏珺：《中国城市最低生活保障标准：变化轨迹和现实考量——基于 2003—2013 年 31 个省域城市低保数据的聚类分析》，《中国行政管理》2014 年第 12 期；柳清瑞、翁钱威：《城镇低保线：实际给付与理论标准的差距与对策》，《人口与经济》2011 年第 4 期；米红、叶岚：《中国农村最低生活保障标准的模型创新与实证研究》，《浙江社会科学》2010 年第 5 期；杨立雄、胡姝：《城镇居民最低生活保障标准调整机制研究》，《中国软科学》2010 年第 9 期；姚建平：《中国城市最低生活保障标准水平分析》，《中国软科学》2012 年第 11 期。

② 曹艳春、陈翀：《从"低保"标准到"家庭运行标准"——社会救助制度的革新与设计》，《现代经济探讨》2016 年第 4 期。

③ 李春根、夏珺：《中国城市最低生活保障标准：变化轨迹和现实考量——基于 2003—2013 年 31 个省域城市低保数据的聚类分析》，《中国行政管理》2014 年第 12 期。

④ 郑新业、张莉：《社会救助支付水平的决定因素：来自中国的证据》，《管理世界》2009 年第 2 期。

对贫困概念的应用使政府可根据经济发展水平的变动来改变贫困线，让贫困群体分享经济发展的成果。另外，社会救助工作还存在诸如各地制定具体救助标准时缺乏统一的依据，随意性过大等突出问题。这些问题严重影响到我国社会救助制度的有效执行，使社会救助制度所倡导的保障弱势群体的权益没有达到预期的目标。因此，学者建议现阶段需要对社会救助标准给予更多的关注和重视。

从与社会救助目的的关系来看，社会救助标准是社会救助制度目的的表现，社会救助标准的高低、保障水平都直接关系到社会救助的目的。从与社会救助对象的关系来看，社会救助标准是以社会救助对象为参照物，对象不同标准也就不同，救助标准的水平反映的是救助对象的不同。从与社会救助权利义务关系来看，社会救助标准的不同直接体现了政府在社会救助制度中义务的不同，政府所承担的社会救助义务与其所给付的社会救助标准具有相关关系。社会救助标准的高低直接影响着政府在社会救助方面的开支和收入再分配的力度，对整个社会的经济发展来说都有重大影响。[1]

4. 社会救助的财政责任

我国的社会救助的财政责任问题具有较大的典型性和特殊性，涉及府际关系、财政体制、地区差异等宏观背景。西方文献对财政责任的研究主要是以分权化救助体系、"贫困人口迁移论"等为研究对象，对中央转移支付对地方救助水平影响的考虑仍有所不足或并不适用。

1999 年的《低保条例》规定："城市居民最低生活保障制度实行地方各级人民政府负责制。县级以上地方各级人民政府民政部门具体负责本行政区域内城市居民最低生活保障的管理工作。"2007 年的《国务院关于在全国建立农村最低生活保障制度的通知》中规定："建立农村最低生活保障制度，实行地方人民政府负责制，按属地进行管理。"但在事实上，从 2002 年起，由地方政府负责低保资金的规定就已被突破。目前中央政府在部分省份城乡低保中的资金投入已经占到了大部分，甚至还有上升趋势（见图 6 - 1）。从资金投入看，中央财政在城乡低保制度中日益

---

① 曹艳春、陈翀：《从"低保"标准到"家庭运行标准"——社会救助制度的革新与设计》，《现代经济讨论》2016 年第 4 期；关信平：《我国低保标准的意义及当前低保标准存在的问题分析》，《江苏社会科学》2016 年第 3 期；姚建平：《中国城市最低生活保障标准水平分析》，《中国软科学》2012 年第 11 期。

承担主要责任。1999—2009 年城市低保资金的投入比例中，地方财政投入的比重从 1999 年的 74.03% 下降到 2009 年的 32.6%，而中央财政资金的投入比例从 1999 年的 26.0% 迅速增加到 2009 年的 67.4%。2007 年中央财政首次在农村低保中投入 30 亿元，次年投入为 90 亿元，2009 年达到 216 亿元，占当年全部资金支出的 59.5%。图 6 - 1 显示了我国中央预算支出在城乡低保资金中的占比。

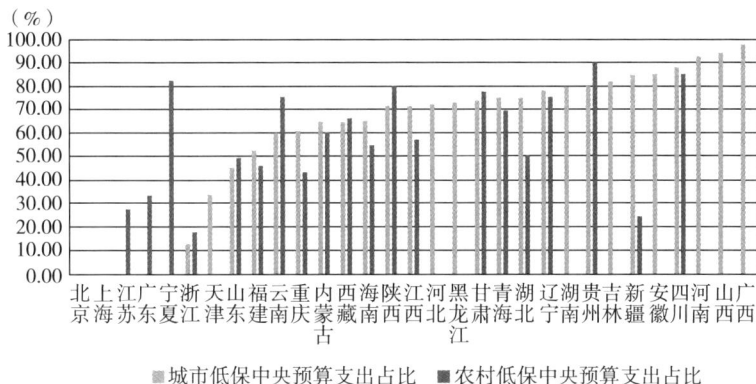

图 6 - 1　城乡低保中央预算支出占比（2015 年）

在我国，社会救助是完全的政府责任，这是毋庸置疑的。实行中央政府与地方政府分担基本上已经达成共识，但应该考虑如何由中央、省、市和区四级财政来分担这笔费用。① 目前，中央政府与地方政府之间在资金保障方面的责任并没有形成比较健全的制度化体系。在中央政府与地方政府的责任关系上，在目前的财政体制下，中央和地方在社会保障的事权划分上存在一些不明确之处。② 许多地区在发展社会事业方面存在对中央财政的过分依赖，希望通过中央财政的投入来发展包括农村低保在内的社会事业。李春根和夏珺的研究结果显示，由于中央财政是低保的坚实后盾，目前事实上已经出现经济穷省高替代率的现象，如西藏、内

---

① 唐钧：《"十一五"以来社会救助发展的回顾及展望》，《社会科学》2012 年第 6 期。

② 关信平：《论建立农村居民最低生活保障制度的条件、原则及运行机制》，《文史哲》2007 年第 1 期。

蒙古。① 这种依赖一方面是由于地方财力有限，客观上需要中央财政的支持，我国地区经济发展不平衡的现实，决定了中央低保财政投入在提升低保支付水平及地区公平性方面的不可或缺的作用。② 另一方面也存在地方财政与中央财政之间的利益博弈，一些财力并不十分有限的地区往往等待中央财政的投入。但中央财政在面临众多需求的情况下，在落实向地方社会事业的财政转移支付决策时往往也十分谨慎。③

5. 社会救助政策传递

对现阶段处于转型关键期的中国而言，在经历了以分权让利为主线的 30 年改革，打破了中央高度集权和集中管理的传统政治—经济体制之后，公共政策实践中出现的各种重大问题越来越多地属于政策执行的范畴。④ 中国的政府体系十分庞大，并按照自身的规律有序运转。逐级对上负责的各级政府构成了一个类金字塔式的管理体系。在这个庞大的管理体系中，以政策贯彻政策在我国是一种常见的政策执行模式，可描述为：中央政策→省级政策（中央政策实施意见）→地市级政策（中央和省政策实施意见）→县级政策（中央、省和市政策实施意见）→乡级政策（中央、省、市、县政策实施意见）。⑤ 2014 年的《社会救助暂行办法》中规定："国务院民政部门统筹全国社会救助体系建设。国务院民政、卫生计生、教育、住房城乡建设、人力资源社会保障等部门，按照各自职责负责相应的社会救助管理工作。县级以上地方人民政府民政、卫生计生、教育、住房城乡建设、人力资源社会保障等部门，按照各自职责负责本行政区域内相应的社会救助管理工作。"

公共政策执行模型有五种途径：传统官僚制型、命令分散型、讨价还价型、命令实验型和官僚解释型。传统官僚制认为政策与行政分开，政策制定者阐明政策，行政人员执行政策，因此根本不会存在政策执行问题；命令分散型认为政策制定者制定政策，行政人员部分地执行政策；

---

① 李春根、夏珀：《中国城市最低生活保障标准：变化轨迹和现实考量——基于 2003—2013 年 31 个省域城市低保数据的聚类分析》，《中国行政管理》2014 年第 12 期。

② 肖萌、李飞跃、斯华景：《城市低保支付水平的影响因素》，《城市问题》2017 年第 11 期。

③ 关信平：《论建立农村居民最低生活保障制度的条件、原则及运行机制》，《文史哲》2007 年第 1 期。

④ 李文钊、毛寿龙：《中国政府改革：基本逻辑与发展趋势》，《管理世界》2010 年第 8 期。

⑤ 郭瑜：《欧盟中国社会保护项目研究报告 "3.1.3 社会救助政策在央地政府间的传递与执行"》，2016 年。

讨价还价型认为政策的执行过程是政策制定者和政策执行者讨价还价，共同达到目标的过程；命令实验型认为政策制定者制定大的框架，政策执行人员拥有自由裁量权制定这些目标；官僚解释型认为政策执行人员在执行过程中形成自己的政策。[①]

目前在社会救助政策执行研究和实务领域，传统官僚型可以称为一种理想型。而命令分散、讨价还价、命令实验和官僚解释这四种类型都共同存在。总体来说，是自上而下的政策执行模式。在我国的行政体制中，由于其庞大的层级系统，社会救助政策的传递模式是以科层制为依托的层级推进模式，一般是以文件、电话、会议等形式自上而下地逐级传递，政策传递通道单一、狭长且缺乏反馈通道。而政策逐级传递的过程中，很可能引发政策超载、政策垄断和政策滞后。具体而言，公共政策传递通道的多层级性加剧政策传递的"科层损耗"。在政府行政层级设置上，世界上绝大多数国家设有 3 级政府。相比之下，我国政府组织结构具有多层级性，在中央政府、省级政府、地级政府、县级政府和乡级政府 5 个层级之间，还夹有副省级、副地级、副县级等多个层级，叠床架屋，构成一个庞大的层级系统，使政策传递通道也呈现多层级性，加剧了公共政策传递的"科层损耗"。

特别是民政部对民政厅、民政厅对民政局，以及市民政局对区县民政局是业务指导作用，民政厅直接受省政府管理，市民政局直接受市政府管理、区民政局受区政府管理。而且镇街、村居在执行过程中，又会受制于地方财力、民政人力、地方重视程度等多项因素影响。因此，最终会出现命令分散、讨价还价、命令实验和官僚解释等多种政策执行模式并存的现象。[②] 社会救助政策传递问题将给救助政策的实行带来直接的消极影响，而且执行过程中的多层次部门利益博弈也会带来政策变形、延后执行等问题。

6. 避免福利依赖，走向积极救助

社会救助制度在我国反贫困事业中发挥了重要作用，但也面临新的挑战：其一，中国经济发展进入新常态后，增长速度正从高速增长转向

---

① 李文钊：《论政策执行的影响因素及其理论模型》，《宁波党校学报》2003 年第 4 期。

② 郭瑜：《欧盟中国社会保护项目研究报告"3.1.3 社会救助政策在央地政府间的传递与执行"》，2016 年。

中高速增长，经济发展方式正从规模速度型粗放增长转向质量效率型集约增长。经济面临下行压力、财政收支面临严峻形势。其二，民生诉求已经全面升级：需要救助的相对贫困人口规模庞大，他们对救助水平的正常提升有要求，对救助内容的扩张和形式的扩展也有诉求。社会救助的关键问题之一是保证社会救助水平与防治福利依赖的矛盾。有学者认为，我国社会救助制度的症结之一是福利化倾向带来的制度可持续危机，这种福利化倾向不仅破坏了"低标准"的信号甄别功能，偏离了社会救助制度的应有之义，而且会导致成本转嫁、道德风险和"搭便车"等问题，进一步增加了制度运行成本。[1]

不少学者指出，在新的经济与社会发展形势下我国社会救助制度改革的主要方向是积极的社会救助或是发展型社会救助。[2] 这在一定程度上也是受到了西方学者的影响。在哈耶克和弗里德曼为代表的新自由主义思想家与美英新保守主义元首的强势影响下，国外社会福利学界自 20 世纪 80 年代以来一直在探讨并找寻既能增强经济竞争力，又能保持必要福利水平的理论与实践模式。除吉登斯的"第三条道路"理论框架外，还有"发展型社会福利"[3] "生产主义福利模式"[4] "福利多元主义"与"混合福利"[5] "资产建设"[6] 等概念与理论。这些都是探索积极的福利救助政策的典范，虽然概念和形式不同，但主旨都是超越消极被动的收入保障，促进就业和社会参与，避免"福利依赖"，通过积极的资产和能力建设，帮助个人和社区真正走出贫困。

一些学者通过实证研究回答"福利依赖"是否已经存在的问题。韩

---

① 赵曼、胡思洋：《社会救助制度的功能定位与改革逻辑》，《财政研究》2015 年第 2 期。

② 关信平：《朝向更加积极的社会救助制度——论新形势下我国社会救助制度的改革方向》，《中国行政管理》2014 年第 7 期；谢勇才、丁建定：《从生存型救助到发展型救助：我国社会救助制度的发展困境与完善路径》，《中国软科学》2015 年第 11 期；王思斌：《试论经济发展新常态下积极的社会政策托底》，《东岳论丛》2015 年第 3 期。

③ Midgley, J. Growth, "Redistribution, and Welfare: Toward Social Investment", *Social Service Review*, 1999, 73（1）: 3 – 21.

④ Holliday I., "Productivist Welfare Capitalism: Social Policy in East Asia", *Political Studies*, 2000, 48: 706 – 723.

⑤ Johnson N., *The Welfare State in Transition: The Theory and Practice of Welfare Pluralism*, University of Massachusetts Press, 1987.

⑥ Sherraden M., *Asset Building Policy and Programs for the Poor*, *Assets for the Poor: The Benefits of Spreading Asset Ownership*, 2001.

克庆和郭瑜通过对有健全劳动能力和有部分劳动能力人群的回归分析，发现低保受助者的工作决策主要受到劳动能力、健康状况、性别、年龄等因素的影响。基于实证结果，文章认为城市低保制度中尚不存在"福利依赖"效应。但在前瞻性视角下，不能忽视福利依赖未来出现的可能性。① 王增文和邓大松利用实际调查微观住户数据资料，结合倾向度匹配方法分析了目前中国社会救助体系对贫困家庭的瞄准机制、实施效果等问题。分析结果显示，中国社会救助方式在经济和社会体制转型过程中产生了显著性的改变。并且从"救助依赖"产生的视角来看，中国社会救助制度在设定的过程中能在一定程度上规避制度本身产生的"救助依赖"问题。针对这个问题我们分析了受助群体再就业家庭对社会救助制度待遇高低的反应，通过其再就业行为的变化，提出了规避受助家庭成员在再就业市场上产生的负面影响，从而更好地促进社会救助制度实施正面效应。②

另外，有研究表明，我国社会救助中的福利依赖一定程度上是由制度设计所造成的。由于各类专项救助政策大多都以"低保"作为门槛或资格，使"低保"标准具有过高含金量。低保制度的福利依赖问题并非低保标准水平过高，而是附加在低保制度上的种种其他福利。③ 如果把整个社会救助体系比喻为一个车轮，那么最低生活保障制度就是中轴，其他社会救助项目则是车辐。低保对象可以自动成为所有社会救助项目的受益人，因此部分低保对象宁愿放弃就业或选择隐性就业，希望通过保留低保资格来获取其他救助，形成长期的福利依赖，结果导致就业激励不足。

社会救助是公民的基本权利，是政府的职责所在，是减少和缓解贫困的主要手段，底线公平理念要求政府建立适合的社会救助制度，以维护社会公平。然而我们必须明确，社会救助水平并不是越高越好，在制度实施中合理协调公平和效率问题，谨防效率损失的同时造成不公平。

---

① 韩克庆、郭瑜：《"福利依赖"是否存在？——中国城市低保制度的一个实证研究》，《社会学研究》2012年第2期。

② 王增文、邓大松：《倾向度匹配、救助依赖与瞄准机制——基于社会救助制度实施效应的经验分析》，《公共管理学报》2012年第2期。

③ 曹艳春、陈翀：《从"低保"标准到"家庭运行标准"——社会救助制度的革新与设计》，《现代经济探讨》2016年第4期。

社会救助公共财政制度的健全，无疑是编织社会安全网的基础性制度建设。强化社会救助中的工作激励，不仅从消极的方面减少"福利欺诈"的问题，而且还能从积极的方面提高有劳动能力的低保对象的能力建设，进而推动"发展型社会救助"的发展。①

四　结语

改革开放四十年来，我国的社会救助工作不断发展和完善，已经初步形成了包括最低生活保障、特困人员供养、受灾人员救助、医疗救助、教育救助、住房救助、就业救助和临时救助的综合体系。对保障和改善民生、构建社会主义和谐社会发挥了重要作用。目前，社会救助在保障的功能上已经开始从"生存保障"向"生活保障"转变，在保障困难群众基本生活权益、维护基层社会稳定等方面发挥了重要作用。

这张"最后的安全网"已经成为中国社会保障制度和反贫困战略中的一道重要防线。与其他社会保障项目相比，最低生活保障制度可在最小开支的情况下达到最大的政治目标维护社会稳定，② 因此在20世纪90年代中期以来得到了长足的发展，在促进经济增长和维护社会稳定两个方面都收到了良好的效果，因此以城乡低保为代表的社会救助制度的建立和发展得到了比较广泛的认同。社会救助制度的改革与发展，满足了贫困群体的基本需要，保证了市场经济体制改革的顺利进行，维系了社会和谐，促进了社会公平。③

绝大多数转型国家的经验都显示，在市场转型的初期，社会安全网往往会出现破洞，一部分在旧体制下受到相对良好社会保护的弱势群体会遭遇生活水平下降的厄运。同时，剧烈的制度变迁不可避免地会造就新的贫困人群。因此，如何在发展市场经济的同时编织一张严密的社会安全网，使所有公民都能享受基本的生活保障，乃是当今中国社会经济

---

① 顾昕、高梦滔：《超越剩余型福利模式：论社会安全网的城乡一体化》，《浙江学刊》2006年第5期。

② 关信平：《论建立农村居民最低生活保障制度的条件、原则及运行机制》，《文史哲》2007年第1期。

③ 韩克庆：《中国社会救助制度的改革与发展》，《教学与研究》2015年第2期。

转型所面临的最大挑战之一。①

　　我国社会救助制度模式的选择及其发展，既与特定时期的社会条件、经济发展状况有关，也受到经济体制、用工方式以及社会保障制度的制约。基于政策发展，社会救助相关的理论创新与学术研究也蓬勃发展，取得进步。社会救助研究在学界已经引起了一定重视，学术界不断反思和探索我国社会救助的特点、效果、弊端、政策设计与发展方向。产生了一大批优秀的学术成果。然而，也还有大量问题尚无定论。随着经济发展和民生诉求的全面升级，学界会对社会救助和广义的反贫困事业的发展产生更多的真知灼见。

---

　　① 顾昕、高梦滔：《超越剩余型福利模式：论社会安全网的城乡一体化》，《浙江学刊》2006 年第 5 期。

第七章 社会福利的理论创新与制度发展

改革开放以来，我国的社会福利制度伴随经济改革不断重塑。学界对于社会福利的理论研究与社会福利制度改革相伴而生、相互呼应、相互影响。根据我国社会福利制度改革的发展阶段，我国的社会福利研究大体可划分为恢复重建期、初步发展以及快速发展三个阶段。每个阶段均围绕改革的核心议题开展了一定程度的理论探索。其中，社会福利的概念界定、社会福利与经济发展的关系、社会福利建设中国家与社会的关系，以及中国社会福利发展的模式与基础理念，构成改革开放以来我国社会福利研究持续关注的热点议题。改革开放四十年之际，有必要梳理我国社会福利研究在这些核心议题上的理论视角、分析框架以及基本观点和结论，以明确进展、发现不足，为今后我国社会福利理论研究的发展方向和重点提供一定指引。

一 社会福利制度恢复期的社会福利理论研究（1978—1983 年）

改革开放的前几年，我国的社会福利事业大体处于恢复期。这一时期，福利工作主要是重建工作组织体系、明确业务和工作范围等基础工作。[①] 1978 年，五届人大重新设置民政部为社会救济、社会福利、优抚安置主管部门。1979 年设置保险福利局、1982 年设立劳动人事部。其间也出台了一系列文件，明确福利保障的方针政策，如《国务院关于安置老弱病残干部的暂行办法》《国务院关于工人退休、退职的暂行办法》等。

---

① 刘继同：《生活质量与需要满足：五十年来中国社会福利研究概述》，《云南社会科学》2003 年第 1 期。

这些工作修补了"文化大革命"对社会福利制度带来的破坏，初步恢复了社会福利工作。

这一阶段，国内的教育和社会科学研究也处于恢复阶段。20 世纪 80 年代初期，社会学和政治学等学科开始在各级研究机构和大学恢复重建。这种情况下，专门针对社会福利的研究成果还不多。只有很少研究在讨论经济体制改革时将社会福利纳入其中。①

二　社会福利制度转型期的社会福利
理论研究（1984—2006 年）

这一时期是我国社会福利制度转型的关键时期。大体可以分为两个阶段，第一阶段为 1984—2002 年，改革主要集中在城市地区。1984 年，十二届三中全会提出有计划的商品经济概念，在计划与市场的关系上有了重大突破，我国以国企改革为中心环节的城市经济体制改革就此展开。伴随着城市经济体制改革，开始探索新的社会保障制度，尤其是城市的社会保险体制的建立得到集中关注。与此同时，民政部门于 20 世纪 80 年代中期提出社会福利社会化的改革思路。第二阶段为 2002 年之后，为了应对城乡失衡局面，我国开始着力发展农村最低生活保障、医疗和养老保险等福利项目。

这一时期，我国的社会福利研究也大体可以分为两个阶段。第一阶段为 1986—1999 年：1986 年，我国"七五"计划专门论述了社会保障框架，将社会福利纳入社会保障。社会保障成为学界研究热点，研究成果大量出现，但是关于社会福利的基础理论研究仍然不多。代表性的著作多为少量教程和介绍国外经验的译著。但是在此阶段，我国成立了一些专门研究机构，比如 1986 年民政部社会福利与社会进步研究所成立，20 世纪 80 年代国家计委社会发展研究所成立，20 世纪 90 年代后期中国社会科学院、清华大学、华中师范大学、北京师范大学等机构也成立了专门的社会福利、社会发展研究所。这为随后的社会福利研究打下了基础。

---

① 何建章：《为人民谋福利是社会主义建设的基本方针——学习陈云同志经济论著的一点体会》，《经济研究》1981 年第 11 期。

第二阶段为 2000 年及以后：2000 年 12 月，民政部举办首届"全国社会福利与政策研讨会"，随后，社会福利研究日渐增多。[①] 逐渐积累了一定数量的、具有创新性的研究，中国独立社会福利学科发展日渐成型。[②]

由于市场经济及市场经济下的社会福利制度对我国均属新鲜事物，很多学者将视线投向国外，尤其是已经建立成熟的市场经济和社会福利体系的发达国家，通过了解国外的实践经验和发展趋势，分析我国社会福利制度构建中的关键问题。与我国社会福利制度改革的实践相呼应，本时期社会福利理论研究出现了几个研究热点。第一，鉴于社会保障与社会福利在我国官方话语中并存，中国的基础福利理论与政策研究需要界定社会福利，尤其需要厘清其与社会保障的关系。事实上，确实有不少学者关注这一问题，并做出了专门阐述。第二，我国社会福利制度改革是伴随国家经济体制改革而生，社会福利与经济发展的关系得到众多学者关注。第三，随着 20 世纪 80 年代后期社会福利社会化的提出，关于社会福利社会化及其中所涉多元主体尤其是国家责任承担的研究增多。第四，少数学者也开始对我国社会福利的基础价值理念和模式展开初步探索。

1. 社会福利的界定及其与社会保障的关系

1984 年后，城市国有企业改革不断推进。之前附着于国有企业的劳动保险制度不再试用，国家开始建立新的保障体系，尤其是新的职工保险制度。1986 年，国务院《中国国民经济与社会发展第七个五年计划》中提出，要有步骤地建立中国特色的社会保障制度。1993 年，十四届三中全会通过《中共中央关于建立社会主义市场经济体制改革若干问题的决议》指出，社会保障体系包括社会保险、社会救济、社会福利、优抚安置和社会互助、个人储蓄积累保障。1998 年 3 月，在原劳动部的基础上组建成立了劳动与社会保障部来统一管理社会保障工作。

可见，在构建新的保障制度的过程中，政府部门将社会福利视为社会保障的一个构成部分，主要包括民政部门针对弱势人群提供的福利措施。社会保障成为一个大的概念体系，社会福利为社会保障下的小概念。

---

① 刘继同：《生活质量与需要满足：五十年来中国社会福利研究概述》，《云南社会科学》2003 年第 1 期。

② 彭华民、万国威：《从沉寂到创新：中国社会福利 30 年学术轨迹审视》，《东岳论丛》2010 年第 8 期。

在这一官方界定下，学界的研究呈现出不同意见共存的局面。尤其是 20 世纪 90 年代后期以来，随着社会福利研究力量的增强，社会福利理论研究的焦点之一便在于明确社会福利的界定以及厘清社会福利与社会保障的关系。①

总的来看，社会福利研究人员多认为社会福利在不同国家具有不同含义。概略来讲，可从狭义与广义的角度分别界定。比如 20 世纪 90 年代初，卢谋华将社会福利区分为广义和狭义，广义的社会福利与公共福利类似，指一切改善全体社会成员的物质生活和精神生活水平的措施，狭义的社会福利主要指为无依靠、生活自理困难、有生理缺陷或其他困难的老人、残疾人、儿童等提供经济生活支持和其他服务设施。②

这样从广义、狭义来界定社会福利的观点在社会福利领域获得了广泛认同，并有学者对两种界定的关系进行考察。比如郭士征也从广义和狭义界定社会福利。广义角度下社会福利等同于公共福利，强调提高全体社会成员的生活幸福；狭义视角下，社会福利主要针对需要特别关怀照顾的老人、儿童、残疾人等特定人群。郭士征认为，为这些特定人群提供生活所必需的特别关怀，是社会福利事业向纵深发展的表现。同时指出，社会福利的最终目的不是为了济贫，在广泛的社会保障中，社会福利具有高层次的保障意义，它是人们在满足基本生活需要方面对社会的一种更新、更高的要求。③

郭士征对于社会福利与社会保障关系的讨论，实质是将社会福利置于大社会保障框架中的考察，认为社会福利是社会保障中的具有高级功能的构成部分。这一思路在广大社会保障研究学者中具有较高接受度。比如有学者从广义角度界定社会保障，认为社会保障包括五个层次：最低层次的社会救济、基本部分的社会保险、最高层次的社会福利、特殊纲领的社会优抚，以及医疗保健服务。这也是将社会福利视为社会保障中具有较高级功能的一部分。④ 还有学者认为，社会保障与社会福利相互

---

① 常宗虎：《重构中国社会保障体制的有益探索——全国社会福利理论与政策研讨会综述》，《中国社会科学》2001 年第 3 期。

② 卢谋华：《中国社会工作》，中国社会出版社 1991 年版，第 98 页。

③ 郭士征：《社会福利及其国际比较》，《社会学研究》1995 年第 2 期。

④ 张建明、龚晓京：《社会福利与社会保障关系刍议》，载窦玉沛主编《重构中国社会保障体系的探索》，中国社会科学出版社 2001 年版，第 53 页。

包容，但亦有所区别。二者共同点在于均具有维护社会系统稳定的功能，区别在于，社会保障主要针对经济困难的人群，依据平均原则，通过社会保险等手段提供经济援助。而社会福利的关注点则在于因经济困难引起的社会生活困难以及对现实社会生活的不适应人群，不依据平均准则，以特殊性、个别性为原则，弥补社会保障平均原则未能解决的部分人的特殊需要，比如向老年人、残疾人、幼儿少儿等提供特定支持。简言之，社会福利可以满足社会保障通过经济手段不能保障的需求以及基本生活权利之上的更高需求。①

与此相对，越来越多社会福利研究者提出了不同的观点，也即认为社会福利概念应大于社会保障的观点。尚晓援、田凯专门考察了社会福利与社会保障的界定与关系。他们追踪两个概念的词源词义、发展规律、社会功能，认为社会保障有较为清楚的界定，主要指国家为居民提供的收入保障，社会福利的含义则宽泛含糊，且在不同国家与不同时期具有不同内容。广义社会福利指国家和社会为促进社会福利状态所做的制度安排，社会保障也在其中。从国际使用惯例来看，社会保障为小概念，社会福利为大概念。他们认为，我国要进一步提高社会福利，不宜再使用狭义社会福利概念，将其局限于社会保障之下，而应采取广义的社会福利概念。②

2. 社会福利与经济发展的关系

市场经济以及市场经济下的社会福利对于我国是陌生的。在这一阶段，国家的市场经济改革集中于城市，集中于社会保障尤其是新型社会保险和社会救助制度的构建，且多围绕国有企业的改革展开。从 1984 年到 20 世纪 90 年代末，围绕国有企业改革，出台了一系列新的社会保障安排，包括 1986 年出台的《国营企业职工待业保险暂行条例》《中华人民共和国企业破产法（试行）》，1991 年出台的《关于企业职工养老保险制度改革的决定》、1993 年出台的《国有企业职工待业保险规定》和《国有企业富余职工安置规定》、1998 年关于印发《企业职工基本养老保险基

---

① 沈洁：《对中国社会福利基础理论的思考》，《华中师范大学学报》（人文社会科学版）1994 年第 2 期。
② 尚晓援：《"社会福利"与"社会保障"再认识》，《中国社会科学》2001 年第 3 期；田凯：《关于社会福利定义及其与社会保障关系的再探讨》，《上海社会科学院学术季刊》2001 年第 1 期。

金实行收支两条线管理暂行规定》的通知、1999 年《失业保险条例》、1999 年《城市居民最低生活保障条例》、1999 年《关于建立基本养老保险省级统筹制度的有关规定》、2000 年《关于完善城镇社会保障体系的试点方案》。这一阶段的保障制度改革都围绕国有企业改革进行，是国有企业改革的配套，具有强烈的辅助色彩。

这样的政策变迁背景下，20 世纪 90 年代学界认为，社会福利应有利于促进经济发展，将其置于经济政策的辅助地位。比如陈良瑾、唐钧的研究，从我国社会福利的价值观出发探讨社会福利与经济发展的关系。他们认为，我国社会福利制度的价值观基础是集体主义，集体主义的一个体现在于识大体、顾大局，社会福利制度的改革要有利于促进经济发展。认为社会福利发展须有物质基础，要以经济发展为前提。当时经济状况下，经济发展应优先于社会福利，在社会福利方面宁可抠得紧一点，也不能放手。[①] 白锡堃探讨了社会福利与市场经济的关系，认为社会福利政策和市场经济可以并存，但是市场经济为主导方面，市场经济效益越高，社会福利需求越小。从这个意义上来看，有效的经济政策便是最好的社会福利政策。社会福利过多、过少均为错误，强调国家干预与市场经济生产的相容性。[②] 陈银娥、杨艳琳在考察西方反福利浪潮的基础上，也支持经济发展优先的观点，认为我国的社会保障制度建设必须注意以不损害经济效率的提高为原则。社会保障既要避免平均主义又要消除两极分化，以防止对劳动者的生产积极性造成负面影响。[③]

以上研究为国家 1980 年至 20 世纪 90 年代围绕经济体制改革开展社会福利建设的实践提供了理论基础。进入 21 世纪，采用回溯视角，成海军等从基础价值理念入手再看我国改革开放前 20 年社会福利改革与经济发展的关系，认为 20 世纪 80 年代和 90 年代经济改革主导社会变迁，社会福利居于辅助地位，社会福利更加重视效率而非公平，目标在于减少经济体制改革所导致的不平等，维护社会稳定而非社会公平。突出体现在社会福利改革多发生在经济体制改革等大的战略部署之后，处于配合

①　陈良瑾、唐钧：《建立有中国特色的社会福利制度》，《学术研究》1992 年第 3 期。
②　白锡堃：《社会市场经济若干问题（二）——社会福利政策》，《国外社会科学》1994 年第 10 期。
③　陈银娥、杨艳琳：《西方反福利思潮及其启示》，《世界经济研究》1996 年第 5 期。

经济体制改革的辅助地位，缺少积极的预防性政策。①

这种将社会福利从属于经济发展的观点在2003年之后得到扭转。改革开放以来至20世纪90年代我国强调效率优先、兼顾公平的改革思路，解放了市场，却忽视了市场的负面效应，导致各种社会问题不断涌现而无保护措施予以应对。认识到这一问题，2003年，我国提出以人为本、统筹经济和社会发展的科学发展观，这意味着国家将更加重视社会公平和社会福利的公平促进功能。与此同时，强调经济和社会发展兼容性的发展型社会福利理论自90年代以来在国际社会的影响增强，也得到不少国内学者的认可并将其应用于中国社会福利与经济发展的分析中，逐渐产生了一些富有意义的成果，将在本章第三部分集中予以回顾。

3. 社会福利社会化中国家和社会的关系

如上所言，这一阶段，国家改革的重点在于适应于市场经济的社会保险尤其是职工保险体系。社会福利获得关注相对较弱。但随着市场经济改革的展开，我国原有社会福利体系也必须做出变革。计划经济阶段，我国社会福利主要包括民政福利、职工福利和农村"五保"。民政福利主要包括民政部门为无依无靠的城镇孤寡老人、孤儿、残疾人等提供的救助支持，职工福利主要为依托国有和集体企业为职工提供的医疗、住房、教育、精神生活需求等支持，以及农村"五保"制度。② 随着城市国有企业改革以及农村公社的解体，职工福利和农村集体福利迅速瓦解，亟须政策回应。自20世纪80年代开始，为了解决单位外特殊服务对象的福利需求、缓解政府的财政压力，民政部门提出社会福利社会办的改革思路。1984年11月，民政部召开了全国城市社会福利事业单位改革整顿工作会议，明确了社会福利社会办的指导思想。90年代，社会福利社会办与转变政府职能和减轻企业负担联系在一起，强调政府和企业的福利责任均要外移。1994年，第十次全国民政会议要求加快社会福利社会化进程，1998年来，在多个城市开展试点。2000年我国出台《关于加快实现社会福利社会化的意见》并举办全国社会福利社会化工作会议。社会福利社会化的主要思路是由国家包办社会福利向社会各方力量共同兴办社会福

---

① 成海军、陈晓丽：《改革开放以来中国社会福利制度的嬗变》，《当代中国史研究》2011年第3期。

② 成海军：《计划经济时期中国社会福利制度的历史考察》，《当代中国史研究》2008年第5期。

利事业的方向发展，把工作对象从过去的弱势群体扩大为全部城市人口。

　　社会福利社会化提出以来，学界对于中国的社会福利体制改革要从一元化走向多元化的混合型模式，国家、集体和个人均应承担社会福利责任的理念迅速达成共识，但三者的责任区分尤其是对于社会福利的政府责任存在不同认识，第一种观点认为，社会福利主要是政府责任，不能主要依靠市场经济，政府应发挥组织、资助、协调、支持作用。第二种观点认为，政府的责任只限于兜底，即对贫困线下的部分人提供救济和援助。第三种观点认为，政府责任主要是在需要的时候调整国民再收入的比例、提高社会福利投入，其他如保险、储蓄的职能交由个体和集体去承担。[①] 除对于政府责任的争议外，对于与政府相对的"社会"的界定模糊。[②] 这些不确定性都影响了社会福利社会化的实施。

　　事实上，社会福利社会化实施过程中，受市场经济影响，实践层面出现了市场化、产业化探索，政策层也对此持鼓励态度。[③] 沈洁对社会福利社会化中的这一倾向及国家角色进行了反思。沈洁认为，社会福利的多元体制发展并不是转嫁国家应该承担的主要经济责任，对社会福利的改革并不宜提倡产业化和市场化，而应该坚持它的福利性和服务性。中国民众对福利的基本需求还没有得到满足，国家应致力于推进向民众提供最基本的福利服务。在此基础上才可以考虑适当地发展市场型的福利以满足多样化的需求。如果社会福利发展过多地受市场经济规律的左右，会偏离社会福利原则，且会使其缺乏连续性和安定性，使社会福利丧失在民众中的信誉。[④]

　　王卓祺、熊跃根等从社会福利社会化的实施条件角度出发，探讨了国家角色应加强而非弱化。[⑤] 他们认为，民政部门提出的"社会办福利"，

　　① 巍巍：《适应市场机制　加大改革力度——中国社会福利体制改革国际研讨会综述》，《中国社会工作》1996 年第 6 期。

　　② 陈树强：《简论政府社会福利角色及政策的转变》，《中国青年社会科学》1996 年第 3 期。

　　③ 本刊编辑部：《社会福利社会化的内涵及其实践原则——全国社会福利社会化座谈会综述》，《中国社会工作》1998 年第 4 期。

　　④ 沈洁：《社会福利问题与中国社会福利改革》，《华中师范大学学报》（人文社会科学版）1996 年第 5 期。

　　⑤ 王卓祺、雅伦·获加：《西方社会政策概念转变及对中国福利制度发展的启示》，《社会学研究》1998 年第 5 期；熊跃根：《论国家、市场与福利之间的关系：西方社会政策理念发展及其反思》，《社会学研究》1999 年第 3 期。

实质是把政治部门与社会分开，并依赖经济部门的市场规律满足福利需求。从长远来看，政社分开有利于培育中国公民社会，进而推动社会权利发展。然而，当前情况是中国的社会部门弱小，没有能力应对社会经济变革中引发的种种问题。基于此，他们认为政府更应该介入社会和经济部门，加强资源再分配、支持社会部门能力发展。

张秀兰、徐月宾基于对社会福利社会化实践效果的考察，认为直至21 世纪，社会福利社会化的成效并不明显，除公民社会组织发育缓慢的原因外，另外一个重要原因是政府角色不到位，特别是投资不足。他们认为，我国 20 世纪 70 年代改革开放以来，恰逢国外西方福利私营化改革普遍展开，国内改革很大程度上受西方改革影响，忽视了中国与国外的国情差异，将市场经济改革中政府职能转变简单理解为政府退出，认为高福利存在种种负效应，市场被认为是无所不能的资源配置形式，导致效率优先、兼顾公平成为中国经济体制和社会福利体制改革的基本原则。政府退缩使我国经济社会发展严重失衡，出现了很多社会问题。对此，他们认为，社会福利社会化不意味着政府的退出。90 年代以来，西方社会福利理论出现重大变化，社会政策和经济发展的兼容性获得更多认可，我国政府应重新认识社会政策对经济社会发展的积极作用，确立政府在社会福利中的主导地位，加强政府自身社会政策能力建设、政府的行为逻辑应从计划型向回应—支持型转变。①

刘继同将中国的社会福利体系与国际变迁比较，考察国家与社会的角色承担及社会福利体系的特征，认为改革开放以来我国由国家承担无限责任转向多元福利，这与欧美国家福利发展趋向相同。但是，中国的社会福利体系服务内容局限于基本生活需要，范围有限，福利对象局限于丧失劳动能力的弱势群体，选择性特征明显；社会福利采用狭义概念，从属于社会保障，说明社会福利体系的重点在于社会救助、社会保险，福利层次偏低，而较高层次教育、住房、卫生和就业服务尚未纳入社会政策范围，与国际社会的发展规律相反。从体系结构看，经济政策和社会政策关系还不平衡，福利制度建设仍居于次要和边缘地位。基于此，

---

① 徐月宾、张秀兰：《中国政府在社会福利中的角色重建》，《中国社会科学》2005 年第 5 期；张秀兰、徐月宾：《我国社会福利社会化的目标及途径探讨》，《江苏社会科学》2006 年第 2 期。

认为国家还应大力发展社会福利事业。[①]

4. 中国社会福利的基础理念与模式探索

除了以上密切结合国家社会福利改革热点的探索，也有一些学者开始了关于中国社会福利基础理念和发展模式的探索。

在社会福利的基础理念上，韩明谟将国外社会福利思想与中国文化相结合，探讨了社会保障或社会福利事业发展的思想基础与模式，提炼出怜恤、责权以及发展观三类思想基础，指出三种思想相互依存、层次递进，对应不同的社会福利模式。认为伴随着市场经济建立，我国应建立具有社会发展观的社会保障和社会福利。这种模式的社会保障和社会福利强调促进人的素质、不断满足人民需要，以及社会保障和社会福利与社会其他方面的协调发展。[②] 这一理论分析，在当时普遍国退民进、强调经济发展的政策情境下，无疑体现出较高程度的前瞻性。

此外，也有学者通过考察国外理论，试图提出新的分析框架。比如周弘的研究介绍了国外社会福利的主要分类和理论框架，进而提出一个基于缴费和支付来考察社会福利的分析框架。这一框架可将社会计划间的关联性更清晰地呈现出来，为社会福利制度分析提供了新的视角。[③]

还有学者试图参考国际社会福利理论，采用国际比较视角，对中国社会福利的模式转型进行归类。比如熊跃根从政府介入程度考察，认为我国的社会福利建设将沿着选择性、残补型模式进行，[④] 他还从国家干预程度、社会结构、文化三个层面比较了中国、日本和韩国的社会福利体制，强调各自有其特殊和差异性，东亚福利体制只能是个笼统的称呼。[⑤]郭伟和、王卓祺等从政府介入的行为特征考察，认为中国的社会福利模式具有工业成就类型（industrial achievement performance）特征，强调职

---

① 刘继同：《国家与社会：社会福利体系结构性变迁规律与制度框架特征》，《社会科学研究》2006 年第 3 期。

② 韩明谟：《社会保障思想的三个层次》，《社会》1994 年第 12 期。

③ 周弘：《分解福利——福利国家研究的角度》，《欧洲研究》1997 年第 4 期；周弘：《社会福利制度的理论框架》，《中国人口科学》2001 年第 4 期。

④ 熊跃根：《论国家、市场与福利之间的关系：西方社会政策理念发展及其反思》，《社会学研究》1999 年第 3 期。

⑤ 熊跃根：《国家力量、社会结构与文化传统——中国、日本和韩国福利范式的理论探索与比较分析》，《江苏社会科学》2007 年第 4 期。

业福利及其背后的工作道德伦理。①

但是，总的来看，鉴于我国社会福利处于变革期，更多学者将视野聚焦到西方社会福利理论和实践经验，通过对西方理论的介绍，提炼可供我国的社会福利发展借鉴的概念和视角。比如彭华民等提出，福利多元主义对于我国的社会福利模式选择具有指导意义。② 刘继同介绍了西方社会福利研究中生活方式与生活质量概念、发展型福利模式，认为中国福利研究也应引入相关视角。③ 钱宁考察了社会福利的基础价值观，认为复合集体主义有利于克服以往价值观的问题，对于中国更有借鉴意义。④

三　社会福利发展期的社会福利理论研究（2007 年以来）

2007 年，党的十七大报告继续坚持科学发展观，提出要加快建设以改善民生为重点的社会建设，实现学有所教、劳有所得、病有所医、老有所养、住有所居，推动和谐社会建设，注重基本公共服务均等化。同年，民政部提出中国社会福利由补缺型向适度普惠型转型，明确了社会福利发展的方向。2017 年，党的十九大提出当前主要矛盾是人民群众日益增长的美好生活需要与不平衡不充分的发展之间的矛盾，在民生改善方面提出要推动幼有所育、学有所教、劳有所得、病有所医、老有所养、住有所居、弱有所扶，进一步扩大了福利保障的范围。

新的发展观念下，我国社会福利进入稳定发展阶段。学界对于社会福利的界定日趋广义，对于社会福利与经济发展、社会政策与经济政策关系的探讨更加深入。此外，伴随国家对于民生和社会福利的关注，学界对于 20 世纪 80 年代以来实施的社会福利社会化以及国家在社会福利中

---

① 郭伟和：《试论影响中国社会福利政策模式变化的若干因素》，《中国青年社会科学》2002 年第 4 期；王卓祺、雅伦·获加：《西方社会政策概念转变及对中国福利制度发展的启示》，《社会学研究》1998 年第 5 期。

② 彭华民、黄叶青：《福利多元主义：福利提供从国家到多元部门的转型》，《南开学报》2006 年第 6 期。

③ 刘继同：《生活方式与生活质量：中国社会福利研究的独特视角》，《华中师范大学学报》（人文社会科学版）2003 年第 2 期。

④ 钱宁：《社会福利中的政治道德问题与集体主义价值观》，《思想战线》2003 年第 4 期。

的责任承担继续进行深入反思，并试图对 2007 年民政部门提出的适度普惠型社会福利进行理论诠释，以及对正在形成的中国特色社会福利模式进行理论探索。

1. 社会福利界定与社会保障的关系

总的来看，学者多认为我国已经具备从小福利迈向大福利所需要的经济条件、思想基础和实践基础。① 学界对于社会福利的界定越来越趋向广义。

田北海在综合考察以往学者的研究基础上，对社会福利和社会保障的界定和关系进行了较为全面的辨析。他将社会福利的界定分为四种类型：第一种是剩余性狭义社会福利观，认为社会福利主要指民政部门提供的针对弱势老人、残疾人、孤儿和优抚对象的收入和服务保障。第二种是制度性狭义社会福利观，与剩余性社会福利观不同，认为福利对象是全体社会成员，但福利层次仅限于社会成员的基本生活。第三种是发展性狭义社会福利观，同样认为福利对象是全体社会成员，但功能更进一步，在于提高社会成员的生活质量。第四种为广义社会福利观，认为社会福利是指国家和社会为提高社会成员的物质和精神生活水平而采取的种种制度或措施。田北海同时对社会保障的界定也做了考察，发现也可从狭义和广义角度予以界定。较为普遍的看法是，认为社会保障是国家和社会以提供物质帮助的方式保障社会成员基本生活，也有较为广义的界定，认为社会保障包含所有具有经济福利性、社会化的国民生活保障系统。狭义的社会福利界定通常认为社会福利从属于社会保障，广义的社会福利界定则认为社会保障是社会福利中的子系统，且处于社会福利体系的较低层次。在比较社会福利与社会保障的词源、发展以及功能基础上，田北海认为应采取广义社会福利概念，包含社会保障，是社会保障发展的目标。田北海进一步将社会福利划分为三个层次，包括生存型如社会保障、发展型如教育和就业福利以及享受型如疗养服务等。②

采用大社会保障概念的学者，在我国社会福利制度不断改革发展的

---

① 景天魁、毕天云：《从小福利迈向大福利：中国特色福利制度的新阶段》，《理论前沿》2009 年第 11 期；丁建定、何二毛：《论中国社会福利制度类型的完善》，《贵州社会科学》2015 年第 6 期。

② 田北海：《社会福利概念辨析——兼论社会福利与社会保障的关系》，《学术界》2008 年第 2 期。

背景下，也倾向采用更加广义的界定。比如郑功成认为，在社会保障体系中的社会福利制度，是由政府主导、关注人民福利需求和生活质量、以社会化方式提供的服务和津贴。包括针对特殊人群如老年人、妇女、儿童、残疾人的福利以及教育和住房福利。这相比传统社会保障下狭义社会福利的界定已经扩大了很多。他也认为，随着经济发展和物质充裕水平的提高，社会福利需求满足的重要性日益提高，当前已经进入需要加大社会福利发展的时期，其发展战略应从照顾弱者转向普惠全民，并对未来发展提出"三步走"战略，从 2011 年到 2019 年，分三个阶段建成中国特色福利社会。[①]

如此来看，社会福利应取广义还是狭义在学术研究领域不再成为争议焦点。在此基础上，学界对于社会福利与社会保障关系的辨析，也不再止于社会福利与社会保障的学术界定，开始探讨社会福利与社会保障制度的关系，并试图推进官方界定和官方话语体系的转变，但这显然并非易事。推进派比如刘继同认为，改革开放 40 年来，我国的发展理念和战略发生重要转变，科学发展观和和谐社会发展理念的提出，对社会福利发展提出更高要求。但是，长期以来社会保障制度在政府、学界和社会的认知度更高，政府部门的设置和职能分配也主要围绕社会保障而非社会福利，这种情况下，刘继同提出需尽快统一学界和官方对于社会保障、社会福利的理解，破除部门利益、整合现有社会福利项目等，推动社会保障制度向社会福利制度的战略升级。[②] 坚持现有话语体系的学者则认为，作为学术概念的社会福利，可以基于研究者的不同研究背景予以界定，但现行法规和社会福利的发展均是将社会福利作为社会保障的一部分，因此讨论社会福利制度变革，还需要在现有框架下进行。[③]

2. 中国社会福利与经济发展的关系

2003 年科学发展观提出之后，中国社会福利与经济发展关系的探讨进入新的阶段。经济社会协调发展成为政府和学界关注的焦点。学界再次尝试从国际社会福利变迁和理论研究中汲取营养。从国际社会的社会

---

① 郑功成：《中国社会福利改革与发展战略：从照顾弱者到普惠全民》，《中国人民大学学报》2011 年第 2 期。

② 刘继同：《社会福利制度战略升级与构建中国特色福利社会》，《东岳论丛》2009 年第 1 期。

③ 郑功成：《中国社会福利的现状与发展取向》，《中国人民大学学报》2013 年第 2 期。

福利理念来看，20 世纪 90 年代以来，发展型社会福利的理念逐渐获得更多重视。国内学者也开始对发展型福利进行解读，普遍认为发展型社会福利倡导经济政策与社会政策结合、经济政策社会政策协调发展、重视人力资本的投资、促能福利、资产建设等，[①] 与 21 世纪以来我国政府提出的科学发展观、以人为本、统筹经济社会发展等理念高度吻合。[②]

采用发展型福利视角的学者普遍认为我国应重视社会政策的生产功能，通过加强社会投资，促进人力资本、社会资本积累，进而达致社会福利和经济的协调发展。同时，强调就业是最大的社会保障，社会福利应有利于促进就业和自立。[③]

在认可发展型福利对于中国的借鉴意义的同时，也有学者持更加理性的观点，认为不应夸大社会福利的经济功能，社会投资、责权匹配理念不适用于所有人群，比如对于老弱病残等因生理原因不具备劳动能力的人群。基于此，我国再分配中引入社会投资政策只能是在一定程度上引入，此外还需发展第三次分配也即慈善事业作为补充。[④]

关信平对于在中国实现经济和社会协调发展的条件和对策进行了更深入的讨论。他认为，发展型福利对于促进社会福利和经济发展的协调发展有指导意义，但具体模式需要结合所处情境专门分析。综合各国实践经验，关信平认为社会福利和经济发展的"双赢"在工业和经济发展初期和高级阶段比较容易实现，但是在经济发展中期则往往面临两难困境。中国现阶段正处于这样一个时期，解决方式在于超常规实现从劳动密集型经济向资本技术密集型产业结构转型。这一超常规转型的实现需要社会福利政策积极增加教育、医疗等领域投入，加大人力资本投资，同时注意加强社会保护避免经济转型给部分劳动者和弱势群体带来的

---

① 张秀兰、徐月宾：《发展型社会政策及其对我们的启示》，社会政策国际论坛 2006 年；张伟兵：《发展型社会政策理论与实践——西方社会福利思想的重大转型及其对中国社会政策的启示》，《世界经济与政治论坛》2007 年第 1 期。

② 李建荣：《构建中国发展型社会福利模式》，硕士学位论文，安徽财经大学，2012 年。

③ 张秀兰、徐月宾：《发展型社会政策及其对我们的启示》，社会政策国际论坛 2006 年；张伟兵：《发展型社会政策理论与实践——西方社会福利思想的重大转型及其对中国社会政策的启示》，《世界经济与政治论坛》2007 年第 1 期；何平、李实、王延中：《中国发展型社会福利体系的公共财政支持研究》，《财政研究》2009 年第 6 期。

④ 范斌：《试论社会投资思想及对我国社会福利政策的启示》，《学海》2006 年第 6 期。

损害。[①]

方巍回溯了发展型福利在中国的政策渊源，结合中国情境反思发展型福利理论，提出新发展主义走向。她认为，发展型福利在中国早有体现，比如计划经济时期实施重工业发展战略，社会福利安排呈现出城乡分割、绩效导向的特点，以推进工业化经济发展；改革开放后，中国社会福利的发展主义特征更加明显，集中体现在城镇职工社会保险以及农村推行的开发式扶贫。但是，发展型政策并不能解决贫富差距问题，尤其是老弱病残的福利保障问题。因此，方巍认为发展型社会政策必须与传统消费性和维持性社会政策结合使用，也即新发展主义。这一结论与前述关信平的结论基本一致。方巍提出，我国社会福利政策正在呈现出这一新发展主义取向。[②]

由此可见，学界对于社会福利与经济发展关系的认识渐趋理性和深入。社会政策具有生产型功能，但不是所有社会政策均具有经济促进作用，社会福利的目标也不应该仅仅是促进经济增长；社会福利政策与经济发展应统筹协调，但也有理由保持其独立地位。

3. 对社会福利社会化的继续探讨：国家和社会的关系

2007 年到 21 世纪 10 年代初期，在新的发展观和社会福利发展战略的指导下，学界对于 20 世纪 80 年代以来提出的社会福利社会化战略进一步展开反思，继续探讨国家和社会在社会福利提供上的责任划分。总的来看，学界普遍认为，改革开放初期的社会福利社会化，存在简单效仿西方经验和理解失误的问题，将西方社会福利中政府退出视为普遍经验，将社会化理解为政府不再管。[③] 导致政府缺位与越位并存、第三部门发育迟缓、服务市场化有余而福利性不足及社区力量动员不足等实践困境。[④]基于对社会福利社会化的反思，认为我国福利水平仍然较低，不宜片面地倡导社会福利社会化，政府应加强而不是减少其福利职能。[⑤]

这一阶段，学界对于西方经验的学习更加深入和理性，在此基础上，

---

① 关信平：《新时期我国社会政策建构和发展的若干理论分析》，《江苏社会科学》2010 年第 2 期。

② 方巍：《中国社会福利的新发展主义走向》，《社会科学》2011 年第 1 期。

③ 成海军、陈晓丽：《改革开放以来中国社会福利制度的嬗变》，《当代中国史研究》2011 年第 3 期；韩克庆：《市民社会与中国社会福利体制的构建》，《天津社会科学》2008 年第 1 期。

④ 田北海：《社会福利社会化的困境与出路》，《学习与实践》2008 年第 6 期。

⑤ 赵定东：《"社会福利社会化"的逻辑误差析论》，《理论导刊》2009 年第 6 期。

探寻新背景下我国政府的社会福利责任。潘屹在考察西方发达国家社会福利变迁及国家角色转变的基础上，强调我国应避免西方国家的三个误区，包括对国家福利功能的批判和要求国家责任退出、以削弱国家责任为前提的公民社会建设、在公平竞争旗帜下行福利私有化之实，认为中国的福利建设中必须坚持国家对福利的干预，在学习西方国家有用经验的同时注意探索中国式的福利道路。①

　　研究视角方面，学者多应用西方福利多元主义视角考察我国政府与社会的责任分担，反思社会福利社会化实践，发现问题并指出发展方向。比如采用福利多元主义的视角，韩克庆认为中国的市民社会发育不足，当前的社会福利制度改革中，社会化过度而国家责任不足，然而，在社会福利服务发展中，又存在国家干预过度、社会化不足的情况。② 从福利多元主义视角出发，学者多认为应从多个方面调整国家和社会的关系，包括提倡积极福利政策、强调福利对象的能动性、权利和责任的平衡，福利主体的多元合作、福利决策的民主对话机制等。③ 值得注意的是，也有少数学者从其他理论视角出发，探讨国家和社会的关系。比如在我国《关于修改〈中华人民共和国工会法〉的决定》出台后，郑秉文借鉴西方合作主义理论（corporatism）及其福利模式，考察雇员组织、雇主组织和国家的三方合作机制及其功能发挥，认为这一合作在我国的范围、程度和形式需在未来持续关注。④

　　在国家和社会分别应该承担的责任内容方面，学者从不同的理论视角出发予以探索。杨伟民基于对黄有光和阿马蒂亚·森对福利概念的解释，认为福利的本质是个人有机会实现自己有价值的功能导致的快乐、幸福。但是同时强调，个人对他人的福利、国家和社会对个人的福利都应该承担一定的责任。具体到国家责任，认为国家应该在市场不能满足的刚性需求方面做出努力，并允许、支持和鼓励社会组织应对其他形式多样的、突然或特殊的社会问题与需求。⑤ 采用发展型福利视角的学者认

　　① 潘屹：《国家福利功能的演变及启示》，《东岳论丛》2012 年第 10 期。

　　② 韩克庆：《市民社会与中国社会福利体制的构建》，《天津社会科学》2008 年第 1 期。

　　③ 田北海、钟涨宝：《社会福利社会化的价值理念——福利多元主义的一个四维分析框架》，《探索与争鸣》2009 年第 8 期；彭华民、宋祥秀：《嵌入社会框架的社会福利模式：理论与政策反思》，《社会》2006 年第 6 期。

　　④ 郑秉文：《合作主义：中国福利制度框架的重构》，《经济研究》2002 年第 2 期。

　　⑤ 杨伟民：《论个人福利与国家和社会的责任》，《社会学研究》2008 年第 1 期。

为，应通过社会投资促进经济和社会的协调发展。这一模式下，福利责任多元承担，但政府必须承担主导责任，包括承担社会投资主体责任、加强资金保障、对慈善捐赠、企业社会责任提供税收激励等。① 林闽钢在借鉴西方社会投资理论和积极社会福利理论基础上，结合我国建设服务型政府和推动基本公共服务均等化的努力，认为社会服务作为公共服务的主要内容，其作用将在未来的社会发展中愈加突出，提出建设社会服务国家的愿景，② 并在考察西方经验基础上，指出建设社会服务国家的发展路径。③

也有学者尝试提出新概念探索新背景下我国政府的社会福利责任承担。如关信平提出的新福利国家概念。在考察西方发达国家福利理论以及我国社会实践的基础上，关信平认为我国社会福利社会化过程中存在国家责任过度弱化的问题。今后的政策在强调多元参与的同时，应明确政府的主导地位，建设新福利国家。所谓新福利国家，既要坚持传统福利国家理论强调国家负责为民众提供福利的基本观点，同时修正传统福利国家理论的不足与缺陷，倡导国家主导与社会参与相结合、福利机制与市场机制相结合。④

综上可见，随着学界对于社会福利社会化的反思，对于国家和社会的关系以及国家的责任承担已经达成一定程度共识。在我国发展观和社会福利发展战略转变的大背景下，学界普遍认为政府应承担社会福利发展的主导责任。⑤ 值得强调的是，学界认为国家应加强社会福利责任承担的观点是建立在对现状反思的基础上的，国家的责任承担究竟应该承担到何种程度？总的来看，学界依然多认为从我国经济发展阶段和国家财政承受能力以及加强责权统一、防范个人道德风险的角度，我国政府责

---

① 张伟兵：《发展型社会政策理论与实践——西方社会福利思想的重大转型及其对中国社会政策的启示》，《世界经济与政治论坛》2007年第1期；张秀兰、徐月宾：《发展型社会政策及其对我们的启示》，社会政策国际论坛2006年。

② 林闽钢：《中国社会福利发展战略：从消极走向积极》，《国家行政学院学报》2015年第2期。

③ 林闽钢、梁誉：《社会服务国家：何以可能与何以可为》，《公共行政评论》2016年第5期。

④ 关信平：《新时期我国社会政策建构和发展的若干理论分析》，《江苏社会科学》2010年第2期。

⑤ 成海军、陈晓丽：《改革开放以来中国社会福利制度的嬗变》，《当代中国史研究》2011年第3期；李迎生：《国家、市场与社会政策：中国社会政策发展历程的反思与前瞻》，《社会科学》2012年第9期。

任承担和保障水平应适度，防止形成个人对国家福利的过度依赖。① 这也与政府部门 2007 年提出建立适度普惠型社会福利的目标相符。随着适度普惠型社会福利目标的提出，社会福利理论讨论的焦点逐渐转移到了何谓适度普惠型社会福利，以及中国特色的社会福利模式研究上。

4. 适度普惠型社会福利

2007 年民政部提出中国社会福利转型的目标，即中国社会福利由补缺型向适度普惠型转型。民政部门提出适度普惠型社会福利理念时，是基于狭义社会福利的界定，认为我国的社会福利模式由补缺型向适度普惠型转变，就是使之前针对困难儿童、老人和残疾人的社会福利制度覆盖到全部儿童、老年人和残疾人。② 2008 年 10 月召开的"第三届全国社会福利理论与政策研讨会"上，韩裕民从广义社会福利概念出发，认为适度普惠型福利模式介于补缺型和普遍型福利之间，适度普惠型社会福利体系的形成需要经过初级适度普惠、中级适度普惠和高级适度普惠三个阶段，逐步扩大福利对象，直至普惠全民。③

以后的研究也多采用广义社会福利的视角，考察如何构建适度普惠型社会福利。其中，对于"适度"的诠释成为关键点。多数学者认为，应借鉴需要理论，区分需要的不同层次来使"适度"概念操作化。比如王思斌认为，所谓适度普惠型社会福利，普惠体现于对象为全体国民，适度体现于福利内容为满足基本生活需要且福利水平是适度而非充分满足。④ 彭华民认为，改革开放四十年来国家的社会福利制度是以国家为本，或者说从属于国家政权建设，要建设适度普惠的社会福利，社会福利的目标定位需要从国家为本转型到需要为本。⑤ 具体来说，所谓适度即要适合中国国情，也即社会福利本土化。适度普惠以组合型普惠形式实施，即以普惠型为主、选择型和补缺型为辅的组合式福利体制。如何确

---

① 何平、李实、王延中：《中国发展型社会福利体系的公共财政支持研究》，《财政研究》2009 年第 6 期；樊继达：《发展型社会福利体系建设：对中国式财政的挑战及应对》，《中央财经大学学报》2011 年第 9 期。

② 窦玉沛：《中国社会福利的改革与发展》，《社会福利》2006 年第 10 期。

③ 韩裕民：《适度普惠型福利模式探索：第三届全国社会福利理论与政策研讨会论文集》，http：//shfl. mca. gov. cn/article/llyj/sdphts/200812/20081200024641. shtml？3。

④ 王思斌：《我国适度普惠型社会福利制度的建构》，《北京大学学报》2009 年第 3 期。

⑤ 彭华民：《论需要为本的中国社会福利转型的目标定位》，《南开学报》（哲学社会科学版）2010 年第 4 期。

定具体组合，则应借鉴需要理论。① 景天魁等提出了底线公平社会福利模式支持我国福利发展的适度性，并以底线公平来诠释适度。所谓底线指社会成员基本需要中的基础性需求，包括温饱、基础教育、公共卫生和医疗保障。底线以下部分体现权利的一致性，以上体现权利的差异性，所有公民在底线面前具有同等权利即是底线公平。② 然而，正如彭华民指出的，虽然国际社会对于需要类型的理论研究已经有所积累，然而如何测量社会需要、如何确定所谓的基本生活需要、基础性需求还有待进一步研究。③

李迎生在我国政府提出"基本公共服务均等化"改革目标背景下，从更大范围的公共服务视角出发，提出以整合模式构建我国普惠型社会福利制度。建议确定基本公共服务中哪些为基本社会福利，将其设计为全民共享项目，其他超越基本社会福利的项目可以保持差异。④ 然而，这里同样有如何确定基本社会福利的问题。

丁建定等从纵向发展视角理解适度，认为"普惠"是要建立一种全体国民均能享受的福利模式，"适度"是指中国社会福利的建设具有阶段性。他将社会福利制度区分为四种类型，层次递进，分别代表了中国构建普惠社会福利分阶段发展的重点内容，一为生活性福利制度，主要包括针对弱势群体的住房、健康和安全保障制度；二为发展性福利制度，主要包括教育和职业福利以满足社会成员的发展需要；三为幸福性福利制度，包括文化康乐、居住环境和养老服务等满足社会成员享受需要的制度。这一分类和阶段划分进一步明确了我国普惠型社会福利的发展路径。⑤

总的来看，学界关于适度普惠型社会福利的探讨有了一定积累，对于适度的解读体现出一定共识，包括我国惠及全民的社会福利应采取分需要类型、分阶段逐步扩面，福利水平应保持适度。然而，这里仍有众多关键问题需要进一步研究，比如如何测量和区分需要、如何确定适度水平。

---

① 彭华民：《中国政府社会福利责任：理论范式演变与制度转型创新》，《天津社会科学》2012 年第 6 期。

② 景天魁、毕天云：《论底线公平福利模式》，《社会科学战线》2011 年第 5 期。

③ 彭华民：《论需要为本的中国社会福利转型的目标定位》，《南开学报》（哲学社会科学版）2010 年第 4 期。

④ 李迎生：《中国普惠型社会福利制度的模式选择》，《中国人民大学学报》2014 年第 5 期。

⑤ 丁建定、何二毛：《论中国社会福利制度类型的完善》，《贵州社会科学》2015 年第 6 期。

5. 中国社会福利的特色与本土理论开发

近年来，随着社会福利事业的发展，发展中国特色社会福利的提法日益普遍。然而，何为中国特色的社会福利，或者说中国社会福利发展的特色是什么，却较少有人专门讨论。当前关注此议题的学者多试图从中国传统福利思想研究中寻找中国特色社会福利的基础。[①] 比如毕天云认为，应提倡建设中国特色的福利文化，包括观念和规范层面的福利文化建设，[②] 并对中国传统福文化、墨子社会福利思想的现代意义进行解读。[③] 高和荣、赵春雷探讨"义"的社会福利内涵和功能，认为其具有西方现代社会福利制度不具有的优点。[④] 周幼平、唐兴霖在反思中国情境下对福利多元理论的应用时，强调中国独特的情义文化和情义文化驱动的施报机制，认为应用西方理论时，应注意中西社会结构和历史文化差异，从实践出发，建立契合中国社会的本土化分析框架。[⑤]

此外，随着社会福利研究的深入，学界已经不满足借用西方社会福利理论，有学者开始探索发展本土理论，这也为挖掘中国社会福利的特色提供了新的可能。比如景天魁等提出了底线公平的概念和社会福利模式，认为底线公平模式可为建设适合中国国情、具有中国特色的社会福利模式提供理论基础。[⑥] 这一模式对于我国在当前社会经济条件下如何贯彻社会公平，以及厘清各方社会福利责任，具有实际指导意义，在理论界获得一定支持。[⑦] 但也有观点认为，底线公平理论在其提出之时有利于扭转政府相对忽视社会公平的局面，有重大积极意义，但是随着我国社会福利的扩展，这一概念可能会成为政府仅维护低水平公平的理论支撑，

① 曾瑞明：《中国传统福利思想研究：主要议题、学术特点和当代价值》，《社会保障评论》2017 年第 4 期。

② 毕天云：《论建设中国特色的福利文化》，《学习与实践》2009 年第 4 期。

③ 毕天云：《五福：中华民族的传统福利理想》，《云南师范大学学报》（哲学社会科学版）2017 年第 1 期；毕天云：《利民谨厚：墨子的社会福利思想探析》，《山东社会科学》2018 年第 2 期。

④ 高和荣、赵春雷：《论"义"的社会福利内涵及功能》，《山东社会科学》2017 年第 5 期。

⑤ 周幼平、唐兴霖：《中国情境下福利多元理论的反思》，《学术研究》2012 年第 11 期。

⑥ 景天魁、毕天云：《中国特色的福利社会——建设具有中国特色的福利社会》，《人民论坛》2009 年第 20 期。

⑦ 邓智平：《基本公共服务均等化：中国特色福利社会模式》，《山西财经大学学报》2012 年第 3 期；高和荣：《中国社会福利体系责任结构的顶层设计》，《吉林大学社会科学学报》2012 年第 2 期。

因此需在未来进一步更新和发展。①

此外，李迎生、方舒讨论了我国社会政策改革创新的理论基础问题，尝试寻找发展本土理论的方向。他们认为，马克思主义是中国共产党和中国特色社会主义事业的指导思想。马克思社会福利思想对西方社会福利理论存在较大影响，且对西方社会福利问题具有较好解释力。学界应借鉴西方社会福利理论中的有益成分，以马克思主义为指导，构建本土社会福利基础理论。②

四　总结与展望

改革开放四十年来，我国的社会福利制度改革创新取得了巨大进展，社会福利研究也呈现出显著进步。在与我国社会福利制度改革密切相关的重要议题上，比如本章所讨论的社会福利的界定、社会福利与经济发展的关系、社会福利建设中国家与社会的关系、中国社会福利发展的理念与模式方面，均产生了一定理论研究成果。学界对于社会福利界定的看法逐渐趋同、日渐清晰，关于社会福利与经济发展的关系的看法也更加客观理性。然而，对于后两个主题，包括社会福利建设中国家和社会的关系以及中国社会福利的发展模式，仍然有诸多关键点有待继续研讨。已有学者指出，国家与社会的关系是社会福利理论的最核心议题，这一问题的核心又在于人的需要满足程度和生活质量。③ 关于这一议题在我国的答案，适度普惠型社会福利的发展目标给出了大体方向。然而，关于何为适度普惠、如何实现普惠、国家和社会责任分担的程度和标准等，需要后续理论研究持续关注。

此外，以上对我国社会福利理论在本章所关注核心议题上进展的梳理，也揭示出我国的社会福利理论研究，与我国社会福利制度改革实践类似，很大程度上受到国外社会福利理论研究的概念体系和思潮的影响。

① 关信平：《新时期我国社会政策建构和发展的若干理论分析》，《江苏社会科学》2010年第2期。

② 李迎生、方舒：《中国社会政策改革创新的理论基础》，《人文杂志》2014年第6期。

③ 刘继同：《国家、社会与市场关系：欧美国家福利理论建构与核心争议议题》，《社会科学研究》2018年第4期。

可以看到，学界的很多研究均是在借鉴国外社会福利理论的概念和框架的基础上，将其应用于中国的社会福利研究。基于本土经验的理论研究还较缺乏。20 世纪 90 年代中期，韩明谟提出的怜恤、责权以及发展观的社会福利思想基础可视为较早期的探索之一。[①] 近年来，关于中国特色社会福利理论的研究，比如景天魁提出的底线公平社会福利发展模式、李迎生提出的挖掘马克思主义福利思想的思路，还有众多学者对于中国传统福利思想的研究，表明更多学者开始试图挖掘社会福利的中国特色或者说为建构本土理论体系做出努力。

应该说，借鉴国外的社会福利理论具有积极意义，有利于我国社会福利学者迅速了解国际社会福利研究理念、方法和成果，形成与国际研究接轨和对话的基础，这一点在我国社会福利理论研究的恢复和初步发展阶段，显得尤其重要。然而，进入 21 世纪，尤其是 2003 年之后，科学发展观、基本公共服务均等化、国家应致力于满足人民对美好生活的向往等提法，均表明我国的发展理念已经发生重大转变；构建适度普惠型社会福利目标的提出，更是明确显示出国家积极介入社会福利的决心。新的发展理念下，社会福利已经取得了重要进展，并且各地社会福利的探索实践将不断深入，今后社会福利将发挥越来越大的作用。这一情况对学界提出中国本土社会福利理论提出了更加紧迫的要求，也为发展本土理论提供了土壤和丰富素材。笔者认为，本土理论的发展需要我们更加关注社会福利实践。以往理论研究多应用二手资料，采用历史或比较研究的视角，对中国经济社会发展的总体状况、社会福利发展的基本理念、价值观、责任分配和各主体关系等进行讨论。缺少应用实证研究方法，结合实证资料而生发出来的理论成果。笔者认为，在我国社会福利改革日渐深入的今天，很多社会福利理论中的关键问题需要注入现阶段中国实践中所体现出的具体内容、形态来讨论，包括社会福利实践中的理念、价值观、各方责任分配、发展模式等，均可能通过结合更多实证资料来回答或进一步廓清，这将成为丰富和深化我国社会福利理论研究、培育本土理论的重要路径。其成果不仅具有更大政策指导意义，也将有助于揭示中国社会福利模式的特色，并提升我国社会福利研究的国际影响力。

---

① 韩明谟：《社会保障思想的三个层次》，《社会》1994 年第 12 期。

第八章　农村扶贫开发与社会救助研究

改革开放四十年来，农村贫困以及反贫困政策一直是学界关注的重要领域。对于农村扶贫开发和社会救助问题的研究，随着我国农村贫困状况的变化、随着农村反贫困政策体系的不断调整、随着理论界和政策界对贫困问题理解的发展，而不断深入。

从实践中来看，针对农村地区存在的贫困现象和贫困问题，在计划经济时代社会救济事业的基础上，我们国家建立起来的反贫困政策体系包括侧重于贫困地区整体发展的扶贫开发战略和针对贫困个体的社会救助政策。在这两类政策的共同作用下，农村贫困地区和贫困人口的基本生活得到有效保证，农村地区贫困发生率极大降低，缓贫和减贫的效果明显。通常来讲，学界以扶贫开发工作方式的几次重大转变为节点，将我国反贫困政策的发展划分为以下五个阶段[①]：体制改革推动脱贫阶段（1978—1985 年）、区域扶贫开发阶段（1985—1993 年）、"八七"扶贫攻坚阶段（1994—2000 年）、整村推进扶贫阶段（2001—2012 年）、精准扶贫阶段（2013 年以后）。在这几个阶段，农村扶贫开发和社会救助政策实践表现出不同的特征。

对应政策实践在不同阶段的发展，关于农村扶贫开发和社会救助的学术研究也呈现出阶段性特征。随着时间的推移，农村反贫困政策的研究在不断深入，研究的主题和焦点在逐渐发生转换，方法和观点上也在持续突破和创新，取得较为丰硕的研究成果。反过来，这些研究也有力

---

① 赵慧珠：《走出中国农村反贫困政策的困境》，《文史哲》2007 年第 4 期；林闽钢、陶鹏：《中国贫困治理三十年回顾与前瞻》，《甘肃行政学院学报》2008 年第 6 期；Kun Yan, *Poverty Alleviation in China: A Theoretical and Empirical Study*, Springer, 2016, pp. 40 – 51；贾玉娇：《反贫困的中国道路：1978—2018》，《浙江社会科学》2018 年第 6 期；Yansui Liu, Yuanzhi Guo, Yang Zhou, "Poverty Alleviation in Rural China: Policy Changes, Future Challenges and Policy Implications", *China Agricultural Economic Review*, 2018, Vol. 10, No. 2, pp. 241 – 259。

地推动了我国农村反贫困政策的创新和完善。虽然与政策实践相比，学术研究的时间边界相对模糊，很难对学术研究的阶段做出精确的时间划分，但我们依然可以参照政策实践发展阶段的划分，对研究阶段进行大致的划分：第一个阶段从改革开放到 20 世纪 90 年代初期，学术界开始关注农村反贫困问题，研究主题主要在于贫困区域扶贫开发；第二个阶段是 20 世纪 90 年代中后期，研究主要集中于扶贫开发模式、机制和方法的讨论；第三个阶段是 21 世纪最初的十年，研究的主要问题在于扶贫瞄准单元的调整，以及农村社会安全网建设的讨论；第四个阶段在精准扶贫战略提出之后，研究主题在于精准扶贫战略、扶贫开发与社会救助政策的整合发展。本章尝试通过对每个阶段重要研究文献的梳理，勾勒出农村扶贫和社会救助政策研究轨迹和主要脉络，介绍在不同阶段取得的重要研究进展。

一　区域扶贫开发阶段

改革开放以后，经济体制改革率先在农村取得突破，各种承包责任制在全国大部分地区推行，调动了农户的生产积极性，使农户敢于放手发展生产，劳动致富。[①] 家庭联产承包责任制的普遍实行，带来农村集体经济的解体。20 世纪 80 年代中期，农村贫困问题开始得到关注，开发式扶贫工作模式得以确立。在此阶段，理论界主要解决以下三个问题：为什么要关注和着力解决农村的贫困问题？农村反贫困政策为什么要瞄准区域性贫困？为什么选择开发式扶贫模式？

1. 农村贫困以及扶贫问题得到关注

改革开放以前，在极"左"思想的支配之下，国家经济发展陷入停滞，平均主义盛行，人民生活处于一种"普遍贫困"的状态。这种状态下，人民生活依靠集体组织，极度困难人员由国家和集体予以救济。贫困问题非但没有得到关注，社会中反而充斥着一种以穷为荣的病态，把贫困看作是社会主义的象征。

改革开放后，贫困问题得到关注。一方面，是因为在观念上，确立

---

① 杜润生：《联产承包制和农村合作经济的新发展》，《新华文摘》1983 年第 5 期。

了共同富裕的社会主义原则，把贫困作为要消灭的现象和要解决的问题。邓小平提出"贫穷不是社会主义"的著名论断，共同富裕成为全国上下的一致要求，贫困问题成为所要消灭的对象。在意识上，从"仇富"到"求富"，开始批判那种视富为可恶、贫为可贵的荒谬思想，打破把贫穷与社会主义联系在一起的观念。社会上达成一种共识：共同富裕是社会主义的本质特征，劳动致富是社会主义、共产主义的要求。[1] 在政策上，推行一系列农村经济体制改革举措，建立起按劳分配的原则，鼓励一部分人先富起来。这时，学者们提出，鼓励一部分人先富起来，最终的目的是要实现共同富裕，在一部分社队和社员先富起来的同时，仍有部分社队和社员还处于困难的状态，需要对困难社队给予必要的扶持，对困难社员给予必要的照顾。[2]

另一方面，是因为在现实中，随着改革开放在农村的深入推进，农业生产的活力被释放出来，农村发展中贫富差别的问题逐渐显现出来。家庭联产承包责任制的推行，极大地释放了农村的生产潜力，农民的生活水平得到普遍提高。实行产量责任制、包产到户，是打破贫困队、落后队恶性循环的出路。[3] 劳动致富需要劳动与生产资料相结合才能实现，虽然政策上放开了对追求富裕的限制，但是，由于人们劳动能力和占有生产资料的差异，在富裕程度上就拉开了差距。有学者指出，包产到户以后，贫富差别不是扩大而是缩小。[4] 因为农民生活从普遍贫困走向共同富裕过程中，大家的收入状况普遍得到改善，只是改善的程度不同。早在 1981 年，中国农村发展问题研究组在安徽滁县地区开展的调查，就关注到"双包到户"后农村的贫富差别问题，并指出，若无相应措施，贫富差别有扩大的可能。[5] 改革开放后出现的这种贫富差别，正是开展"扶贫"的必要性所在。

2. 贫困地区经济发展成为反贫困主要途径

20 世纪 80 年代的农村扶贫工作，实现了从扶助贫困户到扶持贫困地

① 远志明、薛德震：《论"富"——党的富民政策断想》，《人民日报》1984 年 8 月 3 日。
② 姜日照：《让一部分社员先富起来》，《红旗》1979 年第 4 期。
③ 吴象：《农业联系产量责任制的三种主要形式》，《新华文摘》1982 年第 12 期。
④ 于祖尧：《农业实行包干户是我国经济体制改革的前奏》，《经济研究》1983 年第 3 期。
⑤ 中国农村发展问题研究组：《农村发展中的几个新问题——"双包到户"后的安徽省滁县地区农村调查》，《中国社会科学》1982 年第 3 期。

区的转变。改革开放初期的扶贫工作，延续了计划经济时期农村社会救济工作，主要关注个体贫困，是对贫困户的救济和扶助。1982 年国家经贸委等部门发布的《关于认真做好扶助农村贫困户工作的通知》就规定，"扶助农村贫困户是党的一项重要政策"，是"农村救济工作的发展"。到1984 年，中共中央、国务院发布《关于帮助贫困地区尽快改变面貌的通知》，政策关注点转向集中了大部分贫困人口的贫困地区，包括山区、少数民族聚居区、革命老根据地和边远地区，提出了要扶持这些地区生产的要求。1985 年，中共中央关于制订"七五"计划的建议，提出要"采取有力的措施，积极扶持老革命根据地、边疆地区和其他贫困地区改变落后面貌"。到 1986 年，国务院贫困地区经济开发领导小组成立，建立起贫困地区经济开发工作的领导机构。在此背景下，学术界的研究重点也转移到贫困地区的经济发展上来，探讨贫困地区的特点和问题，为贫困地区的经济发展出谋划策。

（1）区域性贫困是我国贫困的主要表现

20 世纪 80 年代中期以后，基于我国贫困主要表现为区域性贫困的判断，国家扶贫工作确立以贫困地区经济发展为主的扶贫战略，以区域经济发展带动贫困缓解。朱玲认为，由于各地从农村经济体制改革中的受益程度不同，人民公社解体后，我国贫困主要表现为区域性贫困。区域性贫困的主要特征就是：贫困人口主要聚集在自然环境和资源条件不利的地区，但在同一区域内，农户的贫困程度是相似的。[①] 这种贫困分布的状态，使瞄准区域能够在很大程度上节约政策执行成本，面向贫困地区的扶贫开发政策能够发挥作用。学者们借用发展经济学的"涓滴效应"理论，区域经济的发展自然会带来贫困状况的整体改善，达到一种"大河有水小河满"的效果。在具体瞄准层次上，选择县域作为扶贫工作实施的瞄准区域，设定扶贫开发重点县，并对贫困县的发展进行政策支持，是这种区域贫困瞄准战略的基本举措。[②]

（2）贫困地区的分布及特点

既然确定了扶贫工作主要瞄准贫困地区，那么就需要对贫困地区的

---

① 朱玲：《中国扶贫理论和政策研究评述》，《管理世界》1992 年第 4 期。

② 都阳、蔡昉：《中国农村贫困性质的变化与扶贫战略调整》，《中国农村观察》2005 年第 5 期。

特征进行研究。首先，从分布上来看，我国贫困地区主要分布在山区，而这些地区有时也是少数民族地区、革命老区、边远地区。其次，贫困地区存在一些普遍问题，包括土地贫瘠、自然条件恶劣、农业产出率低，教育落后、人口素质较低，观念落后等。[①] 往往正是这些问题，使得贫困地区经济发展面临诸多障碍。最后，贫困地区发展的制约主要在于资源的匮乏。费孝通先生将贫困地区分为两类：一类是战争、地震等特殊原因造成的灾区；另一类是生产水平低、经济能力差的经济不发达地区，大部分贫困地区属于后者，反映了我国经济发展差距问题。[②]

（3）以解决温饱问题为目标确定贫困标准

反贫困政策的设计和实施，依据人们对贫困发生和分布状况的测量和评估，而对贫困状况进行测量和评估，首先要解决的是贫困标准的问题。贫困标准或者说贫困线是理解贫困的关键，只有确定了明确的贫困标准，才能有效识别贫困人口和非贫困人口，并对贫困发生率、贫困的程度以及贫困的地分布等情况进行准确的把握。早在1981年，农业部把人均集体收入50元和40元作为划分农村贫困的标准。1986年国家统计局农调总队根据6.7万户农村居民进行收支调查，计算出了我国的贫困标准，当时的标准是人均年收入205元。农村贫困标准的计算分为两个部分，一部分是满足最低营养的食物需求，即食物贫困线；另一部分是最低限度的衣食住行等非食物性需求，两者之和就是农村贫困线。[③]《中国农村贫困标准》课题组区分了绝对贫困与相对贫困，绝对贫困也叫生存贫困，是基本生存需求无法维持的状态，相对贫困是比较而言的贫困，是同一时期生活水平最低的那部分人口和地区。他们以基本生存需求来计算农村的绝对贫困标准，即一年中农村人口平均每人为满足基本生存所必需的食品、衣着、住房、交通、燃料、医药、教育、劳务等费用支出之和。使用该方法，他们分别给出了贫困地区（县）和贫困户的标准。[④] 在此阶段，贫困标准的划定，有以下特点：一是贫困标准以解决温饱问题为限度，贫困线较低，且常常以口粮换算。二是设定贫困标准的目的不仅在于识别贫困户，还在于区分贫困地区和贫困县。

---

① 王正理：《贫困地区的特点及发展对策》，《科学·经济·社会》1986年第6期。
② 费孝通：《关于贫困地区的概念、原因及开发途径》，《农业现代化研究》1986年第6期。
③ 王大超：《转型期中国城乡反贫困问题研究》，人民出版社2004年版，第85页。
④ 《中国农村贫困标准》课题组：《中国农村贫困标准研究》，《统计研究》1990年第6期。

因为以贫困区域作为扶贫开发主要工作对象的政策一直延续下来，所以围绕贫困地区（或者某一特殊贫困地区）的脱贫和扶贫问题开展的研究，就一直是我国反贫困政策研究的重要问题点。时至今日，依然有许多以贫困地区为研究对象的研究被发表。

3. 从救济式扶贫到开发式扶贫

（1）"输血"与"造血"的隐喻

"输血"和"造血"这两个医学中常用的词汇，是对开发式和救济式两种扶贫机制的比喻，自 20 世纪 80 年代在扶贫工作的讨论中被引入，[①]这两个词汇就成为反贫困政策研究中最常用的表达。

首先，"输血"与"造血"指代两种不同的反贫困机制。"输血"代表的是救济的机制，通过向贫困者提供钱物，使其能够维持一定水平的生活，而"造血"代表的是扶贫的机制，不同于单纯的社会救济，它力图通过改善困难户的生产条件和个人能力，使其能够积极地参与农副业生产，提高收入。[②] 计划经济体制下，全国上下吃"大锅饭"，群众生活有困难就由国家财政补贴、发救济款，这就是一种"输血"的做法。[③] 20世纪 80 年代中期发展起来的开发式扶贫，代表了我国贫困治理从"输血"向"造血"机制的转变。[④] 计划经济体制下的扶贫采用的是一种"输血"机制，即中央政府将发达地区积累的资金以财政补贴或投资的方式调拨给贫困地区。80 年代中期建立起的开发式扶贫，则立足于建立一种"造血"机制，它让贫困地区和贫困人口能够通过自力更生，获得持续的收入，进而摆脱贫困。

其次，倡导"输血"机制向"造血"机制的转变。从反贫困的角度，"输血"和"造血"的机制各有其发挥作用的空间，针对不同的贫困现象，需要采用不同的应对方案。费孝通认为，对于不同类型的贫困要区

---

① 使用中国知网进行检索，发现在 1985 年的文献中已经有学者使用"输血"和"造血"指代两种扶贫机制。参见王小强、白南风、卢小飞、李东东《把西藏经济的"输血"机制变为"造血"机制》，《经济研究》1985 年第 1 期；李俊杰：《因地制宜寻找脱贫致富之路——100 个贫困户和 100 个脱贫户调查》，《中国民族》1985 年第 10 期；亦木、思忠：《贫困山区经济开发问题初探》，《科技通报》1985 年第 5 期。

② 中国农村发展问题研究组：《农村发展中的几个新问题——"双包到户"后的安徽省滁县地区农村调查》，《中国社会科学》1982 年第 3 期。

③ 杜润生：《在少数民族贫困地区座谈会上的讲话》，《中国民族》1985 年第 10 期。

④ 王思斌：《转型中的中国社会救助制度之发展》，《文史哲》2007 年第 1 期。

别对待，对于天灾人祸造成的贫困，要靠救济，生产发展不起来的地区，要靠投资。[①] 但是，因为救济和援助的方式，容易助长贫困地区地方政府和贫困人口的依赖行为，对于"愚"和"懒"的问题起不到很好的效果，而开发式扶贫更适应贫困地区经济发展的需要，所以，"输血"不如"造血"，要变"输血"机制为"造血"机制，就能得到学术界的普遍认可。比如，厉以宁就曾指出，对于贫困地区而言，经济运行机制比优惠政策更为重要，光靠"输血"甚至是长期"输血"，都无法让他们脱贫致富。所以，当务之急就是在贫困地区建立起内部积累机制，把"漏斗"形的经济改造为"蓄水塘"形。[②]

（2）开发式扶贫的方式方法

如何在贫困地区推进开发式扶贫，推动贫困地区的经济发展？因为面向贫困地区的扶贫开发工作刚刚开始推行，实践中尚在探索对贫困地区扶持的有效途径，理论研究的关注点也在于对当时实施的一些开发式扶贫项目的研究。一是对于资金扶持项目的讨论。资金不足是制约贫困地区发展的一个重要因素。方明和高山提出，对贫困地区的投资，关键不在于资金数量，而在于投资方式，要注意把资金投向生产性投资，培育新的扶持主体，增加资金外的要素投入，并要开展有效组织。[③] 汪玉奇认为，扶贫资金投入要有两个重点方向：扶持农户家庭经济、改善投资环境和生态环境。[④] 沈红注意到扶贫资金分配中"撒胡椒面"的平均主义倾向，这限制了扶贫效果的发挥。[⑤]

二是对于以工代赈项目实施情况的评估。在对贫困地区提供资金扶持以外，以工代赈是 20 世纪 80 年代重要的扶贫开发手段，以工代赈项目以改善贫困地区基础设施和社会服务为目标。朱玲对贵州筑路工程和四川人畜饮水工程两类典型以工代赈项目的分析表明，在贫困地区开展的以工代赈项目，能够在有效改善贫困地区基础设施状况的同时，实现为贫困人口提供短期就业和收入的效果，还为贫困地区人力资本增加创造

---

① 费孝通：《关于贫困地区的概念、原因及开发途径》，《农业现代化研究》1986 年第 6 期。

② 厉以宁：《贫困地区经济与环境的协调发展》，《中国社会科学》1991 年第 4 期。

③ 方明、高山：《关于对贫困地区的资金扶持问题》，《农业经济丛刊》1985 年第 5 期。

④ 汪玉奇：《对国家扶贫资金问题的思考》，《农业经济问题》1986 年第 12 期。

⑤ 沈红：《扶贫开发的方式与质量（续）——甘肃、宁夏两省区扶贫调查分析》，《开发研究》1993 年第 3 期。

条件。①

三是贫困地区的科技发展与科技扶贫。贫困地区的科技文化落后，严重桎梏生产力的发展。② 科技扶贫就是通过向贫困地区输入人才和科技，普及科学文化知识，从而达到提高劳动者素质和科技水平，进而推动脱贫致富的政策。与实物扶贫和资金扶贫相比，科技扶贫的实质是将知识形态的生产力转化为实际生产力，在根本上增强贫困农户的生产能力。③

四是贫困地区的人口发展与计划生育。针对贫困地区存在的人口素质较低的情况，学者们发现，"越穷越生，越生越穷"是贫困的普遍现象和典型特征。④ 贫困地区人口增长没有得到有效控制，增长过快是贫困的重要原因之一。⑤ 所以，扶贫开发应该与计划生育工作结合起来，把控制贫困地区的人口数量和提高人口素质作为改变贫困地区面貌的一个重要途径。

二　扶贫攻坚阶段

1978—1985 年，农村经济体制改革释放的生产活力，带来农村贫困人口的大幅度减少。1986 年以后推行面向贫困地区的开发式扶贫，前期成效显著，到 20 世纪 90 年代初期，脱贫速度减缓。1994 年，国务院颁布《"八七"扶贫攻坚计划》，明确提出要用 7 年的时间，解决 8000 万贫困人口的温饱问题。《"八七"扶贫攻坚计划》的实施，标志着我国政府加大了扶贫开发的力度，农村扶贫工作进入到扶贫攻坚的阶段。与此同时，我们国家开始全面建立社会主义市场经济体制。这一个阶段，农村反贫困政策研究的重要主题就是，在市场化转型的背景下，如何改进扶贫开发工作机制，提高工作效率。

---

① 朱玲：《公共工程对乡村贫困地区经济增长、就业和社会服务的影响——关于 80 年代以工代赈政策实施情况的典型调查》，《经济研究》1990 年第 10 期。

② 杨理健：《论科技扶贫的地位和作用》，《农业现代化研究》1987 年第 6 期。

③ 时正新：《论科技扶贫》，《中国农村经济》1987 年第 2 期。

④ 吴忠：《贫困与反贫困的理论探讨》（上），《开发研究》1991 年第 4 期。

⑤ 周和平：《扶贫与计划生育工作相结合探微》，《农业现代化研究》1987 年第 6 期。

1. 对区域扶贫开发战略的总结与反思

（1）区域扶贫开发战略的特点

一直到扶贫攻坚阶段，我国扶贫工作采取的都是区域扶贫开发战略。经过十多年的政策实践，我国的扶贫开发工作表现出了独特的运行规则，学者们对中国特色的扶贫经验进行了总结。吴国宝认为，这种战略通过促进贫困区域自我发展能力提高和区域经济发展来达到减缓和消除贫困的目标，有以下基本特点：一是以贫困人口集中区域为工作对象；二是强调通过经济增长来减贫；三是通过资源开发实现经济增长；四是重视提高人口素质、改善基础设施和应用科学技术；五是在缺乏基本生存条件的区域，考虑人口迁移和劳务输出。① 脱贫缓贫建立在农村发展的基础之上，加快农村发展和增加农民收入的政策是扶贫战略的基点，扩大农村就业和改善农业是两个有效的措施。② 同时，在这种扶贫战略的政策传递中，县级政府起到承上启下的关键作用，中央和省级政府选择的受援单位是贫困县，县级政府再通过乡村两级干部将资源传递给贫困户。③ 推行这种以区域为基本单位的扶贫战略，是基于贫困人口分布相对集中的现实，能起到更好的反贫困效果，也能在很大程度上降低政府的管理成本。

（2）区域扶贫开发战略的不足及改进

在开发式扶贫战略推行的早期，这种依靠贫困地区经济发展脱贫的战略取得显著效果。到20世纪90年代，我国贫困人口减少的速度明显下降，这个问题得到学界的广泛关注。出现这种情况，一方面在于农村经济增长乏力，农民增收陷入困境，经济增长的"涓滴效应"难以发挥；另一方面，则在于农村扶贫工作中出现的问题，政府的实际扶贫资金投入减少、政府行为变异和扶贫难度增加。④ 学者们也意识到，这不仅仅是扶贫工作开展过程中出现的问题，现有的扶贫开发战略同样值得反思。

学者们发现，这种通过区域经济发展来带动贫困减少的战略存在明显的劣势：排斥非贫困地区的贫困人口以及使贫困地区的非贫困人口受

---

① 吴国宝：《对中国扶贫战略的简评》，《中国农村经济》1996年第8期。
② 刘文璞：《农村发展与扶贫战略》，《中国农村经济》1994年第12期。
③ 朱玲：《中国扶贫理论和政策研究评述》，《管理世界》1992年第4期。
④ 黄季、马恒运、罗泽尔：《中国的扶贫问题和政策》，《改革》1998年第4期。

益。[①] 主要是因为：一是在贫困地区以外存在大量的贫困人口。李实和古斯塔夫森使用相对贫困线对 20 世纪 80 年代末我国贫困分布状况的研究表明，农村贫困发生率高于城市，西部农村的贫困率高于东中部，贫困地区的贫困发生率高于非贫困地区。同时，研究显示非贫困地区同样存在大量贫困人口，这要求国家为这部分人口提供相应的政策支持。[②] 把扶贫资源集中在贫困区域（贫困县）的做法，实际上把非贫困地区的贫困人口排除在政策受益以外。二是扶贫资源分配的效率原则。在扶贫资源的分配过程中，国家和省按照"公平原则"把资金分配给贫困县，大多数情况下，各贫困县却以"效率原则"来分配这些资金和资源。[③] 在基层分配扶贫资源时，往往会将资源分配给那些更具备脱贫能力的人。蔡昉等研究发现，开发式扶贫资金使用的效率导向，使最贫困的那部分人口在获得扶贫开发资源中处于最不利的位置。[④] 三是开发式扶贫容易忽视个体差异。使真正贫困的农户难以获得相应的支持。[⑤] 此外，在扶贫效果评价中，也更加看重贫困县域的经济增长，而非贫困人口的脱贫。[⑥] 这就使得扶贫工作中容易出现扶县不扶户、扶富不扶贫、贫富一起扶持的问题，越是偏远落后的地方，扶持力度越小。[⑦]

这些研究启示，国家应该实施瞄准贫困人口群体的反贫困政策，要把区域发展战略与扶贫到户结合起来。一方面，扶贫瞄准机制要做出调整。扶贫战略目标要经历从推动贫困地区区域发展向满足贫困人口基本需求转变。康晓光等学者提出，反贫困政策应该针对贫困人口而不是贫困地区，国家扶贫工作的直接受益者不再是贫困地区的各级政府，而是贫困地区的贫困人口。[⑧] 扶贫工作的关键就在于能不能扶到贫困乡村、扶

---

① 吴国宝：《对中国扶贫战略的简评》，《中国农村经济》1996 年第 8 期。

② 李实、古斯塔夫森：《八十年代末中国贫困规模和程度的估计》，《中国社会科学》1996 年第 6 期。

③ 康晓光：《90 年代我国的贫困与反贫困问题分析》，《战略与管理》1995 年第 4 期。

④ 蔡昉、陈凡、张车伟：《政府开发式扶贫资金政策与投资效率》，《中国青年政治学院学报》2001 年第 2 期。

⑤ 赵昌文、郭晓鸣：《贫困地区扶贫模式：比较与选择》，《中国农村观察》2000 年第 6 期。

⑥ 余华银：《论我国扶贫战略的误区》，《农业经济问题》1998 年第 9 期。

⑦ 陈俊生：《消除贫困——伟大而艰巨的历史使命》，《求是》1996 年第 19 期。

⑧ 康晓光：《中国贫困与反贫困理论》，广西人民出版社 1995 年版，第 158—160 页。

到贫困户。扶贫应有选择的扶持贫困人群，而不是平均主义的扶贫。[①] 另一方面，要加强农村的社会安全网建设。塞尔登（Selden）的研究表明，虽然中国农村的扶贫政策取得巨大成效，但日益加重的老龄化、人口抚养比的不断增加带来收入差距扩大的风险，农村集体医疗和福利项目的解体，农村社会保障的缺失，最终会拖累经济增长的步伐。[②] 所以，对于农村地区无法被扶贫计划所覆盖以及难以扶持的那部分丧失劳动能力的贫困人群，要建立起完善的社会保障系统，尤其要建立起作为兜底性项目的农村最低生活保障制度。

2. 扶贫工作的模式比较和机制创新

（1）扶贫模式比较

扶贫模式是扶贫主体将生产要素作用于扶贫对象的方式、方法和措施的总称。随着扶贫实践的不断发展，许多地方发展出反贫困的地方性实践，开发出许多行之有效的扶贫机制和方式方法，学者们尝试对这些实践进行总结，并进行模式化。卢淑华比较了救济式扶贫、科技扶贫和"公司＋农户"扶贫三种模式，发现"公司＋农户"是农民摆脱贫困、走向市场的重要途径。[③] 赵昌文和郭晓鸣归纳了开发式扶贫、小额信贷扶贫、异地开发扶贫、对口扶贫、企业扶贫五种扶贫模式。[④] 孙建北通过对内蒙古 20 世纪 90 年代中后期扶贫实践的总结，归纳了项目带动农牧户经济发展、人力资源开发、小流域综合治理、创办扶贫联合体、牧区流动畜群扶贫、产业化扶贫、小额信贷、异地移民开发、对口帮扶、世界银行贷款项目工程十种扶贫模式。[⑤] 贫困现象因时因地而异，要想取得良好的反贫困效果，就需要根据不同地区、不同时期贫困发生的特点，灵活地选择扶贫模式。

（2）扶贫开发的新机制和新方法

围绕扶贫实践的展开，学者们对具体扶贫方式作了专门讨论，除早

---

① 徐德徽：《贫困地区内部经济差异与扶贫效率——对河北内丘县侯家庄乡的实证研究》，《管理世界》1997 年第 2 期。

② Mark Selden, "Poverty Alleviation, Inequality and Welfare in Rural China", *Economic and Political Weekly*, 1999, Vol. 34, No. 45, pp. 3183 –3190.

③ 卢淑华：《科技扶贫社会支持系统的实现：比较扶贫模式的实证研究》，《北京大学学报》（哲学社会科学版）1999 年第 6 期。

④ 赵昌文、郭晓鸣：《贫困地区扶贫模式：比较与选择》，《中国农村观察》2000 年第 6 期。

⑤ 孙建北：《贫困与扶贫》，中共中央党校出版社 2004 年版，第 169—185 页。

期的科技扶贫、以工代赈外，人力资源开发、小额信贷、移民和劳务输出等形式的扶贫，也得到较多关注和讨论。一是扶贫中的人力资源开发问题得到重视。陆杰华认为，在过去的开发式扶贫实践中，过多地强调自然资源条件和经济资源条件，忽略了人力资源条件，未来的扶贫开发必须适时完成从物质资本向人力资本投入的转变，反贫困行动应该树立起长期的人力资源开发战略。[1] 国风也注意到贫困人口中劳动力文化素质低、心理素质差、低龄老龄人口比重高的特点，提高贫困地区人口素质，是彻底消除贫困的治本之举。[2] 由于教育在人力资本投资中的重要作用，教育扶贫问题开始受到关注。二是对小额信贷模式的研究。受孟加拉乡村银行小额信贷成功经验的启发，20世纪90年代中期我国开始尝试推行小额信贷扶贫，小额信贷的实践在国内遍地开花。针对小额信贷，学者们普遍认为通过这种形式的金融创新能够扩展为穷人服务的金融市场，提高穷人的投资能力。[3] 孙天琦则讨论了这种制度引进在中国产生的水土不服的状况。[4] 此外，白南生和卢迈评估了有组织的自愿移民这种扶贫开发模式，发现这种方式能够得到良好的经济社会效果，运作成功的关键除了需要政府的组织投资，还需要农户的积极参与以及保障他们选择的权利。[5]

（3）扶贫主体问题

学者们认为，在扶贫攻坚阶段，需要动员社会各方面的力量支持和帮助贫困地区，除了政府要注入力量，还要动员科研院所、民主党派、社会组织、工商企业参与扶贫，以及开展国际交流与合作。[6] 反贫困是政府的一项基本职责，政府是承担扶贫任务的最主要主体。汪三贵认为，政府应同时实施两类反贫困政策：生活救济和发展援助。[7] 邓国胜、王名对社会组织参与扶贫活动的考察，表明在扶贫开发工作中，社会组织有

---

① 陆杰华：《贫困地区人力资源开发与消除贫困研究》，《人口研究》1998年第1期。

② 国风：《中国农村消除贫困问题分析》，《管理世界》1996年第5期。

③ 汤敏、姚先斌：《孟加拉"乡村银行"的小额信贷扶贫模式》，《改革》1996年第4期；姚先斌、程恩江：《小额信贷的概念、原则及在中国的实践》，《中国农村经济》1998年第4期。

④ 孙天琦：《制度竞争、制度均衡与制度的本土化创新——商洛小额信贷扶贫模式变迁研究》，《经济研究》2001年第6期。

⑤ 白南生、卢迈：《中国农村扶贫开发移民：方法和经验》，《管理世界》2000年第3期。

⑥ 国风：《中国农村消除贫困问题分析》，《管理世界》1996年第5期。

⑦ 汪三贵：《反贫困与政府干预》，《管理世界》1994年第3期。

其独特的优势。① 赵昌文和郭晓鸣讨论了政府支持背景下的农户参与式扶贫，他们将之总结为"政府＋中介组织＋贫困农户"，认为贫困农户参与决策和执行扶贫活动，可以出现激励和约束机制并存、实现良性循环。② 郭沛源和于永达对"光彩模式"的案例研究，表明公司、政府、农户和非政府组织这四类参与者在开展扶贫项目中可以相互合作，发挥各自的优势。③

（4）农村贫困标准的学理讨论

最早划定的农村贫困标准，实际上是基于温饱水平的绝对贫困标准。早期关于农村贫困标准的讨论，通常侧重于操作层面，在接受这种衡量方法的前提下，来测算贫困线，很少对其合理性提出质疑。这种以基本生活需求来测算贫困标准的做法，存在明显的缺陷：一是不同人所需要的热量水平是不同的；二是在同样热量和营养需求下，人们对物品的偏好不一样；三是将消费品转化为具体的收入标准，也存在诸多困难。④ 童星和林闽钢对农村贫困线的设定做出新的尝试，他们认为单一的贫困标准不能准确反映农户生活的层次及差距，给扶贫工作带来不便，他们提出三条直接与贫困相关的界线，分别是特困线（活命线）、温饱线（贫困线）和发展线（脱贫线），以 1991 年为例，三条线分别为 250 元、350 元和 600 元。⑤ 此后，学者们开始尝试使用不同的方法来划定中国的贫困标准和贫困线。

（5）市场化背景下的扶贫开发工作

20 世纪 90 年代，中国经历了计划经济向社会主义市场经济的转型。随着社会主义市场经济体制建立，市场经济条件下的扶贫机制创新问题得到学者们的关注。张铭羽和沈红认为，市场经济体制下，贫困地区将出现分化和不平衡，贫困特征将更加复杂化，扶贫机制必须做与市场经济相适应的调整。⑥ 张新伟提出，要把扶贫投资的政府行为转变为市场行

① 邓国胜：《非营利性机构在人口控制与扶贫中的作用》，《人口研究》1999 年第 6 期；王名：《NGO 及其在扶贫开发中的作用》，《清华大学学报》（哲学社会科学版）2001 年第 1 期。

② 赵昌文、郭晓鸣：《贫困地区扶贫模式：比较与选择》，《中国农村观察》2000 年第 6 期。

③ 郭沛源、于永达：《公私合作实践企业社会责任——以中国光彩事业扶贫项目为案例》，《管理世界》2006 年第 4 期。

④ 邱泽奇、李守经：《中国乡村贫困现实之解释》，《社会学研究》1992 年第 5 期。

⑤ 童星、林闽钢：《我国农村贫困标准线研究》，《中国社会科学》1994 年第 3 期。

⑥ 张铭羽、沈红：《向市场经济体制转轨中的扶贫问题》，《经济研究》1993 年第 12 期。

为，建立新型的市场化反贫困机制。①

三　扶贫开发与社会救助独立运行阶段

进入 21 世纪，我国扶贫开发工作政策做出重要调整，在坚持区域扶贫开发的基础之上，开始推行整村推进扶贫战略，把村庄作为一个基本的扶贫工作开展单元。与此同时，随着中国社会保障制度建设的不断完善，国家开始加强农村的社会安全网建设，建立起覆盖所有农村地区的社会保障体系，尤其是强化针对农村贫困人口的社会救助。在此阶段，农村反贫困政策研究的重要主题包括：农村贫困动态与扶贫政策调整、农村社会救助制度建设的重要意义及途径。

1. 对贫困理解的深化

进入 21 世纪，学界对农村贫困现象的理解不断走向深入，这一方面是因为学者们关于农村贫困的研究日益增加带来的知识积累，另一方面是受到国际贫困研究的影响。在此阶段，关于我国农村贫困的理解，主要取得以下进展：

（1）在绝对贫困以外，增加了对相对贫困的关注

绝对贫困代表人们基本生活需求得不到满足的状况，相对贫困代表的则是处于底层的那部分人口的生活状况，它测量的是财富在不同社会阶层和人群间的分配状况。学者们注意到，中国农村扶贫工作中更关注绝对贫困状况，对相对贫困有所忽视。在贫困测量中，一直使用绝对贫困标准，这个标准较低，如果贫困标准发生变化，会影响到贫困类型结构。张全红和张建华发现，基于不同贫困线衡量的贫困程度相差悬殊，这使反贫困政策的制定和调整变得更为复杂，收入分配恶化已经成为反贫困的巨大障碍。② 陈宗胜等对绝对贫困和相对贫困的对比研究发现，在绝对贫困现象减少的同时，相对贫困状况日趋恶化，绝对贫困标准会随着经济发展水平提高而相应降低，所以有必要在贫困测量中引入相对贫

---

① 张新伟：《扶贫政策低效性与市场化反贫困思路探寻》，《中国农村经济》1999 年第 2 期。
② 张全红、张建华：《中国农村贫困变动：1981 年至 2005 年——基于不同贫困线标准和指数的对比分析》，《统计研究》2010 年第 2 期。

困线。①

（2）在收入贫困以外，引入能力贫困视角

20世纪80年代，阿玛蒂亚·森（Sen）发展出能力贫困的概念，将贫困定义为能力不足而不是收入低下。森的理论被国内学术界广泛接受和传播，能力贫困成为学者们分析中国贫困问题和扶贫政策的一个重要视角。刘爽参照联合国《人类发展报告》中的能力贫困指标，考察了我国西部地区的能力贫困状况。② 方黎明和张秀兰运用能力贫困的理论视角来评估我国开发式扶贫政策的效果，发现这种扶贫模式难以惠及缺乏劳动能力的贫困人口，也难以应对疾病、教育等致贫风险，扶贫政策应该更注重提升贫困风险人群应对风险的能力。③ 胡鞍钢和李春波讨论了收入贫困和人类贫困以外的知识贫困现象，在21世纪，我国面临的知识贫困状况，与收入贫困一样，同样存在严重的地区差异、城乡差异和性别差异。反贫困战略应该由单纯关注收入贫困转向关注知识贫困，提高贫困人口获取、吸收和交流知识的能力。④ 基于能力视角，包括发展教育、开展职业培训等在内的针对贫困人口的人力资本投资，成为反贫困政策的重要举措。⑤

（3）对贫困致因，追求更深层次的解释

贫困是一种长期存在的社会现象，也是一个具有多种面目的社会现象，人们可以从多个角度来分析和解释贫困。因为扶贫开发主要面向地区性贫困问题，在20世纪八九十年代，对农村贫困的分析主要集中于区域贫困而非个体贫困，侧重于对贫困地区存在问题的描述和就事论事的讨论，缺乏理论上的探讨。进入21世纪，开始关注个体层面的贫困致因，并尝试从制度、文化⑥、结构、权利、能力、社会排斥⑦等角度来解释贫困原因。

---

① 陈宗胜、沈扬扬、周云波：《中国农村贫困状况的绝对与相对变动》，《管理世界》2013年第1期。

② 刘爽：《试论消除能力贫困与西部大开发》，《中国人口科学》2001年第5期。

③ 方黎明、张秀兰：《中国农村扶贫的政策效应分析——基于能力贫困理论的考察》，《财经研究》2007年第12期。

④ 胡鞍钢、李春波：《新世纪的新贫困：知识贫困》，《中国社会科学》2001年第3期。

⑤ 赵慧珠：《走出中国农村反贫困政策的困境》，《文史哲》2007年第4期。

⑥ 张德元：《农村的人文贫困与农村的"制度"贫困》，《人文杂志》2002年第1期。

⑦ 银平均：《社会排斥视角下的农村贫困》，博士学位论文，南开大学，2006年。

2. 农村贫困形态的变化和扶贫政策调整

(1) 中国的减贫成就及解释

改革开放以来，中国取得巨大的减贫成就。按照我国官方的统计资料，中国农村贫困人口从 1978 年的 2.5 亿下降到 2007 年的 1478 万，贫困发生率从 30.7% 下降到 1.6%。世界银行以每天 1 美元收入标准计算的贫困人口，从 1981 年的 4.9 亿人，下降到 2004 年的 7600 万，贫困发生率从 59.3% 下降到 8.1%。苗齐和钟甫宁使用农村住户抽样调查数据，从贫困发生率、贫困深度指数和贫困强度指数这三个指标测量了自 1985 年以来我国农村贫困形态的变化，发现贫困人口的数量和比例都大幅下降。[1] 在不同时期，减贫速度有所不同，20 世纪 80 年代早期和 90 年代中期减贫幅度较大，而 90 年代后期开始放缓。[2] 虽然按照不同的贫困标准计算方法，我国贫困减少的程度有所差异，但我国在贫困减少方面取得的巨大成就得到普遍承认。

大规模减贫的成就是如何取得的？学者们主要使用经济增长—收入差距—贫困变动的分析框架来对此做出解释，他们认为，经济增长，尤其是农业和农村经济的持续增长，是大规模减贫的主要推动力量。纳维利（Ravallion）和陈绍华的研究表明，1980—2001 年，农业和农村经济的发展对减少农村贫困和降低不平等都起到非常重要的作用。[3] 有针对性的开发式扶贫对减贫起到补充作用。税费改革、控制通货膨胀以及公共支出都有助于减少贫困。同时，学者们还发现，在经济增长带来减贫的同时，收入不平等的加大部分抵消了经济增长的缓贫效应，强烈的不平等成为农村减贫的一个重要障碍。[4]

(2) 农村贫困形态变化

到 21 世纪，扶贫政策效果有所降低。面向贫困地区的开发式扶贫要想取得良好效果，依赖于两个前提条件：一是贫困人口相对集中，二是

---

① 苗齐、钟甫宁：《中国农村贫困的变化与扶贫政策取向》，《中国农村经济》2006 年第 12 期。

② Xiaolin Wang, Limin Wang, Yan Wang, *The Quality of Growth and Poverty Reduction in China*, Springer, 2014, p.18.

③ Martin Ravallion, Shaohua Chen, "China's (uneven) Progress Against Poverty", *Journal of Development Economics*, 2007, Vol. 82, pp. 1 – 42.

④ Ibid；汪三贵：《在发展中战胜贫困——对中国 30 年大规模减贫经验的总结与评价》，《管理世界》2008 年第 11 期。

贫困人口具备一定的自我发展能力。[①] 20 世纪 80 年代中后期到 90 年代初，由于贫困人口比重大且收入分配不平等程度较低，贫困地区经济增长必然能带来大量贫困人口脱贫。但是，进入 21 世纪以后，大部分尚未脱贫的人口不能满足这两个条件，他们居住相对分散，又有相当数量的人员缺乏劳动能力。从 2001 年开始，国家统计局每年都发布《中国农村贫困监测报告》，对农村贫困状况进行动态追踪。中国农村贫困形态发生重大变化，这表现为贫困人口的分布更加分散。贫困人口的分布从相对集中于国定贫困县区域向更低层次的村级社区集中，贫困村在东部、中部、西部都有所分布。[②] 据估计，在 2000 年，全国仅有 54.3% 的贫困人口生活在贫困县，有相当部分的贫困人口生活在非贫困县，这对扶贫政策瞄准机制产生挑战。[③] 都阳和蔡昉提出，我国的贫困分布逐渐从整体性、区域性贫困过渡到个体性贫困，扶贫政策也要从瞄准区域的政策向瞄准个体的政策转变。[④] 王祖祥等使用《中国统计年鉴》收入分配组数据来估算我国农村的贫困情况，使用几种通用的贫困线来计算贫困强度，发现我国贫困强度都趋于上升，说明我国农村的贫困状况趋于严重。[⑤]

（3）从县域瞄准到整村推进

由于贫困分布状态发生变化，围绕国定贫困县开展的扶贫开发工作已经不能覆盖大部分贫困人口。刘冬梅的研究发现，由于扶贫政策没有随贫困分布状变化及时调整，使扶贫投资的边际收益率下降。[⑥] 在此背景下，要提高农村反贫困政策的效果，就应该调整以贫困县为基本单元开展反贫困工作的做法，将扶贫资源直接瞄准贫困人口。[⑦] 一方面改进扶贫政策和扶贫项目的瞄准方式，让更多贫困人口参与并受益；另一方面完

---

① 徐月宾、刘凤芹、张秀兰：《中国农村反贫困政策的反思——从社会救助向社会保护转变》，《中国社会科学》2007 年第 3 期。

② 李小云、张雪梅、唐丽霞：《当前中国农村的贫困问题》，《中国农业大学学报》2005 年第 4 期。

③ 国家统计局农调队：《中国农村贫困监测报告》，中国统计出版社 2001 年版。

④ 都阳、蔡昉：《中国农村贫困性质的变化与扶贫战略调整》，《中国农村观察》2005 年第 5 期。

⑤ 王祖祥、范传强、何耀：《中国农村贫困评估研究》，《管理世界》2006 年第 3 期。

⑥ 刘冬梅：《中国政府开发式扶贫资金投放效果的实证研究》，《管理世界》2001 年第 6 期。

⑦ 康涛、陈斐：《关于我国农村贫困与反贫困的研究》，《华中农业大学学报》（社会科学版）2002 年第 4 期。

善农村社会保障体系。① 改进扶贫政策瞄准机制的一个重要尝试就是降低扶贫瞄准层次，从县级瞄准转向村级瞄准。进入 21 世纪，扶贫工作从县级瞄准转为村级瞄准，主要目的在于改善扶贫投资项目对贫困人口的覆盖，同时减少对非贫困人口的漏出。但实际上，据汪三贵等的估算，村级瞄准的准确性甚至远低于县级瞄准，尤其是非西部地区和非贫困县在村级瞄准方面不尽如人意。② 瞄准贫困村庄的扶贫项目，虽然明显提高了政府和村庄的财政投资，但是在村庄内部，更贫困农户的收入和消费都没有显著增加，相对富裕农户的收入和消费却增加了 6.1% —9.2%，有更高教育水平的富裕户从这类扶贫项目中获得更多好处。③ 赵曦等讨论了农村反贫困政策的制度障碍，包括决策系统多元、政策扶持主导、参与程度不高、监督机制缺失等问题。④ 苗齐和钟甫宁提出，由于现行扶贫政策有意或无意倾向于贫困程度较轻者，加大了深度贫困群体脱贫的难度。⑤

3. 农村社会安全网建设

计划经济体制下，农村社会保障缺失，承担社会保护功能的主要是救灾救济和形成于人民公社时期的"五保"制度。⑥ 这种局面一直持续到 21 世纪初期，而且由于农村集体经济的解体，既有制度的保障功能不断弱化，济贫、缓贫的功能发挥有限。进入 21 世纪，农村地区陆续建立起新农合、新农保、农村低保等制度，并完成"五保"制度的转型。在农村社会安全网建立的过程中，学者们从农村反贫困的角度对相关问题进行了讨论。

（1）农村社会安全网建设的必要性

从现行扶贫开发政策下的贫困人口漏出问题出发，探讨建立农村社会安全网的必要性。王朝明认为，中国农村扶贫应从单一的开发式扶贫转向开发式与救济式扶贫并举的战略，对于尚未解决温饱问题的丧失劳

---

① 汪三贵：《在发展中战胜贫困——对中国 30 年大规模减贫经验的总结与评价》，《管理世界》2008 年第 11 期。

② 汪三贵、Albert Park、Shubham Chaudhuri、Gaurav Datt：《中国新时期农村扶贫与村级贫困瞄准》，《管理世界》2007 年第 1 期。

③ Albert Park，Sangui Wang，"Community – Based Development and Poverty Alleviation：An E-valuation of China's Poor Village Investment Program"，*Journal of Public Economics*，2010，Vol. 94，pp. 790 – 799.

④ 赵曦、成卓：《中国农村反贫困治理的制度安排》，《贵州社会科学》2008 年第 9 期。

⑤ 苗齐、钟甫宁：《中国农村贫困的变化与扶贫政策取向》，《中国农村经济》2006 年第 12 期。

⑥ 朱玲：《应对极端贫困和边缘化：来自中国农村的经验》，《经济学动态》2011 年第 7 期。

动能力或者因病因残致贫的人口，当务之急就是建立农村社会保障体系。① 应对个体化贫困，要求建立起农村的社会保障网络。② 徐月宾等认为，以开发式扶贫为主的反贫困政策替代农村社会保障，导致农村长期存在大量绝对贫困人口，社会救助对于反贫困发挥作用不理想，农村反贫困要实现从社会救助向社会保护转变，形成一个由普遍性医疗保障制度、普惠型福利、选择性社会救助以及开发式反贫困政策组成的政策体系。③ 林卡和范晓光认为，面对市场化的挑战，政府必须要使用再分配的手段反贫困，这促使各项社会保障制度的发展，并向农村地区扩展。④

（2）探讨建立农村社会安全网的具体途径

关信平指出，建立农村社会救助是建立和完善农村社会保障体系的一个关键环节，他讨论了农村社会救助制度建设的基本目标和原则，提出应该选择农村居民最低生活保障加五保户制度。⑤ 郭明霞则认为，社会救助应该直接面向贫困家庭和人员，并应以救急为主，救贫为辅。⑥ 在具体的政策讨论方面，主要集中在几项重要制度上：一是农村最低生活保障制度。20 世纪 90 年代中期，国家就开始农村居民最低生活保障制度的试点，但全国范围内，农村低保迟迟没有建立起来。建立起农村的社会安全网，构建农村居民最低生活保障制度势在必行。⑦ 在连续多年实施大规模扶贫开发后，农村没有解决温饱问题的贫困人口大多为缺乏正常劳动能力或者基本生存条件的人群，对这部分人群，建立起最低生活保障制度就尤为必要。⑧ 米红等建议要建立统一、科学、精细的低保标准测算

---

① 王朝明：《中国农村 30 年开发式扶贫：政策实践与理论反思》，《贵州财经学院学报》2008 年第 6 期。

② 都阳、蔡昉：《中国农村贫困性质的变化与扶贫战略调整》，《中国农村观察》2005 年第 5 期。

③ 徐月宾、刘凤芹、张秀兰：《中国农村反贫困政策的反思——从社会救助向社会保护转变》，《中国社会科学》2007 年第 3 期。

④ 林卡、范晓光：《贫困和反贫困——对中国贫困类型变迁及反贫困政策的研究》，《社会科学战线》2006 年第 1 期。

⑤ 关信平：《论我国农村社会救助制度的目标、原则及模式选择》，《华东师范大学学报》（哲学社会科学版）2006 年第 6 期。

⑥ 郭明霞：《农村社会救助制度的整合与创新》，《开发研究》2007 年第 1 期。

⑦ 马斌：《积极建立农村居民最低生活保障制度》，《中国农村经济》2002 年第 7 期；杨宜勇、张英、顾严：《构建城乡统筹的最低生活保障体系》，《中国人口科学》2006 年第 6 期。

⑧ 韦伟强：《变扶贫为低保——我国农村救助范式转换》，《实事求是》2008 年第 2 期。

方法，并提出一套基于 ELSE 模型的农村低保标准测算体系。①

二是"五保"供养制度。在农村社会救助的诸多项目中，"五保"供养制度是为数不多的从计划经济时代延续下来的。改革开放以后，农村集体经济的解体破坏了制度的存在基础，"五保"供养制度的转型问题得到学界关注。洪大用等研究发现，农村集体的消解以及"五保"供养制度调整的滞后，使 21 世纪的"五保"供养制度处于困境，必须要对"五保"供养制度做出重大调整，并明确政府应该承担的责任。② 高鉴国和黄智雄考察了"五保"制度演进中国家和社区关系的变化，"五保"制度从国家化社区救助转变为国家化公共救助，体现出国家和社区关系的某种"内卷化分离"。③

三是贫困人口的医疗保障政策。家庭健康状况对农村贫困发生具有显著影响。④ 因病致贫是农村致贫的主要原因，农村贫困人口健康状况形势严峻，所以有必要对农村贫困人口实施医疗救助。⑤ 新农合制度建立以后，该制度的缓贫和减贫效果受到关注。齐良书使用 2003—2006 年 30 个省份的微面板数据对新农合的减贫效应进行评估，发现新农合的减贫效应明显，不仅减轻农户的贫困发生概率，而且能减轻省级贫困发生率。⑥ 方黎明对新农合和农村医疗救助制度的研究表明，这两项制度在一定程度上减轻了农村贫困居民就医的经济负担，但由于实际报销比例较低，灾难性医疗支出仍然较大。⑦

---

① 米红、叶岚：《中国农村最低生活保障标准的模型创新与实证研究》，《浙江社会科学》2010 年第 5 期。

② 洪大用、房莉杰、邱晓庆：《困境与出路：后集体时代农村五保供养工作研究》，《中国人民大学学报》2004 年第 1 期。

③ 高鉴国、黄智雄：《中国农村五保救助制度的特征——兼论国家与社区的关系》，《社会科学》2007 年第 6 期。

④ 罗楚亮：《农村贫困的动态变化》，《经济研究》2010 年第 5 期。

⑤ 房莉杰：《我国城乡贫困人口医疗保障研究》，《人口学刊》2007 年第 2 期；李华、张志元、郭威：《完善我国农村医疗救助制度的思考》，《人口学刊》2009 年第 1 期。

⑥ 齐良书：《新型农村合作医疗的减贫、增收和再分配效果研究》，《数量经济技术经济研究》2011 年第 8 期。

⑦ 方黎明：《新型农村合作医疗和农村医疗救助制度对农村贫困居民就医经济负担的影响》，《中国农村观察》2013 年第 2 期。

四 精准扶贫与反贫困政策整合阶段

党的十八大以后，我们进入全面建成小康社会的新的伟大历史进程。在全面建成小康社会的背景下，中共中央、国务院颁布《关于打赢脱贫攻坚战的决定》，要求在2020年以前实现农村贫困人口脱贫。"精准扶贫"理念提出后，国家把"精准扶贫、精准脱贫"作为扶贫开发的基本方略，相互交叉又独立运行的扶贫开发政策和农村社会救助制度被整合进一个大的反贫困政策框架。在此阶段，反贫困研究主要围绕两个主题展开：一是精准扶贫战略的理念及实现途径；二是农村扶贫和社会救助制度的整合发展。

1. 精准扶贫的理念及实践

（1）精准扶贫的理念和政策内涵

2013年，习近平总书记在湘西考察时提出精准扶贫的理念，中央办公厅颁布的《关于创新机制扎实推进农村扶贫开发工作的意见》把"精准扶贫"作为六项扶贫机制创新之一，国务院扶贫办随后出台《建立精准扶贫工作机制实施方案》，在全国推行精准扶贫工作。

精准扶贫的理念提出以后，迅速成为一个学术热点，学界进行了热烈的讨论，形成了海量的文献。[①] 精准扶贫提出的时代背景、主要内容、工作机制、重点难点以及实现精准扶贫的路径，都得到充分的讨论。汪三贵等认为，"六个精准"是精准扶贫的本质要求，精准扶贫的内容包括贫困户的精准识别和精准帮扶，扶贫对象的动态管理和扶贫效果的精准考核，在精准扶贫工作开展中，精准识别、精准扶持和精准考核是三个困难点。[②] 左停等则认为，精准扶贫反映的是扶贫工作机制从依靠经济增长的"涓滴效应"到注重"靶向性"、直接干预贫困人群，技术层面对应的就是扶贫开发工作中面临的瞄准目标偏离和精英俘获的问题。[③] 葛志军

---

① 使用中国知网，检索标题中包含"精准扶贫"的期刊文章，在2015年、2016年和2017年分别有448篇、2075篇和3170篇。

② 汪三贵、郭子豪：《论中国的精准扶贫》，《贵州社会科学》2015年第5期。

③ 左停、杨雨鑫、钟玲：《精准扶贫：技术靶向、理论解析和现实挑战》，《贵州社会科学》2015年第8期。

和邢成举讨论了精准扶贫在实践中的困境，包括贫困户参与不足，帮扶政策缺乏差异性和灵活性，扶贫工作遭遇上访困扰，扶贫资金有限，驻村扶贫工作队效果较差等。[①] 邓维杰指出精准扶贫在实践中的难点，在于实施中对贫困人口的排斥，要应对这些排斥，需要开展国家和省级的贫困普查，采取自上而下和自下而上相结合的贫困识别和帮扶机制，并通过购买第三方社会服务来协助和监督扶贫过程。[②] 李迎生指出，精准扶贫是一个系统工程，社会政策在其中发挥不可替代的作用。[③] 还有学者在精准扶贫的视角下，讨论了旅游扶贫、教育扶贫、生态扶贫、产业扶贫等具体扶贫工作的实施。

（2）精准识别与瞄准偏差

精准的反贫困政策，必须要能有效地区分贫困人群和非贫困人群，并能准确评估出贫困人群的贫困程度，这依赖于有效的瞄准机制。瞄准机制是贫困人群及其贫困程度的识别方法，如何高效准确地找到应该救助的贫困人口，是制定有效政策的基础。[④] 学者们敏锐地关注到，扶贫政策表现出的"益贫困地区"大于"益贫困户"的特征，并将这一现象的原因归结为扶贫政策实施过程中的瞄准偏差。张伟宾和汪三贵以 21 世纪以来实施的整村推进扶贫项目为例，发现村庄中的富裕户相对受益更多。[⑤] 也有学者称为"精英俘获"，即区域内的精英群体在扶贫项目中受益更多。不仅是在扶贫项目中，在农村最低生活保障项目中，也存在瞄准偏差的现象。朱梦冰和李实使用 2013 年住户调查数据所进行的研究[⑥]、刘凤芹和徐月宾使用入户调查数据的研究[⑦]、韩华为和高琴使用 2012 年

　　① 葛志军、邢成举：《精准扶贫：内涵、实践困境及其原因阐释——基于宁夏银川两个村庄的调查》，《贵州社会科学》2015 年第 2 期。

　　② 邓维杰：《精准扶贫的难点、对策与路径选择》，《农村经济》2014 年第 6 期。

　　③ 李迎生：《推进社会政策与新扶贫攻坚方案的有效衔接》，《甘肃社会科学》2016 年第 4 期。

　　④ 徐月宾、张秀兰：《我国城乡最低生活保障制度若干问题探析》，《东岳论丛》2009 年第 2 期；刘凤芹、徐月宾：《谁在享有公共救助资源？——中国农村低保制度的瞄准效果研究》，《公共管理学报》2016 年第 1 期。

　　⑤ 张伟宾、汪三贵：《扶贫政策、收入分配与中国农村减贫》，《农业经济问题》2013 年第 2 期。

　　⑥ 朱梦冰、李实：《精准扶贫重在精准识别贫困人口》，《中国社会科学》2017 年第 9 期。

　　⑦ 刘凤芹、徐月宾：《谁在享有公共救助资源？——中国农村低保制度的瞄准效果研究》，《公共管理学报》2016 年第 1 期。

中国家庭追踪调查数据的研究①都表明，农村低保的瞄准率很低（漏出率和错保率都高），低保救助资源的发放对象与政策目标人群并不一致。②

从技术的角度，学者们更关注扶贫制度设计中的缺陷和漏洞。朱玲认为，一方面，在扶贫资源竞争中，非贫困群体比贫困群体有更大的发言权；另一方面，出于对项目成功的预期，扶贫机构更倾向于选择易于成功的人群。③邢成举和李小云分析了农村扶贫项目中的"精英俘获"现象的产生机制，包括项目实施的精英偏好、社会分化和村庄内精英角色嬗变、参与式发展的悖论、信息与权力的不均衡、扶贫项目的"门槛效应"等。④贾俊雪等对小额信贷和资本补贴两类农村扶贫项目的实证分析发现，通过融合"自上而下"和"自下而上"两种机制，能够提高扶贫的瞄准率，而增强村级民主，能够更好地发挥这两种机制的融合效果。⑤农村低保对贫困户的识别，并非采用单一的收入标准，而是受到多维度标准的影响。如果使用多维贫困的标准来考察农村低保的瞄准率，相对于收入贫困有较大提高。⑥

王雨磊认为，精准扶贫是技术治理思维的典型应用，国家试图通过建档立卡这种"数字下乡"途径，提高信息能力，实现提高精准度的效果。但是，囿于数字生产体制，数字技术并非基层自发，而是行政干预的结果，使数字悬浮于基层治理结构，也悬浮于基层社会生活。⑦这说明，如果没有政策环境的改善，技术的改进并不一定能够带来更高的精准。仇叶和贺雪峰则寻求"政治"上的解释，农村低保从"底线救助"变异为"高位福利"，出现泛福利化的情况，低保对象突破底线群体、范

---

① 韩华为、高琴：《中国农村低保制度的保护效果研究——来自中国家庭追踪调查的（CFPS）经验证据》，《公共管理学报》2017 年第 2 期。

② 刘凤芹、徐月宾：《谁在享有公共救助资源？——中国农村低保制度的瞄准效果研究》，《公共管理学报》2016 年第 1 期。

③ 朱玲：《应对极端贫困和边缘化：来自中国农村的经验》，《经济学动态》2011 年第 7 期。

④ 邢成举、李小云：《精英俘获与财政扶贫项目目标偏离的研究》，《中国行政管理》2013 年第 9 期。

⑤ 贾俊雪、秦聪、刘勇政：《"自上而下"与"自下而上"融合的政策设计》，《中国社会科学》2017 年第 9 期。

⑥ 朱梦冰、李实：《精准扶贫重在精准识别贫困人口》，《中国社会科学》2017 年第 9 期。

⑦ 王雨磊：《数字下乡：农村精准扶贫中的技术治理》，《社会学研究》2016 年第 6 期。

围过广，低保标准超出底线标准、出现福利捆绑，吸纳了过多的资源。[①]
李棉管认为，对于扶贫过程中"瞄准偏差"的研究，可以归纳为技术、
政治、文化等视角，技术视角将瞄准看作是一个技术难题，政治视角强
调政治氛围、层级分化、基层社会治理等因素对扶贫资源分配的影响，
而文化视角会考察福利污名化的文化差异及其在社会政策中的应用。[②]

（3）多维贫困与全面干预

贫困是一种复杂的生活困难现象，收入低下只是贫困的一种表现。
早期对贫困的测量主要通过收入，以收入来衡量贫困，最大的优势是简
单，但也存在不准确的缺点。[③] 随着对贫困的理解加深，人们发现对贫困
进行单维度测量具有明显的局限性，逐渐发展出多维贫困测量的途径。[④]
随着多维贫困概念在国际贫困研究中的兴起，以阿尔基尔（Alkire）为代
表的学者发展出一套测量多维贫困的方法。国内学者们认为，随着温饱
问题基本解决，社保、教育、医疗卫生等基本公共服务逐渐拉开差距，
也应该采取多维测量的方法。[⑤] 近年来，国内开始使用多维贫困的测量指
标来对我国的贫困状况进行测量，这套测量方法通常包括收入、生活水
平、教育、健康和社会保障等指标。[⑥] 高明、唐丽霞的研究表明，绝大多
数的收入贫困户同时陷入多维贫困，但多维贫困户中大约一半的是非收
入贫困户，虽然收入贫困是多维贫困识别的重要因素，但收入以外的其
他因素同样有重要影响。[⑦] 使用多维贫困的测量方法，同样能够显示出我
国反贫困领域取得的重要进展，但同时也能够发现，地区间、城乡间存
在巨大的差距，农村和欠发达地区的教育剥夺现象尤其值得政策制定者

---

① 仇叶、贺雪峰：《泛福利化：农村低保制度的政策目标偏移及其解释》，《政治学研究》
2017 年第 3 期。

② 李棉管：《技术难题、政治过程与文化结果——"瞄准偏差"的三种研究视角及其对中
国"精准扶贫"的启示》，《社会学研究》2017 年第 1 期。

③ 关信平：《论现阶段我国贫困的复杂性及反贫困行动的长期性》，《社会科学辑刊》2018
年第 1 期。

④ 邹薇、方迎风：《怎样测度贫困：从单维到多维》，《国外社会科学》2012 年第 2 期。

⑤ 郑子青：《贫困测量应当采用多维测度》，《中国社会保障》2013 年第 9 期。

⑥ 王小林、Sabina Alkire：《中国多维贫困测量：估计和政策含义》，《中国农村经济》2009
年第 12 期；Jiantuo Yu，"Multidimensional Poverty in China：Findings Based on the CHNS"，*Social
Indicators Research*，2013，Vol. 112，No. 2，pp. 315 – 336；霍萱、林闽钢：《中国农村家庭多维贫
困识别指标体系研究》，《社会科学战线》2018 年第 3 期。

⑦ 高明、唐丽霞：《多维贫困的精准识别——基于修正的 FGT 多维贫困测量方法》，《经济
评论》2018 年第 2 期。

关注。未来农村扶贫政策需要瞄准贫困农户进行包括教育、医疗、信贷、产业等多维度的全面干预。① 王志章和韩佳丽的研究表明，在扶贫政策精准实施的基础上，政策越是多元化，反贫困的效果就越明显。②

（4）福利治理中的反贫困政策

在"治理"的语境下，学者们展开了对农村扶贫项目和社会救助制度运行机制的讨论。在李迎生等看来，福利治理有两个方面的基本含义③：一是以福利进行治理，把福利作为基层社会治理的手段。在农村低保政策实践中，基层政府往往把低保资格获取与农民的行为联系在一起，低保某种程度上成为基层政权的"治理"手段。福利治理的逻辑正是农村低保目标定位偏差的深层次原因。④ 二是对福利进行治理，实现福利政策目标。这既包括了技术层面的改进，也包括了制度和体制层面的完善。殷浩栋等区分了基层治理中的基于差序格局的价值型关系理性、趋利避害的工具型关系理性和非人格化的科层理性，扶贫项目投资的异化，原因就在于价值型关系理性优于科层理性，而科层理性优于工具型关系理性。⑤

2. 扶贫开发和社会救助政策的整合发展

2007年农村最低生活保障制度在全国范围内建立，使我国农村扶贫开发和社会救助制度交叉重合的问题开始凸显，讨论两项制度的对接有了实践意义。2009年，国家开始推行两项制度衔接的试点。中央提出，在脱贫攻坚中，要坚持扶贫开发与社会保障有效衔接，开展医疗保险和医疗救助脱贫，实行农村最低生活保障兜底脱贫。如何将扶贫开发和社会救助这两类针对农村贫困人口的政策整合进一个反贫困框架，成为学术界关注的热点问题。关于农村扶贫开发和社会救助制度的整合发展的研究，集中在以下方面：

① 张伟宾、汪三贵：《扶贫政策、收入分配与中国农村减贫》，《农业经济问题》2013年第2期。

② 王志章、韩佳丽：《贫困地区多元化精准扶贫政策能够有效减贫吗?》，《中国软科学》2017年第12期。

③ 李迎生、李泉然、袁小平：《福利治理、政策执行与社会政策目标定位——基于N村低保的考察》，《社会学研究》2017年第6期。

④ 同上。

⑤ 殷浩栋、汪三贵、郭子豪：《精准扶贫与基层治理理性——对于A省D县扶贫项目库建设的解构》，《社会学研究》2017年第6期。

（1）农村扶贫开发和社会救助制度整合发展的必要性

在我国农村的反贫困政策中，实际上存在扶贫开发和社会救助两套不同的政策体系，前者侧重于环境建设，为具备劳动能力的贫困农户创造发展条件，后者为无力参与市场活动的贫困农户提供基本生活保障。[①]在长时间内，两类制度都是孤立运行的。王三秀提出，农村最低生活保障制度和扶贫开发的孤立运行，影响到了贫困农村家庭生计的持续改善。[②] 这两类政策，在目标上具有一致性，而在政策对象上存在重叠，在功能上存在交叉和互补，如果保持分割运行的状态，不仅削弱反贫效果，还会造成资金使用分散、管理成本高等问题。[③] 唐钧认为，两项政策各有所长也各有其短，只有进行有效整合才能发挥"1＋1＞2"的整体效应。[④]

（2）农村扶贫开发和社会救助制度整合的问题和困难

农村反贫困政策的整合依赖于一定的条件，而农村扶贫开发和社会救助制度本身的运行特征，可能会成为制度整合的障碍。向德平和刘欣认为，扶贫开发与农村低保制度在反贫困的宏观目标上具有一致性，而在具体的政策概念、价值、对象、性质和目标上又存在一定的差异。两项制度衔接中的突出问题主要表现为政策对象识别和动态管理落实困难、衔接成本高、政策的负向激励与公平性不足等。[⑤] 左停和贺莉对农村扶贫开发和最低生活保障两项制度进行比较，发现两项制度在制度形成路径、执行部门、识别标准、覆盖人群方面都存在不同，交叉覆盖程度不高。[⑥]刘宝臣和韩克庆认为，扶贫开发与社会救助在政策对象、运行机制和政策属性方面都存在不同，扶贫开发政策的未来走向、城乡社会救助的一体化趋势、两条贫困线造成的制度碎片化，都可能成为两项制度整合的

① 贺雪峰：《中国农村反贫困战略中的扶贫政策与社会保障政策》，《武汉大学学报》（哲学社会科学版）2018 年第 5 期。

② 王三秀：《可持续生计视角下我国农村低保与扶贫开发的有机衔接》，《宁夏社会科学》2010 年第 4 期。

③ 乌日图：《脱贫攻坚要处理好"扶"和"救"的关系》，《中国社会保障》2018 年第 4 期。

④ 唐钧：《中国的贫困状况与整合性反贫困策略》，《社会发展研究》2015 年第 2 期。

⑤ 向德平、刘欣：《构建多元化反贫困政策：农村低保与扶贫开发政策的有效衔接》，《社会工作与管理》2014 年第 3 期。

⑥ 左停、贺莉：《制度衔接与整合：农村最低生活保障与扶贫开发两项制度比较研究》，《公共行政评论》2017 年第 3 期。

障碍。[1] 　

（3）农村扶贫开发与社会救助制度整合的措施和途径

因为两项制度各有其优势和运行基础，实现两项制度的整合发展，绝对不是要将两项制度合二为一，而是要在保持各自独立性的基础上实现有效的衔接和配合。其中，农村居民最低生活保障制度作为农村社会救助的主体制度，与精准扶贫工作的有效衔接，是我国当前反贫困战略的重点。[2] 原则上来讲，扶贫开发侧重于农村社会的整体发展，而社会救助侧重于满足贫困人群的基本生活。[3] 具体来说，一是要尽快改变国家扶贫线和最低生活保障线相互分离的情况，将扶贫开发对象和社会救助对象纳入到统一的贫困人口信息库。[4] 二是要加强政府部门之间的沟通、协调和配合，构建制度衔接和资源整合的协商平台。[5] 三是要引导社会力量参与，让社会组织和社会工作者参与到农村反贫困政策的设计、实施、评估和监督之中，针对贫困家庭的不同境况开展个性化的工作。[6]

五　评价和展望

1. 对已有研究的评价

改革开放以来，学界在农村扶贫开发和社会救助方面进行了大量的研究，取得了非常丰硕的研究成果。通过对代表性研究成果的梳理，可以发现，在该领域的研究具有以下特点：

一是反贫困政策实践与理论的相互促进。一方面，对农村反贫困政策的研究紧紧围绕政策实践展开，政策的重大变化往往会成为理论研究

---

① 刘宝臣、韩克庆：《中国反贫困政策的分裂与整合：对社会救助与扶贫开发的思考》，《广东社会科学》2016年第6期。

② 贺雪峰：《中国农村反贫困战略中的扶贫政策与社会保障政策》，《武汉大学学报》（哲学社会科学版）2018年第5期。

③ 刘宝臣、韩克庆：《中国反贫困政策的分裂与整合：对社会救助与扶贫开发的思考》，《广东社会科学》2016年第6期。

④ 林闽钢：《我国农村精准治贫的机理及政策选择》，《中国民政》2016年第5期。

⑤ 左停、贺莉：《制度衔接与整合：农村最低生活保障与扶贫开发两项制度比较研究》，《公共行政评论》2017年第3期。

⑥ 唐钧：《中国的贫困状况与整合性反贫困策略》，《社会发展研究》2015年第2期。

的热点，比如面向贫困地区的扶贫开发政策带动了对区域性贫困的研究、精准扶贫战略实施导致精准扶贫成为理论研究的热点；另一方面，理论研究的深化也推动了政策的变革，比如对农村贫困人口分布状况变化的讨论促使政府加强农村社会救助制度的建设。

二是多学科参与和多种方法的运用。从学科的角度来看，越来越多的学科参与到农村扶贫开发和社会救助领域的研究，最初的研究，主要集中于经济学，使用发展经济学的相关理论探讨贫困地区经济发展问题，到后来，社会学、管理学、人口学、政治学等诸多学科，都参与到该领域的研究之中。众多学科的参与，使研究问题愈加细化和深入，同时，也促使学者们注重方法的创新和理论的提炼，出现了越来越多运用规范的研究方法开展的实证研究。

三是外来理论借鉴和本土化创新相结合。在众多的研究中，既能够发现对国外研究理论的借鉴，比如对"涓滴效应"的运用、能力贫困和多维贫困概念的引入，也能够发现学者们对我国反贫困政策实践的提炼和反思，比如对开发式扶贫战略的反思、对精准扶贫理念的阐释等。这种结合，推动我们对农村贫困问题和反贫困政策的研究由表及里、由浅入深，从描述贫困到理解贫困背后的深层次原因，从讨论政策运行特征到深入探讨政策的运行机制。

2. 研究展望

虽然关于农村贫困问题和反贫困政策的研究取得丰硕的研究成果，这些研究成果让我们更好地理解中国农村的贫困现象，更好地把握农村扶贫开发和社会救助等反贫困政策的方向。但是，现有的研究尚不能向我们提供所有答案。贫困现象不会轻易消失，只要还存在贫困现象和贫困问题，对贫困问题及反贫困政策的研究就将继续下去。未来的研究，可能会在以下几个方面取得突破：

一是"后小康时代"的农村贫困特征和反贫困政策设计。到 2020年，我们国家将全面建成小康社会。如果全面建成小康社会的目标如期实现，那么我国农村的贫困结构和贫困形态将发生巨大改变。在小康社会实现之后，仍然会存在"后小康时代"的贫困问题。[①] 可以预见的情况

① 张翼：《当前中国精准扶贫工作存在的主要问题及改进措施》，《国际经济评论》2016 年第 6 期。

是，在现行贫困标准下，农村贫困人口全部实现脱贫，贫困县全部摘帽，区域性贫困的问题基本解决。在后小康时代，中国贫困分布将发生什么样的变化？是否仍然表现出区域性特征？贫困标准该如何调整？如何准确识别贫困人口？反贫困政策需要做出哪些调整？这些问题，都有继续讨论的必要。

二是乡村振兴背景下的扶贫和脱贫问题。实现乡村振兴既是近期国家所推行的一项重大战略部署，也是全面建成小康社会的一项重要任务。乡村振兴，意味着中国农村在经济、社会、文化、政治、生态环境等多个方面的全面发展和提高，而摆脱贫困是乡村振兴的一个重要内容。如何将农村的反贫困政策整合进乡村振兴战略之中？如何通过乡村振兴战略的实施来推动农村反贫困工作？将是具有强烈实践意义的研究课题。

三是城乡融合发展与城乡反贫困政策的统筹发展。打破城乡界限，实现城乡融合发展，缩小城乡差距，是我国政府所要努力达成的目标。统筹城乡社会保障制度，让城乡居民享受到同样的社会保障权利，是统筹城乡发展的题中之义。农村扶贫开发和社会救助的整合问题已经得到学界关注，随着统筹城乡社会救助制度的推进，扶贫开发与城市社会救助制度的衔接问题也应受到关注。此外，在城乡间流动的贫困人口，可能会漏出在反贫困制度之外，需要研究者给予关注。

四是对长期贫困和贫困代际传递的研究。当前，中国农村中的长期贫困和贫困代际传递的现象已经得到关注。避免贫困居民陷入长期贫困，以及打破贫困的代际循环，无论在理论上还是在实践上，都需要进一步的研究和讨论。教育和医疗的作用已经得到一定的讨论，而仍有进一步研究空间的还有贫困农户在反贫困中的主体性、就业救助在农村反贫困中的作用、服务形式的社会救助的设计和实施。

第九章　社会保障城乡统筹问题研究

伴随中国工业化的进程，城市地区率先建立了社会保障制度。农村地区的社会保障制度在过去很长的一段时期内都发展缓慢，但是近年来发展迅速，社会保障城乡统筹初见成效。不同时期的社会保障体制是与当时的经济改革相适应的。中国的社会保障城乡统筹是采取试点先行的统筹推进原则，并且不同种类的社会保险都有自身的统筹进程。本章将通过介绍"城乡二元"的社会保障体制的成因以及城乡统筹的必要性来展现社会保障统筹的时代背景；然后重点梳理养老保险、医疗保险和最低生活保障在各个发展阶段的政策与研究；此外，本章还关注了城市化和社会保障城乡统筹过程中农民工和失地农民的社会保障问题；最后本章梳理了近二十年来学者们提出的社会保障城乡统筹的制度框架，展望了社会保障城乡一体化的未来发展。

一　城乡二元社会保障体制的成因

1. 城乡分割的社会政策

城乡二元的社会保障体制的建立是为了适应城乡二元经济，中国的户籍制度维系着城乡二元社会结构。在计划经济时期，为适应二元经济，政府配套出台了一系列城乡分割的社会政策，对城市与农村人口也采取了城乡二元的社会保障制度。伴随工业化的进程，城市形成了较为完备的，包括养老、医疗、工伤、失业和生育等社会保险制度在内的社会保障体系；而农村则主要依靠土地、家庭和集体组织的保障。在近二十年的发展中，农村逐步建立了农村居民最低生活保障制度、农村新型合作医疗制度和农村新型社会养老保险制度。在户籍制度下，中国居民被划分为"城市居民"和"农村居民"。严格的户籍制度造成了城乡二元社会保障体制的延续。

2. 政府对农村社会保障缺乏重视

从社会保障财政支出和管理体制上，城乡之间都存在较大的差距。政府在农村和城镇社会保障财政支出方面不均衡，导致城乡社会保障水平差距明显。城市社会保障制度日益完善，但是农村从社会保障项目种类、覆盖面以及保障水平的发展都相对滞后。1991—2001 年，城市人均社会保障支出占人均 GDP 比重平均约为 15%，而农村只有 0.18%。① 2005 年，用于城镇社会保险基金和城市低保的财政支出为 660 亿元，而用于农村救济和农村新型合作医疗合作医疗的财政支出仅为 5.43 亿元。② 在管理体制上，城市社会保障在制度化、规范化和社会化程度有了很大的提高。但是农村社会管理服务能力很弱，没有形成专业化的管理队伍和技术，且职能分散在劳动保障、民政、卫生等部门，处于多头管理状态，相互之间又缺乏协同配合。

3. 农民参保积极性低

农民参保积极性低，一是因为参保意识薄弱，二是因为受到经济条件的限制。在农村地区，由于受到传统社会保障意识的影响，长期以来形成了主要依靠家庭保障和土地保障的模式，因此目前农民参加社会保险的积极性并不高。在传统家庭保障和土地保障作用逐渐弱化的今天，广大农民将面临更大的风险。此外，农民的人均收入还远低于城镇居民。受制于我国政府财力的限制，目前农村大部分社保资金来自农民自筹，而农民整体经济能力有限，社会保险的缴费加重了农民的经济负担。即使是流动到城市的农民工，参保积极性也不高，因为参加城镇职工社会养老保险和医疗保险的准入门槛较高，并且需要稳定的雇佣关系和连续性的缴费。

---

① 杨翠迎：《中国社会保障制度的城乡差异及统筹改革思路》，《浙江大学学报》（人文社会科学版）2004 年第 3 期。

② 何平、汪泽英：《统筹城乡社会保障制度发展的思考》，《劳动保障世界》2010 年第 4 期。

二　社会保障城乡统筹的必要性

1. 经济背景

一个整合的社会保障系统能够降低劳动者在不同工作、不同地区之间转移的成本，促进统一的劳动力市场的形成。[1] 城乡二元的社会保障体制阻碍了城市化的进程和劳动力在城乡的流动，不利于实现城乡之间劳动力资源的优化配置。在经济体持续、大规模的城市化历史进程中，"碎片化"式的社会保障制度会促进社会的两极分化。[2]

城乡一体化的社会保障制度是工业化和城市化的内在要求。工业化是以机器大工业生产取代传统手工生产为特征的。加快农业剩余劳动力转移，推进工业化，在农村土地实现规模经营与现代化，有助于提升农村经济水平。城市化则意味着农村人口不断向城镇转移。根据"十三五"规划纲要，到2020年，全国常住人口城镇化率将达到60%左右，户籍人口城镇化率将达到45%左右，实现1亿左右农业转移人口和其他常住人口在城镇落户。流入城镇的农民工能否在城镇获得社会保障权益、劳动就业岗位和子女受教育权是他们是否融入城市、真正实现城市化的重要标志。[3] 城镇的社会保障系统如果不能吸收农村转移的劳动力，而促使农民工在城乡之间不断流动，会影响工业化和城市化的进程。因此，建立城乡一体化的、覆盖农民工的社会保障制度有利于促进工业化和城市化的进程。

2. 社会背景

城乡一体化的社会保障制度是工业化进程中家庭养老功能弱化和应对人口老龄化挑战的必然要求。在传统的乡土社会中，家族的关系网络成为农民寻求资源和帮助的首选对象。可是伴随工业化的进程，大量农

---

[1]　Arjan M. Lejour and Harrie A. A. Verbon，"Capital Mobility，Wage Bargaining，and Social Insurance Policies in an Economic Union"，*International Tax and Public Finance*，1996，3（4）：495 – 513.

[2]　郑秉文：《改革开放30年中国流动人口社会保障的发展与挑战》，《中国人口科学》2008年第5期。

[3]　张秀兰、徐月宾、方黎明：《改革开放30年：在应急中建立的中国社会保障制度》，《北京师范大学学报》（社会科学版）2009年第2期。

村青年劳动力向城市迁移而老人依旧留在农村，造成农村"空巢"老人的数量急剧增加。此时难以再依靠家族网络提供保障，而需要通过社会保障体系来保障农村居民的基本生活和防范社会风险。据民政部门统计，截至 2016 年年底，我国 60 岁以上的老年人口已达到 2.3 亿，占全国总人口的 16.7%，其中大约 60% 以上的老年人口在农村。① 根据 2009 年年初全国老龄办发布的《农村空巢、类空巢家庭老人状况调查报告》显示，2009 年全国共有农村老年空巢和类空巢家庭 3288 万户，占全国农村老人家庭总户数的 48.9%。2009—2011 年，农村自杀人口占到全国自杀人口的比重达到了 79%。研究发现在流出人口比例高、留守老人比重高、基础设施匮乏、交通条件较差的农村自杀率会更高。② 农村"空巢"老人通常缺乏收入来源，年迈体衰并且承担着繁重的耕种土地的任务，生病后得不到及时的治疗和照顾。③ 社会保障制度应当充分发挥社会安全网的功能，在家庭功能弱化的工业化社会中切实保障好人民的基本生活需求。

3. 政策背景

2002 年，党的十六大首次提出统筹城乡社会经济发展。十六届三中全会提出了指导经济社会建设的科学发展观，强调实现"五个统筹"，统筹城乡发展居于首位。十六届四中全会提出了两个普遍趋向，即"工业化初始阶段，农业支持工业、为工业提供积累是带有普遍性的趋向；工业化达到相当程度以后，工业反哺农业、城市支持农村，实现工业与农业、城市与农村协调发展，也是带有普遍性的趋向"。十六届五中全会提出要实行工业反哺农业、城市支持农村。十六届六中全会做出了"逐步建立覆盖城乡居民的社会保障体系"和"有条件的地方探索建立多种形式的农村养老保险制度"的决策。党的十七大提出加快建立覆盖城乡居民的社会保障体系，保障人民基本生活。十七届三中全会提出中国已经进入以工促农、以城带乡的发展阶段，要消除城乡二元结构。十七届五中全会提出按照城乡一体化的要求改善农村生产生活条件。党的十八大

---

① 全国老龄工作委员会办公室：《农村空巢老人养老问题研究》，2017 年，http：//www.cncaprc. gov. cn/contents/16/83388. html。

② Lydia W. Li, Hongwei Xu, Zhenmei Zhang, et al., "An Ecological Study of Social Fragmentation, Socioeconomic Deprivation, and Suicide in Rural China: 2008 - 2010", *SSM - Population Health*, 2016, 2, 365 - 372.

③ 罗亚玲、蒲晓红：《城镇化进程中我国农村空巢老人养老困境分析——以四川省为例》，两岸四地公共管理与公共政策学术论坛，中国台湾，2013 年。

提出加快完善城乡发展一体化体制，推进城乡公共服务一体化。十八届二中全会提出加大统筹城乡发展力度。[①] 总的来说，统筹城乡的内容经历了由经济领域到经济、社会领域的转变。

4. 社会保障制度的内在要求

社会保障制度的理念是公平、正义、共享，保证社会公平和促进经济发展。社会保障制度是社会经济发展的推进器、实现社会公平的调节器和维护社会安定的稳定器。城乡二元分割的社会保障制度让社会保障待遇与户籍挂钩，不仅没能发挥社会保障制度对收入的再分配功能，反而加大了城乡之间的收入差距。整合的社会保障系统能够减少社会排斥，从而增强社会凝聚力。[②] 农民工为城市建设做出了巨大贡献，但是他们在城市中却无法享受平等的社会保障权利。城乡一体化的社会保障制度能够覆盖更多的人群，可以提升社会保障制度抗风险的能力。

总的来说，最初的社会保障制度所呈现出的城乡分化是为了配合中华人民共和国成立初期的经济改革。从许多工业化国家社会保障的发展历程来看，一般都是先有面向城市劳动者的社会保险制度的诞生，而后经过较长的时期，在工业化、城市化的基础上走向城乡一体化，城市工业已能通过自身的积累来反哺农业而实现农业经营的规模化与机械化以后，才有农村社会保险制度的建立与社会保障制度的城乡一体化。中国的城乡二元社会保障制度虽在工业化起步时期是正常的，但城乡社会保障长期不能实现整合与衔接则是不合理的，不利于实现社会公平、促进经济发展。

三　社会保障城乡统筹的研究与实践

当前农村社会保障体系是以农村新型社会养老保险制度、农村新型合作医疗制度和农村居民最低生活保障制度为主要内容。本节将分别探讨这三种制度在社会保障城乡统筹进程中的发展。在养老保险和医疗保

---

① 丁建定、张尧：《养老保险城乡统筹：有利条件，理性原则与完善对策》，《苏州大学学报》（哲学社会科学版）2014 年第 5 期。

② Daniel Béland, "The Social Exclusion Discourse: Ideas and Policy Change", *Policy & Politics*, 2007, 35 (1): 123 – 139.

险城乡统筹的实践中，中国是采取试点先行的统筹推进原则，因此本节将养老保险和医疗保险城乡统筹进程分为各地区的试点阶段和顶层方案出台后的统筹阶段，并梳理了各个阶段的政策与研究。此外，伴随着城镇化进程的加快，传统的农业社会发生了深刻变化，农民群体已然不是一个"均质"的概念，其自身产生了分化，除了仍以土地为生的农民以外，还有游离于城乡之间的数量庞大的农民工群体、失地农民等，使社会保障的对象复杂化、需求多样化。本节最后将探讨在社会保障城乡统筹进程中农民工与失地农民的社会保障问题。

1. 养老保险城乡统筹

（1）1992—1999 年，建立"老农保"，缩小城乡差异

1992 年民政部下发了《县级农村社会养老保险基本方案》（以下简称老农保）并推动各地展开试点。老农保采取个人缴费为主、集体补助为辅的筹资方法。农村居民均可在 24—240 元自选缴费档次，有条件的村集体适当补助，个人缴费和集体补助全部记入个人账户。1997 年，老农保推行的高峰时期，全国有 2200 多个县级行政区开展这项工作。但平均参保率和个人缴费很少。平均参保率不到 20%，许多人只有 1—2 次缴费记录。再加上政府对老农保没有补贴，也很少有集体补助。由此造成了保障水平很低，多数参保人到 60 周岁后每月领取的养老金仅有几元，有的不到 1 元。由于制度设计的缺陷、地方化管理产生的诸多问题以及政府内部对建立农村社会养老保险仍有不少争议，老农保在 1997 年之后逐渐走向衰退。[①] 1998 年国务院机构改革将农保管理职能划归劳动和社会保障部。1999 年国务院发文要求各地停止办理农保业务。虽然老农保的实践没有成功，但是为后来新农保政策出台提供了有益的借鉴。

农村地区养老保障覆盖面低并不是中国独有的现象。在其他发展中国家，尤其是在低收入的发展中国家，农村经济大多是以家庭农业生产为主。在这些国家中，社会保障项目主要是依靠个人缴费，同样导致了社会保障项目在农村人口中只覆盖了一小部分的群体。[②] 这是由城乡经济

---

① 黄婷：《社会保障城乡统筹发展，地方政策革新与农民社会公民权演进——以基本养老保险制度变迁为例》，《社会保障研究》2017 年第 1 期。

② Roddy McKinnon and Roland Sigg, *The Role and Nature of Noncontributory Social Security in the Design of Social Protection Strategies for Older People in Dcs*, Development Studies Association International Conference, Glasgow, Scotland10 – 12 September, 2003.

发展不平等所引起的。社会保障的覆盖面在撒哈拉以南非洲和南亚的大多地区不足 10%，在东亚的大多地区不足 30%，在南美中等收入国家达到 50%—60%。[1]

在秘鲁关于社会保障缴费的研究中发现，自雇者、农民和低收入群体很少会坚持缴费。在墨西哥和印度尼西亚关于储蓄的研究中发现，这部分群体会有储蓄行为，但是他们会进行短期储蓄而不是长期储蓄，并且他们储蓄的金额很少，并不足以养老。许多学者认为，[2][3][4] 让低收入、农村人口通过缴费的方式参与社会保障来扩大覆盖面是很难实现的，即使政府强制他们加入或者缴费标准很低。因为这部分人群没有参加社会保障的意识，这种现象尤其是在发展中国家普遍存在。

根据 Schwarzer 等的研究，[5] 在巴西的农村老人受益于两种养老制度：农村社会保障制度（Rural Social Security System）和农村社会救助养老金制度（Social Assistance Pension Program）。在农村社会保障制度中，男性老人超过 60 岁、女性老人超过 55 岁可以领取普惠型的养老保险。这个制度最大的贡献是个体缴费不是基于收入，而是要求农产品的初次购买者支付农产品价格的 2.2% 作为社会保障缴费，另外还有 3% 是城镇雇主的缴费。受益者只需要证明他们从事农业劳动达到最低要求年限（2007 年规定的最低工作年限要求是 15 年）。此外，农村老人还可以申请非缴费型的基于资产审查的养老金。农村老人在年满 67 岁之后可以每月获得最低生活保障。1999 年，77% 的巴西老人覆盖在一种及以上的养老金制度下。目前，世界银行、国际劳工组织和联合国开发计划署建议将非缴费

————————

① World Bank, *Averting the Old – Age Crisis*：*Policies to Protect the Old and Promote Growth*, New York：Oxford University Press，1994.

② Estelle James, Coverage under Old Age Security Programs and Protection for the Uninsured – What Are the Issues? In L. Nora（Ed.），*Shielding the Poor*：*Social Protection in the Developing World*, Washington, D. C.：Inter – America Development Bank and Brookings Institution Press，2000，pp. 149 – 174.

③ Larry Willmore， "Universal Pensions for Developing Countries"，*World Development*，35，2007，pp. 24 – 51.

④ Yinan Yang, "John B. Williamson and Ce Shen, Social Security for China's Rural Aged：A Proposal Based on a Universal Non – Contributory Pension"，*International Journal of Social Welfare*，2010，19，No. 2，pp. 236 – 245.

⑤ Helmut Schwarzer and Ana Carolina Querino, *Non – Contributory Pensions in Brazil*：*The Impact on Poverty Reductio*, ESS Papers, No. 11, Geneva, International Labour Organization, 2002.

型的养老金作为养老金系统的一部分，这样有助于解决养老保险的覆盖面问题。[①]

Yang 等认为非缴费型的养老保险计划同样适用于中国农村地区，并且在中国农村地区应该建立普惠型的而不是基于资产审查的非缴费型养老保险计划。第一，资产审查的制度虽然在理论上能够帮助到真正需要的人，但是实证研究却很少能证明这一点。第二，资产审查制度衍生出很多腐败、权力滥用的行为。第三，真正的资产审查需要动用大量的行政资源，这在农村地区是很难实现的。[②]

杨翠迎认为农村养老保险制度应在经济发达的农村地区和经济落后的农村地区采取不同的推行模式。在经济发达地区，应加大地方政府的投资力度，继续推行农村社会养老保险制度，并随着农村劳动力的转移，适时地与城市养老保险制度进行衔接，尤其是在城市化过程中出现的失地农民，可根据农民意愿，将其所交纳的保险费折算成基本养老保险缴费年限，逐渐向城市养老保险制度过渡，在经济发达地区率先实现城乡一体的养老保险制度。在经济落后的地区，不完全具备开展社会养老保险条件的，应采取家庭养老、社区养老和社会养老保险相结合的模式，逐步提高社会化养老的水平，完善落后地区土地制度，强化农村土地保障的功能，同时加强社区养老的文化建设和服务理念，发挥社区养老的补充作用。对于贫困地区的社区养老机构，政府应给予适当的财政投入，增强社区养老机构的养老功能。与此同时，随着贫困地区经济条件的逐渐改善，可以引导和鼓励其适当开展农村社会养老保险，逐步实现与城市社会养老保险衔接，向城乡一体的养老保险制度过渡。[③]

（2）2009—2013 年，建立"新农保"和"城居保"，各地区开展养老保险城乡统筹试点

2009 年，国务院出台了《关于开展新型农村社会养老保险试点的指

---

① Roddy McKinnon and Roland Sigg, *The Role and Nature of Noncontributory Social Security in the Design of Social Protection Strategies for Older People in Dcs*, Development Studies Association International Conference, Glasgow, Scotland10 – 12 September, 2003.

② Yinan Yang, John B. Williamson, Ce Shen, "Social Security for China's Rural Aged: A Proposal Based on a Universal Non – Contributory Pension", *International Journal of Social Welfare*, 2010, 19, No. 2, pp. 236 – 245.

③ 杨翠迎：《中国社会保障制度的城乡差异及统筹改革思路》，《浙江大学学报》（人文社会科学版）2004 年第 3 期。

导意见》（以下简称新农保），标志着我国农村社会养老保险制度进入了试点阶段。2009 年，中国在推行新农保中，将 10% 的县作为试点。《意见》规定，农村居民均可在 100—500 元自选缴费档次。地方政府对参保农民每人每年不少于 30 元的补贴。在待遇支付上，实行基础养老金与个人账户相结合。其中基础养老金由政府直接支付，最低标准为每人每月55 元。个人账户养老金为个人账户储存额除以计发月数（即 139，与城镇职工养老保险相同）。2009 年年底，有 27 个省、自治区的 320 个县和 4个直辖市部分区县列入首批新农保试点。[①] 2011 年年底，有 27 个省、自治区的 1914 个县和 4 个直辖市部分区县开展新农保试点。[②] 预计新农保在 2012 年覆盖面达到 50%，2017 年达到 80%，在 2020 年实现全覆盖。截至 2011 年年底，新农保覆盖了 60% 的县，超过预期。[③] 与老农保相比，新农保的顺利推行离不开政府的财政投入和农民经济能力的提升。2011年，国务院印发了《国务院关于开展城镇居民社会养老保险试点的指导意见》（以下简称城居保），启动城居保试点。2011 年年末全国有 27 个省、自治区的 1902 个县（市、区、旗）和 4 个直辖市部分区县及新疆生产建设兵团开展城居保试点。[④] 城居保主要针对 18 岁到 60 岁处于工作年龄但没有工作的城镇居民，符合参保条件的城镇居民可在 100—1000 元自选缴费档次。2012 年两项制度在全国全面实施，2012 年年末全国所有县级行政区全面开展城乡居民社会养老保险工作。[⑤] 主要论点有：

一是地区间不均衡发展。由于新农保和城居保都是由地方政府执行，造成了地区间的差异。例如，在武汉，新农保每年最低的个人缴费为 100元，最高个人缴费为 1200 元。但是在上海，每年最低的个人缴费为 50元，最高个人缴费为 1300 元。武汉政府对每位参保人每年补贴 30 元，上

---

①　人力资源社会保障部：《2009 年度人力资源和社会保障事业发展统计公报》，http：//www. mohrss. gov. cn/SYrlzyhshbzb/zwgk/szrs/tjgb/201710/t20171031280389. html。

②　人力资源社会保障部：《2011 年度人力资源和社会保障事业发展统计公报》，http：//www. mohrss. gov. cn/SYrlzyhshbzb/zwgk/szrs/tjgb/201206/t20120605_ 69908. html。

③　Richard Herd，"The Evolution of China's Social Policies"，*Economic Change and Restructuring*，2013，46（1）：109 – 141.

④　人力资源社会保障部：《2011 年度人力资源和社会保障事业发展统计公报》，http：//www. mohrss. gov. cn/SYrlzyhshbzb/zwgk/szrs/tjgb/201206/t20120605_ 69908. html。

⑤　人力资源社会保障部：《2012 年度人力资源和社会保障事业发展统计公报》，http：//www. mohrss. gov. cn/SYrlzyhshbzb/zwgk/szrs/tjgb/201306/t20130603_ 104411. html。

海政府对每位参保人每年补贴 200—400 元。[1] 各地区生活水平不同，追求地区间的绝对公平反而降低了制度效率、难以满足当地人民的生活所需。

二是影响新农保的参保因素。不同地区的实证研究表明，新农保的参保情况受到年龄、性别、教育程度、收入水平、对养老保险的了解程度以及健康状况的影响。[2][3][4][5] 但是不同实证研究的结论不一致，例如在有的研究中 45—59 岁的年龄组更有可能参加新农保，在有的研究中 60 岁以上的年龄组更有可能参加新农保。性别与教育程度在有的研究中显著，在另一些研究中不显著。在未来的关于社会保险参保因素的实证研究应当更加注重抽样方式，提升样本的代表性。

三是新农保对农村老人的影响。新农保的建立是为了保障农村老人的基本生活。在新农保出现以前，农村老人在晚年不得不继续从事劳动。有研究表明长时间的繁重工作会损害老人的身体健康和心理健康，以及会阻碍老人的社会交往、增加认知功能衰退的风险。[6] 新农保出现之后，是否会对农村老人晚年参与劳动有所改善？Ning 等（2016）通过检验2011—2013 年两期中国健康与养老追踪调查（CHARLS）的数据发现，参加新农保并没有降低农村老人，包括患有慢性病的老人参与劳动的行为。[7] 另有数据显示，4.6% 的农村老人将社会保障作为主要收入来源，

① Tianhong Chen and John A. Turner, "Fragmentation in Social Security Old - Age Benefit Provision in China", *Journal of Aging & Social Policy*, 2015, 27 (2): 107 - 122.

② 张朝华：《农户参加新农保的意愿及其影响因素——基于广东珠海斗门，茂名茂南的调查》，《农业技术经济》2010 年第 6 期。

③ 张红梅、杨明媚、马强：《现阶段阻碍农村社会养老保险制度发展的影响因素——基于农户参保意愿的实证分析》，《华南农业大学学报》（社会科学版）2009 年第 3 期。

④ 郝金磊、贾金荣：《西部地区农民新农保参与意愿研究》，《西北人口》2011 年第 2 期。

⑤ 穆怀中、闫琳琳：《新型农村养老保险参保决策影响因素研究》，《人口研究》2012 年第 1 期。

⑥ Maria - Victoria Zunzunegui, Beatriz E. Alvarado, Teodoro Del Ser, et al., "Social Networks, Social Integration, and Social Engagement Determine Cognitive Decline in Community - Dwelling Spanish Older Adults", *The Journals of Gerontology Series B: Psychological Sciences and Social Sciences*, 2003, 58 (2): S93 - S100.

⑦ Manxiu Ning, Jinquan Gong, Xuhui Zheng, et al., "Does New Rural Pension Scheme Decrease Elderly Labor Supply?" *Evidence from Charls*, *China Economic Review*, 2016, 41, 315 - 330.

还有 41.2% 的老人为了生活仍在从事劳动。① 造成这种现象的其中一个原因是新农保的保障水平较低。2013 年，城市地区最低生活保障线为 243元，农村地区为 107 元，而城居保与新农保的基础养老金水平仍远低于最低生活保障线。

（3）2014 年至今，建立统一的城乡居民基本养老保险制度的研究与实践

2014 年国务院发布《关于建立统一的城乡居民基本养老保险制度的意见》，将新农保与城居保统一为城乡居民基本养老保险制度，标志着中国养老保险城乡统筹的重大突破，在解决城乡居民养老保险参保机会均等的问题上，再次迈出重要一步。《意见》规定，城乡居民均可在 100—2000 元自选缴费档次，政府匹配补贴 30—60 元。现有的以城镇职工基本养老保险和城乡居民基本养老保险为主养老保险制度受到了流动人口的挑战。为做好不同养老保险制度的衔接，2014 年人社部相继印发《城乡养老保险制度衔接暂行办法》，对企业职工与城乡居民基本养老保险关系转移和待遇衔接做出了规定。流动人口在以往各省的养老保险缴费记录都会随同转移到迁入城市。他们的待遇领取地会根据以往在各省的缴费记录来确定，而不是根据他们退休时实际所在的省来确定。主要论点有：

一是从形式统一到实质统一。城乡居民基本养老保险制度将城乡居民纳入到一个标准统一的框架体系中，但是城市居民和农村居民的缴费能力不同，养老金水平仍然存在较大差异。根据中国老年社会追踪调查（CLASS）显示，2014 年，城镇职工和城市居民的养老保险月收入中位数分别为 2300 元和 1070.9 元，均高于人均月支出，但是农村居民养老保险月收入中位数为 60 元，不足人均月支出的四分之一。② 农村居民养老金水平的提升需要较长的一段时间，它会随着农村经济发展、政府的大力支持、农民参保意识的增强而逐渐提高，从而不断缩小城乡之间养老金水平的差距。

二是养老保险城乡统筹的利与弊。郑功成认为合并城居保与新农保

---

① Tianhong Chen and John A. Turner, "Fragmentation in Social Security Old - Age Benefit Provision in China", *Journal of Aging & Social Policy*, 2015, 27（2）：107 - 22.

② 杜鹏、孙鹃娟、张文娟、王雪辉：《中国老年人的养老需求及家庭和社会养老资源现状——基于 2014 年中国老年社会追踪调查的分析》，《人口研究》2016 年第 6 期。

的有利因素在于它们的筹资机制与基础养老金待遇是一致的，不利因素则是城市居民与农村居民存在职业差异与生活风险差异，农村居民拥有土地更多了一层保障，城乡之间的生活成本也有较大的差异。① Giulietti 等指出整合不同的养老保险制度面临的一个挑战是差异化的雇佣关系，例如，农民和自雇者与城市劳动者不同，把这些不同的社会群体放到一个框架下会降低制度运行效率。② Park 等认为不断增长的灵活就业要求养老金系统变革，养老金制度不需要与全职就业绑定或者依赖雇主的缴费。③

三是实现城乡一体化养老保险制度的途径。王晓东等（2015）认为，城乡一体化的社会养老保险制度主体框架就是要逐步建立起以普惠型国民养老金为基础、以地区性职业养老金为核心的"基础统一、多元多层"的统分结合型养老保险制度。梁宏志（2014）也认为，从日本等国家实现养老保险城乡一体化的经验来看，构建一个共同的基础国民年金制度有利于实现我国养老保险城乡一体化。丁建定等建议为实现养老保险城乡一体化，还应成立统一的养老保障管理机构，建立统一的城乡养老保障综合业务信息管理系统。④

中国的养老保险改革近年来取得令人瞩目的进展，实现了基本养老保险全覆盖和城居保与新农保并轨，但是实现养老保险城乡一体化依旧任重道远。未来可以通过建立统一的国民养老金以及建立城镇职工养老保险与城乡居民养老保险的衔接机制来实现养老保险城乡一体化。

2. 医疗保险城乡统筹

（1）1998—2007 年，建立覆盖不同群体的医疗制度，呈现"三险分立"

1998 年我国开始建立职工基本医疗保险制度，2003 年建立新型农村

---

① 郑功成：《从城乡分割走向城乡一体化（下）：中国社会保障制度变革取向》，《人民论坛》2014 年第 4 期。

② Corrado Giulietti, Guangjie Ning and Klaus F. Zimmermann, "Self-Employment of Rural-to-Urban Migrants in China", *International Journal of Manpower*, 2012, 33（1）：96-117.

③ Albert Park and Fang Cai, The Informalization of the Chinese Labour Market. In S. Kuruvilla, C. K. Lee, M. E. Gallagher（Eds.）, *From Iron Rice Bowl to Informalization：Markets, State and Workers in a Changing China*. New York：Cornell University Press, 2011, pp. 17-35.

④ 丁建定、张尧：《养老保险城乡统筹：有利条件、理性原则与完善对策》，《苏州大学学报》（哲学社会科学版）2014 年第 5 期。

合作医疗制度（以下简称新农合），2007 年建立城镇居民基本医疗保险制度，形成三险分立的局面。此外，我国还建立了补充医疗保险和城乡医疗救助制度。在这之前，面向农村的社会保障仅是针对农村的困难群体，新农合的建立扭转了长期以来医疗保障制度主要覆盖城镇职工的局面，填补了农村医疗保险的空白。主要论点有：

一是影响新农合参保的因素。Zhang 等在 2004—2006 年追踪了贵州省冯三镇新农合的参保情况，并探究了新农合中的逆向选择问题。首先，他们发现健康状况较差或者有慢性病的农村人口更有可能参加新农合。学龄前儿童和老人比 16—35 岁阶段的农村人口更有可能参加新农合。其次，农民人口内部存在的收入差异也会影响参保的积极性。即使政府对新农合参保者进行补贴，收入较低的农村人口依旧无法负担保费。此外，每年有 60%—70% 的农村人口继续留在新农合中。[①]

二是参加新农合对医疗资源利用和健康的影响。Yu 等分析了 2009 年新农合对山东和宁夏地区门诊和住院医疗资源的使用情况。在调研阶段新农合在山东和宁夏的覆盖率分别为 91.9% 和 88%。研究发现新农合没有影响到门诊资源的利用，但是增加了对住院医疗资源的使用，并且高收入群体比低收入群体的使用更多。研究认为门诊作为医疗服务的重要组成部分，对农村地区的基础保健起到了关键性的作用。未来在新农合的制度设计上要考虑门诊和住院服务使用的均衡。[②] 在山东省的研究发现，新农合对重大疾病的支出影响有限。[③] Wagstaff 等（2008）通过检验中国健康与营养调查等数据库，发现医疗保险提升了重大疾病的支出。[④] Gao 等通过检验四期中国健康与营养调查（China Health and Nutrition Sur‑

①　Licheng Zhang and Hong Wang, "Dynamic Process of Adverse Selection：Evidence from a Sub‑sidized Community‑Based Health Insurance in Rural China", *Social Science & Medicine*, 2008, 67 (7)：1173‑182.

②　Baorong Yu, Qingyue Meng, Charles Collins, et al., "How Does the New Cooperative Medi‑cal Scheme Influence Health Service Utilization? A Study in Two Provinces in Rural China", *BMC Health Services Research*, 2010, 10 (1)：116.

③　Xiaoyun Sun, Sukhan Jackson, Gordon Carmichael, et al., "Catastrophic Medical Payment and Financial Protection in Rural China：Evidence from the New Cooperative Medical Scheme in Shandong Province", *Health Economics*, 2009, 18 (1)：103‑119.

④　Adam Wagstaff and Magnus Lindelow, "Can Insurance Increase Financial Risk：The Curious Case of Health Insurance in China", *Journal of Health Economics*, 2008, 27 (4)：990‑1005.

vey）的数据，发现参加新农合会提升自评健康水平。[1]

（2）2007—2015 年，各地区开展医疗保险城乡统筹试点

从 2007 年前后江苏太仓、广东东莞、四川成都、重庆等地区在新农合和居民医保试点建设之初，着眼于城乡一体化发展，较早地探索推进了医疗保险城乡统筹。截至 2011 年，城镇职工基本医疗保险、城镇居民基本医疗保险和新农合制度覆盖了中国 92% 的人口。2012 年 3 月 14 日，国务院颁布的《关于"十二五"期间深化医药卫生体制改革规划暨实施方案的通知》中提到要完善基本医保管理体制，加快建立城乡统筹的基本医保管理体制，探索整合城镇职工基本医疗保险、城镇居民基本医疗保险和新农合制度的经办资源和管理职能；有条件的地区探索建立城乡统筹的居民基本医疗保险制度。党的十八大报告也提出要健全全民医保体系，并指出人力资源和社会保障部主管的城镇居民医疗保险与卫生部主管的新农合在未来也将会有效整合。截至 2015 年 3 月底，全国共有 8 个省（自治区、直辖市）、39 个市及 100 多个县在其行政区域内推进基本医疗保险制度城乡统筹。在此过程中，由于缺乏全国层面的顶层设计和中央层面的统一安排，已经开展医疗保险城乡统筹的地区，在管理体制的统筹、制度模式的统筹以及经办服务的统筹三个方面，呈现出多样化的发展格局。此外，还有一些地区对如何进行城乡统筹存在争议，处于等待观望的状态。[2] 在各地区医疗保险城乡统筹试点中，出现了不同的模式。总的来说，根据城乡一体化的程度由高到低可以分为三种：①统一的城乡医疗保险制度；②以"城镇职工基本医疗保险"和"城乡居民基本医疗保险"为主的"二元"城乡医疗保险制度；③在"城镇职工基本医疗保险""城镇居民基本医疗保险"和"新农合"为主的"三元"城乡医疗保险制度基础上增强制度间的衔接和风险共济。主要试点经验有：

一是统一的城乡医疗保险制度。2008 年 7 月，东莞在全市范围内建立了城乡一体的基本医疗保险制度。按照统一制度、统一标准、统一管理、统一基金调剂使用的原则，将全市职工（不分户籍）、城乡居民纳入社会基本医疗保障体系，实现了职工、居民、农民、灵活就业人员、退

---

① Song Gao and Xiangyi Meng, *Health and Rural Cooperative Medical Insurance in China: An Empirical Analysis*, Asian social protection in comparative perspective, Singapore, 7 – 9 January 2009.

② 袁涛、仇雨临：《从形式公平到实质公平：居民医保城乡统筹驱动路径反思》，《社会保障研究》2016 年第 1 期。

休人员及失业人员平等缴费，同等享受医保待遇，社会医疗保险从制度上覆盖城乡所有人群。

二是以"城镇职工基本医疗保险"和"城乡居民基本医疗保险"为主的"二元"城乡医疗保险制度。由于城镇职工医疗保险和城乡居民医疗保险的覆盖群体以及筹资模式存在差别，统一两种制度的难度较大，多数试点城市选择了以"城镇职工医疗保险"和"城乡居民基本医疗保险"为主的"二元"城乡医疗保险制度。珠海市于2008年1月正式启动城乡居民基本医疗保险制度，完成了新农合向基本医疗保险的并轨，原来参加新农合的农民和被征地农民全部转入城乡居民医疗保险。珠海的城乡居民基本医疗保险制度就对个人缴费标准做了区分，一般参保人个人每年缴费250元，经济困难的农民及被征地农民等"特殊人群"参保人可以选择每年缴费25元，财政补贴的标准则都是每人每年150元。[1]太仓市早在2007年就将新型农村合作医疗保险与城镇居民医疗保险合并，统一为居民医疗保险。太仓市增加了医疗保障制度的弹性机制。具体做法为参保人在达到退休年龄之前，可以在各个医疗保险险种之间自由转换。参保人在办理退休手续之时，可以一次性选择医疗保险险种，实际缴费年限按照一定比例进行折算。在这种制度安排下，缴费能力强的农村居民可以选择参加职工医疗保险；缴费能力低的职工医疗保险的参加者可以选择参加居民医疗保险。[2] 2007年，成都市以七种医疗保险制度实现了各类人群全覆盖。在整合制度的过程中，成都市将七种医疗制度合并为三种：城镇职工基本医疗保险、城乡居民基本医疗保险、综合社会保险。具体做法为，首先将农民工和失地农民的医疗保障待遇全部与城镇职工基本医疗保险统一；同时将原城镇居民基本医疗保险制度、新农合和大学生基本医疗保险归并为城乡居民基本医疗保险制度；再加上非城镇户籍人员综合社会保险。其次是统一全市医疗保险政策，将全市基本医疗保险的参保范围、缴费标准、待遇水平、管理办法全部统一。最

后是全面实行基本医疗保险基金市级统筹。① 未来若要进一步整合成都市医疗保险制度，尤其是城乡居民医保和城镇职工医保，面临的障碍主要来自三个方面：制度差异大、筹资水平差距大以及待遇水平差距大。虽然两者的保障水平差距正在逐步缩小，但无论是在缴费标准还是在保障水平上均还存在较大的差距。

三是在"城镇职工基本医疗保险""城镇居民基本医疗保险"和"新农合"为主的"三元"城乡医疗保险制度基础上增强制度间的衔接和风险共济。西安市在各项医疗保险政策衔接上进行了一些探索。在参保衔接上根据人群特征采取灵活的参保办法为农民工、学生等群体留下衔接通道，例如针对农民工群体，若其在城市稳定就业则加入职工医保；若是灵活就业则可加入居民医保；回到农村还可加入新农合。这种由于人群身份变化或流动所引起的制度转换，需要探索缴费年限转化认定标准。② 杭州市 2007 年将职工医保、城居医保、新农合和医疗困难救助制度都视为基本医疗保障制度并建立了基本医疗保险调剂基金，每年从基本医疗保险费的总筹资额中提取 5% 作为调剂基金，用于各类基本医疗保险基金之间的调剂，以防范基金风险。在各地区试点过程中，当地经济发展水平、地方财政是影响统筹城乡医疗保障的重要因素。太仓市统筹城乡医疗保障体系的建立与其自身较高的经济发展水平密不可分。太仓市具有较高的工业化和城市化水平，在推进医疗保障城乡统筹的过程中有地区雄厚的财政实力作为支撑。成都的大量财政收入来自税收和土地转让，成都市城乡医疗保险统筹离不开各级政府的财政补贴。③ 因此，仇雨临等认为，应根据当地的经济社会的发展状况分为三种统筹路径：第一，在城镇化进程较快、城镇居民人口比例大的经济发达地区，具备了城乡一体化的筹资条件和待遇支付能力，可以率先实现医疗保障的城乡一体化，如东莞等；第二，在经济发展水平一般的地区，仍不具备城乡居民同等费率的条件，则适宜采取"一个制度，多种费率，多种待遇，

---

① 龚文君、郝佳、翟绍果：《成都市统筹城乡医疗保障制度的现状与问题》，《中国卫生政策研究》2009 年第 12 期。

② 翟绍果、仇雨临：《西安市统筹城乡医疗保障制度的现状、问题与路径》，《中国卫生政策研究》2009 年第 12 期。

③ Shih - Jiunn Shi, "Towards Inclusive Social Citizenship? Rethinking China's Social Security in the Trend Towards Urban - Rural Harmonisation", *Journal of Social Policy*, 2012, 41 (4): 789 - 810.

缴费与待遇挂钩"的措施，如成都；第三，在城镇化进程较慢、经济较为落后的中西部地区，短期内可以暂不考虑城镇居民基本医疗保险和新型农村合作医疗的整合工作，而应着眼于扩大现有制度的覆盖面。① 也有学者认为应该短期内制度全覆盖，中期内制度整合衔接，长期内制度转型发展。具体而言，在未来一段时间内首先着眼于扩大覆盖面，实现全民基本医疗保障。其次，不断提高农村医疗保障水平。待条件成熟以后逐步实现城镇与农村医疗保障的整合。②

此外，根据各地区医疗保障城乡统筹试点经验，统一经办机构也是实现医疗保障制度一体化的有力保障。从全国范围看，绝大部分地区的新农合都是由卫生部门经办，城镇居民医疗保险由劳动保障部门经办。这种分割管理的格局产生很多问题：第一，不利于医疗保障体系的统筹考虑和协调、推进。第二，劳动保障和卫生部门都要设立经办机构，制度管理及运行成本加大。第三，作为医疗机构的主管部门，卫生部门在新农合的运行中，无法对医疗机构的行为进行有效的监督和约束。③

（3）2016 年至今，整合城乡居民基本医疗保险制度

2016 年 1 月，国务院发布《关于整合城乡居民基本医疗保险制度的意见》，将城镇居民基本医疗保险和新农合合并为统一的城乡居民基本医疗保险，覆盖除职工基本医疗保险应参保人员以外的其他所有城乡居民。各地均以"六统一"作为基本指导，即统一覆盖范围、统一筹资政策、统一保障待遇、统一医保目录、统一定点管理、统一基金管理。除上海采用比例缴费外，各地根据自身实际情况提出一制一档、一制两档或一制三档等定额筹资方式，或是在省级文件中没有规定具体的缴费档次，允许各地级市自行设置差别档次，用两到三年的过渡期最终实现缴费的统一。④ 截至 2016 年 8 月，全国 19 个省区市已实现，或即将实现新农合和城镇居民基本医疗保险制度整合。实践中，不少地区通过制度整合，

---

①　仇雨临、翟绍果、郝佳：《城乡医疗保障的统筹发展研究：理论、实证与对策》，《中国软科学》2011 年第 4 期。

②　朱俊生：《"扩面"与"整合"并行：统筹城乡医疗保障制度的路径选择》，《中国卫生政策研究》2009 年第 12 期。

③　郝佳、仇雨临、梅丽萍：《太仓市统筹城乡医疗保障制度的主要措施与运行效果》，《中国卫生政策研究》2009 年第 12 期。

④　仇雨临、王昭茜：《城乡居民基本医疗保险制度整合发展评析》，《中国医疗保险》2018 年第 2 期。

278 / 中国社会保障学 40 年（1978—2018）

在制度公平、保障水平、统筹层次、经办管理效率等方面取得了一定的成效。但是许多地方采取"一制两档"或"一制三档"的缴费方式，缴费标准与待遇标准相挂钩，一般第一档接近原新农合缴费标准，第二档接近原城镇居民医疗保险缴费标准，第三档略低于城镇职工医疗保险缴费标准。这种方法虽然适应城乡居民的缴费能力差别和医疗需求，但却没有实现真正公平。仇雨临等建议随着城乡居民收入水平的普遍提高，缴费应从多档变为一档，并逐渐实现待遇统一。[①]《关于整合城乡居民基本医疗保险制度的意见》提出，城乡居民医疗保险制度原则上实行市（地）级统筹，鼓励实行省级统筹。一方面，统筹层次提高使参保人选择医院范围更宽。由县级统筹提高为市级统筹，居民就医选择范围从县域扩展到地市范围，如果统筹层次提高至省级统筹，居民就医选择范围则扩展到全省范围。2017 年 9 月，人社部表示国家异地就医结算系统联通各地。统筹层次提高与异地就医结算的同步推进提高了个体医疗保险权益的可携性。[②] 主要论点有：

一是城乡居民对整合城乡医疗保险的态度。Wang 等通过四个城市的调研发现农村居民更加支持医疗保险城乡统筹，因为统筹可以缩小城乡使用医疗资源的差距、统筹后可以选择的医院更多等。反对医疗保险城乡统筹则是因为新农合和城镇居民医疗保险的缴费与待遇标准不同，实现统筹的难度很大。地区的经济发展水平和教育程度会影响参保者对医疗保险城乡统筹的态度。经济欠发达地区和高教育水平的参保者更有可能反对医疗保险城乡统筹。在经济较发达的地区，农村居民有与城市居民相当甚至更高的医疗保险缴费能力；在经济欠发达地区，城市居民比农村居民有更强的医疗保险缴费能力。[③] 另有研究显示47.6%的受访者对

---

①　仇雨临、吴伟：《城乡医疗保险制度整合发展：现状、问题与展望》，《东岳论丛》2016年第 10 期。

②　仇雨临、王昭茜：《城乡居民基本医疗保险制度整合发展评析》，《中国医疗保险》2018年第 2 期。

③　Xin Wang, Ang Zheng, Xin He and Hanghang Jiang, "Integration of Rural and Urban Health-care Insurance Schemes in China: An Empirical Research", *BMC Health Services Research*, 2014, 14（1）: 142.

现有的医疗保险城乡统筹改革表现出不满意。[1]

二是医疗保险城乡一体化有利于促进医疗资源的平等利用和提升制度效率。许多研究显示，在新农保和城镇居民医疗保险合并的地区比没有合并的地区，住院费用的报销比例提升，并且在门诊和住院上的医疗支出减少。[2] 但另一方面，通过对苏州地区的调研发现，医疗保险城乡统筹后，城镇职工、城市居民以及农村居民的医疗支出、自费部分和报销率的差异依旧显著。[3] 此外，在城乡一体化的医疗保险制度下，参保人理应平等地使用医疗资源，但是由于医疗服务资源的分布不均衡，即使在医疗保险已经实现城乡统筹并且着力改善医疗资源城乡分布的地区，医疗资源利用不平等的问题依旧存在。

3. 城乡最低生活保障制度城乡统筹

中华人民共和国成立之初，我国开始建立针对无劳动能力、无经济来源、无法定赡养人或法定赡养人无赡养能力的农村老年人的"五保"制度（保吃、保穿、保住、保医、保葬），计划经济时期由农村集体经济扶持，实行市场经济后逐步纳入政府财政供养。

20世纪90年代中期，随着各项保险制度逐步成型，我国社会保障制度建设重点转向了社会救助。城市最低生活保障制度于1999年在全国展开。对家庭人均收入和其他财产等生活来源低于贫困线的家庭给予补差救助。2007年实现这项制度在城市全覆盖。2007年农村建立了最低生活保障制度。截至2008年8月，全国31个省的2777个县建立了农村最低生活保障制度。[4] 这项制度完全是由各级财政出资。

2011年以来，国务院建立了社会救助标准与物价上涨联动机制，缓解了价格变动对困难群体生活的影响。2012年，国务院出台了《关于进

---

① Linghan Shan, Miaomiao Zhao, Ning Ning, Yanhua Hao, Ye Li, Libo Liang, et al., "Dissatisfaction with Current Integration Reforms of Health Insurance Schemes in China: Are They a Success and What Matters?", *Health Policy and Planning*, 2018, 33 (3): 345 – 354.

② Qingyue Meng, Hai Fang, Xiaoyun Liu, Beibei Yuan and Jin Xu, "Consolidating the Social Health Insurance Schemes in China: Towards an Equitable and Efficient Health System", *The Lancet*, 2015, 386 (10002): 1484 – 1492.

③ Yang Li, Yinjun Zhao, Danhui Yi, Xiaojun Wang, Yan Jiang, Yu Wang, et al., "Differences Exist across Insurance Schemes in China Post – Consolidation", *PloS One*, 2017, 12 (11): 1 – 13.

④ 徐月宾、张秀兰：《我国城乡最低生活保障制度若干问题探讨》，《东岳论丛》2009年第2期。

一步加强和改进最低生活保障工作的意见》，对城乡低保制度进行了改进和规范。2013 年，有关部门印发《城乡医疗救助基金管理办法》，将城市和农村医疗救助基金整合为统一的城乡医疗救助基金，积极推进重特大疾病医疗救助试点。2014 年，国务院颁布了《社会救助暂行办法》，进一步加强了低保制度的城乡统筹；印发了《关于全面建立临时救助制度的通知》，为遭遇突发性、紧迫性、临时性基本生活困难的群众提供应急性、过渡性的救助。

广东、浙江在 2001 年宣布实行城乡统一的最低生活保障制度。以浙江为例，城乡最低生活保障制度已进行了多年的试点与推广。由于该省经济实力较为雄厚，浙江在最初建立这项制度时，即采取城乡一体化的方法，城乡统一建一套制度，以县级为单位，只是在保障标准上在城乡间作出区分，实行"一套制度，多种标准"。①

韩克庆认为，中国社会救助体系应从城市社会救助体系为主体向城乡一体化的社会救助体系建设过渡。目前，有些地区已经实现了社会救助制度的城乡一体化。但是部分农村落后地区，社会救助及其他社会保障制度建设严重不足。城乡衔接、城乡协调、城乡一体化的问题依然严峻。②

有学者认为，在整合城乡社会救助的路径为：第一，制度补缺。目前针对农村居民的很多制度滞后于城市，如医疗、住房、就业扶助等制度，要加快在农村的推广和普及。第二，一个制度。通过社会救助制度的并轨，把城乡分设的相同社会救助项目进行合并，统一缴费模式、统一计发办法、统一基金管理。可以首先对城市居民最低社会保障制度与农村居民最低社会保障制度实现并轨，统一城乡最低生活保障标准的测算方法，调整最低生活保障机制和自然增长机制时，逐步缩小城乡最低生活保障标准的差距。第三，两个标准。城乡社会保障制度一体化的基础是统筹城乡社会保障制度发展，一体化是"统筹"而不是"统一"，因而在一段时期内，会存在救助水平上的差别，形成城乡居民分开实施的"两个标准"这样一个过渡阶段。第四，协调发展。通过社会救助体系的整合，既有城乡社会救助项目之间的整合，又有不同部门之间行政资源

① 陈剩勇、马斌：《浙江城乡一体化最低生活保障制度的实践》，《人权》2002 年第 4 期。
② 韩克庆：《中国社会救助制度的改革与发展》，《教学与研究》2015 年第 2 期。

的整合，从而形成一个整体，使社会救助系统各要素发挥最大的效益。①

郭瑜等对北京、重庆、湖南长沙、广东中山、甘肃天水和辽宁朝阳进行调研，检验了个人层面与制度层面的因素对低保家庭的基本生活需要满足的程度影响，研究发现年龄、教育程度、在学或就业、心理健康状况以及被访者主观认为低保金在金额核定和发放方面符合其实际情况是影响基本生活需要满足程度的显著因素。② Zhao 等通过检验 2012 年中国农村住户调查数据（Rural Household Survey）发现中国的农村低保制度能够促进农村人口增加人力资本投资，这有助于打破代际贫困。③ 另有关于城市低保制度的研究发现我国城市低保制度能够有效缓解贫困，但是只能满足城市人口最低生活需求。④

4. 农民工的社会保障政策及研究

（1）农民工的养老保障政策及研究

按照 1995 年实施的《劳动法》，在用人单位正规就业的农民工理应纳入城镇职工养老保险。然而，由于农民工参保情况不理想。⑤ 国务院在 2006 年年初出台《关于解决农民工问题的若干意见》，要求各地探索适合农民工特点的养老保险办法。

2007 年"长三角"和"珠三角"地区大量农民工开始退保。东莞市 2007 年退保人次高达 60 多万。⑥ 截至 2007 年年底，江苏省参保农民工人数为 282.5 万人，而成功办理转移手续的农民工只占总人次的 14.04%，这意味着每 7 个异地打工者只有 1 人成功办理了转移手续。这主要是由四方面的原因造成的：第一，转入地政府对养老债务转嫁的抵触；第二，不同地区的农民工覆盖在不同的制度下，制度之间难以衔接；第

---

① 林闽钢：《中国社会救助体系的整合》，《学海》2010 年第 4 期。

② 郭瑜、韩克庆：《基本生活需要满足：一项城市低保制度的实证研究》，《社会学评论》2014 年第 6 期。

③ Liqiu Zhao, Yu Guo and Ting Shao, "Can the Minimum Living Standard Guarantee Scheme Enable the Poor to Escape the Poverty Trap in Rural China?", *International Journal of Social Welfare*, 2017, 26 (4): 314 – 328.

④ Yu Guo, Yuanyuan Fu, Ernest Wing Tak Chui and Mei Xue, "Equity, Efficiency and Effectiveness: An Evaluation Study of the Urban Minimum Livelihood Guarantee Scheme in China", *Journal of Asian Public Policy*, 2017, 10 (2): 143 – 157.

⑤ 黄婷：《社会保障城乡统筹发展，地方政策革新与农民社会公民权演进——以基本养老保险制度变迁为例》，《社会保障研究》2017 年第 1 期。

⑥ 吴兵：《农民工"退保潮"因何而起》，《人民日报》2008 年 1 月 8 日。

三，雇主不愿意为农民工买养老保险，因为农民工的流动性很强；第四，农民工自身也不愿意参保，因为养老保险需要稳定的雇佣关系和持续缴费。

沿海发达地区呈现出流动人口社保制度"碎片化"倾向：一是以广东等沿海一些省市采取的"城保碎片"（将流动人口纳入城镇基本保险制度）；二是东部沿海地区一些省份采取的"农保碎片"（将流动人口纳入农村基本保险制度）；三是以上海和成都等地为代表的"综保碎片"（为流动人口探索建立一个独立于其他制度的农民工社保制度）。"城保"模式的优势在于将流动人口完全纳入当地城镇基本保险制度之内，此举跨越了户籍限制，取消了对农民工身份的制度歧视，但由于目前统账结合制度便携性很差，流动人口异地流动时只能带走个人账户资产，导致便携性损失十分严重，流动人口参保、退保行为日益频繁。"农保"模式的优势是门槛较低，劣势也是存在便携性的问题，当异地流动时，由于统筹层次较低，跨省流动十分困难，其结果只能是退保、断保或失保。"综保"模式的优点是将各项保险打包之后费率较低，对流动人口来说简单易行，但问题是待遇水平与当地户籍参保人员相差悬殊，并且不能与其他地区流动人口养老保障制度接轨。①

2009 年国家调整农民工养老保险的政策思路，确定将农民工统一纳入城镇职工养老保险并在年底出台了《城镇企业职工基本养老保险关系转移接续暂行办法的通知》。广州、北京、上海、深圳作为试点城市。农民工的缴费率区间为 4%—8%，可以自由选择缴费率。②

有研究通过分析 2011 年中国流动人口动态监测调查数据发现，流动范围、行业、单位性质、家庭人均消费都会影响到农民工的参保选择。跨省流动的农民工比在省内流动的农民工参保的可能性更低。在服务业和建筑业的农民工比其他更为专业化的职业领域的农民工参保的可能性更低。在小的民营企业的农民工比国有企业的农民工参保的可能性更低。

---

① 郑秉文：《改革开放 30 年中国流动人口社会保障的发展与挑战》，《中国人口科学》2008 年第 5 期。

② Bingqin Li，"Social Pension Unification in an Urbanising China：Paths and Constraints"，*Public Administration and Development*，2014，34（4）：281–293.

家庭人均消费支出越高的农民工越有可能参保。①

在《城镇企业职工基本养老保险关系转移接续暂行办法的通知》实施三年之后，一些养老保险关系转入的城市忽视流动人口在转出地的缴费记录。西部的城市，例如四川、重庆等地区，更愿意推行养老保险转移接续政策，因为这些城市在高速发展，希望能够从全国各地吸纳更多的劳动者，但是在其他城市政策的推行却并不尽如人意。②

学者们针对农民工的养老保险问题提出了不同的看法。郑秉文建议采用"混合型统账结合"的养老保险制度，即将个人和单位的缴费全部划入个人账户来提升现有养老保险制度的便携性。③ 林毓铭指出应该以社会保险为中心，率先将农民工纳入城镇职工养老保险制度，以后随着城乡劳动力市场的建立及其他条件的成熟，再分阶段逐步覆盖其他社会保险制度。④

（2）农民工的医疗保障政策及研究

1998 年国务院颁布了《国务院关于建立城镇职工基本医疗保险制度的决定》，规定与城镇用人单位建立劳动关系的农民工可以参加基本医疗保险。原劳动和社会保障部 2003 年和 2004 年分别印发《关于城镇灵活就业人员参加基本医疗保险的指导意见》和《关于推进混合所有制企业和非公有制经济组织从业人员参加医疗保险的意见》等文件，进一步明确了农民工参加医疗保险的有关政策。

农民工被覆盖在新农合制度下会影响他们对医疗资源的利用。因为他们在城市里工作和生活，如果覆盖在新农合制度下，他们使用城市里的医疗资源的报销比例很低。在北京、重庆和深圳等地区的实证研究发现，同一个城市里没有医保的农民工会比有医保的农民工在生病时更有

---

① Min Qin, Yaer Zhuang and Hongyan Liu, "Old Age Insurance Participation among Rural – Urban Migrants in China", *Demographic Research*, 2015, 33, 1047 – 1066.

② Bingqin Li, "Social Pension Unification in an Urbanising China: Paths and Constraints", *Public Administration and Development*, 2014, 34 (4): 281 – 293.

③ 郑秉文：《改革开放 30 年中国流动人口社会保障的发展与挑战》，《中国人口科学》2008 年第 5 期。

④ 林毓铭：《城乡社会保障一体化：将进城农民纳入城镇养老保险体系》，《调研世界》2003 年第 10 期。

可能不使用医疗资源。①②③ 在整合的医疗保险制度中，可以通过提高统筹层次（如实现省级统筹）或者增强制度在地区之间的便携性，来保障农民工使用医疗资源的权利。④

2009年Rural-Urban Migration in China（RUMiC）调查了上海、广东、江苏、浙江四个劳动力流入的地区，以及安徽、湖北、四川、重庆和河南五个劳动力流出的地区。研究发现，拥有养老保险和医疗保险农民工有更强的幸福感。⑤ 是否提供养老保险也会影响到农民工的就业选择。⑥ 郭瑜通过对中西部七个城市的调查发现农民工是否参与社会保障更多的是受到企业性质和岗位特征的影响，但教育水平和认知状况等个体因素也具有重要作用。⑦

城市化和社会保障城乡一体化的建设有助于农民工的参保以及便携性问题的解决。从制度的执行情况来看，应当加强对经办机构的管理，确保养老保险转移接续政策的落实。在另一方面，要加强对农民工的社会保障教育，提升他们参加社会保险的意识和对医疗资源的利用。

5. 失地农民社会保障政策及研究

土地是农民生活的基本保障。失地农民社会保障制度是城市化的一

---

① Yingchun Peng, Wenhu Chang, Haiqing Zhou, Hongpu Hu and Wannian Liang, "Factors Associated with Health-Seeking Behavior among Migrant Workers in Beijing, China", *BMC Health Services Research*, 2010, 10（1）: 69.

② Yang Wang, Qian Long, Qin Liu, Rachel Tolhurst and Shenglan Tang, "Treatment Seeking for Symptoms Suggestive of Tb: Comparison between Migrants and Permanent Urban Residents in Chongqing, China", *Tropical Medicine & International Health*, 2008, 13（7）: 927-933.

③ Jin Mou, Jinquan Cheng, Dan Zhang, Hanping Jiang, Liangqiang Lin and Sian M. Griffiths, "Health Care Utilisation Amongst Shenzhen Migrant Workers: Does Being Insured Make a Difference?" *BMC Health Services Research*, 2009, 9（1）: 214.

④ Xiong-Fei Pan, Jin Xu and Qingyue Meng, "Integrating Social Health Insurance Systems in China", *The Lancet*, 2016, 387（10025）: 1274-1275.

⑤ Zheng Fang and Chris Sakellariou, "Social Insurance, Income and Subjective Well-Being of Rural Migrants in China—an Application of Unconditional Quantile Regression", *Journal of Happiness Studies*, 2016, 17（4）: 1635-1657.

⑥ Yuling Cui, Massimiliano Tani and Daehoon Nahm, "The Determinants of Employment Choice of Rural Migrant Workers in China: Soes and Non-Soes", *Procedia Economics and Finance*, 2012,（1）: 98-107.

⑦ 郭瑜：《影响农民工参与城镇社会保障体系的因素——运用Probit模型的实证分析》，《调研世界》2011年第1期。

项重要配套措施，应着力解决农民持续发展和后续保障问题。

2007 年，劳动和社会保障部、民政部、审计署发布《关于做好农村社会养老保险和被征地农民社会保障工作有关问题的通知》。在国家层面尚缺乏关于该群体养老保障的统一的发展方向和制度框架，地方层面的政策实践各有不同。国土资源部（2003）通过对 20 多个省的调研发现，部分地区地方政府对失地农民的补偿不足，甚至有的地区地方政府将失地农民的补偿金用作其他用途。[1] 各地区对被征地农民的补偿方式不同，例如通过现金赔偿、提供养老保险、医疗保险或者就业机会等。[2]

浙江省各地区的失地农民社会保障实践可以分为四种类型：基本生活保障型、基本养老保险型、双低保障型和基本生活保障与基本养老保险结合型。基本生活保障型是参照城镇最低生活保障制度设计。基本养老保险型是参照城镇职工基本养老保险设计。双低保障型指的是缴费低、待遇低，制度设计包括统筹账户和个人账户，与城镇职工基本养老保险可衔接。基本生活保障与基本养老保险结合型是结合失地农民的年龄、失地程度和就业状况来确定补偿方案。基本养老保险型和双低保障型适用于农村经济发展水平较高的地区，与城镇职工基本养老保险制度可衔接。基本生活保障型保障水平较低，适用于农村经济发展水平较低的地区，与城市养老保险体系的衔接能力较差。基本生活保障与基本养老保险结合型的保障水平介于两者之间。各地建立的失地农民社会保障制度是与当地的经济发展水平相适应的。[3]

从全国各地区失地农民社会保障体制的探索来看，主要出现过四种模式。[4] 第一种是纳入现行的社会保障制度框架内，例如北京、成都、青岛和武汉。北京和成都是纳入城镇职工社会保障体系，青岛是纳入农村社会保障体系。在成都，从 2004 年开始，失地农民被纳入城镇职工养老

① Ministry of Land and Resources，"Research Report on Reforming the Land Expropriation System"，*Land Resources Newsletter*，2003，11，48 – 55.

② Lou Peimin，"A Case Study on the Settlement of Rural Women Affected by Land Requisitioning in China"，*Journal of Contemporary China*，2007，16（50）：133 – 148.

③ 杨翠迎：《被征地农民养老保障制度的分析与评价——以浙江省 10 个市为例》，《中国农村经济》2004 年第 5 期。

④ 王珊珊、郝勇、张现同：《我国失地农民社会保障问题研究综述》，《社会保障研究》2010 年第 2 期。

保险和医疗保险。截至 2006 年 8 月，成都市 27.25 万已征地农转非人员参加了社会保险，参保率达 83.52%；4.24 万新征地农转非人员参加社保，参保率达 100%；其中，已有 13.09 万人领取了养老金。[①] 在武汉，失地农民可自愿选择是参加城镇企业职工基本养老保险还是城乡居民基本养老保险。第二种是建立介于城保与农保之间的"镇保"，例如上海。2003 年上海市推行小城镇社会保险，失地农民也被纳入该种体制下。但是从 2017 年起，上海将失地农民纳入城镇职工养老保险、医疗保险。[②] 第三种是针对失地农民建立专项社会保障制度，例如天津。天津市在 2004 年为失地农民建立了被征地农民社会保障。但是从 2010 年起，天津市将失地农民纳入城乡居民基本养老保障。第四种是纳入商业保险体系，例如重庆。1992 年中国人寿重庆分公司开展失地农民保险，属于储蓄式的养老保险。自 2010 年起，失地农民参加基本养老保险。从全国各地区失地农民社会保障制度的发展来看，之前采用第二、三、四种模式的地区已将失地农民纳入现行的社会保障制度框架内。

对于失地农民社会保障基金的来源问题主要存在三种观点。第一种观点认为应来自土地补偿安置费以及土地转用后的增值收益。第二种观点认为应由政府、土地开发中的增值收益以及失地农民三方缴纳。第三种观点认为可来自一定比例的财政拨款或土地出让金。[③]

关于失地农民的社会保障问题，笔者认为建立失地农民社会保障制度应当与经济发展相适应，同时要注重公平性。应充分考虑失地农民的流动性问题，注重制度的便携性。制度的建立应促进社会保障城乡一体化的发展，而不是增加社会保障制度的"碎片化"。对于其中处于法定劳动年龄的失地农民，应加强对他们人力资本投资以及就业支持，还要关注失地农民在流入地的社会融入问题。

---

① 刘家强、罗蓉、石建昌：《可持续生计视野下的失地农民社会保障制度研究——基于成都市的调查与思考》，《人口研究》2007 年第 4 期。

② Tianhong Chen and John A. Turner, "Fragmentation in Social Security Old – Age Benefit Provision in China", *Journal of Aging & Social Policy*, 2015, 27（2）: 107 – 122.

③ 章友德：《我国失地农民问题十年研究回顾》，《上海大学学报》（社会科学版）2010 年第 5 期。

四 构建城乡整合的社会保障体系框架

关于如何实现社会保障一体化，理论界对此进行了大量的研究。社会保障一体化的整合模式主要包括四种："社会保障统一模式""基础整合模式""三维体系模式"以及"有差别的统一模式"。

1. 社会保障统一模式

胡荣认为，应将全社会的成员都纳入社会保障系统中。彻底打破城乡界限、所有制界限以及劳动者的身份差别。按新的标准将全社会成员纳入到社会保险的安全网内，减少城乡差别。在新制度下需要重新确立雇员、雇主和政府三方的缴费负担。由雇主和雇员承担绝大部分缴费，政府则主要扮演组织者与管理者的角色。在养老保险上，有雇主的参保者雇主缴费记入统筹账户、雇员缴费记入个人账户；无雇主的参保者所有缴费记入个人账户。在医疗保险上，有雇主的参保者医疗保险费由雇主和雇员按一定比例分摊；没有雇主的参保者及其家属，医疗保险费由参保者全部承担；若是没有雇主的贫困人口，则由政府缴纳医疗保险费。在失业保险上，有雇主的参保者由雇主全部承担失业保险缴费。[①]

2. 基础整合模式

景天魁认为，社会保障城乡统筹有消极策略和积极策略。消极策略就是等待工业化与城市化达到较高水平，城乡居民的收入差距较小，缴费能力普遍增强以及筹资能力增强时，再实现社会保障城乡统筹。积极策略包括技术整合与制度整合。技术整合就是在基本不改变现有制度的前提下，运用技术手段，通过缴费折算，实现不同制度下的接续和转移。在制度整合上，他提出了底线公平方案。该种方案要求划分底线部分和非底线部分。底线部分由各级财政或者用人单位承担，并且实行无差别的公平原则。非底线部分由社会、家庭和个人承担。底线部分可以实现全国统筹，非底线部分可以随人口迁移进行转移接续。[②]

---

① 胡荣：《我国社会保险制度改革的模式选择》，《社会学研究》1995 年第 4 期。

② 景天魁：《社会福利发展路径：从制度覆盖到体系整合》，《探索与争鸣》2013 年第 2 期。

3. 三维体系模式

王国军建议，建立多层次、分阶段、与经济发展水平相适应、农村与城市社会保障体系有机衔接的"三维社会保障体系"。第一维度建立覆盖全国城乡的法定的最低保障，包括最低养老和健康保障、最低生活保障制度。第二维度是建立农村社区性的基本保障，包括农村社会养老保险和新型农村合作医疗制度，可以和城市基本养老保险、基本医疗保险对接，以及针对乡镇企业职工和进城农民工的工伤保险制度和生育制度。第三维度是建立以商业性和政策性保险为主体的补充保障，包括商业化经营的农民大病医疗保险、农村灾害与事故保险制度以及农村商业保险。① 吕锦涛、黄英君、郑军也主张应建立包含最低保障、基本保障和补充保障的"三维社会保障体系"。②③

4. 有差别的统一模式

李迎生认为城乡应建立"有差别的统一模式"，即社会保障制度统一但是标准有别。未来城乡整合的社会保障制度框架应包含三个方面：①建立覆盖城乡全体劳动者的基本养老保险制度；②建立全民统一的大病统筹医疗保险制度；③实行全民统一的最低生活保障制度。养老保险保障最低生活水平部分与医疗保险的大病统筹部分应逐渐过渡为全民共享项目；至于以上养老保险与医疗保险的其他部分，以及社会保险的其他项目，如失业、工伤等，可依城乡职业的不同特点而在制度形式上保持一定的差异。④⑤ 陈天祥等在"有差别的统一"基础上提出了"渐进式统一"的模式。该模式认为，受社会保障基金的筹资、民众的参保意识、制度的运行成本和隐性债务等因素的制约，农村社会保障制度建立的初期难以达到与城市同等的水平，保障的覆盖面与保障水平都是一个循序

① 王国军：《社会保障：从二元到三维：中国城乡社会保障制度的比较与统筹》，对外经济贸易大学出版社 2005 年版，第 146—156 页。

② 吕锦涛：《统筹我国城乡社会保障制度的思考——从二元到三维》，《劳动保障世界》（理论版）2010 年第 7 期。

③ 黄英君、郑军：《我国二元化城乡社会保障体系反思与重构：基于城乡统筹的视角分析》，《保险研究》2010 年第 4 期。

④ 李迎生：《从分化到整合：二元社会保障体系的起源、改革与前瞻》，《教学与研究》2002 年第 8 期。

⑤ 李迎生：《探索中国社会保障体系的城乡整合之路》，《浙江学刊》2001 年第 5 期。

渐进的过程，等待条件成熟后才能实现城乡之间的有机统一和衔接。① 该种模式是"有差别的统一"模式的补充，通过加入时间维度勾勒出实现"有差别的统一"的动态过程。

此外，在近十年的研究中，学者们普遍认为实现社会保障一体化不能一蹴而就，改革中会经历一个过渡时期。关信平认为，应该把城乡一体化建设作为现阶段我国社会保障发展的重要目标，逐步从覆盖城乡的社会保障制度到城乡之间制度协调，再到城乡社会保障的平衡发展和水平一致。② 林闽钢认为，中国进入适度普惠型社会福利的城乡一体化推进时期。适度普惠型社会福利城乡一体化的具体目标是一个制度、两个标准、统一管理、协调发展。一体化是"统筹"而不是"统一"。在一定时期内，在一个制度中，福利待遇水平上存在差别，有"两个标准"的过渡时期。③ 政策设计要适应劳动力的流动特征。韩克庆认为，中国社会保障制度发展的主要目标是消除社会不平等，而非自然不平等；制度设计的覆盖对象要充分考虑其阶层特征，形成网状福利结构；制度设计要具有弹性，不能成为阶层间流动的障碍；制度设计还要充分考虑经济政策和社会政策的协调统一。④⑤

更进一步，学者们为实现社会保障一体化划分出各个阶段，并且提出了各阶段的目标。郑功成提出了我国社会保障体系建设"三步走"发展战略：第一阶段（2008—2012 年），建立覆盖全民的社会救助、医疗保障与养老保险体系。第二阶段（2013—2020 年），整合养老保险制度，以缴费型的职工基本养老保险制度为主体；整合城乡居民医保与职工医保制度，以及实现地市级或省级区域范围内的制度整合及待遇公平；在明晰中央与地方救助责任的条件下促使综合型社会救助体系全面定型，不断缩小城乡救助差距。第三阶段（2021 年至 21 世纪中叶），建立全国统一的国民养老保险制度，并与老年津贴制度及相关服务一起，共同构成

① 陈天祥、饶先艳：《"渐进式统一"城乡社会保障一体化模式——以东莞市为例》，《华中师范大学学报》（人文社会科学版）2010 年第 1 期。

② 关信平：《论我国社会保障制度一体化建设的意义及相关政策》，《东岳论丛》2011 年第 5 期。

③ 林闽钢：《试论适度普惠型社会福利的城乡一体化》，《理论月刊》2011 年第 7 期。

④ 韩克庆：《社会安全网：中国的社会分层与社会福利建设》，《社会科学研究》2008 年第 5 期。

⑤ 韩克庆：《社会结构变迁与中国社会保障制度的发展》，《教学与研究》2013 年第 6 期。

确保老年人生活质量的基本养老保障体系；建成全国统一的国民健康保险制度和综合型救助制度。[①] 米红等认为，第一阶段（2006—2020 年）是建立覆盖城乡的社会保障体系。第二阶段（2021—2035 年）是大区域城乡衔接的社会保障体系，主要目标是建立以东部、中部、西部为划分的"大区域城乡衔接的社会保障体系"。第三阶段（2036—2049 年）是建立全国范围衔接的和谐社会保障体系。[②]

五　简要总结

从 2003 年在农村地区建立新型农村合作医疗，2009 年建立新型农村社会养老保险，到 2014 年建立统一的城乡居民基本养老保险制度，再到 2016 年整合城乡居民基本医疗保险制度，短短十多年间，农村社会保障从无到有，再到与城镇居民养老保险与城镇居民医疗保险统筹，取得了举世瞩目的成绩，但是社会保障城乡一体化的建设仍然任重道远。在未来的发展中，是否应当整合城乡居民基本养老保险制度与城镇职工基本养老保险制度？是否应当整合城乡居民基本医疗保险制度与城镇职工基本医疗保险制度？社会保障城乡一体化是否是改革的终点？还是会最终实现社会保障全国统筹？这些问题的解决离不开理论研究与实证研究相结合，学习和借鉴发达国家实现社会保障城乡统筹的经验。社会保障城乡一体化的建设与工业化和城市化的进程相互促进，未来的研究也要考量经济发展与社会结构变迁对社会保障城乡统筹带来新的机遇与挑战。社会保障制度旨在保证社会公平和促进经济发展，社会保障制度的城乡一体化建设也应朝着这个方向迈进。

[①] 人民日报：《精心描绘我国社会保障战略蓝图——访"中国社会保障改革与发展战略研究"项目总负责人郑功成教授》，2011 年，http://theory.people.com.cn/GB/13990911.html。

[②] 米红、王丽郦：《从覆盖到衔接：论中国和谐社会保障体系"三步走"战略》，《公共管理学报》2008 年第 1 期。

第十章　社会保障财政 40 年

按照 2004 年国务院公布的《中国的社会保障状况和政策》白皮书，我国的社会保障划分为社会保险、社会福利、优抚安置、社会救助、住房保障五大块。其中社会保险又分为养老保险、医疗保险、失业保险、工伤保险、生育保险五类。[1] 汪德华指出，现代社会保障制度的主要特点，是由政府在提供各种社会保障方面担负着重要责任。因此，社会保障事业的发展，本身就是财政领域的重要主题。然而，社会保障与财政的关系也有其特殊性，这尤其体现在社会保障的资金来源与管理方式方面。与政府的其他职能不同，多数国家社会保障支出的筹资方式都大量采用专项税（或缴费）独立建账的形式，在管理上大量采用了社会保险的方式。当然，所有国家的一般财政收入都担负着作为各类社会保障最后支付人的角色，且需要为一些项目提供补贴，甚至全部承担部分项目的支出。[2]

中国的社会保障事业起源于计划经济时期的企业保障，导致社会保障与一般公共财政之间的关系更为复杂。改革开放四十年来，我国社会保障的内容越来越丰富，学术界对社会保障与财政之间关系的认识也越来越深入。在中国语境下，讨论社会保障财政，大多是指一般公共财政用于社会保障领域的支出。改革开放以来的财政社会保障支出，不同历史时期所包含的内容不同。总体而言，当前社会保障项目与一般公共财政的关系主要有两类：一是完全由国家财政支持的项目，如对社会弱势群体的救助，对军人及军烈属的优抚安置，对孤老残幼、残疾人员的社会福利和社会救济；二是由国家、企业和个人共同分担的项目，包括五

---

[1]　2017 年 6 月，我国已启动将生育保险并入职工医疗保险的试点工作，未来两个险种将合并。

[2]　汪德华：《财政与社会保障》，载高培勇、杨志勇主编《中国财政政策报告 2009/2010：世界各国财税体制》，中国财政经济出版社 2010 年版。

项社会保险等，一般公共财政担负补助和兜底的责任。

本章的主要目的，是梳理改革开放四十年来学术界关于社会保障财政问题的讨论。考虑到中国学术界关于社会保障财政问题的讨论，主要为社会保障事业改革发展服务，具有很强的"策论"性质，我们按照社会保障事业改革发展的阶段梳理相关文献。本章将四十年来社会保障事业的改革发展分为三个阶段：1978—1991 年的初步改革阶段；1992—2005 年以职工社会保险为主体的社会保障体系建设和改革阶段；2006 年至今以全覆盖为目标的社会保障体系建设阶段。在每个阶段，我们首先概述社会保障事业改革发展的重大进展，然后按重要主题归纳梳理学术界的相关讨论。文章最后一节，我们简要提炼四十年来学术界对社会保障财政问题的主要脉络。

一 初步改革阶段（1978—1991 年）

1978 年以前我国社会保障主要由企业承担，其典型特征是"企业保障"。在计划经济时期，我国社会保障资金过分依赖于企业，个人在其中承担的责任很小；而且，在计划经济体制下，企业是统收统支的，企业与财政的关系并不清晰。而 1978—1991 年这一阶段，主要是解决历史遗留问题和恢复被"文化大革命"破坏的社会保障制度。这一时期，国家还着力于推进全国县、市一级的养老保险费的社会统筹工作，并逐步推进省级的统筹工作。学术界对于社会保障财政问题的讨论，主要集中在从财政压力角度对传统社会保障体制弊端的分析，对社会保障制度改革的思考，以及财政应在社会保障制度中发挥的作用等问题上。

1. 传统社会保障体制的弊端及改革思路

这一时期社会保障制度存在诸多弊端，学术界对此讨论较多。

首先，从社会保障资金管理现状来看，这一时期社会保障事业筹资渠道单一，完全由企业和政府支付，企业和政府的负担过重，给财政造成了很大的压力。

其次，从覆盖范围来看，社会保障制度覆盖面小，尤其是农村社会保障覆盖面过窄。1986 年政府颁发了《国营企业职工待业保险暂行规定》，但仅对全民所有制企业的四种具体情况适用，其他所有制企业的待业职工不享受待业保险。李海、路和平认为，这一时期的社会保障呈现着"乱、低、散"的局面，社会保障政出多门，缺乏统一管理，社会保障总水平比较低，且社会保障基金资金筹集、使用分散。①

"七五"期间，学者们基于对传统社会保障体制弊端的认识，从资金管理层面对于如何改革有较多的讨论。相关文献主要涉及社保制度与经济体制改革的配套问题，社会保障的覆盖范围问题，还有社会保障的资金来源以及相应的配套措施。

在与经济体制改革配套的关系问题上，李海、路和平（1987）认为，从改革的要求上讲，社会保障亟须同经济体制改革相配套，因此改革的一个中心任务就是要打破平均主义的"大锅饭"，使国民经济朝着注重效率的方向运行。在社保制度改革的方向上，苏振芳认为，建立我国社会保障事业必须坚持机会均等与效率优先相结合的原则。② 李世义、吴明认为，中国现行的社会保障体制实施范围不广。当时，许多小集体经营单位的职工、几百万城镇个体劳动者和中外合资企业中的职工，以及正在企业中工作的 3500 万合同工和临时工、大批城镇待业人员，他们的社会保险仍然没有得到解决，另外，几亿农村劳动者的社会保险也需要国家予以统筹。③

1985 年，国家体改委和体制改革研究所联合邀请国家计委、劳动人事部等，召开了有关社会保障改革问题的座谈会。根据朱广伟、方鸣、路和平（1986）的整理，会上关于社会保障覆盖范围的讨论，学者的意见可分成"宽派"和"窄派"。多数学者认为，社会保障一般包括社会保险、国家救济、社会福利、公共医疗卫生四个方面。在我国，还包括对军人和军烈属的优待和抚恤工作。④ 与会者大都同意，社会保障的范围要随着社会生产力水平的提高而逐步扩大。有关社保制度的层次问题，就城市职工的社会保障来说，一种观点是社会保障制度应以所有制为依托，建立全民、集体、个体不同层次和不同待遇标准的社会保障体系；另一

① 李海、路和平：《试论我国社会保障的实施及其完善》，《中央财政金融学院学报》1987 年第 2 期。

② 苏振芳：《浅析我国现行社会保障制度的弊病及其改进的基本原则》，《福建论坛》（经济社会版）1990 年第 2 期。

③ 李世义、吴明：《改革中国社会保障体制的新建议》，《瞭望周刊》1985 年第 50 期。

④ 赵晓京：《北京社会保障问题座谈会纪要》，《社会学研究》1986 年第 1 期。

种观点是，打破所有制界限，建立起国家、企业、个人多层次的社会保障制度，这样就可以从多个层次保障人民的生活。就农村社会保障制度来说，有人认为从小范围试验做起，在农村进行扶贫是可行的措施。

社会保障的资金来源以及相应的配套措施也是改革的一个重点问题。在 1985 年召开的座谈会上，与会代表建议建立社会保障机构，将社会保障收入纳入财政预算，并建立社会保障统计体系，具体到项目上，要搞好退休金的统筹，并逐步建立企业破产基金，解决企业破产后职工的生活保障问题。[①] 潘烽则认为，"六五"期间我国的社会保障事业取得了显著的成绩，但仍然存在许多问题有待完善。在资金筹集方面，因为社会保障事业包括的范围很广，要通过各种渠道设立各种社会保障基金如养老保险基金、医疗保险基金、职工待业保险基金、社会福利基金、社会救济基金等。在社会保障基金的筹集办法上，要扩大来源，采取国家扶持、单位缴纳、社会赞助、个人捐赠等多种渠道、多种办法。[②]

当时的社会福利、社会救济资金及预算内行政事业单位离退休费由国家预算管理，社会保险资金主要由各单位自行管理。所以改革的一个趋势就是社会保险资金将由分散趋于统一管理。朱广纬、徐放鸣通过比较国内外社会保障资金管理状况及经验，从我国经济体制改革的要求和退休费统筹试点的经验出发，认为将养老保险资金纳入国家预算管理，不仅可以充分发挥财政的分配职能，有利于节约资金，也符合当时大多数职工意愿。[③]

张力之专门分析了救灾经费的改革问题。他认为，救灾经费一直以来都是由国家财政拨款，存在救助标准低，报灾、核灾工作不准确等弊端，应该建立起由国家扶持、集体资助、个人交纳保险费的救灾合作保险。[④]

2. 财政对社会保障应发挥的作用

由于这一时期是社会保障制度的恢复性改革阶段，财政与社会保障

---

① 朱广伟、方鸣、路和平：《关于我国社会保障制度改革问题座谈会综述》，《财政研究》1986 年第 4 期。

② 潘烽：《"七五"期间如何进一步发展社会保障事业》，《计划经济研究》1986 年第 6 期。

③ 朱广纬、徐放鸣：《社会保险资金应当纳入国家预算收支管理》，《财政研究》1986 年第 6 期。

④ 张力之：《中国社会保障改革述评》，《社会学研究》1989 年第 4 期。

的关系还不明确，学者们对两者关系的研究主要集中在财政对社会保障的作用上。社会保障说到底是个分配问题，许多学者指出在这一时期，财政对社会保障基金分配的作用并没有得到充分发挥。李海、路和平（1987）认为，社会保障基金的分配具有目的性和集中性，这决定了它与财政分配的必然联系，即社会保障基金应由财政进行分配、管理和监督。由于社会救济与社会福利基金是国家直接承担的责任，其收入来源于各项税收，并通过财政预算支出予以具体安排。因此他认为，社会保障基金的缴拨，重点要解决的是劳动保险基金的收支问题，建议在财政预算科目"专项收入"类中，增设"劳动保险基金收入"款，在财政预算支出科目中，将"抚恤和社会福利救济费"和在各项行政、事业费中列支的社会保障费用，改为"社会保障基金支出"类，下设"社会救济基金""劳动保险基金""社会福利基金"三项。由此形成企业缴款、财政部门分配、社会保障机构付款的局面。

二　职工社会保险体系的建设及改革阶段（1992—2005 年）

1992—2005 年，是我国职工社会保险体系探索、建设及改革阶段。这一时期的改革，逐渐形成了当前我国社会保障制度的基本框架。1991年 6 月，国务院发布《关于企业职工养老保险制度改革的决定》，开始探索企业养老保险改革。1992 年，党的十四大提出了经济体制改革的目标是建立社会主义市场经济体制，深化社会保障制度改革是其重要内容之一。1993 年十四届三中全会明确了社会保障制度是中国市场经济体系的五大支柱之一，社会保障制度建设被提到前所未有的高度。该会通过的《中共中央关于建立社会主义市场经济体制若干问题的决定》，正式决定实行社会统筹和个人账户相结合的社会保险制度。1997 年，党的十五大报告指出："建立社会保障体系，实行社会统筹和个人账户相结合的养老、医疗保险制度、完善失业保险和社会救济制度，提供最基本的社会保障。"

在具体政策层面，1995 年 3 月，国务院发布了《关于深化企业职工养老保险制度改革的通知》，明确了"社会统筹与个人账户相结合"的实施方案。1997年7月，国务院颁布《关于建立统一的企业职工基本养老保险制度的决定》，解决养老保险制度多种方案并存的破碎局面。1997年9月，国务院发布《关于在全国建立城市居民最低生活保障制度的通知》，要求"九五"期间在全国建立城市居民最低生活费用保障制度，费用由国家财政负担。1998年11月，国务院颁布《关于建立城镇职工基本医疗保险制度的决定》，在全国范围内建立起覆盖城镇所有职工，由企业和个人共同缴费，社会统筹与个人账户相结合的城镇职工基本医疗保险制度。2000年开始，国家又启动以"三医联动"为主要导向的改革。1999年1月，国务院正式颁布了《失业保险条例》，并将"待业保险"改名为"失业保险"，并将失业保险的范围进一步扩大到城镇所有企事业单位及职工。

2000年之后，根据职工社会保险体系发展过程中出现的问题，又进行了相应的调整改革。2001年开始，国务院相继决定在辽宁、黑龙江和吉林三省进行完善城镇社会保障体系试点工作，主要是提供大量财政补贴以"做实"养老保险个人账户，并逐步推进下岗职工基本生活保障向失业保险并轨。2005年12月，国务院发布了《关于完善企业职工基本养老保险制度的决定》，对于养老保险的待遇支付进行了重大改革。

2000年9月，我国建立了全国社会保障基金，作为社会保障事业的战略储备资金。国务院财政部门、社会保险行政部门、审计机关对全国社会保障基金的收支、管理和投资运营情况实施监督。全国社会保障基金理事会的设立，进一步深化了财政与社会保障事业之间的关联。

这一时期，总体而言社会保障财政的覆盖范围依然较小，社会保障财政支出的项目较少。随着社会保障改革的稳步进行，学术界既肯定了财政在参与社会保障制度的分配、预算、管理中的重要性；也认识到了社会保障是财政发挥宏观调控作用的重要工具；并就财政加强对社会保障的监督管理提出了建设性的意见。伴随着国内社会科学逐步注重"用数据说话"研究范式的转变，一些学者开始初步尝试对社会保障财政支出进行量化分析。

1. 社会保障与政府财政关系的再认识

在传统的计划经济体制下，我国的社会保障主要由企业和政府承担。随着职工社会保险体系建设的推进，学术界对一般公共财政在新的社会保障体制中应发挥怎样的职责和作用，有很多讨论。

黄云认为,财政参与社会保障,尤其是社会保险具有全面性和根本性的特点,全面性表现在有专门的资金来源,覆盖面广;根本性表现在财政作为后盾,由一般性税收收入承担最终责任。[①] 陈先森认为,财政压力决定了社会保障制度改革的起因和路径。他认为,我国当时的社会保障赤字是由历史欠账和新制度的启动造成的,应建立社会补偿机制,并由国家财政补偿一部分。[②] 在财政与企业的社保负担方面,程军祥认为,企业对社会保障改革的承受能力是有限的,考虑到当时财政收入占国民收入比重下降且债务负担沉重的局面,应从阶段性的宏观经济状况来衡量,本着不过多增加财政与企业负担的原则予以具体量化责任。[③]

一些学者探讨了社会保障与财政的联系与区别。林山认为,在市场经济体制下,社会保障与财政不是谁属于谁的问题,而是有着密切的联系并相互影响的。他认为,在收支方面,一部分社会保障收支构成了财政收支的内容,但仍有一部分社会保障收支是通过非财政渠道进行的(如社区、企业);在社会主义市场经济下,社会保障有一定的财政属性,但财政又不应是完全地承担社会保障的职能;否则,社会保障制度改革将会变成"国家保障"或者"企业保障"。[④] 梁红旗认为,财政对社会保障事业的影响,不仅体现在财政分配对社保资金的影响上,还体现在财政政策的宏观调控上。从财政分配用于社会保障的资金数量来看,财政分配中用于社会保障收支的资金总量的大小,影响着社会保障事业的发展及作用。从财政政策对社会保障事业的影响上来看,社会保障制度有利于国家进行宏观调控,影响国民收入的分配与再分配总量,也直接影响了国家、企业(集体)和个人的利益关系。[⑤]

1998 年我国政府把构建公共财政体系确定为财政改革的目标模式。随着市场经济的建立,国家财政逐渐向公共财政转变。因此,这一时期,有许多学者研究了公共财政对社会保障的作用。彭成洪认为,公共财政作为社会保障的坚强后盾,必须要做好的几项工作有:增加财政社会保障支出;将社会保障统筹改为社会保障税,并建立起社会保障预算,积

① 黄云:《试论社会保障与财政》,《学术界》1998 年第 5 期。
② 陈先森:《面向 21 世纪社会保障的财政思考》,《财政研究》1998 年第 9 期。
③ 程军祥:《我国社会保障制度改革的几个问题》,《经济研究》1991 年第 7 期。
④ 林山:《市场经济体制下社会保障与财政关系的再认识》,《财经问题研究》1998 年第 9 期。
⑤ 梁红旗:《浅谈财政在社会保障中的地位》,《青海社会科学》1999 年第 4 期。

极做好社保基金的保值增值工作。① 社会保障的投入也会影响到财政的发展，所以投入水平要适度，才能维持经济的健康持续发展。在探讨我国社会保障制度的适度性水平上，穆怀中认为，社会保障水平从量上讲有"高""低"之分，从质上讲有"适度""不适度"之分。并且认为，社会保障水平超度，不仅会影响企业的再投资和国家对外竞争能力，影响经济效益，还会导致财政紧张和一些不利的政治后果。②

2. 建立社会保障资金的财政管理制度问题

随着社会保障改革的不断推进，完善社会保障财政管理制度成了迫切的问题。许多学者从财政职能入手，分析了财政对社会保障监督管理的重要职责，具体建议是加强财政监督管理与社会保障基金管理，编制社会保障预算，建立社会保障预算体系，适时开征社会保障税等。

唐明义、王辉分析了财政参与社会保障管理的必要性、难点，认为无论是从收入分配和再分配、预算、收支管理、宏微观的角度看，财政与社会保障都有着紧密的联系。③ 当时社会保障基金在管理上存在诸多弊端。管理体制不规范，管理不力，使用中挤占挪用的现象也很严重。俞雪华分析了财政与社会保障基金管理的关系，强调了加强财政对社会保障基金管理的迫切性。④ 何永年认为，在建立社会保障体制中，财政发挥着支持和监督作用。社会保障基金收支结余影响国家预算的收支平衡，加强对社保基金的管理和监督也是财政基本职能的客观要求，因此，要加强财政部门对社会保障基金的管理。⑤

20 世纪 90 年代，许多学者对开征社会保障税及其可行性展开了热烈的讨论。《社会保障制度改革与开征社会保障税可行性研究》协作课题组，设计了开征社会保障税的两套不同方案。一种方案是将养老保险金和失业保障金统筹改为征收社会保障税，对医疗保障实行个人医疗基金账户制度；另一种方案是将养老、失业、医疗三项保险纳入社会保障，

① 彭成洪：《公共财政要成为社会保障的坚强后盾》，《财政研究》2003 年第 5 期。
② 穆怀中：《社会保障适度水平研究》，《经济研究》1997 年第 2 期。
③ 唐明义、王辉：《财政参与社会保障管理的角色定位》，《当代经济研究》1999 年第 5 期。
④ 俞雪华：《论财政与社会保障基金管理》，《江海学刊》1998 年第 6 期。
⑤ 何永年：《切实加强财政监督职能推进社会保障事业的健康发展》，《甘肃社会科学》1998 年第 2 期。

并进行了评估与比较。①

　　社会保障的预算管理也是这一时期的讨论热点。20 世纪 90 年代中期，国家预算按复式预算编制，明确要求建立政府公共预算和国有资产经营预算，并根据需要建立社会保障预算和其他预算。在编制社会保障预算的方法上，刘晓莲、许杰认为，建立社会保障预算体系是促进"两个转变"，解决好"两大课题"的奠基工程。由于当时我国处于向市场经济过渡时期，体制尚未理顺，"一揽子"社会保障预算编制难度太大，因此，可以从"板块式"社会保障预算方案向"一揽子"过渡。② 方刚毅认为，当时我国各项社会保障收支虽然都纳入了政府的经常性预算，但一般性税收收入安排的社会保障性支出在政府公共预算中却没有单独编列和反映。因此，从社会保障预算、社会保障税、社会保障财政转移支付三个角度探讨了完善我国社会保障财政制度的法律必要性，并细化了制度的原则、目标、具体实施办法等。③ 梅阳认为，建立社会保障预算体制是建立社会主义市场经济体制的需要，是维护国家预算完整性的需要，是实行政事分开、强化财政监管的需要。因此，应建立社会保障预算，将社会保障收支与政府的预算收支分开。并建立社保预算监管制度，完善社会保障财务监管。④

　　当时中央政府与地方政府的社会保障职责划分尚未明晰，严重影响和制约了我国社会保障制度的有效运行和长远发展。对此，黄书亭、周宗顺认为，必须按照统一立法和分工负责相结合、政府分级提供不同层次性公共产品、财权与事权相统一和经济效益的原则，明确划分中央政府与地方政府在社会保障中的职责范围。⑤

　　综观相关文献的讨论，主要观点是：要完善社会保障资金预算管理制度，合理划分中央与地方的责任，避免出现权责不清与管理混乱的现象；调整公共财政对社会保障的投入比例，同时优化社会保障财政支出

---

① "社会保障制度改革与开征社会保障税可行性研究"协作课题组：《我国社会保障制度改革的基本思路》，《经济研究》1994 年第 10 期。

② 刘晓莲、许杰：《建立社会保障预算体系　促进社会保障事业发展》，《财经问题研究》1999 年第 10 期。

③ 方刚毅：《完善我国社会保障财政制度的法律思考》，《中央财经大学学报》2003 年第 9 期。

④ 梅阳：《论改革和健全社会保障资金筹集与运行系统》，《财政研究》2004 年第 5 期。

⑤ 黄书亭、周宗顺：《中央政府与地方政府在社会保障中的职责划分》，《经济体制改革》2004 年第 3 期。

使用结构，建立财政投入稳定增长机制；加大对社会保障部门建设的投入，为社会保障事业发展创造一个良好的实施环境。

3. 社会保障财政支出现状的量化分析

伴随着一般公共财政对社会保障的支出范围的变化，一些学者开始基于数据探讨社会保障财政支出的总量变化趋势和地区差异，并分析其中存在的问题。蔡社文分析了"九五"时期我国财政社会保障支出的规模和增长情况，认为财政社会保障支出增长超过财政总支出的增长速度，中央财政社会保障支出的增长快于地方财政社会保障支出的增长，社会保障补助支出增势迅猛。他预测之后 5—10 年财政社会保障支出占财政收入的比重将会基本保持在 10%—11%。[1] 林治芬利用 1999 年各省"财政社会保障补助支出占财政支出的比重"和"财政社会保障支出占财政支出的比重"两项指标，用来说明社会保障财政负担的地区差异，结果表明，我国各地区财政的社会保障负担差距甚大，由于当时全国统筹难以实现，转移支付是解决问题的现实选择。[2]

李珍、曹清华基于 2005 年之前的数据分析，认为中国社会保障转移支付中存在结构失衡的问题，主要表现在财政社会救助投入过低、区域政府财政社会保障支出负担苦乐不均。社会保障转移支付中的结构失衡和区域差异必须通过建立公平合理、科学规范的社会保障转移支付制度才能得到解决。[3] 刘畅就我国国企及其职工缴费能力、我国财政负担能力进行了实证分析，最终得出结论：应减轻企业的社会保障缴费负担并加大职工个人社会保障缴费率，并加大财政对于社会保障的投入。[4] 胡劲松、梅哲通过分析 1998—2005 年公共财政对社会保障支出总量和构成的变化，认为虽然公共财政投入作为"两个确保"[5] 和"三条保

① 蔡社文：《未来 5—10 年我国财政社会保障支出趋势分析》，《宏观经济研究》2002 年第 4 期。

② 林治芬：《中国社会保障的地区差异及其转移支付》，《财经研究》2002 年第 5 期。

③ 李珍、曹清华：《社会保障转移支付中的结构失衡和区域差异研究》，《宁夏大学学报》（人文社会科学版）2007 年第 2 期。

④ 刘畅：《社会保障缴费与财政投入的对策研究》，《中央财经大学学报》2007 年第 2 期。

⑤ 两个确保：1998 年以来，实行了确保国有企业下岗职工基本生活、确保离退休人员养老金按时足额发放。

障线"① 建设的重要支撑，但是依然存在制度性缺陷。②

4. 社会保障体系的财政风险及多渠道筹集资金问题

随着社会保障制度改革的展开，一些学者开始意识到社会保障支出可能引发财政风险。武彦民、陈光伟认为，财政风险是国家财政难以正常行使自身职能的可能性。社会保障等隐性债务的暗自膨胀与日渐显形化，才是我国财政风险的主要险源。据此，他们认为要尽力缩小社会保障资金支付缺口，减少对财政资金的需求；并且扩大国家可支配财力的规模，增加对弥合社会保障支付缺口的资金供给能力。③ 邵伟钰分析了社会保障财政风险的表现及形成机理，认为当前存在养老保险、失业保险、医疗保险和城镇居民最低生活保障的财政风险，而防范措施就是保持经济健康快速发展，同时加强社会保障法制化建设。他还指出，政府发布的一些政策规定也会引发一定的财政风险④

在权责不分引发的道德风险问题上，李永杰、游炳俊认为，由于我国的社会保障体系已转向以"统账结合"为特征的独立于企事业单位之外的社会保障体系，表面看来应该是有利于减轻政府负担，但由于目标模式、保障水平和运行机制等方面的设计不合理，已诱发了严重的道德风险。⑤ 因此，由资金不足引发的社会保障财政风险必须通过发展经济和扩大政府的可支配财力来解决；而道德风险的防范则需要制度的约束与安排。

应对社会保障体系可能的财政风险，需要多渠道筹集资金。张红地认为，现有的制度因素制约了社会保障基金进入我国资本市场。在多渠道筹集资金的途径选择上，他认为要建立以基金制为主的社会保障体系，强化企业补充社会保障资金，以减轻国家财政负担。在多渠

① 三条保障线：下岗职工基本生活保障、失业保险制度和城镇居民最低生活保障制度。劳动保障部、民政部、财政部 1999 年 4 月 29 日颁布的《关于做好国有企业下岗职工基本生活保障失业保险和城市居民最低生活保障制度衔接工作的通知》（劳社部发〔1999〕13 号）对做好三条保障线衔接工作。

② 胡劲松、梅哲：《构建和谐社会中公共财政对社会保障投入的实证研究》，《郑州大学学报》（哲学社会科学版）2007 年第 4 期。

③ 武彦民、陈光伟：《社会保障：中国财政风险的重要险源》，《经济理论与经济管理》2002 年第 5 期。

④ 邵伟钰：《社会保障财政风险及其防范》，《经济问题探索》2003 年第 4 期。

⑤ 李永杰、游炳俊：《社会保障领域的道德风险与财政防范》，《华南师范大学学报》（社会科学版）2006 年第 5 期。

道补充社会保障基金的方法上，除了可以发行认可债券和彩票、调整财政支出结构，国家减持国有资产最有可能解决实质性问题。[①] 2001年12月11日开始，我国正式加入WTO。在分析加入WTO对中国的社会保障改革的挑战时，郑功成认为，虽然近几年国家财政对社会保障的支撑作用在逐年加大，但总量严重不足，在筹集资金方面，他认为，解决历史包袱仅仅依靠减持国有股和变现国有资产是不够的，只是从存量中而不是增量上的分摊来降低压力，因此，他建议发行长期的社会保障国债。[②] 杨涌测算了加入WTO之后可能存在过渡性的失业现象，结合国企当时的困境，认为可以通过调整财政支出结构来增大社会保障力度。他建议从加强预算外资金管理入手，即把预算外资金的所有权归还给政府，管理权归还给财政，让财政部门真正执行社会分配职能。[③]

在2000年之后，许多学者主张对社会保险的统筹部分实行"费改税"。李绍光分析了大量学者对费改税的态度，并分析了开征社会保障税的可行性。他提出，社会保障税是指定用于社会保障的工薪税，通过对工薪税税收归宿和劳动力供给特征的关系分析，得出结论开征工薪税或社会保障税需要掌握恰当的时机，在不同阶层间收入分配差距过大或中等收入阶层太小时不宜开征社会保障税。[④]

三 以"全覆盖"为目标的改革阶段（2006年至今）

2006年中共十六届六中全会从构建社会主义和谐社会的战略高度，明确提出到2020年要建立覆盖全民的社会保障体系。2007年10月，中共十七大报告再次提出加快建立覆盖城乡居民的社会保障体系。到2020年，中国政府要在一个十几亿人口的大国做到全民保障。党的十七大明确提出了我国社会保障体系建设要以社会保险、社会救助、社会福利为

① 张红地：《进一步加快我国社会保障基金进入资本市场步伐》，《管理世界》2003年第6期。
② 郑功成：《加入WTO与中国的社会保障改革》，《管理世界》2002年第4期。
③ 杨涌：《调整财政支出结构 增大社会保障力度》，《中央财经大学学报》2000年第11期。
④ 李绍光：《社会保障税与社会保障制度优化》，《经济研究》2004年第8期。

基础，以基本养老、基本医疗、最低生活保障制度为重点，以慈善事业、商业保险为补充的具体要求。《中华人民共和国社会保险法》确定了"广覆盖、保基本、多层次、可持续的方针"，明确了我国社会保险制度的基本框架。早在 2003 年，国务院就以县市为单位启动了新型农村合作医疗试点，其后逐步覆盖全国，并以同样模式覆盖到城镇居民。2007 年 7 月，国务院下发《关于在全国建立农村最低生活保障制度的通知》（国发〔2007〕19 号），确定在全国范围内建立农村最低生活保障制度。2009年，国家又启动新型农村养老保险试点工作，其后以同样制度模式覆盖城乡居民。新型农村合作医疗、居民养老保险、最低生活保障制度由城市延伸到农村，这些都标志着我国社会保障事业开始进入到城乡兼顾、全面覆盖的新阶段。

在这一阶段，学者们的研究主要围绕政府对社会保障的财政责任，社会保障存在的财政风险，新时期社会保障财政管理制度的改革等问题进行政策研究。同时，受国内社会科学界研究范式转变的影响，越来越多的文献基于数据和计量方法，分析社会保障财政支出与经济增长、老年人口规模等变量之间的关系，分析其对居民消费、收入差距、就业等方面的影响；分析社会保障财政支出的效率、总量变化和区域差异以及最优规模等问题。

1. 社会保障的财政责任及政策研究

2007 年，中国共产党第十七次全国代表大会提出："围绕推进基本公共服务均等化和主体功能区建设，完善公共财政体系"，[1] 这表明，公共财政建设的重点由经济发展转向以社会保障为主体的基本公共服务均等化。2012 年，中国共产党第十八次全国代表大会提出的"完善促进基本公共服务均等化和主体功能区建设的公共财政体系"，[2] 是对公共财政目标的进一步强调。

李钦、曾宪影（2008）认为，"全覆盖"既是社会保障制度改革和发展的目标，也是当前最显著的特征，支撑了公共财政体制的建立和完善。[3] 李中义研究了公共财政视角下社会保障制度的构建问题，认为两者

---

① 《胡锦涛在中国共产党第十八次全国代表大会上的报告》。
② 同上。
③ 李钦、曾宪影：《公共财政体制建设与全覆盖社会保障体系》，《学海》2008 年第 5 期。

既有联系又有区别，联系在于市场经济是社会保障和公共财政的共同来源，区别主要体现在主体不同，集中分配程度不同，分配原则不同。① 龙玉其认为，社会保障财政支出在调节收入分配方面的作用不理想，社会保障财政投入与人民群众的社会保障需求还有较大的差距，不仅财政支出的总量不足，而且支出结构不合理。②

有些学者在研究社会保障的财政责任时，也探讨了社会保障财政支出的口径问题。林治芬、孙王军认为，在进行社会保障财政责任国际比较时，必须区分财政社会保障支出和全口径社会保障支出的不同概念。前者是财政口径的社会保障支出，即政府通过财政预算、用一般税收收入安排的社会保障支出。后者是全口径的社会保障支出，即全社会用于社会保障方面的支出，包括政府财政预算的社会保障支出、政府预算之外的社会保险支出、慈善等社会资金用于社会保障的支出。我国在度量政府的社会保障财政责任时，大都从政府角度看有多少财政资金用于社会保障。③ 郎大鹏认为，社会保障的财政责任的承担是贯彻落实国家社会保障责任的核心内容，财政严重制约了社会保障的供给，而社会保障供给则为财政责任分析提供了基础；财政投入固然重要，但还需要结合供给方式调整财政投入的方式和方向。④

有的学者从农村社会保障和养老保险制度的角度，研究了社会保障的财政责任。陈少晖、李丽琴梳理了 1949—2009 年国家财政责任的变迁，以及与之伴随的农村社会保障"集体—个人—社会"的制度变迁。随着公共财政向农村居民的逐渐覆盖，公共服务均等化的目标要求财政为城乡均等的社会保障制度提供支持。他们建议加大国家对农村社会保障的财政投入，以公共财政解决农村公共服务不足问题以及缩小城乡公共服务差距。⑤ 杨斌、丁建定基于"五维"环境框架对中国养老保险制度政府财政责任改革环境进行分析，认为政府财政在养老保险体系中承担的

① 李中义：《公共财政视角下的社会保障制度构建》，《财政研究》2007 年第 11 期。

② 龙玉其：《中国社会保障财政支出成效与问题》，《学术论坛》2011 年第 5 期。

③ 林治芬、孙王军：《政府社会保障财政责任度量与比较》，《财政研究》2012 年第 2 期。

④ 郎大鹏：《基于公共服务视角的社会保障财政责任分析框架研究》，《求索》2012 年第 7 期。

⑤ 陈少晖、李丽琴：《财政压力视域下的农村社会保障制度变迁（1949—2009）》，《福建论坛》（人文社会科学版）2010 年第 11 期。

责任，受经济环境、政治环境、社会环境、文化环境、制度环境的影响。①

2. 社会保障的财政风险

国际上一般将财政风险定义为政府财政收入、支出（或费用）因各种原因产生出乎意料变动，导致国家财政难以正常行使自身职能的可能性。持续收不抵支、财政赤字不断累积是财政风险的主要表现形式。

林毓铭将社会保障财政风险和危机管理提升到了战略高度。他认为，由于我国正处在社会转型与体制转轨，机遇与风险并存的社会高风险期，给社会保障和政府对社会保障的管理带来极大的影响。② 杨红燕、陈天红将社会保障财政支付风险的原因归结为内外部原因，并且认为风险的大小具有隐蔽性，在不同层级政府间存在不平衡性，在不同社会保障项目间存在差异，由此提出化解社会保障财政支付风险的管理策略。③ 这就要求财政部门在社会保障的常规性管理中，贯穿风险意识、忧患意识、可持续发展意识，制定相应的危机管理措施，在安排社会福利部分的支出时根据财政负担能力量力而行，避免风险。

邓大松、吴汉华、吴小武认为，社会保障资金的管理是社会保障可持续发展的核心。具体要做的就是多渠道筹集社会保障基金，保持稳定、持续的资金来源，同时做好基金的保值增值，坚持基金投资多元化原则，规避基金投资风险。④ 杨俊、龚六堂指出，我国的全国社会保障基金的收入来源主要为国家的财政拨款和国有股权相关收入。他们通过模型设定计算出了社会保障基金的最优持股比例，认为政府应选择经济中最大化的社会保障基金持股比例以实现社会福利的最大化。⑤

中国的人口老龄化发展速度非常快，而养老、医疗保障项目的支出需要对人口老龄化非常敏感。基于这一背景，一些学者还专门测算了养

---

① 杨斌、丁建定：《"五维"框架下中国养老保险制度政府财政责任机制改革的环境分析》，《社会保障研究》2015 年第 1 期。

② 林毓铭：《社会保障财政风险与危机管理战略》，《人口与发展》2009 年第 6 期。

③ 杨红燕、陈天红：《社会保障财政支付风险的多角度分析与全方位应对》，《华中科技大学学报》（社会科学版）2011 年第 4 期。

④ 邓大松、吴汉华、吴小武：《做大、做强全国社会保障基金的战略选择》，《管理世界》2006 年第 3 期。

⑤ 杨俊、龚六堂：《社会保障基金最优持股比例研究》，《经济研究》2008 年第 6 期。

老保障、医疗保障等社会保障项目带来的财政风险。高培勇、汪德华、汪德华、孟红先后基于联合国不同时期公布的人口预测数据，先后测算了中国职工养老保险和居民养老保险并存实现养老保障全覆盖模式下的资金缺口。[①] 他们发现，如果维持现有制度参数不推进改革，2014 年中国职工养老保险将出现当期资金缺口，到 2050 年养老保障体系整体的当期资金缺口将占当年 GDP 的 8% 左右，到 2060—2100 年间将占当年 GDP 的 10% 左右。如此规模的资金缺口，自然会带来巨大的财政风险。马骏等的计算和预测表明，中国当前在医疗卫生领域的一般公共财政资金约占当年 GDP 的 1.8%，到 2040 年及之后要增加到 3%。[②] Wang Dehua[③] 将中国和美国社会保障领域的财政风险进行了比较，指出相对于养老保障领域而言，医疗卫生领域对中国财政可持续性的冲击相对较小；而美国则是养老保障领域的财政风险较小，医疗卫生领域的财政风险更大。

应对未来如此巨大的资金缺口和财政风险，需要加快社会保障体系的改革步伐。穆怀中、张文晓、沈毅（2016）认为，对不同养老保险全国统筹方案进行选择的重要依据之一是财政支付的可行性。他们设计了养老保险分层平均全国统筹与分比例全国统筹两大类型及六种具体实施方案，提出全国统筹财政"双补贴"机制（收支缺口补贴与福利损失补贴）。王增文基于财政的可持续性视角研究了社会保障财政支出最优规模，认为在满足政府支出的自然效率的条件下，中国社会保障财政支出占国家财政总支出的最优比重应该是 34.82%。[④] 颜丙峰认为，在政府财力有限情况下，创新社会保障筹资、给付机制是提高城乡社会保障公平性的现实选择；缩小城乡恩格尔系数差距、提升常住人口城镇化率是提

① 高培勇、汪德华：《中国养老保障体系资金缺口分析及对策建议》，《比较》2011 年第 2 期。汪德华、孟红：《社保增值税：重构中国养老保障体系筹资模式》，《比较》2017 年第 3 辑（总第 90 辑）。

② 马骏等著：《中国国家资产负债表研究》，社会科学文献出版社 2012 年版。

③ Wang Dehua, "Comparative Analysis of Fiscal Sustainability of China and the US", *China Economist*, 2017, 12 (4).

④ 王增文：《中国社会保障财政支出最优规模研究：基于财政的可持续性视角》，《农业技术经济》2010 年第 1 期。

高城乡社会保障公平性的长期战略选择。① 汪德华、孟红指出，中国应当学习其他国家推行"社保增值税"的经验，提高增值税税率并将其增加收入专项用于"国民养老计划"，给所有老年人发放养老金；同步大幅降低养老保险费率，所筹集收入全部改造为名义个人账户养老金。他们设计了具体的改革方案，测算的结果表明改革能够有效地缓解中国养老保险体系未来的资金缺口。②

3. 新时期社会保障财政管理制度的改革

一些学者认为，财政制度的缺陷影响了社会保障制度全覆盖的进程，必须完善社会保障财政制度。

林治芬认为，我国财政社会保障支出责任总体上仍处于划分无序的初始阶段，远未走上制度化、规范化、法制化道路。③ 陈颐分析了现行财政体制主要存在的两大缺陷：一是未将社会保障列为重要的支出项目；二是未能对中央政府与地方政府的社会保障职责进行科学的制度化划分。他提出，必须合理确定社会保障支出占财政支出的比重，明确划分中央、省级、省以下各级政府的社会保障职责，并根据财力与事权相匹配的原则科学划分中央与地方的收入，逐步构建起有利于社会保障体系建设的财政体制。④ 汪德华认为，现行投入分担机制不合理，责任向政府过度集中。突出表现在基本保险中政府与个人筹资责任不合理、基本保险与补充保险发展不协调、政府间的事权和支出责任划分不明确等方面。以养老保障和医保为例，城乡居民基本养老保险过于依赖政府全额负担的基础养老金，参保人员缴费标准普遍偏低；企业年金、个人储蓄性养老保险等规模偏小；新农合和居民医保筹资中政府占比偏高。因此，他认为，要深化改革，以提高社会保障制度的可持续性。⑤

在城乡统筹的进程中，王晓东认为，我国二元化的社会保障财政体制造成了城乡社会保障制度发展的严重失衡。"先城市后农村""重城市

---

①　颜丙峰：《共享发展背景下中国城乡社会保障公平性影响因素研究》，《东岳论丛》2017年第 2 期。

②　汪德华、孟红：《社保增值税：重构中国养老保障体系筹资模式》，《比较》2017 年第 3 辑（总第 90 辑）；汪德华、孟红：《社保增值税适用于中国吗？——基于国际经验的分析》，《国际税务》2017 年第 9 期。

③　林治芬：《中央与地方社会保障事责划分与财力匹配》，《财政研究》2014 年第 3 期。

④　陈颐：《社会保障建设和财政体制改革》，《江海学刊》2008 年第 6 期。

⑤　汪德华：《深化改革　增强社会保障制度的可持续性》，《中国财经报》2017 年第 2 期。

轻农村"的差别化财政投入机制严重阻滞了社会保障城乡统筹的发展进程。因此，需要从社会保障公共财政的投入总量、支出结构以及各级政府财政分担机制的合理确定等方面，进行全方位改革。[①] 在具体的社会保障项目上，顾辉以养老保障为例，认为我国正处于快速老龄化过程中，现有的社会养老保障存在城乡、地域和身份分割，打破"碎片化"的养老保障格局需要构建以公共财政为基础的现代社会养老保障体系。[②]

陈成、李文沛、熊文钊认为，我国社会保障职权配置存在法律体系缺失、管理职权交叉与混同、职权与财权机制不相匹配、财政监督机制不完善四大问题。[③] 因此，要完善社会保障职权配置的配套立法、明确其职权范围；完善转移支付制度，实现财力和事责的统一；整合省级以下地方社会保障资源，扩大资金来源；完善中央与地方的协调合作机制，以充分发挥财政的监督管理职能。

4. 社会保障财政支出及其影响因素的定量分析

作为一项重人的社会公共政策，社会保障也会对经济发展和社会生活的各个层面产生广泛而深远的影响。伴随着国内社会科学界定量研究范式的兴起与扩散，加上社会保障财政支出规模的不断扩大，这一阶段越来越多的文献采用计量方法分析社会保障财政支出各方面的影响。许多学者研究了社会保障财政支出与经济增长、老龄化之间的关系，对居民消费、收入差距以及就业的影响。

一些学者对中国财政社会保障支出与经济增长的相互影响进行了研究，部分学者还关注到相互关系的区域差异。崔大海利用 1978—2006 年的数据，通过 Granger 因果检验和协整分析，发现经济增长与财政社会保障支出存在单因果关系，即经济增长引起财政社会保障支出增加，但财政社会保障支出未必会导致经济增长。[④] 赵建国、李佳发现，社会保障促

① 王晓东：《城乡统筹下我国社会保障财政体制的改革》，《宏观经济管理》2012 年第 12 期。

② 顾辉：《民生财政导向下的我国社会养老保障研究》，《理论与改革》2012 年第 4 期。

③ 陈成、李文沛、熊文钊：《论我国中央与地方政府社会保障职权配置的法治化》，《广西社会科学》2015 年第 8 期。

④ 崔大海：《我国财政社会保障支出与经济增长的相关关系研究》，《江淮论坛》2008 年第 6 期。

进经济增长的作用为中性偏负。① 刘畅则发现，财政社会保障支出对经济增长具有推动作用。② 李佳、赵建国认为，财政社会保障支出经济增长效应区域差异显著。财政社会保障支出对我国东部和中部地区具有显著正向影响，而对西部地区则不显著。不同地区财政社会保障支出明显与地方投资行为、政府行为以及财政能力等因素有关，而与经济增长率、经济发展水平和老龄化水平关系不大。③ 赵建国、廖藏宜、李佳发现，我国地区间社会保障财政负担不公平现象比较明显，中西部地区财政负担较重，人均社会保障财政负担与之相比更加不公平，各地区社会保障财政负担水平与财政收入没有显著关系，而与经济增长水平和人口老龄化程度显著正相关。④ 总的来说，大多数学者都认为经济增长会引起财政社会保障支出增加，且存在区域差异，但财政社会保障支出对经济增长的影响却不一致。

社会保障财政支出不仅受经济增长的影响，还会受到老年人口规模的影响。人口老龄化造成社会保障支出规模扩大，加重政府财政负担并对整体经济运行产生不利影响。刘吕吉、李桥、张馨丹利用省级面板数据分析了老年抚养比和少儿抚养比对财政社会保障支出的影响，得出了人口老龄化导致财政社会保障支出增加且呈惯性的结论。⑤ 杨胜利、高向东也认为人口老龄化将会使负担系数上升、社会保障财政支出增加，并且在 2030 年以后会超过 15%。⑥

在社会保障财政支出对收入差距的影响方面，徐倩、李放使用 1998—2010 年的省级面板数据，发现人均财政社会保障支出、社会保障占财政支出的比例与我国的城乡差距之间均存在显著的正相关关系，即

---

① 赵建国、李佳：《财政社会保障支出的非线性经济增长效应研究》，《财政研究》2012 年第 9 期。

② 刘畅：《我国财政社会保障支出困境及对策建议》，《中央财经大学学报》2009 年第 9 期。

③ 李佳、赵建国：《财政社会保障支出经济增长效应区域差异——来自中国省级面板数据的实证》，《社会保障研究》2016 年第 3 期。

④ 赵建国、廖藏宜、李佳：《我国社会保障财政负担区域公平性及影响因素研究》，《财政研究》2016 年第 10 期。

⑤ 刘吕吉、李桥、张馨丹：《人口结构变迁与财政社会保障支出水平研究——基于省级面板数据的实证分析》，《贵州财经大学学报》2014 年第 4 期。

⑥ 杨胜利、高向东：《人口老龄化对社会保障财政支出的影响研究》，《西北人口》2012 年第 3 期。

财政用于社会保障方面的支出扩大了城乡差距。[①] 朱德云、董迎迎的研究也证实了这一点。[②] 赫国胜、柳如眉认为，财政社会保障支出存在地区收入差距的收敛效应。[③] 郭平、周洁认为，财政社会保障支出对城乡收入差距的影响存在基于财政分权的双门槛效应，当财政分权水平较低时，财政社会保障支出的增加加剧了城乡收入差距；当财政分权高于一定水平时，财政社会保障支出有助于缩小城乡收入差距。[④] 庞凤喜、潘孝珍利用1998—2009 年的省级面板数据，探讨了收入分权度和支出分权度对地方政府社会保障支出规模影响的差异。研究结果表明：收入分权度与地方政府社会保障支出规模呈负相关，支出分权度与地方政府社会保障支出规模呈正相关。[⑤]

一些学者研究了社会保障财政支出与消费的关系。张治觉、吴定玉发现，我国居民人均消费和社会保障支出占财政支出比重之间存在非线性关系，且社会保障与居民消费的关系具有明显的阶段性；农村社会保障水平低是农村居民的边际消费倾向低于城镇居民的边际消费倾向的一个重要原因。[⑥] 田华、金卫健、朱柏青发现，国家财政社会保障支出在长期上对农村居民消费具有显著引致效应，而在短期上对农村居民消费的正向影响具有滞后效应。[⑦] 王勇、黄新建认为，财政支持农村社会保障具有综合效应：提高边际消费倾向和政府转移支付、促进经济增长的乘数效应；引导其他社会资金进入农村社会保障领域、提高农村社会保障供给量和供给水平的供给效应；以直接或间接方式促进农民收入增长的增

① 徐倩、李放：《财政社会保障支出与中国城乡收入差距——理论分析与计量检验》，《上海经济研究》2012 年第 11 期。

② 朱德云、董迎迎：《财政社会保障支出对城乡居民收入差距的影响研究》，《宏观经济研究》2017 年第 1 期。

③ 赫国胜、柳如眉：《财政社会保障支出的地区收入差距收敛效应分析——基于东中西部2000—2012 年面板数据》，《社会科学辑刊》2015 年第 4 期。

④ 郭平、周洁：《财政分权、社会保障支出与城乡居民收入差距的实证分析》，《财经理论与实践》2016 年第 5 期。

⑤ 庞凤喜、潘孝珍：《财政分权与地方政府社会保障支出——基于省级面板数据的分析》，《财贸经济》2012 年第 2 期。

⑥ 张治觉、吴定玉：《我国财政社会保障对居民消费产生引致还是挤出效应》，《消费经济》2010 年第 3 期。

⑦ 田华、金卫健、朱柏青：《财政社会保障和就业支出对农村居民消费的影响分析》，《统计与决策》2016 年第 12 期。

收效应。① 总之，大多数学者都认为，社会保障财政支出对消费具有促进作用。

一些学者研究了社会保障财政支出对就业的影响。刘新、刘星、刘伟对 1978—2008 年我国就业量、财政社会保障支出、资本投入、技术进步和工资水平五个变量之间的关系进行了实证研究，发现这五个变量之间存在长期协整关系。进一步的因果关系检验结果显示，财政社会保障支出、资本投入、技术进步和工资水平对就业量无 Granger 影响。②

5. 社会保障财政支出的规模及效率研究

一些学者采用效率分析方法研究社会保障财政支出的绩效。王晓军、钱珍采用数据包络分析方法的研究发现，财政社会保障支出的效率受地区经济发展水平的影响，各省之间的效率差异较大。③ 李胜会、熊璨运用 Malmquist DEA 指数对广东地方政府社会保障财政支出的效率进行评价，发现广东地方政府社会保障财政支出的年均综合效率增长呈"U"形态势。他又构建了面板数据模型对社会保障财政投入—产出变量与公众幸福指数、总体满意度及社会保障满意度之间的关系进行研究，发现社会保障财政投入对三者并无显著影响，但社会保障财政产出对提升公众满意度和幸福感有显著的正向作用。④

一些学者研究了农村社会保障财政的效率。夏珺、李春根发现，从静态效率看，农村最低生活保障财政支出综合技术效率很大程度上由规模效率决定，取决于实际支出规模是否靠近最优规模；农村低保财政支出效率有着较为明显的地域差异和地区特征；从效率动态变化看，每年农村低保财政支出不断增加的同时其效率在下降，大体上中部地区全要素生产率变动情况优于东、西部地区，主要诱因在于技术进步变动。⑤ 李

① 王勇、黄新建：《财政支持农村社会保障的综合效应研究》，《求实》2010 年第 6 期。

② 刘新、刘星、刘伟：《财政社会保障支出的就业效应——基于 1978—2008 年的经验数据》，《山西财经大学学报》2010 年第 7 期。

③ 王晓军、钱珍：《中国财政社会保障支出效率分析》，《福建论坛》（人文社会科学版）2009 年第 5 期。

④ 李胜会、熊璨：《地方政府社会保障财政支出效率与满意度研究》，《中国行政管理》2016 年第 2 期。

⑤ 夏珺、李春根：《农村最低生活保障财政支出效率静态状况及动态变化——基于 2008—2013 年省际面板数据的实证分析》，《华中农业大学学报》（社会科学版）2018 年第 2 期。

胜会、熊璨研究发现，我国农村社会保障财政支出效率高于城市地区，区域间城市与农村社会保障财政支出效率存在分异。[①] 由此可见，无论是省际还是农村与农村之间，都存在社会保障财政资源配置效率区域差异显著的现象，提高财政投入所占比重固然重要，但提高财政投入的使用效率也有利于充分利用资金，缩小区域差距。

在社会保障财政支出的总量变化与区域差异上，郭光芝、杨翠迎发现，由于各地方社会保障财政负担的基数不同，造成了目前社会保障总体负担在省际间的很大差异。[②] 王延中、龙玉其认为，我国社会保障财政投入与人民群众的社会保障需求还有较大的差距，不仅财政支出的总量不足，而且支出结构不合理，社会保障财政支出在调节收入分配方面的作用不理想。[③] 陈成认为，中国社会保障支出 1998 年以后增长迅速，但其支出力度太低；社会保障支出存在明显的地区差距和城市偏向。[④] 杨红燕等认为，财政分权、财政自给率对于财政社会保障支出地区差异的影响为正，各地区人均财政社会保障支出的绝对数随经济的增长而增长，可是财政社会保障支出占 GDP 和财政支出的比重却随经济的增长而下降。[⑤] 李文军基于 1998—2015 年地方政府财政社会保障支出数据研究发现，我国区域财政社会保障支出总量呈现出东部 > 西部 > 中部 > 东北的特征。[⑥] 邓大松、丁怡认为，当前财政支持城乡居民基本养老保险存在的问题，各地区不统一导致的待遇相差悬殊；地方政府的财政责任不明晰；地区间财力差距过大导致地方政府对城乡居民基本养老保险投入不均。[⑦]

---

① 李胜会、熊璨：《社会保障财政支出：城乡效率差异及原因》，《公共管理学报》2016 年第 3 期。

② 郭光芝、杨翠迎：《地方社会保障的财政责任与经济发展关系的研究——基于我国 31 个省（市、自治区）面板数据分析》，《西北人口》2010 年第 6 期。

③ 王延中、龙玉其：《改革开放以来中国政府社会保障支出分析》，《财贸经济》2011 年第 1 期。

④ 陈成：《中国社会保障支出：问题与思考》，《社会科学》2014 年第 7 期。

⑤ 杨红燕、谢萌、肖益等：《财政社会保障支出省际差异的影响因素分析》，《统计与决策》2014 年第 18 期。

⑥ 李文军：《区域财政社会保障支出差距与优化研究》，《华东经济管理》2018 年第 2 期。

⑦ 邓大松、丁怡：《城乡养老保险一体化视域下的财政支出结构研究》，《理论与改革》2014 年第 3 期。

在对农村的社保支出方面，毕红霞、薛兴利、李升认为，近年我国财政加大了对农村最低生活保障的支持力度，但现行农村低保仅是低水平的保障，财政支持表现出了非适度性，需要进一步加大补助力度。[①] 叶金国、仇晓洁认为，由农村社会救助、新型农村合作医疗以及新型农村养老保险三部分组成的中国农村社会保障体系已初步形成。但仍然存在农村社会保障财政资源配置地区差异大，资源配置结构不合理等问题。[②] 因此，要增强对落后地区社会保障支出转移支付力度，逐步建立国家最低标准；在统筹过程中，要加大农村社会保障投入，努力缩小城乡差距。

社会保障转移支付制度是指中央财政对地方财政以及地方上级财政对下级财政纵向的社会保障补助支出，是解决政府间社会保障财政纵向和横向失衡的重要举措。吴雪平认为，我国社会保障转移支付存在水平偏低、规范性不够以及各地区间社会保障转移支付能力差异偏大的问题。[③] 柯卉兵从社会保障财政负担的地区差异、社会保障财政人均支出的地区差异，以及社会保障财政支出水平的地区差异三个角度归纳了分税制改革以来中国社会保障财政支出的地区差异问题，证明了建立社会保障转移支付制度的必要性。[④] 柯卉兵、李静认为，地区间财力差异以及地方政府社会保障支出需求和单位支出成本的差异，会导致社会保障财政横向不平衡，社会保障转移支付制度的构建能够有效避免地区间社会保障事业发展的"马太效应"。[⑤] 这一时期，绝大多数学者都认为要完善我国政府间社会保障转移支付制度，加快建立规范化社会保障转移支付制度的步伐；合理确定财政社会保障转移支付的规模，从而缩小地区间社会发展差距。

[①] 毕红霞、薛兴利、李升：《论农村最低生活保障财政支持的适度性与政策优化》，《农业经济问题》2012 年第 1 期。

[②] 叶金国、仇晓洁：《中国农村社会保障财政资源配置问题及对策研究》，《河北学刊》2015 年第 4 期。

[③] 吴雪平：《对我国社会保障转移支付制度化的思考》，《社会科学辑刊》2008 年第 3 期。

[④] 柯卉兵：《中国社会保障财政支出的地区差异问题分析》，《公共管理学报》2009 年第 1 期。

[⑤] 柯卉兵、李静：《论社会保障转移支付制度的理论依据》，《中州学刊》2013 年第 7 期。

四 小结

改革开放四十年以来，我国社会保障事业改革和发展的成就是巨大的。社会保障的项目已基本健全，重点项目的全覆盖已基本实现。在这一进程中，一般公共财政提供了巨大的支持。学术界对社会保障财政问题的讨论，对于推进社会保障事业的改革发展，加大社会保障财政投入，优化社会保障财政管理制度等，都发挥了重要作用。

梳理四十年来学术界关于社会保障财政问题的讨论，可以发现其脉络是清楚的。一方面，学术界根据国家社会保障事业改革和发展的需要，讨论了诸多相关重大政策问题；另一方面，伴随着国内社会科学界研究范式的转型，越来越多的文献采用计量方法分析社会保障财政支出的影响因素，以及社会保障财政支出对于经济社会发展的各方面影响。总的来看，四十年来学术界关注社会保障财政领域的重要主题，集中在以下四个方面。

一是关于社会保障与财政之间的关系，社会保障财政责任的讨论。社会保障模式的不同，决定了一般公共财政与社会保障之间的关系有所不同。改革开放初期，学术界逐步认识到社会保障与一般公共财政的紧密联系，认为社会保障资金应纳入到财政管理的范围。在20世纪90年代之后，伴随着职工社会保险体系的建设和改革，学术界对于社会保障与一般公共财政之间的关系认识越来越深入，从理论上论证了社会保障与财政之间既有联系，又有区别；社会保障事业的发展，应发挥财政、企业以及个人的积极性。在2006年社会保障事业进入"全覆盖"为导向的发展阶段，学术界进一步具体讨论了财政支持社会保障事业发展的责任和存在的不足。

二是关于社会保障财政管理制度的讨论。在不同时期，社会保障模式的差异，决定了财政介入社会保障资金管理的具体问题不同。根据社会保障事业发展的需要，学者们就财政如何加强对社会保障资金的监督管理、社会保障预算编制、社会保障财政支出科目的设置、社会保障税、城乡二元化社会保障财政体制、社会保障财政转移支付制度等具体问题相继进行讨论，普遍建议社会保障财政管理制度应进入法制化、规范化的轨道。

三是关于社会保障财政风险问题的讨论。在发达国家，社会保障财政支出是财政支出的主体，且占比在不断提高。由于社会保障财政支出深受人口老龄化等因素的影响，其引致的财政风险问题也受到国内学界的高度关注。特别是在 20 世纪 90 年代之后，随着我国社会保障项目越来越丰富，"全覆盖"进程不断加速，相关文献高度关注社会保障财政支出引致财政风险可能的原因。部分文献还具体测算了养老保险、医疗保障等社会保障项目未来资金缺口的大小，并从筹资方式、待遇支付等角度提出如何应对或缓解财政风险的相关建议。

四是基于宏观数据，采用计量方法分析社会保障财政支出的影响因素及对经济社会发展状况的影响。这一领域的文献，主要受国内社会科学界"用数据说话"研究范式转变的影响，在 20 世纪 90 年代后期开始出现，到目前已成为主流。学者们关注到社会保障财政支出与经济增长、老龄化之间的相互关系，分析了社会保障财政支出对居民消费、收入差距以及就业等方面的影响。一些学者还基于数据分析，研究了整体以及具体社会保障项目的财政支出效率，并分析了其中存在的问题。应当说，这些文献为我们更为客观、更为科学地认识到社会保障财政支出存在的问题及其影响，提供了诸多洞见。但相关文献也存在计量分析过程相对粗糙，分析结论的可信性存在疑问，受分析范式的影响导致政策讨论较为单一、深度不够等问题。

过去四十年，中国社会保障事业不断深化改革，到今天已实现基本制度定型，主要项目全覆盖目标基本完成的局面。学术界对社会保障财政政策问题的讨论，对此做出了重要贡献。展望未来，笔者认为社会保障财政领域大的政策主题将逐步淡化。在制度基本定型、社会保障财政支出相关数据更为丰富的大背景下，学者们应将更多精力放在社会保障财政支出具体政策问题的深入分析上，应采用更为科学、更为可信的计量方法，分析社会保障财政支出对经济社会发展的方方面面的影响。概言之，提高社会保障支出领域的分析深度、分析质量是下一步研究工作的重点。

第十一章 社会保障收入分配效应研究

社会保障制度是实现国民收入再分配的重要手段和方式，其根本目的是矫正市场分配可能导致的收入差距过大，确保社会收入分配处于较为平等的状态。但现实中，一系列社会保障政策对收入分配的作用效果究竟怎么样，还需要通过对经验数据的系统研究才能够得出合乎实际的结论。国内学术界在这方面的研究十分有限。根据检索结果，这类研究大致可以分为以下六类：一是关于社会保障与收入分配关系的理论探讨；二是最低生活保障对收入分配的影响；三是养老保险对社会分配的影响；四是医疗保险对收入分配的影响；五是社会保障支出水平对收入分配的影响；六是中国社会保障的逆向再分配。下面对此领域的研究分别进行归纳总结，最后对未来的研究方向提出一些展望。

一 社会保障与收入分配关系的理论研究

社会保障与收入分配关系的理论研究，多集中于探讨对社会保障的收入分配功能的认识和理解上。社会保障在初次分配和再次分配领域能够发挥调节功能，不仅是社会安全网和稳定社会的工具或手段，也是一种收入分配的工具与手段，这一点在国内学术界已普遍达成共识。然而，社会保障还具备综合性调节收入分配的功能，使其能够在各个层面调整分配格局，促进社会公平正义与发展成果共享的实现。因此，对社会保障对收入分配的调节功能有必要进行更加深入和彻底的研究与探讨。

郑功成对社会保障的收入分配功能提出了更加全面深刻的阐述，他认为社会保障的收入分配调节功能并不限于再分配领域，而是同时具体地体现在国民财富的初次分配、再分配与再再分配三个层次上①。首先，在初次分配领域，由于社会保险的强制性，雇主与雇员都要进行缴费这无疑会直接影响初次分配的格局；其次，在再分配领域，社会保障的各个子系统如社会保险、社会救助等都会给受保障者带来增收的实惠，对社会财富的再分配作用显而易见；再次，慈善公益事业实质是对国民财富的再再分配，虽然分配力度不强，但仍旧值得重视。综上所述，他认为不能再单纯地将社会保障视为再分配领域中的事情，更不能将社会保障看成是一种稳定工具，而是需要将社会保障视为一种民生目标，同时将其作为一种综合性的收入分配调节手段。①

曾湘泉认为，收入分配与社会保障的制度构建应基于一定的价值理念和整体性的战略性思考和设计，然而，在初次分配领域，制度内差距的日益缩小，资源配置和分配体制运行所产生的效率问题突出；在再分配领域，制度外的收入差距急剧扩大，公平的理念未能在更大程度上和更广范围内推行，导致社会收入差距急剧扩大，社会保障资金来源问题日益突出。针对这一问题他基于现代"公平与效率"这一价值理念出发，对社会保障的收入分配调节功能提出了一种新的理解。他将公平这一概念理解为起点、过程、结果公平，其中起点公平可以理解为机会的平等；过程公平更多的是强调在社会保障中参与权的公平，通过社会保障制度的构造，社会收入的再分配，加大对弱势群体的人力资本投资，则会使穷者不再变穷；对于结果公平的重视有助于更好地解决起点的不平等，特别是缓解后天外部环境原因所带来的机会不平等，甚至也有助于缓解天生的机会不平等。因此，他认为公平是一个价值理念问题，收入分配和收入的再分配都应建立在效率和平等这一价值的理念之上，要关注起点公平，但也应当更多地关注结果和过程公平。②

陶纪坤基于马克思主义经济学和西方经济学两种理论对比分析了社会保障制度对收入分配的调节作用，首先，他分别介绍了两种经济学理论下社会保障对收入分配的调节理论，其中马克思主义经济学关于社会

①　郑功成：《社会保障：调节收入分配的基本制度保障》，《中国党政干部论坛》2010 年第6 期。

②　曾湘泉：《价值理念、收入分配差距与社会保障制度构建》，《中国人民大学学报》2002年第3 期。

保障制度调节收入分配理论分析认为社会保障制度的实质是国民收入的适度再分配，为实现国民收入的合理分配，国家应参与分配，通过社会保障制度在分配机制上的特有功能，缓解社会分配的不公正状态，而西方经济学关于社会保障制度调节收入分配的理论分析，不同的经济学流派从不同角度都进行过理论阐述，其中德国历史学派、福利经济学派、瑞典学派、凯恩斯学派和新剑桥学派的研究比较突出。其次，他对比了两种关于社会保障调节收入分配理论之间的异同，相同之处在于两种理论都认为社会保障制度是政府通过对收入分配的调节达到保障全体居民基本生活的一种手段，具体体现在：一是社会保障调节收入分配是工业化的客观要求；二是社会保障调节收入分配是市场化、社会化的客观要求；三是社会保障调节收入分配是政府的一项基本职能和维护社会稳定的客观要求。两种理论的差异在于研究方法、研究深度上的不同：关于研究方法上，马克思主义经济学是从客观的整个社会着眼，而西方经济学则是从主观的个人着眼；关于研究深度上，马克思主义经济学关于社会保障制度调节收入分配理论比西方经济学更加深刻，马克思主义经济学认为，由于生产方式的深刻变革，社会保障制度得以产生，西方经济学认为，国家建立社会保障制度是为实现"社会公平"和"收入均等化"。[1]

综上所述，学者们基于一定的价值理念和多种理论对社会保障制度的收入分配调节作用进行了深入的分析和探讨，所得出的结论不尽相同，然而社会保障制度的本质就是通过再分配缩小居民收入差距，确保社会公平的实现，它不仅是社会的"安全网"，也是收入分配的"调节器"，更是综合性调节收入分配的工具和手段。毋庸置疑的是学术界对社会保障制度所具备的收入分配功能进行充分的认知和理解是十分必要的，收入分配与社会保障的制度构建应该基于社会公平正义的价值理念，只有更加强调公平才能使全体国民共享发展的成果，在此期间，应做到起点公平，确保过程公平，最大限度地关注结果公平。

---

① 陶纪坤：《两种社会保障调节收入分配理论的对比研究》，《经济纵横》2009 年第 8 期。

二 最低生活保障对收入分配的影响

社会救助制度是社会保障制度的重要组成部分，也是政府和社会干预贫困问题的重要工具和手段。最低生活保障制度在中国社会救助体系中具有最为核心的地位，最低生活保障制度历经十几年的发展已成为中国现阶段城乡社会救助工作的主体，该制度在调节城乡贫困人口收入、缩小城市收入分配差距、缓解贫困、促进社会公平等方面发挥着至关重要的作用。因此，学者围绕城乡最低保障收入与支出对缩小城乡居民收入差距的影响作用展开了深入研究。

1. 最低保障收入对收入分配的影响

李实、杨穗利用"中国收入分配课题组"2007年城市住户调查数据，该调查数据样本覆盖了3个直辖市和13个省，共计10235个样本户及30340个人，他们通过统计研究方法，分析对比了中国城市之间的收入差距，发现北京和上海的城市低保家庭的人均收入甚至高于中西部一些地区的全部样本的家庭人均收入，从地区内部来看，北京、上海、浙江、广东等发达地区的城市低保标准都不及各地家庭人均收入的1/5，各地低保家庭的人均收入均普遍高于低保标准；随后，他们分别分析和估计了低保收入对整体收入差距的影响，同时还分析了低保收入对地区内和地区间收入差距的影响，具体步骤如下：首先，估计低保收入对整体收入差距的影响，所选取的收入差距影响指标是个人收入的基尼系数、变异系数、十等分组中最高10%人群组平均收入与最低10%人群组平均收入的比值，及其在获得低保收入前后的变化，其研究结果是总体上低保收入对降低收入不平等程度的作用非常有限，但在地区之间略有差异。其次，估计低保收入对地区内和地区间收入差距的影响，他们采用泰尔指数分解法分别计算了低保实施前后省际收入差距和省内收入差距，其研究结果是低保收入对缩小地区内部收入差距的作用大于对于缩小地区间收入差距的作用，并且低保收入对缩小地区之间收入差距发挥了作用。再次，模拟分析完善的最低生活保障制度对缩小收入差距所产生的效应，按照"应保尽保、应退尽退、应补尽补"的原则，其模拟分析的结果并不优于实际的结果，收入差距反而略有上升。最后，测量低保收入对于

320 / 中国社会保障学 40 年（1978—2018）

扶贫效应的影响，他们采用各省最低生活保障平均标准即低保线作为贫困线，选择 FGT 指数作为贫困指数来反映贫困规模和程度，随后分别估计了贫困发生率、贫困距和加权贫困距在低保收入前后的变化情况，其研究结果表明最低生活保障制度对于减少城市贫困人口的作用是显而易见的，获得低保收入后的贫困发生率下降了 40% 以上，当然，低保对象的识别瞄准仍存在一定的偏差，有效的救济资源并没有充分分配到最需要救济的人群，最低生活保障制度仍有待于进一步完善。[①]

2. 最低保障支出对收入分配研究的影响

杨翠迎、冯广刚基于 2007—2011 年全国 30 个省、直辖市、自治区的面板数据，在验证我国经济发展存在"库兹涅茨曲线"特征的基础上，运用 FE 面板数据计量经济学方法，对最低生活保障支出对缩小城市、农村以及城乡之间居民收入差距的影响效应进行实证分析，其具体分析步骤为：首先是自变量与因变量的选取，选择基尼系数指标和城乡居民人均收入比值作为因变量，该因变量是以城镇居民家庭可支配收入和农村居民家庭纯收入为基础，采用下梯形法计算获得，其数据来自各省市统计年鉴，以低生活保障财政支出作为自变量，其数据来源于各省市民政事业统计公报。其次是衡量指标与控制变量的选择，选择低保财政支出占政府总支付规模的比重作为衡量社会保障中直接财政转移支付力度的指标，其主要原因：一是通过支出可以直接改善收入分配，且能够直接作用于低收入群体，其不同于第二次分配的税收政策；二是属于代际内的转移支付，不同于养老保险等第三次收入分配政策，需要通过大数原则来间接实现代际间的收入转移，随后他们选取了三类影响因素作为控制变量：第一类为对收入有直接影响的经济类指标；第二类为其他社会保障类指标；第三类为公共事业类指标。再次是计量模型的设定，通过面板数据构建了 FE/RE 模型。最后是实证结果的解释，通过第一组模型发现城市低保财政支出比重对城乡收入比值有正向显著的影响，通过第二组模型发现第三产业比重和城镇登记失业率均会显著提高城乡收入差距，但是这个效果十分微弱，第三组模型发现城市化率越高的省份其城乡之间收入差距越小，第四组模型发现城市低保财政支出比重和基尼系

---

① 李实、杨穗：《中国城市低保政策对收入分配和贫困的影响作用》，《中国人口科学》2009 年第 5 期。

数之间存在正向显著关系，不过该影响相对较为微弱，第五组模型发现城市化水平会加大城市内部居民收入差距，第六组模型发现城市基本养老保险覆盖率越高，收入差距越小，且教育程度和铁路线路密度均会加大收入差距。他们的研究结果表明：第一，我国农村低保财政支出有助于降低城乡居民收入差距，而城市低保财政支出因提高了城市基尼系数，从而进一步扩大了城乡居民收入差距；第二，随着国民收入水平的不断提高，居民收入差距会越大，基尼系数的上升是我国经济发展的必经阶段；第三，当前中国城乡居民收入差距加大是多种因素共同影响所致，城市化虽在一定程度上有造成城市基尼系数升高的现象，但是其有助于降低城乡收入差距的作用。①

　　综上所述，虽然最低生活保障制度与收入分配的相关问题引起了学术界的关注，但深入的研究并不多见。从现有文献看，学者们更多的是采用定性的方法，对最低生活保障制度的发展历程与研究现状加以描述，研究并发现了该制度运行和政策实行中的问题与不足，但由于受相关数据的限制，对最低生活保障制度所产生的收入分配效应和扶贫减困效应进行定量分析的研究明显不足。即便是现有的定量研究大多集中于运用计量模型测算最低保障收入与支出对缩小城乡居民收入差距的影响作用，然而关于最低生活保障制度与收入分配的其他相关研究较少。在社会保障体系中，城乡最低生活保障制度是基于政府财政资金的直接支出项目，是缩小居民收入差距的最重要的政策之一，最低生活保障制度保障的目标是中国国民最低的生活需要，是公民最为基本的生存权的体现，旨在减缓贫困，维护社会的底线公平。因此，学术界未来应更加密切关注和重视该领域的相关研究，弥补该领域研究的不足，确保为最低生活保障制度实施效果的评估提供相应的研究证据和理论支持。

三　养老保险对收入分配的影响

　　养老保险制度作为社会保障体系中最为重要的组成部分，直接影响

---

　　①　杨翠迎、冯广刚：《最低生活保障支出对缩小居民收入差距效果的实证研究》，《人口学刊》2014 年第 3 期。

着社会保障收入分配功能作用的发挥。20 世纪 90 年代中期之前，中国的养老保险制度在制度属性上属于现收现付制；在 90 年代中期至今养老保险制度在制度上实行"统账结合制"。现收现付制养老保险制度在代际与代内之间存在分配功能。首先，在代际之间其再分配功能主要表现在养老保险向年青一代收费向年老一代转移支付；由于各种不可控的风险因素可能会造成缴费与收益之间的不匹配，从而形成代际之间的分配不公平。其次，在代内再分配方面，由于养老保险的缴费比例相同，高收入者相比低收入者会交纳更多的养老保险金，因而形成高收入者向低收入者的转移支付。针对现收现付制收入再分配效应的理论研究学者大都集中于讨论现收现付制的利弊、现收现付制与人口老龄化以及现收现付制与基金累积制的比较，争论的焦点在于中国的养老保险制度是否应坚持现收现付制。"统账结合制"是我国社会保险体系中特有的制度，即非传统意义上的完全积累制，又区别于部分积累制。自 2005 年我国"统账结合制"逐渐定型后，学者的关注点逐渐转向制度变迁收入再分配效应的对比，产生了比较丰富的文献。

何立新、佐藤宏利用中国社会科学院经济研究所收入分配课题组 1995 年和 2002 年两次城镇居民住户调查数据，其样本量分别为 16032 人和 15248 人，首先对以年度收入、终生收入为基础，从不同收入阶层、从代际间两个方面分别分析社会保障制度对收入再分配的影响，其具体研究步骤为：起初，为了分析社会保障对不同收入阶层的作用效果，他们将个人初次收入由低到高划分为十等分组，分别统计出各个收入阶层在 1995 年和 2002 年的再分配前后情况，通过对比观察得出，无论是高低收入组，比起 1995 年，2002 年中国的城镇居民个人通过社会保障制度的再分配而实现的收入改善程度都有所下降；同时，为了考察社会保障对低收入阶层的作用，他们还计算了各种收入的相对贫困率 PR，发现 2002 年的贫困率略有增加，随后，分析社会保障对不同代际的影响，他们的研究结果表明无论是 1995 年还是 2002 年，中国社会保障制度的再分配主要体现在劳动年龄人群与老年人群之间的收入转移，而在劳动年龄人群内部各年龄段之间的转移很小；最后，通过对比分析社会保障的再分配对改善收入差距的效应。①

其次是以终身收入为基础的再分配效应分析，其具体步骤为：首先利用1995年和2002年的数据，选取20—59岁有工资收入的样本，一个人工资收入的对数值为被解释变量，以个人的年龄、学历等个人特征为解释变量来估计工资收入函数；之后，根据收入函数的估计结果得出个人工资年收入的预测值，并在一定的工资增长率和利息率的假设条件下，估计出每个人一生的工资收入分布；再根据养老保险制度对缴费和养老金计发方法，计算出每个人的终身养老保险费，终身养老金纯收益额。他们的最终研究结果表明：第一，总体上讲，无论是以个人某一时点的年度收入为基础，还是以个人终身收入为基础，中国的社会保障缩小了贫富差距，降低了相对贫困率，具有正的再分配效应；第二，20世纪90年代以后的一系列改革，使中国的社会保障收入分配效应减弱了；第三，如果以个人的终身收入为基础单独分析养老保险制度对劳动年龄人群的影响，发现从代际内的收入转移来看以个人终身收入评价的长期收入分配效应大于以年度收入评价的当期收入效应，同时发现，2005年的养老保险改革方案的收入再分配效应略大于1997年的改革方案。②

彭浩然、申曙光对改革前后（以国发〔2005〕38号文件为分界点）我国养老保险制度的收入再分配效应进行了比较研究，从理论上分析了不同养老保险制度对收入再分配的影响，然后基于我国养老保险制度改革的实际情况，利用精算方法与数据，针对社会统筹部分，定量分析了改革前后我国养老保险制度的代内再分配和代际再分配效应，其具体研究步骤如下：首先是测量方法的选择，他们假设存在两类参保人员：一类是高收入者，另一类是低收入者。这两类人都从2006年1月1日起开始加入养老保险体系，加入时的年龄都为20岁，60岁退休，80岁死亡，根据改革前后我国养老金的具体计发办法，利用年金知识及其相关模型和等比数列求和公式，可以求得计算参保人未来缴费和收益现值的公式；其次是测算结果，他们分别根据不同的假设条件，对利率、工资增长率、缴费年限三个主要经济变量对养老保险收入再分配效应的影响进行了模

---

① 何立新、佐藤宏：《不同视角下的中国城镇社会保障制度与收入再分配——基于年度收入和众生收入的经验分析》，《世界经济文汇》2008年第5期。

② 同上。

拟分析。最后得到如下结论：对比原养老保险制度，新养老保险制度明显减弱了代内再分配效应，并且可能会引起严重的代际不公平。[①]

张勇运用终身收入法构建了我国基础养老金的精算模型，得到再分配效应的计算方法，以及与支付能力的内在关系，并根据国家城调总队的调查数据进行实证分析和比较，结果表明：工资收入越低者，基础养老金的再分配效应就越大；实施国发〔2005〕38 号文件后，高收入者再分配效应的增量高于低收入者；财务上出现支付能力不足，资金缺口大幅增加，不具有内在财务可持续性。[②]

综上所述，对于养老保险与收入分配，学者更多的是选择实证研究的方法，利用数据和模型来证明养老保险制度对收入再分配所起到的调节作用。目前的研究结果表明，中国目前养老保险制度对于缩小收入差距起到了一定的积极作用，然而，其再分配主要不是通过收入阶层间的再分配，而是通过代际间的收入再分配实现的，但是这种代际之间的收入再分配可能会引起较为严重的代际不公平。

四　医疗保险对收入分配的影响

谭晓婷、钟甫宁利用来自江苏、安徽两省 30 县 1500 个农户 5956 个农民个体的调查资料，运用基尼系数和洛伦兹曲线评价新型农村合作医疗不同补偿模式的收入分配效应，借助 Heckman 两步法从微观层面对不同补偿模式下不同收入水平农户实际获得新型农村合作医疗补偿的数量进行实证分析，其具体操作步骤为：第一步，根据农户调查数据计算农村居民人均纯收入基尼系数；第二步，计算人均纯收入与每个样本个体看病支付费用的差额，以此为基础求得新的基尼系数；第三步，利用第二步计算的差额与新农合支付补偿数据之和，再次计算其基尼系数并进行比较，研究结果表明：新型农村合作医疗的补偿更倾向于患病群体，且收入低的群体获得的补偿高于收入高的群体；不同补偿模式调节收入分配的力度不同，与家庭账户相比，

---

① 彭浩然、申曙光：《改革前后我国养老保险制度的收入再分配效应比较研究》，《统计研究》2007 年第 2 期。

② 张勇：《中国养老保险制度的再分配效应研究》，《财经论丛》2010 年第 7 期。

住院统筹或"住院统筹 + 门诊统筹"的补偿模式更有利于低收入人群。[1]

齐良书使用 2003—2006 年覆盖全国 30 个省区的微观面板数据，对新型农村合作医疗的减贫、增收和再分配效果进行了评估，他所使用的数据来源有两个：一是中共中央政策研究室和农业部农村固定观察点 2003—2006 年的村庄和农户调查数据集；二是清华大学经管学院 2007 年进行的新型农村合作医疗农户家庭健康状况调查数据，剔除缺失关键变量的样本后，共含 30 个省区 338 个村庄 22120 个农户 4 年的观察值，所使用的研究方法主要包括分类统计、多元回归、双重差分以及工具变量法。其具体研究步骤为：第一，关于新型农村合作医疗的减贫效果的评估，他分别使用双重差分法和多云回归分析法研究新农合对农户贫困发生概率的影响以及对贫困率的影响，其目的在于求证对于个别农户和较大范围内的贫困率而言，新农合的减贫效果是否同样显著。第二，关于新农合对农民收入的影响，他首先对"已参合"和"未参合"农户人均收入进行分类统计；然后运用双重差分法与多元回归分析法分析参合对农户收入影响；随后为了与平均效果相比，考察不同社会经济状况的农户从新农合中获益的程度如何。他按两种方法对样本农户进行分组分析：一组为按照某一年度样本农户在本村内的相对收入来分组，另一组为按照样本农户所在村的经济发达水平在县（市）内的相对水平来分组，最后，为了更细致地分析新农合对不同社会经济状况农民收入的影响，把两种分组方法结合起来，对样本农户进行交叉分组，再分别进行计量分析。第三，关于新农合对农民收入分配的影响，他运用双重差分法与多元回归分析法考察了新农合对村庄内部、村庄之间、省区范围内农民收入差距的影响，结果表明：新农合的减贫效果明显，不仅能在农户层面上显著降低贫困发生概率，而且能在省区层面上显著降低贫困率；新农合能显著地促进低收入和中等收入农民增收，但需要有利的外部经济环境作为支持条件；新农合能显著地降低村庄内部的收入分配不均等程度，但对省区范围内的农民收入分配状况没有产生显著影响。[2]

李永友、郑春荣在受益归宿分析框架下，基于中国家庭追踪调查数

---

[1] 谭晓婷、钟甫宁：《新型农村合作医疗不同补偿模式的收入分配效应——基于江苏、安徽两省 30 县 1500 个农户的实证分析》，《中国农村经济》2010 年第 3 期。

[2] 齐良书：《新型农村合作医疗的减贫、增收和再分配效果研究》，《数量经济技术经济研究》2011 年第 8 期。

据 2008—2012 年入户调查数据和保险价值法，对公共医疗服务受益归宿及其收入分配效应进行估计，结果表明：第一，中国新医改后，扩大的医疗保险覆盖面和更高的医疗服务保障能力，不仅提高了公共住院服务受益分配累进性，而且实现了一定程度的正义性，使最穷收入分组成为新医改后公共住院服务的最主要受益群体。第二，公共住院服务受益正义分配使中国家庭间收入分配基尼系数下降了 5—7 个百分点。第三，新医改后，中国公共住院服务受益再分配存在两个明显特征：其一，严重偏向最穷收入分组的成本分担显著弱化了公共医疗服务收入再分配效应，使中国家庭间收入分配基尼系数上升 2—3 个百分点；其二，尽管新医改后，中国公共住院服务受益分配一定程度上更加偏向最穷收入分组，但其产生的再分配效应不是发生在最穷与最富两个收入分组之间，而是发生于前 80% 收入分组之间，后者造成 2010 年和 2012 年之间 60% 收入分组从公共住院服务中受益不足总收益的 30%。[1]

对于医疗保险制度与收入分配，学者重点研究的是新农合制度对于减贫、增收和再分配效果的评估，学者较为一致地认为新农合制度减贫效果明显，但对于再分配效果却未达成共识，且在城乡之间不同收入人群中发挥的作用并不一致。

五 社会保障支出水平对收入分配的影响

胡宝娣、刘伟等利用中国 1978—2008 年的时间序列数据和协整估计方法，在城乡收入差距、社会保障支出、城镇化水平和经济增长率四个变量框架内考察了中国社会保障支出对城乡居民收入差距的影响，结果发现：社会保障支出、城镇化水平和经济增长率均是城乡居民收入差距的主要影响因素；其中，以国企职工和城镇居民为主要对象的社会保障支出的提高导致了城乡居民收入差距的扩大，而城镇化水平和经济增长率的提高则有助于缩小城乡居民收入差距。[2]

---

① 李永友、郑春荣：《我国公共医疗服务收益归宿及其收入分配效应——基于入户调查数据的微观分析》，《经济研究》2016 年第 7 期。

② 胡宝娣、刘伟、刘新：《社会保障支出对城乡居民收入差距影响的实证分析——来自中国的经验证据（1978—2008）》，《江西财经大学学报》2011 年第 2 期。

高文书利用对陕西省宝鸡市住户调查数据，通过对比社会保障收入转移前后基尼系数的变化，来衡量社会保障对城乡居民收入差距的影响，其研究结果表明：社会保障转移性收入缩小了居民收入分配差距，使城乡居民收入的基尼系数下降了 4.5%，其中城镇居民基尼系数下降 22.8%，农村居民基尼系数下降 1.82%，但由于农村居民获得的社会保障转移性收入远远低于城镇居民，从而导致城乡收入差距上升 23.17%，城乡之间的差距对整体收入差距的影响变得更大了。①

丁少群、徐志涛利用中国 1978—2010 年的年度时间序列数据，将社会保障支出水平纳入库兹涅茨计量模型，通过 VAR 系统的格兰杰因果检验、VECM、脉冲响应函数等方法对社会保障、收入分配和经济增长的互动关系进行了实证分析，结果表明：中国社会保障支出水平、收入分配和经济增长之间存在长期均衡关系，经济增长对社会保障的影响具有时滞性；长期来看，经济增长有利于社会保障支出水平的提高，但社会保障没能有效地发挥经济"助推器"作用，且当前社会保障在收入分配领域起到的调节作用也很小，甚至存在一定程度的逆向调节效应，即"损不足补有余"。②

丁煜、朱火云运用 Pooled OLS 模型，借助于 2007—2011 年的省级面板数据，重新检验了新时期我国社会保障支出水平对城乡收入差距的影响，结果表明：其一，我国城乡居民收入差距呈现缩小的态势，而且地区间城乡收入差距的均等化水平趋于提高；其二，财政社会保障支出水平对城乡收入差距不能发挥显著的调节效应；其三，社会保障支出水平开始有效调节我国城乡收入差距。③

郑大松、仙蜜花以东部 12 个省市为例，借助广义熵对社会保障转移支付进行分析，结果表明：社会保障转移支付拉大了东部农村地区居民之间的收入差距，对东部城市居民收入分配调节作用不明显，相对缩小了东部城乡居民之间收入分配差距，但是对整个东部地区收入不平等的

---

①　高文书：《社会保障对收入分配差距的调节效应——基于陕西省宝鸡市住户调查数据的实证研究》，《社会保障研究》2012 年第 4 期。

②　丁少群、徐志涛：《社会保障支出水平、收入分配与经济增长的互动关系研究——基于 VAR 模型的实证分析》，《中国经济问题》2013 年第 6 期。

③　丁煜、朱火云：《我国社会保障支出水平对城乡收入差距的影响》，《人口与发展》2013 年第 5 期。

贡献率在提高。[①]

郑舒文、杜兴瑞等利用 2003—2013 年四川省农村居民纯收入、人均转移性纯收入以及对应的五等分农村居民收入数据，通过计算对比纯收入基尼系数、非社会保障性收入基尼系数以及社会保障性收入基尼系数，来衡量社会保障所发挥的收入分配调节作用，其研究结果表明：社会保障性收入总体上对农村居民收入分配具有正向调节功能，缩小了农村居民收入差距，但调节作用较小。[②]

蔡萌、岳希明基于中国家庭收入调查 2013 年数据，针对社会保障支出转入居民家庭后，社会保障支出投入的增加对居民收入分配的作用及对中国居民收入不平等程度影响进行了深入研究，结果表明：其一，中国的社会保障支出具有改善居民收入分配的作用，但社会保障支出规模的整体增加会使居民收入分配状况逐步恶化；其二，分项社会保障支出中，行政事业单位离退休金和报销医疗费的分配扩大了居民收入差距，而最低生活保障和农村养老金具有改善收入分配的积极作用。[③]

对于社会保障支出水平与收入分配的研究，学者的研究大多集中于考察社会保障转移支付对收入再分配的影响分析，且多采用实证研究方法，通过建立计量模型来评价社会保障支出对居民收入差距的影响。由于衡量社会保障收入分配作用的指标还没有明确，基于数据来源和处理的方法不同，难免存在一定的误差，所采用的研究方法，也可能存在一定的局限性。因此，评价社会保障支出水平对收入分配影响的研究结果势必在准确性上存在一定的影响，因而在该领域的研究值得进一步探索。

六 社会保障与逆向收入再分配

何立新利用中国国家统计局 2002 年的城市住户调查数据，选取了代

---

① 郑大松、仙蜜花：《社会保障转移支付对收入分配差距的调节效应——基于东部 12 个省市的实证研究》，《社会保障研究》2013 年第 6 期。

② 郑舒文、杜兴瑞、陈成：《社会保障对农村居民收入分配调节效应研究——以四川省为例》，《农村经济》2015 年第 7 期。

③ 蔡萌、岳希明：《中国社会保障支出的收入分配研究》，《经济社会体制比较》2018 年第 1 期。

表东北地区、沿海地区和内陆地区的辽宁、广东、四川的样本数据进行定量分析，三省合计样本数为26072人。通过估计个人的工资收入函数，之后根据函数的估计结果得到个人工资年收入的预测值，并在一定的工资增长率和利息率的假设条件下，估计出每个人一生的工资收入分布；再根据养老保险制度对缴费和养老金计发办法的规定，分别计算出城镇参保职工在1997年养老保险制度下，不同年龄段十等分组的养老金终生纯转移率和终身纯收益额（见表11-1和表11-2），20-29岁的年龄组和50-59岁的年龄组，按每组5岁分组和按10岁分组的终生纯转移率与终生纯收益额的变化趋势结果相同，所以表11-1和表11-2中这些年龄段只给出了10岁分组的结果。随后根据2005年养老保险制度的方案作了相同的分析，并以此从代际间和代际内的角度对中国养老保险制度改革的收入分配效应进行讨论。分析表明：在1997年的改革方案下，改革前的养老保险制度中存在的逆向收入转移效果得到改善；但在2005年改革方案下，2002年时40岁以上的群体中存在较明显的逆向收入转移倾向。另一方面，从代际分配来看，1997年改革方案的代际不平衡大于2005年的改革方案，2005年方案提高了各代人的养老金待遇，降低了养老保险制度的代际不平衡。[①]

表11-1　　　　　　　工资年收入的十等分组的终身纯转移率　　　　单位：%

十等分组		20—29 岁			30—34 岁			35—39 岁		
		广东	四川	辽宁	广东	四川	辽宁	广东	四川	辽宁
低	1	-0.61	-1.74	0.11	5.42	6.15	6.65	12.89	16.38	12.63
	2	-5.34	-2.99	-1.27	3.88	4.26	3.62	10.12	9.91	9.66
	3	-5.45	-5.11	-3.8	0.38	0.45	0.8	7.87	6.67	8.46
	4	-6.91	-6.38	-6.05	-0.86	-1.66	-0.86	5.54	5.09	4.44
	5	-8.97	-6.36	-7.4	-1.71	-2.31	-3.21	4.33	2.42	2.6
	6	-9.74	-9.2	-9.14	-3.23	-4.3	-5.19	2.17	1.32	1.34
	7	-9.91	-9.74	-10.12	-5.29	-5.34	-5.31	0.98	-0.78	-1.01
	8	-10.92	-11.01	-10.05	-6.38	-4.33	-5.65	-0.6	-0.76	-1.3
	9	-10.04	-12.35	-11.97	-7.63	-6.82	-7.29	-1.97	-1.18	-2.01
高	10	-13.57	-12.54	-12.37	-8.86	-7.94	-8.39	-3.86	-1.52	-3.98

---

①　何立新：《中国城镇养老保险制度改革的收入分配效应分析》，《经济研究》2007年第7期。

续表

十等分组		40—44 岁			45—49 岁			50—54 岁		
		广东	四川	辽宁	广东	四川	辽宁	广东	四川	辽宁
	1	23.45	22.25	20.66	33.88	37.26	30.32	55.99	51.22	46.06
	2	19.2	17.35	15.84	26.91	26.59	22.39	43.34	44.67	34.06
	3	15.27	14.04	12.34	23.35	24.12	20.28	39.41	35.22	29.02
	4	12.92	11.26	10.69	22.49	20.59	18.12	34.32	34.95	27.58
低	5	11.17	8.51	8.95	18.03	17.11	15.98	32.3	28.99	26.4
	6	9.56	7.37	7.48	16.58	15.5	13.66	29.36	27.1	23.15
	7	7.94	6.95	6.27	16.62	14.65	13.38	28.61	28.03	21.29
	8	6.05	6.1	3.65	14.47	12.88	11.78	27.51	27.85	21.14
	9	5.12	4.73	2.92	12.83	12.64	11.6	24.11	23.87	20.22
高	10	3.08	3.02	2.14	10.51	10.13	9.53	22.4	22.18	19.92

表 11 - 2　　　　工资年收入的十等分组的终身纯收益额　　　单位:%

十等分组		20—29 岁			30—34 岁			35—39 岁		
		广东	四川	辽宁	广东	四川	辽宁	广东	四川	辽宁
	1	- 5277	- 5070	- 1479	- 12992	8843	9283	27625	19163	17285
	2	- 29590	- 10689	- 5319	11109	6934	5285	27664	17717	16376
	3	- 35956	- 17229	- 12566	- 1636	- 965	- 147	24095	14087	15696
	4	- 45524	- 25831	- 22734	- 7277	- 6457	- 4027	18502	11351	9759
低	5	- 65399	- 26874	- 29767	- 11901	- 9025	- 11743	15453	5377	6264
	6	- 81104	- 42715	- 40117	- 21489	- 17147	- 19948	8206	2884	2537
	7	- 88598	- 44263	- 49161	- 38944	- 22995	- 23102	3751	- 3685	- 4579
	8	- 107493	- 56454	- 50595	- 51144	- 20218	- 26426	- 7763	- 3711	- 6299
	9	- 109420	- 72269	- 64603	- 68066	- 32315	- 36486	- 16844	- 6638	- 9912
高	10	- 186866	- 84943	- 86147	- 106098	- 46637	- 50905	- 39965	- 9662	- 22079

十等分组		20—29 岁			30—34 岁			35—39 岁		
		广东	四川	辽宁	广东	四川	辽宁	广东	四川	辽宁
	1	42861	24907	23312	52468	33442	29877	73425	41836	39861
低	2	45371	25714	24125	59402	35356	31953	77402	45286	44921
	3	44927	25836	22789	62876	35794	33176	86208	47333	45881

续表

十等分组		20—29 岁			30—34 岁			35—39 岁		
		广东	四川	辽宁	广东	四川	辽宁	广东	四川	辽宁
低	4	43468	23360	21865	63264	35552	33779	89477	49527	47266
	5	21291	21512	20767	61541	35211	33522	88912	51018	50939
	6	38864	19961	19953	62677	36866	33446	94936	51529	53998
	7	36280	20266	18003	67436	36474	35843	102910	55685	53867
	8	31722	19740	11884	68206	36799	35621	107843	64026	58744
	9	30279	16278	11040	69336	40018	37966	108121	63801	61890
高	10	25534	12747	7693	72243	38744	39503	130101	70758	71849

　　侯明喜针对社会保障体制对收入分配的逆向转移的产生路径及防范对策进行了分析，其研究结果表明发生逆向分配的路径主要有四个方面：一是二元社会保障体制与收入分配的逆向转移，中国城乡社会保障是典型的二元体制，其大多数没有被社会保障制度所覆盖，仍主要依靠家庭和土地保障，保障体制的分割造成了城乡之间收入的逆向转移；二是社会保障转移支付与收入分配的逆向转移，中国的社会保障转移支付存在转移支付的总量偏低、城乡差距过大、地区差距明显等问题，进而造成贫富差距进一步扩大，从而产生逆向转移；三是社会保障目标瞄准机制的偏差与收入分配的逆向转移，由于管理信息系统建设滞后、信用体系的不完备等原因，造成了严重的信息不对称，因而社会保障目标瞄准机制出现偏差，从而引起的给付失当或福利欺诈造成了收入分配的逆向转移；四是社会保障制度设计与收入分配的逆向转移，主要是由于制度设计得不够缜密和不周全而造成的逆向转移。[①] 针对以上逆向分配的问题，他提出改进社会保障体制、防范收入分配的逆向转移的四点建议：一是健全农村社会保障，提高社会保障的覆盖面；二是加大社会保障的转移支付，确保社会福利服务的均等化；三是完善社会保障制度，避免逆向收入转移；四是改进目标瞄准机制，强化社会保障的监督。

　　王茂福、谢勇才就社会保障制度对收入分配产生逆向调节的原因和应对策略展开了深入研究。他们发现社会保障转移支付拉大了农村、城

　　[①]　侯明喜：《防范社会保障体制对收入分配的逆向转移》，《经济体制改革》2007 年第 4 期。

镇居民之间的收入差距，其主要原因：一是社会保障覆盖面窄，对收入分配的调节能力不强；二是社会保障水平低，且存在结构性缺陷；三是社会保障制度设计存在一定缺陷；四是社会保障发展不平衡；同时，他们认为社会保障制度对收入分配存在的逆向调节是不可能完全消除的，只能通过采取切实有效的措施来逐步缓解逆向调节的力度，使其维持在尽可能低的水平，因此他们建议：一是扩大社会保障覆盖面，逐步完善社会保障制度；二是加大政府对社会保障的投入力度，提高社会保障水平；三是调整社会保障资金的筹资模式；四是充分认识并发挥社会保障对收入分配的重要调节作用；五是社会保障支出重点向低收入人群倾斜。[①]

杨风涛、沈默以中国近 20 年来的城乡收入差距和社会保障水平等指标数据，从多个角度对此进行分析，客观衡量和评估当前社会保障水平的适度性状况，并运用自回归 VAR 模型来分析社会保障支出对城乡收入差距的再分配效应，结果表明：改革开放后至今，我国城乡居民收入差距呈现先上升后逐渐平稳并处于下降的态势。这一期间，社会保障支出水平对城乡收入差距影响经历了"逆向调节"作用到逐渐正相关调节效应的路径；大约 2007 年以后，社会保障制度对城乡收入差距的结论"逆向调节"不再成立。[②]

学者分别从理论和实证两方面深入研究了社会保障制度对于收入分配产生逆向调节的问题，其产生原因已普遍达成共识，主要体现在社会保障制度本身覆盖面窄、水平低、设计存在缺陷等，相关完善的对策建议也相对较为成熟和系统，未来在将这些对策建议执行落地时，如何确保社会公平的体现，切实有效地发挥社会保障收入再分配的功能，值得深思。

七　研究展望

尽管社会保障是国际上公认的实行收入再分配的最重要的制度，并

---

① 王茂福、谢勇才：《关于我国社会保障对收入分配存在逆向调节的研究》，《毛泽东邓小平理论研究》2012 年第 6 期。

② 杨风涛、沈默：《社会保障水平与城乡收入差距的关系研究》，《宏观经济研究》2016 年第 5 期。

且国外学术界关于社会保障收入分配效应的研究也非常丰富，但在国内，这方面的研究却非常有限。相对于社会保障或收入分配的研究文献规模而言，关于社会保障收入分配效应的研究极为罕见。表11 – 3列出了这几个方面的文献数量对比情况，资料来源于中国期刊全文数据库的检索结果。

表11 – 3　　　　　　　社会保障、收入分配及社会保障的
收入分配效应文献分布情况

研究领域	文献数量	研究领域	文献数量
社会保障	25235	"社会保障 + 收入分配"	100
养老保险	15357	"养老保险 + 收入分配"	20
医疗保险	11116	"医疗保险 + 收入分配"	5
最低生活保障	1512	"最低生活保障 + 收入分配"	1
收入分配	8893		

资料来源：中国期刊全文数据库检索结果。

上述简单的统计表明，社会保障收入分配效应的学术研究领域还存在非常大的发展空间，目前这方面的研究尚未形成热点。上述文献回顾表明，目前这一领域为数不多的研究虽然对中国社会保障收入分配效应的现状有所涉及，但仍然不够深入和全面，实证研究较多，规范研究较少，回答了"是什么"，没有回答"应该是什么"的问题。具体表现在：

一是关于社会保障与收入分配之关系的规范研究不够丰富，对社会保障在收入分配中的作用和角色、社会保障影响收入分配的理论机制等规范问题很少涉及。由于历史原因，国内对社会保障功能的认识还停留在"提供基本的社会保障""维护社会稳定"这个陈旧的观念层次上。发达国家早已把社会保障作为实现"让每个人过上有尊严的生活"这一终极目标的手段和制度保证。国内甚至还在争论社会保障是"养懒人"还是"养穷人"这样的问题。

二是关于社会保障支出水平与收入分配关系的定量研究文献虽然是目前研究社会保障收入分配效应的主体，但从绝对数量上看，还远远不够。由于受到关键数据可得性、统计口径一致性等客观条件的制约，这方面的研究亟待加强。这需要国家统计部门和社会保障部门能够提供更

详细、更严密的数据支撑。

三是对国外的社会保障收入分配效应的介绍和对比研究很少见。尽管英文文献中有很多这方面的研究，但国内很少有中文文献介绍这方面的研究，对国内外这方面情况作对比研究的文献就更少。政府部门及其领导很难有机会接触到这方面的国外研究，因此国内学术界对国外情况的介绍和对比研究具有很重要的现实意义，可以为决策部门提供有益的参考。

国内一部分学者的研究揭示了中国社会保障在一定范围内、一定程度上出现"逆向再分配"效应。这是违背社会保障制度根本宗旨的，也是出乎意料的中国特有的现象。这方面的问题值得特别关注，并需要进一步研究其发生的具体原因和机制，进而提出切实可行的解决办法。

第十二章　建立更加公平可持续的
社会保障问题研究

为了探索中国社会保障发展的方向和路径，改革开放四十年来，我国在社会保障领域进行了长期、复杂和卓有成效的探索，从理论上、方向上基本解决了为谁发展、发展目标、如何发展等系列重大问题。特别是，在党中央提出了"更加公平和更可持续的发展"，在确立发展的新要求、新期待的基础上，《中共中央关于全面深化改革若干重大问题的决定》明确将"建立更加公平可持续的社会保障制度"作为我国社会保障制度改革的目标。"更加公平可持续"理念也就成为新时代、新时期指导我国社会保障发展的核心目标和理念之一，特别是指导我国"十三五"期间社会保障事业的发展。

与我国社会保障制度建设转移到"更加公平可持续"的目标同时，学术界也同步对社会保障公平、可持续问题展开了各类研究工作，取得了丰硕的研究成果：一方面，学术界对更加公平可持续思想的阐释日益深化，促进了公众认知，同时，也推动了学术研究工作；另一方面，更为重要的是，基于阐释和学术分析，促进了社会保障理论研究工作者和实践界的精英对中国社会保障事业发展方向的思考、研讨和互动，促进了在社会保障发展方面进一步达成统一共识，有助于推动我国社会保障事业更加理性、科学、规范地发展。

一　公平可持续概念的提出与发展研究

1. 公平可持续理念的释义及发展

（1）公平的概念发展

"公平"一词是"舶来品"，起源于公元前 30 世纪的古埃及，是基于神话传说中的词汇来源。在古埃及神话中，奥西里斯是古埃及的九大神明之一，有死亡判官和丰饶之神的称谓，奥西里斯手里持有天平，天平左边放有真理之羽，天平右边放有审判的心脏，在神话中，如果生前勤于耕作则公平无罪。而在古希腊的神话中，"公平"与"正义"具有大致相同的含义，"道德手册"《工作与时日》之中，也记录了劳动和基于劳动增加的财富是整个社会"公正"与"正义"的表现。在特定的农耕时代，公平的意涵与劳动密不可分，通常作为个人道德的评判依据。①

古时期的思想家柏拉图、亚里士多德、苏格拉底等思想家，也曾对公平思想进行研究，而且，"公平"虽然关乎个人，但也关乎社会，一方面，关系到个人层面的道德与智慧，同时，其也关系到法律的治理问题，特别是在城邦时期，与法律相关的正义，也被视为城邦治理的关键和基础。从这个意义上来说，"正义"具有社会治理核心价值理念的意涵，同时，也被视为社会治理的价值和目标。在中世纪，由于宗教在欧洲社会生活中扮演重要角色，"正义"与神的意志紧密相连，反映神所主导的公平的意志。在这一时期，思想家关于"公平"的解读，主要是认为，所有法律的制定和实施，其根本目的也都应当是以实现"公平"，防止社会不公和不义，应当实现整个社会的共同福祉和福利。在这一阶段，学术思想和治理理念之中所践行的"正义"思想，综合体现了宗教的价值观念和世俗社会的价值观念。② 随着文艺复兴在欧洲兴起，人在整个西方认知和哲学体系中的地位逐步升高，人权和神权的相对地位开始出现变动，人权更加受到重视，成为更为重要的价值体现。自此以后，解放个性成为重要的社会运动，传统的神权和迷信地位日渐下降。同时，与追求"公平"相对应，启蒙运动日渐兴起，"自由、平等、博爱"等理念日渐深入人心，成为重要的社会价值。而法国大革命则进一步将对"公平"的追求推入高潮，将"法律面前人人平等"作为革命基本信条，进而反对贵族等级的特权社会结构，"人生而平等""一视同仁"等基本原则，

---

① 万斌、陈业欣：《公平概念的历史发展及当代意义》，《浙江社会科学》2000 年第 4 期。
② ［意大利］托马斯·阿奎那：《阿奎那政治著作选》，马清槐译，商务印书馆 1963 年版，第 5—161 页。

被这一时期的代表性学者所提出，平等精神就是"公平"最为重要的意涵。① 罗尔斯的《正义论》被视为关于公平正义研究的集大成之作，该作品也是在资本主义发展到一定阶段、社会矛盾积累到一定程度，思想界对于这一问题开始反思的大背景下完成的。罗尔斯在《正义论》中提出了正义的两个原则：①每个人都有权拥有与他人的自由并存的同样的自由，包括公民的各种政治权利、财产权利；②对社会和经济的不平等应作如下安排，即人们能合理地指望这种不平等对每个人有利，而且地位与官职对每个人开放。② 此外，罗尔斯还提出了对应的优先原则。罗尔斯关于正义的思想，上升到了整个社会的层面，其思想涉及了社会各阶层关系的定位和调整，其公平观念对于整个社会政策的制定具有重要的参考价值。③ 马克思对于公平思想的论述则更加深刻。在生产力决定生产关系的基本框架下，马克思在《哥达纲领批判》指出，任何权利，即使是人类社会矢志不渝追求的公平正义，都可能超出经济社会结构和相对应所有制体制决定的，劳动作为价值的来源，应当被视为社会公共财产，集体占有和分配劳动是公平正义在生产分配领域重要的体现，这也是在劳动社会中公平正义的必然要求和表现。劳动方面的差别，在劳动社会中并不能引起分配领域的不公和不平等，也不会有人享有某些特权。④

在中国古代历史上，对"公平"和"正义"的追求深刻影响了中国的历史发展和文化发展，也成为我国传统文化的重要构成内容。春秋时期法家代表人物管仲对"公平"的意义解释为："天公平而无私，故美恶莫不覆；地公平而无私，故小大莫不载。无弃之言，公平而无私，故贤

---

①　[英] 威廉·葛德文：《政治正义论》（第1卷），何慕李译，商务印书馆1980年版，第5—100页；丁建定、张尧：《西方对社会保障制度功能的认识：一个历史的考察》，《学术研究》2016年第4期。

②　[美] 罗尔斯：《正义论》，何怀宏、何包钢、廖申白译，中国社会科学出版社1988年版，第56—71页。

③　侯继迎：《构建公平的社会保障制度——罗尔斯公平正义论的启示》，《东岳论丛》2014年第3期。Plansrubio，Pedro，"Method Based on the Social Welfare Function to Incorporate Equity into Cost – Effectiveness League Tables"，*Social Science Electronic Publishing*，2006；Gilbert Neil，*Welfare Justice：Restoring Social Equity*，Yale University Press，1995，pp. 1 – 100；Plansrubio，Pedro，"Allocation of Resources Based on Program Budgeting，Cost – Effectiveness and the Social Welfare Function"，*Social Science Electronic Publishing*，2006.

④　马克思、恩格斯：《马克思恩格斯全集》（第3卷），中共中央马克思恩格斯列宁斯大林著作编译局，人民出版社2002年版，第637—638页。

不肖莫不用。故无弃之言者，参伍于天地之无私也。"《吕氏春秋》中谈到"昔先圣王之治天下也，必先公，公则天下平矣。平得于公"。[①] 另外，"公平"的思想更多地体现在国家治理和为官之道方面，强调治理国家所追求的重要价值目标，就是社会的公正，是天下的大义；同时，从事公职也应当以实现和推进社会正义为目标。

中华人民共和国成立以来的公平观念，既是马克思主义理论的必然要求，也是我国深厚历史传统的必然结果。特别是，党的十一届三中全会以来，我国将整个社会的重点调整到了以经济建设为中心，将发展经济、改善民众经济生活作为发展重点，追求"经济增长""共同富裕"的目标。在经济上调整发展目标的同时，在政治和社会发展目标上，强调"民主、法制、公平正义"，并以和谐社会、公平正义作为社会发展和治理的重要目标。党的十六大明确提出了和谐社会的发展目标，将社会的公平正义作为和谐社会的重要特征和重要目标，认为应当通过法律、经济等多种方式，逐步建立起公平社会，特别是以"权利公平、机会公平、规则公平、分配公平"为主要内容，逐步形成了公平的科学理论。另外，党在发展过程中，不断根据实际经济社会状况调整和完善对社会公平的目标定位，逐步在初步分配和再次分配过程中深化了公平与效率的科学认识，初次分配和再次分配都要重视公平与效率，其中，再分配更加注重公平。党的十八大以来，我国各方面的建设更加强调以公平正义为重要目标，特别重视在经济发展和民生领域推动共创、共享。[②]

（2）可持续概念

"可持续"是我国社会保障发展的另一重要理念。"可持续"从字面上可以理解为"可持续的""可延续的"，在英语中翻译为"sustainable"，最初来源于法语，意思可以理解为"支持、维持、援助"。可持续的概念最初源于生态学、渔业、耕地、林业资源等，意思强调收获的持续性、生产的可重复性，并且，可持续的发展理念从生态、环境等领域，逐步延伸到了经济发展领域，逐步成为各界思考经济和环境发展的关键性理念之一。美国系统思考大师德内拉·梅多斯发表的著名研究报告《增长

---

① （战国）吕不韦：《吕氏春秋·贵公》，臧宪柱译，北京联合出版公司 2017 年版，第 1—20 页。

② 理查德·蒂特马斯、韦丽明：《公平、充分与社会保障的创新》，《社会保障评论》2018 年第 2 期；吴忠民：《普惠性公正与差异性公正的平衡发展逻辑》，《中国社会科学》2017 年第 9 期。

的极限》，该报告得出结论认为：人口爆炸、经济失控，必然会引发和加剧粮食短缺、资源枯竭和环境污染等问题，这些问题反过来又会进一步限制人口和经济的发展，经济增长将出现不可阻止的衰退，唯一可行的办法是"需要使社会改变方向，向均衡的目标前进，而不是重复以往的增长模式。"① 在世界范围内，可持续发展理念持续深入各领域的发展，人们对于生态环境保护的重要作用，认识不断深入，特别是，一个可持续的生态环境系统，是整个经济社会发展的前提。20 世纪 80 年代，《世界自然保护大纲》发布，成为联合国保护生物资源和自然资源的纲领性文件，将资源永续开发利用作为重要目标。1992 年 6 月，联合国在里约热内卢召开"环境与发展大会"（UNCED），确定了以"促进人类社会可持续发展"为主旨发表了著名的《里约环境与发展宣言》等文件，并提出"为了达到持续发展，环境保护应成为发展进程中的一个组成部分，不能同发展进程孤立开看待"，"必须履行发展的权利，以便公正合理地满足当代和世世代代的发展与环境需要"。此后，"可持续发展"成为世界各国和地区热烈关注的话题。2002 年 8 月 26 日，第一届可持续发展世界首脑会议在南非的约翰内斯堡召开，这是世界上第一次以可持续发展为专题的首脑会议，包括政府、政府间组织、非政府组织、私营企业、民间社团以及学术研究群体在内的社会各界人士在会上回顾里约会议的精神，汇报《21 世纪议程》执行情况，针对目前面对的环境发展问题进行讨论，明确各国相关责任。

中国也一直关注和践行"可持续"发展理念，在签署、参加《气候变化框架公约》的基础上，中国政府颁布了《中国环境与发展十大对策》和《中国环境保护行动计划》，可持续发展成为重要的环境发展战略，我国开始在环境领域践行可持续发展理念。1994 年 7 月 4 日，国务院批准了我国第一个国家级可持续发展战略——《中国 21 世纪人口、环境与发展白皮书》，可持续发展成为国家级发展战略的内容。1996 年 3 月 5 日，中共八届人大四次会议审议通过的《关于国民经济和社会发展"九五"计划和 2010 年远景目标纲要》中，首次明确提出将"实施科教兴国战略与可持续发展战略"作为两项国家基本战略，促进"经济社会相互协调

---

① ［美］梅多斯：《增长的极限》，李涛、王智勇译，机械工业出版社 2013 年版，第 221—260 页。

和可持续发展"，将环境的可持续发展内涵拓展到经济社会领域，"健康的经济发展应建立在生态可持续能力、社会公正和人民积极参与自身发展决策的基础上"。① 2003年10月，中国共产党十六届三中全会召开，会议明确提出了科学发展观，并把它的基本内涵概括为"坚持以人为本，树立全面、协调、可持续的发展观，促进经济社会和人的全面发展"，坚持"统筹城乡发展、统筹区域发展、统筹经济社会发展、统筹人与自然和谐发展、统筹国内发展和对外开放的要求"。这是将我国可持续发展理念上升到经济发展与个人发展的层次上，丰富了"可持续发展"的内涵。2007年10月15日，中共第十七次全国代表大会上发表了《高举中国特色社会主义伟大旗帜 为夺取全面建设小康社会新胜利而奋斗》的报告，报告中首次阐述了可持续发展观的基本要求是"全面协调可持续"，并指出，应将"加快建立覆盖城乡居民的社会保障体系，保障人民基本生活"作为"加快推进以改善民生为重点的社会建设"的一项基本任务。2011年3月16日，新华社发布《"十二五"规划纲要》，指出坚持广覆盖、保基本、多层次、可持续方针，加快推进覆盖城乡居民的社会保障体系建设。2012年6月1日，正式发布《中华人民共和国可持续发展国家报告》，强调有关可持续发展的五大方面：转变经济发展方式和对经济结构进行战略性调整的经济可持续发展、建立资源节约型和环境友好型社会的环境资源可持续发展、保障和改善民生的代内平等（可持续发展的一个重要内涵）、科技创新（可持续发展的动力）、深化体制改革和扩大对外开放和合作（可持续发展的基本保障）。可持续发展不仅是一个发展理念，更与社会各个方面有着密不可分的关系，社会向资源节约、环境友好的方向转型，民生社会保障建设的基本理念，经济发展要遵循的价值规律，可持续发展的内涵扩充到经济、生态、社会三方面。2012年11月8日，党的十八大报告提出全覆盖、保基本、多层次、可持续的社会保障工作方针，把"广覆盖"调整为"全覆盖"，要求实现人人享有基本社会保障的目标。随着经济建设的不断推进，社会制度的完善，我国可持续发展的理念已经广泛应用到国家治理中去，作为重要指导思想的科学发展观为社会建设保驾护航。

---

① 全国人民代表大会常务委员会办公厅：《中华人民共和国第八届全国人民代表大会第四次会议文件汇编》，人民出版社1996年版，第1—6页。

2. 公平可持续社会保障理念的中国实践

从 20 世纪 90 年代开始，公平、可持续理念逐步成为我国社会保障的重要发展理念，指导中国社会保障发展。自此以后，公平与可持续的发展理念开始影响我国社会保障制度的建设和发展，具体在养老保险、医疗保险、生育保险、劳动就业等方面制度建设都有较好的体现。

1993 年 11 月，中共十四届三中全会通过《中共中央关于建立社会主义市场经济体制若干问题的决定》，明确提出要建立多层次的社会保障制度，较为明显地体现了覆盖多层次和公平的理念。此后，生育保险、职工养老保险、农村养老保险、工伤保险等制度改革工作陆续推进，也都在不同程度、不同方式体现了公平和可持续的理念。

1996 年以后，我国社会保障事业发展进入到了新的发展阶段，社会保障事业发展有了组织基础和制度基础，此后，企业职工养老保险、住房保险、最低生活保障等制度进一步完善，社会保障制度对公平、可持续发展理念的体现更加明显。2002 年，中共第十六次全国代表大会提出《全面建设小康社会，开创中国特色社会主义事业新局面》报告，明确提出了"各地根据实际情况合理确定社会保障的标准和水平，发展城乡社会救济和社会福利事业，在有条件的地方，探索建立农村养老、医疗保险和最低生活保障制度"。根据各地实际情况、实际标准和水平发展各项社会保障制度，制度设计中体现了可持续发展的理念。此后，我国各项社会保障制度建设提速，2003 年，我国新型农村合作医疗制度开始试点建立，此后，覆盖范围快速扩展，国家在制度建设和筹资责任中担负了重要角色，农村合作医疗制度的重建和发展，对农村医疗卫生事业发展和健康改进意义重大，成为保障我国农村居民获得最基本医疗保障的重要制度基础，对我国健康公平发挥了积极作用。2007 年，我国又开始在城镇范围内试点建立城镇居民基本医疗保险，至此，城镇居民中没有被城镇职工医疗保险覆盖的人群，有了基本的医疗保险制度，我国实现了医疗保险制度理论上的全面覆盖。此外，2007 年，我国最低生活保障制度在全国范围内全面建立，2009 年农村地区养老保险制度开始试点推进，我国社会保障改革与发展仍然在不断加强。

2003 年，中共十六届三中全会通过《中共中央关于完善社会主义市场经济体制若干问题的决定》，提出调节收入分配、关注收入差距，"加快建设与经济发展水平相适应的社会保障体系，完善企业职工基本养老保险制度，健全失业保险制度，继续改革城镇职工基本医疗保险制度，完善城市居民最低生活保障制度"，决定直接指导了我国劳动收入分配和社会保障建设领域的基本方向，体现了公平和可持续性的基本理念。2006 年，中共十六届六中全会通过《中共中央关于构建社会主义和谐社会若干重大问题的决定》，提出"着力发展社会事业、促进社会公平正义、建设和谐文化、完善社会管理、增强社会创造活力，走共同富裕道路"，直接将促进社会公平正义写入了和谐社会的重大决定，也直接影响了此后社会保障的建设理念，使公平正义理念成为整个社会保障事业乃至整个中国社会建设的核心价值指引理念。

2007 年，中共十七次全国代表大会发表《高举中国特色社会主义伟大旗帜　为夺取全面建设小康社会新胜利而奋斗》的报告，奋斗中明确提出全面、协调、可持续的发展理念，同时，应当建立覆盖城乡居民的、公平的社会保障体系，公平、可持续理念明确地出现在小康社会建设的文件中。2009 年，国务院发布《关于开展新型农村社会养老保险试点的指导意见》，我国养老保险进入了城乡协调发展的新阶段，新型农村养老保险在全国快速推广，建设农村养老保险、让农村居民老有所养，成为社会保障体系建设践行公平正义理念的重要政策。①

2012 年，党的十八大发表《坚定不移沿着中国特色社会主义道路前进　为全面建成小康社会而奋斗》，明确提出了"坚持全覆盖、保基本、多层次、可持续方针，以增强公平性、适应流动性、保证可持续性为重点，全面建成覆盖城乡居民的社会保障体系"。党的十八大报告明确提出了可持续方针，明确说明了我国将建设一个什么样的社会保障体系、方针和要求体现了公平、可持续的基本原则和理念。此后，党和国家在多次重要会议和文件中，明确了我国社会保障制度体系建设的方针、方向，提出"进一步做好保障和改善民生工作，使发展成果更多、更公平惠及全体人民；坚持全覆盖、保基本、多层次、可持续方针，加强城乡社会

---

① 胡晓义：《加快建成覆盖城乡居民的社会保障体系》，《中国人口科学》2014 年第 1 期。

保障体系建设，继续完善养老保险转移接续办法，提高统筹层次"，包括加快推进住房保障和供应体系建设，是满足群众基本住房需求、实现全体人民住有所居目标的重要任务，是促进社会公平正义、保证人民群众共享改革发展成果的必然要求等。可以看出，公平正义和可持续理念，已经成为我国社会保障制度体系建设的核心价值理念，指引整个制度建设。

2013 年，中共十八届三中全会通过《中共中央关于全面深化改革若干重大问题的决定》，明确提出"建立更加公平可持续的社会保障制度"，并要求"坚持社会统筹和个人账户相结合的基本养老保险制度，建立健全合理兼顾各类人员的社会保障待遇确定和正常调整机制，完善社会保险关系转移接续政策，健全符合国情的住房保障和供应体系，加强社会保险基金投资管理和监督，推进基金市场化、多元化投资运营，加快发展企业年金、职业年金、商业保险，构建多层次社会保障体系"。至此，"更加公平、可持续"明确地成为我国社会保障制度建设的重要目标。此后，"共建、共享""更加公平更可持续"的理念，全面指导我国新时期的社会保障体系建设，在养老保险、医疗保险、教育保障等方面，兜底线、促发展，维护社会公平正义，防止突破道德底线，是社会保障发挥保护功能的关键，而完善顶层制度设计、推动共建、共享社会建设，特别是在养老、医疗保险等改革过程中，体现为强调完善制度、引导预期，使我国社会保障制度更加公平、更加可持续。[①] 2017 年 10 月，党的十九大报告指出，"加强社会保障体系建设，按兜底线、织密网、建机制的要求，全面建成覆盖全民、城乡统筹、权责清晰、保障适度、可持续的多层次社会保障体系"。我国社会保障制度建设进入了新时代。

上文仅局限于更加公平、可持续理念在社会保障领域实践中的体现，事实上，更加公平、可持续的发展理念也已经成为我国经济社会保障的重要理念，在党领导经济发展、环境保护、社会建设等方面，都具有重要的价值理念指引地位，限于篇幅，本书不再赘述（见表 12 - 1）。

---

① 朱恒鹏：《共享发展、国家共同体与社会保障制度》，《中国经济史研究》2017 年第 5 期。

表12-1 公平可持续社会保障理念的中国实践

时间	事件名称	事件内容	评价
1993年11月	中共十四届三中全会通过《中共中央关于建立社会主义市场经济体制若干问题的决定》	为城乡居民建立同我国国情相适应的，包括"社会保险、社会救济、社会福利、优抚安置和社会互助、个人储蓄积累保障"在内的"多层次的社会保障制度"	覆盖多层次，体现公平
1994年12月	颁布了《企业职工生育保险试行办法》	正式建立了规范化的现代职工生育保险制度	保障企业职工生育保险权益，体现公平
1995年3月	国务院发布《关于企业职工养老保险制度改革的决定》	确立了企业职工养老保险制度的改革目标、原则和基本制度模式	保障企业职工养老，体现公平
1995年10月	国务院转发民政部《关于进一步做好农村社会养老保险工作意见的通知》	开始探索建立以农民个人缴费为主、集体缴费为辅、国家政策扶持的农村社会养老保险制度	保障农民养老，体现公平
1996年8月	颁布了《企业职工工伤保险试行办法》	正式建立了规范化的现代职工工伤保险制度	保障企业职工工伤保险权益，体现公平
1997年7月	颁布了《关于建立统一的企业职工基本养老保险制度的决定》	明确规定了企业职工基本养老保险制度的缴费比例、制度模式、基本养老金计发办法和基金管理办法	保障企业职工养老，体现公平
1997年9月	中共第十五次全国代表大会提出《高举邓小平理论伟大旗帜，把建设有中国特色社会主义事业全面推向二十一世纪》	建立社会保障体系，实行社会统筹和个人账户相结合的养老、医疗保险制度，完善失业保险和社会救济制度，提供最基本的社会保障	保障公民养老、医疗、失业等多方面基本生活，体现公平
1998年7月	颁布了《关于进一步深化城镇住房制度改革加快住房建设的通知》	明确了福利住房转向住房商品化的改革方向，确立了以经济适用房为主的多层次城镇住房供应体系	保障城镇居民住房，体现公平
1998年12月	颁布了《关于建立城镇职工基本医疗保险制度的决定》	明确规定了城镇职工基本医疗保险制度的制度模式、覆盖范围、缴费办法以及改革原则与任务	保障城镇职工医疗，体现公平
1999年1月	颁布了《失业保险条例》	首次以法规形式正式确立了我国的失业保险制度	保障公民失业问题，体现公平

续表

时间	事件名称	事件内容	评价
1999 年 10 月	颁布了《城市居民最低生活保障条例》	规范了城市低收入群体的基本生活救助工作	保障居民最低生活，体现公平
2002 年 11 月	中共第十六次全国代表大会提出《全面建设小康社会，开创中国特色社会主义事业新局面》报告	要求各地根据实际情况合理确定社会保障的标准和水平，发展城乡社会救济和社会福利事业，在有条件的地方，探索建立农村养老、医疗保险和最低生活保障制度	保障农民养老、医疗、最低生活，重视城乡社会救济和社会福利，体现公平；根据各地实际情况确定保障标准和水平，体现可持续
2003 年 1 月	国务院转发卫生部、财政部、农业部等部门联合发布《关于建立新型农村合作医疗制度意见的通知》	确立了新农合制度的组织管理、筹资标准、资金管理、医疗服务管理等具体内容	保障农民医疗，体现公平
2003 年 10 月	中共十六届三中全会通过《中共中央关于完善社会主义市场经济体制若干问题的决定》	加大收入分配调节力度，重视解决部分社会成员收入差距过分扩大问题；加快建设与经济发展水平相适应的社会保障体系，完善企业职工基本养老保险制度，健全失业保险制度，继续改革城镇职工基本医疗保险制度，完善城市居民最低生活保障制度	调节收入分配，关注收入差距，健全保障企业职工养老、失业，保障城镇职工医疗，保障城市居民最低生活，体现公平；建设与经济发展相适应的社会保障体系，体现可持续
2006 年 10 月	中共十六届六中全会通过《中共中央关于构建社会主义和谐社会若干重大问题的决定》	按照民主法治、公平正义、诚信友爱、充满活力、安定有序、人与自然和谐相处的总要求，以解决人民群众最关心、最直接、最现实的利益问题为重点，着力发展社会事业、促进社会公平正义、建设和谐文化、完善社会管理、增强社会创造活力，走共同富裕道路	以公平正义为总要求，促进社会公平正义，共同富裕为着力点，体现公平
2007 年 7 月	国务院发布《国务院关于开展城镇居民基本医疗保险试点的指导意见》	通过试点逐步建立以大病统筹为主的城镇居民基本医疗保险制度	保障城镇居民大病基本医疗，体现公平

续表

时间	事件名称	事件内容	评价
2007 年 7 月	国务院发布《国务院关于在全国建立农村最低生活保障制度的通知》	通过在全国范围建立农村最低生活保障制度，将符合条件的农村贫困人口全部纳入保障范围，稳定、持久、有效地解决全国农村贫困人口的温饱问题	保障农村贫困人口最低生活，体现公平
2007 年 10 月	中共第十七次全国代表大会发表《高举中国特色社会主义伟大旗帜为夺取全面建设小康社会新胜利而奋斗》	首次阐述了可持续发展观的基本要求是"全面协调可持续"，并指出应将"加快建立覆盖城乡居民的社会建设"的一项基本任务，特别指出要完善城乡居民最低生活保障制度，逐步提高保障水平，探索建立农村养老保险制度，全面推进新型农村合作医疗制度建设，加强农村三级卫生服务网络；要加快建立覆盖城乡居民的社会保障体系	保障覆盖城乡居民，体现公平；以"全面协调可持续"的发展观进行社会建设，体现可持续
2009 年 9 月	国务院发布《关于开展新型农村社会养老保险试点的指导意见》	探索建立个人缴费、集体补助、政府补贴相结合的新农保制度，实行社会统筹与个人账户相结合，与家庭养老、土地保障、社会救助等其他社会保障政策措施相配套	保障农民养老，体现公平
2012 年 11 月	中共第十八次全国代表大会发表《坚定不移沿着中国特色社会主义道路前进为全面建成小康社会而奋斗》	必须更加自觉地把全面协调可持续作为深入贯彻落实科学发展观的基本要求，在全面建设小康社会进程中推进实践创新、理论创新、制度创新，强调坚持以人为本、全面协调可持续发展；坚持全覆盖、保基本、多层次、可持续方针，以增强公平性、适应流动性、保证可持续性为重点，全面建成覆盖城乡居民的社会保障体系	体现公平可持续

续表

时间	事件名称	事件内容	评价
2012 年 12 月	《在中央经济工作会议上的讲话》	必须坚持把人民利益放在第一位，进一步做好保障和改善民生工作，使发展成果更多、更公平惠及全体人民；坚持全覆盖、保基本、多层次、可持续方针，加强城乡社会保障体系建设，继续完善养老保险转移接续办法，提高统筹层次	体现公平可持续
2013 年 10 月	十八届中央政治局第十次集体学习时讲话	加快推进住房保障和供应体系建设，是满足群众基本住房需求、实现全体人民住有所居目标的重要任务，是促进社会公平正义、保证人民群众共享改革发展成果的必然要求。努力把住房保障和供应体系建设办成一项经得起实践、人民、历史检验的德政工程	保障居民住房，体现公平；住房保障和供应经得起检验，体现可持续
2013 年 11 月	中共十八届三中全会通过《中共中央关于全面深化改革若干重大问题的决定》	建立更加公平可持续的社会保障制度，坚持社会统筹和个人账户相结合的基本养老保险制度；建立健全合理兼顾各类人员的社会保障待遇确定和正常调整机制；完善社会保险关系转移接续政策；健全符合国情的住房保障和供应体系；加强社会保险基金投资管理和监督，推进基金市场化、多元化投资运营；加快发展企业年金、职业年金、商业保险，构建多层次社会保障体系	体现公平可持续
2014 年 12 月	《在中央经济工作会议上的讲话》	要深化社会保障制度改革，使之具有可持续性，发挥好托底作用	体现公平可持续

续表

时间	事件名称	事件内容	评价
2015年10月	党的十八届五中全会	按照人人参与、人人尽力、人人享有要求，坚守底线、突出重点、完善制度、引导预期，注重机会公平，保障基本民生，实现全体人民共同迈入全面小康社会；建立更加公平可持续的社会保障制度，实施全民参保计划，实现职工基础养老金全国统筹，划转部分国有资本充实社保基金，全面实施城乡居民大病保险制度	体现公平可持续
2015年12月	《在中央经济工作会议上的讲话》	要在经济发展基础上持续改善民生，特别是要提高教育、医疗等基本公共服务数量和质量，推进教育公平；结构性改革要深化，应对人口老龄化工作要做好，构建公平、可持续的养老保险制度至关重要	体现公平可持续
2016年9月	学习《胡锦涛文选》报告会	强调要努力实现更高质量、更有效率、更加公平、更可持续的发展，必须建立起体现社会主义公平公正原则的体制机制、逐步缩小地区、城乡收入差距，必须深入贯彻共享的发展理念，兼顾效率和公平，保障基本民生，在做大蛋糕的同时分好蛋糕，体现社会的公平正义	体现公平可持续
2016年12月	《在中央经济工作会议上的讲话》	要从增强公平性、适应流动性、保障可持续性出发，尽快提出完善养老保险制度的举措	体现公平可持续

续表

时间	事件名称	事件内容	评价
2017 年 1 月	国务院印发《"十三五"推进基本公共服务均等化规划》	以普惠性、保基本、均等化、可持续为方向，健全国家基本公共服务制度，完善服务项目和基本标准，强化公共资源投入保障，提高共建能力和共享水平努力提升人民群众的获得感、公平感、安全感和幸福感，实现全体人民共同迈入全面小康社会	体现公平可持续
2017 年 1 月	国务院办公厅印发《关于加强困难群众基本生活保障有关工作的通知》	进一步做好困难群众基本生活保障工作，是维护社会公平、防止冲破道德底线的基本要求	体现公平
2017 年 4 月	国务院办公厅印发《深化医药卫生体制改革2017年重点工作任务》	坚持把基本医疗卫生制度作为公共产品向全民提供，坚持保基本、强基层、建机制，深化"三医"联动改革	明确基本医疗卫生为公共产品，全民享有，体现公平
2017 年 5 月	"一带一路"国际合作高峰论坛开幕式发表《携手推进"一带一路"建设》	深入贯彻创新、协调、绿色、开放、共享的发展理念，不断适应、把握、引领经济发展新常态，积极推进供给侧结构性改革，实现持续发展	体现可持续
2017 年 10 月	《决胜全面建成小康社会夺取新时代中国特色社会主义伟大胜利》（十九大报告）	加强社会保障体系建设，按兜底线、织密网、建机制的要求，全面建成覆盖全民、城乡统筹、权责清晰、保障适度、可持续的多层次社会保障体系	公平、可持续
2018 年 1 月	《中华人民共和国环境保护税法》	向直接向环境排放应税污染物的企业事业单位和其他生产经营者征收环境保护税，推进生态文明建设	生态文明建设是把可持续发展提升到绿色发展高度，体现可持续
2018 年 2 月	《国家乡村振兴战略规划（2018—2022年）》	充分发挥市场在要素配置中的决定作用和政府在推进公共服务中的作用，推进城乡要素平等交换、合理配置，城乡居民基本权益平等化、基本公共服务均等化	基本权益平等化、基本公共服务均等化体现公平

二　建立更加公平可持续的社会保障问题研究的分析

上一节内容一方面阐释了公平、可持续的基本理念，以及相应理念的发展过程，同时，还结合中国社会保障和社会发展实践，论述了公平、可持续发展理念在中国社会保障实践中的历史演进。与实践相对应，我国学术界也对中国社会保障的公平、可持续问题展开了研究工作，既包括对社会保障公平、可持续发展理念的探索，也包括对相应理念的阐释和实证分析。下文将结合中国学术界关于中国社会保障公平、可持续的研究进行分析，旨在对中国社会保障学界关于社会保障公平、可持续的研究，进行较为全面、系统的说明。

1. 相关研究的数据分析

以中国知网全文期刊数据库为检索数据库，时间截至 2018 年 8 月，不设置起始时间，选择数据库中所有 CSSCI 索引期刊为检索对象，以"社会保障"为主题词，以"公平"或"可持续"为摘要检索关键词，共计检索出 1602 篇文献。下文将以这 1602 篇文献作为分析的总体，利用统计分析方法，宏观性、概括性地对相关研究状况进行分析。基本分析结论，下文将分别从年份、内容、作者、期刊四个方面，来分析相关学术研究的发展趋势和内容分布。

（1）相关研究时间趋势分析

基于检索结果，按照时间纵向排序，可以看出，相关研究呈现先增后降的趋势。从图 12-1 中，我们可以看到关于公平、可持续的社会保障问题的研究，包括所有从 1998 年到 2018 年每年都有文献发表。1998 年到 2007 年，相关文献发表篇数每年都在 100 以下，文献发表数占比在 5% 以下，但是，从趋势来看，这一时期的发表大体呈上升趋势，2004 年以前增幅较小，2004 年到 2007 年增幅较大。2007 年相关文献发表数从 89 跃升到 2008 年的 127，占比从 5.556% 上升到 7.928%。2008 年以后，相关文献发表数一直比较多，2008 年到 2014 年，每年相关文献发表数都在 100 以上，最高 2010 年达到 148 篇，占比 9.238%。2015 年，发表文献数量略有下降，也有 80 篇，2016 年为 103 篇，2017—2018 逐年下降，2018 年（截至 8 月）相关文献发表数只有 32 篇。

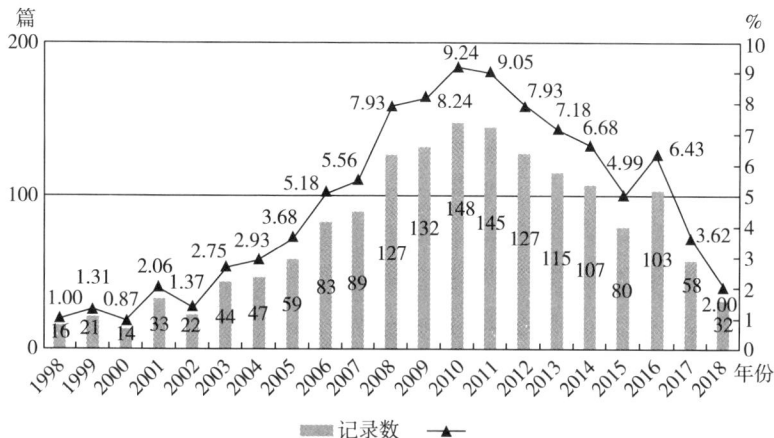

图 12 - 1 1998—2018 年文献发表记录数与百分比

从上述数据我们可以看到，1998 年以前基本没有关于公平、可持续的社会保障问题的相关研究，1998—2008 年，相关研究还处于起步阶段，2008—2014 年属于研究比较多的阶段，2014—2018 年研究逐年减少。从图 12 - 1 中可以看出，相关研究的时间分布和热度分布，基本上是先逐步上升，之后达到峰值，随后逐步下降，这一趋势与我国社会保障实践领域中公平、可持续理念践行的时间趋势是一致的，二者互相呼应，体现了学术研究与实践工作的紧密结合，理论应实践需要而生、而发展，实践也因为理论的指导而更加科学、合理。

（2）相关研究内容趋势分析

与研究的时间趋势相对应，研究的内容也呈现一定规律的变动趋势，根据检索出文献的主题词时间变动趋势分析，大体上可以将相关研究分为三个大的阶段，即"探索 + 解释"阶段、"诠释 + 互动"阶段和"应用 + 深化"阶段。①

① 成志刚、江俊巍：《社会保障的历史演进、道德意蕴及价值取向》，《湘潭大学学报》（哲学社会科学版）2015 年第 6 期；王笑寒：《论我国弱势群体权利保障制度之完善》，《烟台大学学报》（哲学社会科学版）2017 年第 5 期；张红春、卓越：《国内社会保障研究的知识图谱与热点主题——基于文献计量学共词分析的视角》，《公共管理学报》2011 年第 4 期。

第一，"探索＋解释"阶段。根据研究内容分布，这一阶段基本上处在1998—2010 年。在这一阶段，相关研究主要是对公平、可持续理念进行了前期探索性研究，基本上是基于社会保障本身的定位和功能，结合国际上、历史上社会保障发展的经验和启示，认为社会保障在本质上应当遵循公平正义的理念，既要维持困难人群的最基本生存，也要承担维护社会公平正义的职责和使命。在这一时期，有相当数量的理论、质性研究发表，基于演绎、推论、比较等研究方法，认为社会保障应当是实现社会公平正义的基本制度安排，公平和正义是社会保障制度体系的根本要义。另外，也有部分研究阐释了保险制度安排和财政责任等方面的相关研究，阐述了关于保险制度安排中的可持续性问题，以及转轨成本、财政责任等问题，这些都在一定程度上彰显了学术界对于可持续理念的探索与思考。

第二，"诠释＋互动"阶段。根据研究内容趋势分布，这一阶段为2010—2016 年。在这一阶段，党和国家对社会保障公平、可持续理念的阐释明确且不断深入，"公平"和"可持续"作为两个关键性的词汇，已经进入了党的会议、政策文件之中，并且，用来指导我国社会保障体系建设的实际工作。在这一阶段，学术研究担当了阐述党和国家相关文件、政策的重要角色。一方面，阐释公平、可持续理念的内涵；另一方面，阐述公平、可持续与社会保障制度体系自身要求的契合性，理论分析与政策精神阐释实现了"互动"，在这一阶段，相关研究进入了高潮。

第三，"应用＋深化"阶段。根据研究内容分布，这一阶段从 2010年前后至今，与"诠释＋互动"阶段存在时间重合。这一阶段学术相关研究不断深化，基于公平、可持续理念，相关研究开始从理念性研究逐步深化到应用性研究，医疗保险、养老保险、低保制度等，通过测算、评价、分析、评估制度及其改革的公平性，并探索如何才可以进一步改进和提升这些制度的公平性、公正性。这一阶段，公平、可持续理念不断深化，学术研究不断深入，既有理论、理念研究的深入，也有应用研究的深入。

（3）相关研究学者分布分析

进一步对检索的文献库进行分布分析，其作者分布如表 12－2 所示。表 12－2 选取了发表相关文章数在 3 篇及以上的科研作者，共计 72 位科研工作者。从结果分布来看，有 12 位学者，发表的相关文献数量为 5—14 篇；发表 3—4 篇相关研究的作者数量大概为 60 名学者。

表 12 - 2　　　　　　　　　　相关研究学者分布

序号	字段	记录数	%	序号	字段	记录数	%
1	郑功成	14	0.580		凌文豪	3	0.166
2	丁建定	8	0.332		刘晓霞	3	0.166
	景天魁	8	0.332		刘振杰	3	0.166
3	邓大松	7	0.290		龙玉其	3	0.166
	李珍	7	0.290		卢海元	3	0.166
4	孙敬水	6	0.290		梅哲	3	0.166
5	高和荣	5	0.249		秦龙	3	0.166
	毕天云	5	0.207		沈琴琴	3	0.166
	董溯战	5	0.207		宋桂霞	3	0.166
	关信平	5	0.207		苏明	3	0.166
	王延中	5	0.207		苏昕	3	0.166
	郑秉文	5	0.207		汪柱旺	3	0.166
6	程瑜	4	0.166		王雯	3	0.166
	韩克庆	4	0.166		吴忠民	3	0.166
	江华	4	0.166		项益才	3	0.166
	李放	4	0.166		肖艳	3	0.166
	李迎生	4	0.166		肖云	3	0.166
	王一	4	0.166		谢和均	3	0.166
	王增文	4	0.166		徐瑞仙	3	0.166
	谢勇才	4	0.166		徐月宾	3	0.166
	徐充	4	0.166		杨聪敏	3	0.166
	闫坤	4	0.166		杨军	3	0.166
7	曾国安	3	0.166		杨来胜	3	0.166
	陈庆修	3	0.166		杨立雄	3	0.166
	成志刚	3	0.166		尧金仁	3	0.166
	程杰	3	0.166		于文俊	3	0.166
	丛颖超	3	0.166		原新	3	0.166
	崔香芬	3	0.166		张敏	3	0.166
	方菲	3	0.166		张楠	3	0.166
	高健	3	0.166		张秀兰	3	0.166
	宫晓霞	3	0.166		张映芹	3	0.166
	郭殿生	3	0.166		赵春玲	3	0.166
	郭林	3	0.166		钟茂初	3	0.166
	胡宏伟	3	0.166		周全林	3	0.166
	黄志刚	3	0.166		朱玲	3	0.166
	姜永宏	3	0.166				
	李玲	3	0.166				

从科研机构分布来看，中国人民大学、武汉大学、中国社科院等科研机构，是上述科研工作者的主要工作单位，在中国社会保障公平、可持续问题方面，这些高校和科研机构发挥了积极探索、深入阐释、拓展深入三个方面的职责和功能。

（4）相关研究期刊分布分析

进一步对文献库中发表论文的杂志进行统计分析，统计分析仅包括数年来发表相关研究5篇及以上的杂志。从表12-3分析结果来看，期刊发表的关于公平可持续社会保障问题研究，以《税务研究》杂志最多，共计发表有29篇论文；发表过23篇论文的杂志有两本；发表过10—20篇相关研究论文的期刊杂志的数量为36本；发表相关论文5—10篇的杂志有100本。

表12-3　　　　　　　　　相关研究期刊分布

序号	字段	记录数	%	序号	字段	记录数	%
1	税务研究	29	1.810		江西财经大学学报	8	0.499
2	生产力研究	23	1.436		河北法学	8	0.499
	财政研究	23	1.436		河南师范大学学报（哲学社会科学版）	8	0.499
3	经济体制改革	20	1.248		河南社会科学	8	0.499
4	求实	19	1.186		消费经济	8	0.499
5	农村经济	18	1.124		湖南社会科学	8	0.499
6	东岳论丛	16	0.999		社会科学	8	0.499
	湖北社会科学	16	0.999		财经问题研究	8	0.499
	社会保障研究	16	0.999		中南财经政法大学学报	7	0.437
	社会科学辑刊	16	0.999		中国软科学	7	0.437
7	经济纵横	15	0.936		南京社会科学	7	0.437
	经济问题探索	15	0.936		拉丁美洲研究	7	0.437
8	现代经济探讨	14	0.874	15	浙江学刊	7	0.437
	福建论坛（人文社会科学版）	14	0.874		现代管理科学	7	0.437
9	中央财经大学学报	13	0.811		理论学刊	7	0.437
	中州学刊	13	0.811		马克思主义与现实	7	0.437

续表

序号	字段	记录数	%	序号	字段	记录数	%
	中国人口·资源与环境	12	0.749	16	人口学刊	6	0.375
	中国人民大学学报	12	0.749		人文杂志	6	0.375
	人口与经济	12	0.749		北京社会科学	6	0.375
	兰州学刊	12	0.749		华中师范大学学报（人文社会科学版）	6	0.375
	理论月刊	12	0.749		商业研究	6	0.375
10	社会科学战线	12	0.749		学术探索	6	0.375
	西北人口	12	0.749		学术月刊	6	0.375
	中国人口科学	11	0.687		宁夏社会科学	6	0.375
	宏观经济管理	11	0.687		开发研究	6	0.375
11	理论前沿	11	0.687		武汉大学学报（哲学社会科学版）	6	0.375
	经济问题	11	0.687		江淮论坛	6	0.375
	贵州社会科学	11	0.687		税务与经济	6	0.375
	学习与实践	10	0.624		经济经纬	6	0.375
	当代经济研究	10	0.624		西北农林科技大学学报（社会科学版）	6	0.375
	求索	10	0.624		西安财经学院学报	6	0.375
	理论与改革	10	0.624		财经理论与实践	6	0.375
12	甘肃社会科学	10	0.624		财经科学	6	0.375
	社会主义研究	10	0.624		世界经济	5	0.312
	社会科学研究	10	0.624		中共中央党校学报	5	0.312
	经济学家	10	0.624		中国土地科学	5	0.312
	经济研究参考	10	0.624		中国流通经济	5	0.312
	重庆社会科学	10	0.624	17	中国社会科学院研究生院学报	5	0.312
13	中国特色社会主义研究	9	0.562		企业经济	5	0.312
	学术交流	9	0.562		华东经济管理	5	0.312
	山东社会科学	9	0.562		吉林大学社会科学学报	5	0.312

续表

序号	字段	记录数	%	序号	字段	记录数	%
	当代世界与社会主义	9	0.562		学习与探索	5	0.312
	改革	9	0.562		学术界	5	0.312
	浙江社会科学	9	0.562		学海	5	0.312
	理论探讨	9	0.562		宏观经济研究	5	0.312
	科学社会主义	9	0.562		山西大学学报（哲学社会科学版）	5	0.312
	经济学动态	9	0.562		思想战线	5	0.312
	经济社会体制比较	9	0.562		探索	5	0.312
	统计与决策	9	0.562		探索与争鸣	5	0.312
	马克思主义研究	9	0.562		政法论坛	5	0.312
	上海经济研究	8	0.499		教学与研究	5	0.312
	东南学术	8	0.499		河北大学学报（哲学社会科学版）	5	0.312
	中国社会科学	8	0.499		河北学刊	5	0.312
	中国行政管理	8	0.499		法学家	5	0.312
14	云南行政学院学报	8	0.499		浙江大学学报（人文社会科学版）	5	0.312
	保险研究	8	0.499		涉外税务	5	0.312
	国家行政学院学报	8	0.499		现代日本经济	5	0.312
	山西财经大学学报	8	0.499		理论探索	5	0.312
	广西社会科学	8	0.499		社会保障评论	5	0.312
	开放导报	8	0.499		社会科学家	5	0.312
	当代财经	8	0.499		税务与经济（长春税务学院学报）	5	0.312
	新视野	8	0.499		西北大学学报（哲学社会科学版）	5	0.312
	江西社会科学	8	0.499		财贸经济	5	0.312

从发表论文所在栏目来看，既有专门的社会保障栏目，也有社会保障子制度安排命名的栏目，如养老保险栏目；同时，公共管理、社会学等学科性栏目，也是上述论文发表的重要栏目分布地。

2. 主要学术观点阐析

改革开放以来，我国社会保障经历了快速的发展和完善的历程，取得了举世瞩目的成就。特别是党的十八大以来，我国的一系列重要会议和法律政策，对建设一个什么样的社会保障制度体系进行了全面、深入的阐释，基本确立了"按照人人参与、人人尽力、人人享有的要求，坚持全覆盖、保基本、多层次、可持续的方针，建立健全更加公平可持续的社保制度"。在具体改革领域，不论是针对养老保险、医疗保险、社会救助，或者是其他的具体社会保障项目，基本落实了"公平性、流动性和可持续性"的具体要求。同时，我国不断深化改革、夯实既有社会保障成果，我国社会保障事业发展取得了显著成果，项目覆盖人群扩大，主要社会保障项目基本实现全人群覆盖；保障的内容不断扩展，同时更加贴近人的实际需要；保障水平不断提升，基金待遇水平显著增长，管理水平不断改进，主要项目的基金收支基本平衡。正是由于中国社会保障发展取得了举世瞩目的成就，国际社会保障协会于 2016 年授予中国政府"社会保障杰出成就奖"。随着中国社会保障实践的不断深入，党和国家关于建立更加公平、可持续的社会保障制度体系的认识不断深入，相应表述日益明确，党的十八届三中全会提出"建立更加公平可持续"的社会保障制度，而中共中央《关于制定国民经济和社会发展第十三个五年规划的建议》中，也进一步强调了建设"更加公平更可持续的社会保障制度"。[①]

回顾改革开放四十年，我国社会保障改革、发展经历了一个渐进的过程。改革开放四十年来，党和国家对于中国社会保障制度建设与发展的认识经历一个发展过程，社会保障在整个国家经济社会生活中的定位也发生了一系列的变化。回顾来看，一方面，党和国家对社会保障事关国民福祉、社会稳定的定位是较为稳定的；但另一方面，囿于特定的历

---

① 林闽钢：《中国社会保障制度优化路径的选择》，《中国行政管理》2014 年第 7 期；郑功成：《中国社会保障改革：机遇、挑战与取向》，《国家行政学院学报》2014 年第 6 期；朱玲：《中国社会保障体系的公平性与可持续性研究》，《中国人口科学》2010 年第 5 期。

史阶段和国际、国内的环境，关于我国社会保障制度定位和认识，也大体上经历了辅助性定位、重新认知、深化认知几个阶段。在改革开放初期，发展经济、增加国民财富是当时的主要任务，所以，效率优先、经济公平一定程度上影响了当时的思想观念和制度设计，一方面，我国社会保障事业逐步恢复并步入正轨，但另一方面，社会保障作为企业改革、经济发展的辅助性制度安排定位，逐步体现在实际的经济社会运行之中。到 20 世纪末 21 世纪初，随着经济社会的发展，社会保障在整个经济社会生活中的重要性日益显现，其作为社会稳定器和社会主义基本制度安排的定位日益得到重视，社会保障制度作为社会"公平正义"的制度基础，被精英阶层和社会公众广泛认同。进入新时代，我国对社会保障定位的认识更加深刻，党的十九大提出要"加强社会保障体系建设，按兜底线、织密网、建机制的要求，全面建成覆盖全民、城乡统筹、权责清晰、保障适度、可持续的多层次社会保障体系"。我国社会保障对公平、可持续理念更加明确、清晰，而公平、可持续逐渐成为我国社会保障发展的基本价值埋念。①

与此同时，改革开放四十年也是社会保障理论和理念快速发展的阶段，特别是关于社会保障核心价值的认识和讨论，经历了一个逐步深化和发展的过程。就公平、可持续的社会保障发展理念来看，改革开放四十年来，围绕公平与可持续的认知在我国的实践层面，也存在争论和分歧，虽然，学术研究对社会保障本质价值是促进公平正义并不存在分歧。

概括起来说，改革开放四十年来，关于社会保障公平、可持续发展价值理念的认识，我国学术界的研究分析十分丰富，在概念阐释、理念认知、应用评价等诸多方面成果丰硕。特别是，围绕公平、可持续价值理念，有如下几个方面的学术观点和讨论，值得我们给予关注和阐析。如下几个观点的阐析和理解，有助于我们概括性地理解改革开放四十年来学术界关于社会保障公平、可持续的关键性思考。

（1）公平正义是社会保障的本质要求，社会公平是社会保障的价值体现

我国学术界对于社会保障公平、可持续的认知，是有一个探索、阐

---

① 常建勇、龙玉其、贾可卿：《分配正义：社会保障的根本价值诉求——概念、渊源、机理与实践》，《中国行政管理》2014 年第 11 期。

释和深化的过程，经过四十年的思考、讨论甚至争辩，学术界关于更加公平、更可持续社会保障的认识逐步深化，逐步形成了较为统一的认识。正如前文所述，公平是人类社会追求的重要目标，也是社会正义发展的重要结果。①

随着其他相关学科和理论的发展，特别是关于公平正义相关理论研究和思想影响力的扩展，中国学术界关于社会保障与公平的理解逐步深入。这其中值得一提的是罗尔斯相关正义理论的传播。罗尔斯提出正义的两个原则，以及两个原则的优先顺序，归结起来，核心含义是在允许差异、避免绝对平均的前提下，尊重民众的自由和权利，特别是在一个社会面临改革行动和政策选择时，应当首先选择有益于社会中的弱势人群利益的方案，或者，以社会中最弱势人群的最大利益为条件。② 相关公平正义的思想和理念影响了我国学者关于社会保障与公平正义关系的认知。也正是经过了这段时间的讨论和思考，我国学术界更加清楚地认识到，社会保障的本质具有经济和社会补偿的意义，不是可有可无的辅助性制度安排，而是关系到国家与社会稳定运行的基础性制度安排，而且，社会保障制度可以被视为社会主义市场经济制度的制度基础，其建立和运行关系到国民的基本生存、发展，所以，可以认为，社会保障制度建立的完善程度直接决定了市场经济是否是"好的""善的"市场制度。③从空间角度来看，不论各国经济制度、政治制度、社会文化的差异程度如何，各国对社会保障基本理念的认知和理解大体是统一的，也就是公平正义、社会公平的制度载体。从历史角度来看，纵观整个社会保障或社会福利的发展历史，特别是欧洲社会保障的制度历史，社会保障是现代国家的制度基础，其核心价值在于促进社会公正的实现，社会保障是现代国家中社会公正的制度载体和实现工具。④另外，学术精英和政治精英还将社会保障理论上的公平性与经济社会建设紧密结合，比如，学术界论证了和谐社会与社会公平的关系，并阐释了为什么社会保障制度在

---

① 彭宅文：《社会保障与社会公平：地方政府治理的视角》，《中国人民大学学报》2009 年第 2 期。

② 吴老德：《正义与福利国家概论》，五南图书出版有限公司 2001 年版，第 5—100 页。

③ 景天魁：《三十年民生发展之追问：经济发展、社会公正、底线公平——由民生研究之一斑窥民生发展之全豹》，《理论前沿》2008 年第 14 期。

④ 姚洋：《转轨中国：审视社会公正和平等》，中国人民大学出版社 2004 年版。

建设和谐社会中极为重要，是和谐社会建设的制度基石。[①]

另外，在应用的研究中，学术界关注中国具体社会保障项目的公平性、公正性，特别是关注社会保障项目存在或产生的城乡差异、人群差异、区域分割、碎片化等问题。经过讨论，学术界达成了一些共识，认为部分社会保障项目在制度架构方面的不足，以及推进过程中的选择性问题，一定程度上造成甚至扩大了民众在社会保障方面的公平性，并且，如果"效率"观念过度主导社会保障，就会异化社会保障经济价值和社会价值之间的协调性，导致制度实际运行偏重经济效益、忽视社会效益，从而存在有损社会公平与公正的风险。[②] 可以说，学术界的应用研究一定程度上深化和扩展了公众关于社会保障公平性的认识，特别是，增进了公众对于社会保障公平性程度的量化认知，明确了公平性的发展方向和趋势。[③]

（2）效率主义一定程度、一定阶段影响了社会保障的公平特质

由于特定历史阶段的条件限制，特别是在经历了一段时间的社会不稳定之后，改革开放时期的中国比以往任何时候都希望取得高增长和快速发展。在当时的历史背景下，社会保障的建立和发展依赖于或服务于经济建设，包括应对国企改革、民工流动等棘手的社会问题，社会保障制度建设和发展的重要性、独立性、战略性，被"无意"间弱化了，至少在当时学术界和政策精英们对于社会保障定位的认知是存在一定历史局限的。而正是由于效率主义的特点，我国社会保障制度安排的基础性地位、长期性地位一定程度上被弱化和忽视了，社会保障成为一项配套性的、服务性的制度安排，社会保障制度在这一时期并没有极为明确的、独立的制度定位，其制度发展的长期目标和战略价值也没有被科学认识

---

① 景天魁：《三十年民生发展之追问：经济发展、社会公正、底线公平——由民生研究之一斑窥民生发展之全豹》，《理论前沿》2008年第14期；李廷荣、陈庆修：《构建和谐社会与收入分配制度改革》，《国家行政学院学报》2006年第6期；彭胜华：《从构建和谐社会的视角谈我国的社会保障》，《东南大学学报》（哲学社会科学版）2006年第2期；唐玲君：《构建和谐社会　完善社会保障制度》，《宁夏大学学报》（人文社会科学版）2006年第6期。

② 杨林、薛琪琪：《中国城乡社会保障的制度差异与公平性推进路径》，《学术月刊》2016年第11期；赵建国、廖藏宜、李佳：《我国社会保障财政负担区域公平性及影响因素研究》，《财政研究》2016年第10期。

③ 关信平：《当前我国社会保障制度公平性分析》，《苏州大学学报》（哲学社会科学版）2013年第3期；秦继伟：《农村社会保障的多重困境与优化治理》，《甘肃社会科学》2018年第3期。

和设定。由于特定历史阶段的局限，我国在社会保障基本制度框架确立之时，将效率主义"有意或无意"地纳入社会保障制度框架设计，其中，较为明显的是将个人账户制度引入养老保险制度，并影响了后期的医疗保险制度框架。囿于当时国际、国内环境，以及政策设计者的国际视野与认知，将个人账户与社会统筹相结合，被当时的学术精英和政策精英普遍视为综合了公平与效率的理念，公平与效率在制度内实现了较好的融合、统一，解决了社会保障长期存在的低效率问题，一定程度上缓解了社会保障的可持续危机。但是，上述制度设计的负面影响在后期开始逐步显现：一部分弱势人群因为无法满足制度设计的参保要求，而被排斥在制度覆盖范围之外，导致了社会保障人群覆盖的不公平问题；同时，社会保障的制度设计与区域、城乡差异相结合，又进一步扩大了中国社会保障体系内存在广泛的差异性，甚至是碎片化。①

究其原因，效率主义或经济公平，是造成上述问题或认识困扰的根本原因。从公平的不同范围来看，公平可以包括经济公平和社会公平两个大的维度，这也是长期以来学术界对公平思想讨论甚至争论的主要内容。经济公平强调的是在经济领域，承认个人天生禀赋的差异和后天努力的差异，认可机会公平、规则公平和一定程度的收入公平，主张最终分配和个人贡献相一致，经济公平的本质与效率优先具有一致性。经济公平或效率优先主义很容易影响社会保障制度设计，但是，过度关注或偏重经济公平往往会导致忽视社会公平，会显著影响社会保障促进社会公平的功能发挥。②

经济公平或效率主义的观点影响了这一时期我国社会保障制度基本框架的设立，其造成的恶果也是显而易见的，比如个人账户制度的设计，本来就是为了体现个人责任和效率部分，但是，其实际运行的效果却差强人意，制度设计一定程度上造成当前社会保障领域进一步深化改革的

①　潘锦棠、张燕：《社会保障中的平等公平效率》，《国家行政学院学报》2015 年第 6 期。

②　贾康、程瑜、于长革：《优化收入分配的认知框架、思路、原则与建议》，《财贸经济》2018 年第 2 期；刘伟兵、韩天阔、刘二鹏：《养老保险全国统筹中的待遇确定方法与"福利损失"研究》，《保险研究》2018 年第 4 期；田北海、王连生：《支出型贫困家庭的贫困表征、生成机制与治理路径》，《南京农业大学学报》（社会科学版）2018 年第 18 期；王思斌：《整合制度体系保障人民可持续的获得感》，《行政管理改革》2018 年第 3 期；徐广路：《养老保障满意度对农民工社会冲突意识的影响》，《西南大学学报》（社会科学版）2018 年第 2 期；郑功成：《中国社会保障改革与经济发展：回顾与展望》，《中国人民大学学报》2018 年第 1 期。

困境。另外，政府财政补贴对个人缴费行为的激励，也在一定程度上存在加剧既有收入差异的可能性；而富人对现有社会医疗保险利用程度更高、挤占资源更多，也是在一定程度上有悖于制度设计初始目标的。

应该看到，改革开放时期，国际和国内背景一定程度上影响了社会保障与公平、效率之间的关系，在影响官方、学术界对该问题认知的同时，也影响了这一时期我国社会保障制度基本框架的建立，甚至影响到了当前的社会保障制度运行状况。改革开放初期，国际上先后出现了石油危机等经济事件，在政治方面，里根、撒切尔夫人等深受新自由主义影响，西方国家对社会保障制度进行了一定程度的改革；与此同时，中国当时刚刚结束政治不稳定，全社会都在反思计划经济的一些弊病，迫切需要经济发展和快速增长。在这样的大背景下，我国这一时期的制度建设，包括社会保障制度建设，都一定程度上受到了影响，追求"效率"或经济公平，深刻影响了这一时期的制度设计，也影响了这一时期的学术研究，当然，也为后期学术界反思、讨论、辨析相应学术问题和政策问题提供了基础。

（3）底线公平是更加公平、可持续社会保障的实践解释

在建设何种社会保障体系的问题上，我国学者经过理论分析和实践经验梳理，认为应当以底线公平为理念来推动社会保障制度建设，因为底线公平与适度保障在理念意涵方面具有一致性，所以，底线公平也就有了可持续性的含义。选择底线公平作为我国社会保障制度建设的基本价值理念，学术界认为这有助于明确社会保障制度建设的实际操作准则，从而避免模糊不清、不具有操作性的价值理念指引，因为，底线公平与适度保障具有一致性，其理念更具有现实操作性，可以在新的历史时期指引我国社会保障制度改革和发展。①

底线公平关注的是整个社会福祉之中最基本的内容，特别是最底层、最弱势的群体被关注，被整个社会保障制度优先考虑、满足，从这个意义上，底线公平就是关注最应当保障的"无差别的公平"，这个部分具有基础性、无差异性、基本需求的特质，是维持生存和发展最为基本的保障内容，底线公平可以保障所有人最为基本的生活需要。底线公平的社会保障理念，有助于改善和解决当前我国社会保障制度体系中所存在的

---

① 高和荣：《底线公平：社会保障制度建设的内在根据》，《社会科学辑刊》2016年第3期。

差异性，特别是存在区域差异、城乡差异、群体差异等，同时，底线公平也将有助于解决当前制度中广泛存在的碎片化问题。

另外，底线公平在实践操作中可以被理解为适度公平。公平的界定关乎公平的根本价值指向，而公平的测量关乎公平的水平，是"度"的问题，没有公平的价值指向，我们将把握不住公平的方向，可能会混淆什么是公平，混淆什么是不公平；而如果没有一个合适的水平，超过了特定的"度"，可能公平会起到反向的负面效应，而如果水平过低，也根本无法达到预期的公平状态。从这个意义上说，底线公平就是要维持被保障对象的最基本生存和发展权利，关系到被保障对象最基本的尊严。如果用底线公平的理念来确定我国社会保障制度供给的内容和水平，可以认为医疗、教育、养老、低保等都是最为基本的制度设计，保障水平、报销比例等制度设计，既要防止保障不足，又要防止过度福利，国家的责任应当体现在公共财政所承担的最为基本的生存与发展的内容方面。底线之下，社会保障由国家承担主要责任，旨在保障每个人最为基本的生存和发展的需要，是最为基本、基础性的满足；底线之上，可以由社会、市场来供给内容更为丰富、形式更为多样、水平更高的福利、服务内容，而这是在底线之上，是超出"适度水平"的。

三　研究结论与启示

本节将对本章研究的结论进行汇总、归纳，一方面介绍本书所做的分析，以及分析的主要结果；另一方面，也将在归纳本书结论基础上，讨论研究的若干启示。

1. 研究结论

改革开放四十年来，我国社会保障事业发展是迅速、全面、卓有成效的，党和国家在领导社会保障领域改革与发展方面，也经历了一个不断深入、不断调整的过程。党的十八大以来，我国社会保障事业确立了新的发展目标，进入新时代后，我国社会保障改革、发展的目标是建立更加公平、更可持续的社会保障制度体系。①

（1）公平和可持续是重要的发展理念

公平与正义相呼应，有悠久的理论讨论历史，从古埃及、古希腊时期，一直到近现代的罗尔斯、马克思等，公平的理念不断发展、深化，思想界在公平正义的理解方面达成了基本统一的共识，公平事关正义，关乎道德和社会治理，是人类社会所追寻的重要目标。可持续理念源于自然系统和生态环境领域，本意是强调可持续和可复制的增长方式。可持续发展理念逐渐扩展到社会和经济发展领域，并成为社会保障制度发展的重要理念。

（2）公平可持续理念在中国社会保障事业发展中具有稳定性

改革开放之后，中国在确立社会主义市场经济的同时，提出了建立中国社会保障体系的构想，并在约四十年建立了结构完整、层次合理、保障较为充分的社会保障体系。在整个四十年的改革与发展中，公平、可持续的理念都贯彻到社会保障制度整体架构和具体制度设计之中，呈现从隐性至显性、从弱化到强化的发展趋势，但总体上，其价值理念在社会保障制度建设和发展中的彰显具有稳定性。

（3）关于社会保障公平、可持续的相关学术研究成果丰硕、呈现规律性特征

第一，相关研究时间趋势分析。在检索文献数据库基础上，本书分析发现了特定的趋势和分布规律，社会保障公平、可持续的研究呈现时间规律性。20 世纪 80 年代至 90 年代中期为潜在时期，这一时期并没有直接以相应主题开展的研究；而 1998—2014 年为研究的上升期，研究热度快速提升，相关文献的数量和质量也不断提高；2015 年至今，研究热度开始出现下降，主要是因为理念阐释、现实评估的文献研究已经较为充分，相关研究的主题出现了更为细化、具体、应用性更强的特点。

第二，相关研究内容趋势分析。从研究内容来分析，相关研究内容呈现了变动的趋势性，关于社会保障公平、可持续的内容研究，大体上可以表现为三个阶段，分别为"探索＋解释"阶段、"诠释＋互动"阶段和"应用＋深化"阶段。这系统体现了相关主题研究内容的趋势和规律，

---

① 宋马林、杨杰、杨彤：《社会保障体系完善与社会经济可持续发展——基于城乡差异和区域差距视角的统计分析》，《公共管理学报》2010 年第 2 期。

基本体现了整个研究过程。

第三，相关研究学者分布分析。有相当数量的学者和研究机构关注了社会保障公平、可持续的研究主题，检索结果发现，相关文章数在3篇及以上的科研作者，共计72名，中国人民大学、武汉大学、中国社科院等科研机构，是上述科研工作者的主要工作单位。

第四，相关研究期刊分布分析。分析发现，有相当多的杂志都关注了社会保障公平、可持续的研究主题，有数百本杂志都发表过相关主题的研究论文，设置过相关主题的研究专栏。

（4）梳理四十年来社会保障公平、可持续的相关研究，有三个方面最值得关注和阐析

第一，公平正义是社会保障的本质要求，社会公平是社会保障的价值体现。在梳理、借鉴国外相关理论研究、实践经验的基础上，并结合中国社会保障的伟大实践和研究进展，学术界对"公平正义是社会保障的本质要求"的理解不断深化，逐步深入认识了"社会公平是社会保障的价值体现"，对社会保障与公平正义的理解更加深入、全面。

第二，效率主义在一定程度、一定阶段影响了社会保障的公平特质。效率主义、经济公平等理念一定程度上影响了学术界和相关部门对社会保障公平理念的认知，也在一定程度上影响了我国社会保障基本框架的设立，甚至一定程度上造成了当前我国社会保障所面临的改革困境。正确认识效率主义、回归社会公平本身，是当前和今后我国社会保障改革与发展的根本方向。

第三，底线公平是更加公平、可持续社会保障的实践解释。在梳理我国学术研究和实践经验的基础上，学术界日益形成了一个基本判断，即底线公平就是适度公平，底线公平是中国社会保障实践操作的根本方向，社会保障的改革与发展应当秉持底线公平理念，坚持适度保障，充分处理好底线之下和底线之上两个保障层次的关系，这关乎公平，更加关乎社会保障制度的可持续性，是社会保障可持续性的现实准绳。

2. 若干启示

第一，公平正义是一切社会制度追求的共同美好目标，社会保障制度是实现这一目标的制度基础之一。正如前文所述，公平正义是人类社会一直追求的目标，自古至今，人类社会就将公平正义作为了道德的至高标准，同时，公平和正义也有社会公正和社会治理的意蕴。从国内外

的制度实践、学术研究来看，公平正义都是整个社会公正的基石，也是所有社会制度遵循和实现的重要价值目标；其中，社会保障制度是追求公平正义最重要的制度基础，这一点古今中外概莫能外。经过几十年的发展和实践经验积累，学术界和政策部门对于公平正义的理解日益深刻，同时，对我国社会保障制度设计和运行的反思也日益深刻。如果说改革开放四十年来，在社会保障公平、可持续理念方面存在一些共识的话，那么，就是所有制度设计和改革方向都应当以促进和实现公平正义为首要目标，不能因为任何其他因素或理念，干扰、阻碍社会保障制度对于公平正义的彰显和秉持，特别是不能因为偏重效率主义而影响社会保障制度的设计和改革发展。

第二，公平与效率关系问题是根本价值选择问题，会影响社会制度的框架设计。在我国社会保障基本框架设立之初，我国在制度框架设计中一定程度上融入效率因素，是有特定历史背景的，是当时国内和国际环境的综合结果，应当站在当时特定的历史时代来看待，并且，理解学者和政策精英在特定历史时期的视野局限。但是，无论过去、现在还是未来，处理好公平与效率的关系问题，都是我们这个快速崛起的发展中大国所要面临的重要价值选择问题。对于我国当前的政策价值选择，有两个方面的倾向都是值得警惕和避免的。一个应警惕和避免的风险是过度福利。由于过去四十年我国维持了高增长，经济规模跃升至世界第二，财政收入和预算安排习惯了高速增长，这在一定程度上影响了部分学者和地方政策精英在思考、确定我国社会保障水平时的基本判断，部分学者甚至认为，我国应当参照西方建立一个福利国家。与此同时，一些制度安排也出现了泛福利化的倾向，比如少数社会保障制度项目出现了制度黏性和福利依赖问题，出现了"金饭碗"倾向，政府在部分社保项目中承担了过高比例的筹资，反而影响了保险自身的性质……这些问题都不利于制度的长久健康运行。所以，我国当前和今后社会保障改革应当警惕、避免过度福利问题，要坚持党的十九大所提出的建立"保障适度、可持续的"社会保障制度。另一个要警惕和避免的风险是效率主义，应警惕和避免效率主义继续影响我国社会保障制度改革与发展。如前文所述，由于特定的历史时期，效率主义一定程度上影响了我国的社会保障制度的框架设计。而当前，我国经济发展进入新常态，发展和增长的压力依然很大，所以，可能存在的一个较大的风险是，效率主义可能继续影响我国当前和今后社会保障制度的改革与发展。[①] 综合来看，我国学术界和政策精英应当尽力避免上述两种倾向，这需要社会保障理论和实践研究做好探索和引导，并持续秉持公平、可持续理念，坚持底线公平，避免效率主义对社会保障改革继续产生更大影响。[②]

第三，学术研究和政策实践具有互动性、互补性，互相支撑、互相扩展、互相深化。对于学术研究和政策实践之间的关系，既不能高估学术研究对政策实践的影响，也不应低估或忽视这种影响。学术界应当客观认识，在深入开展研究的基础上，积极地用正确的、科学的理念启发、引导政策精英，并在协助评估政策实践、反思政策实施过程的基础上，继续完善相关研究和理论认知。从我国社会保障公平、可持续理念的相关研究可以看出，我国学术界在该问题的研究上具有探索性和先导性，显著影响了后期政策实践，对于相关制度安排的出台（特别是直接相关内容表述），都产生了较大影响；同时，在政策实践启动之后，学术研究又积极扮演阐述、阐释的角色，更为全面、系统地向公众阐释相关理念和政策内容；最后，学术研究也发挥了政策评估、程度测量、结果反思等功能，对社会保障具体项目和内容的评价、调整发挥了积极作用。在新时代，学术界应当继续发挥好探索、阐释、评价、引导的作用，与政策实践部门相互独立、相互合作，共同推动我国社会保障制度健康发展，增进国民福祉。

第四，在新时代社会保障坚持公平、可持续，就是要遵循党的十九大要求，"加强社会保障体系建设，按兜底线、织密网、建机制的要求，建成覆盖全民、城乡统筹、权责清晰、保障适度、可持续的多层次社会保障体系"。2013 年，中共十八届三中全会通过《中共中央关于全面深化改革若干重大问题的决定》，明确提出"建立更加公平可持续的社会保障制度"，"更加公平、可持续"明确地成为我国社会保障制度建设的重要

---

① 孙敬水、程芳芳：《起点公平、过程公平、结果公平与分配公平满意度》，《经济理论与经济管理》2016 年第 10 期；王笑寒：《论我国弱势群体权利保障制度之完善》，《烟台大学学报》（哲学社会科学版）2017 年第 5 期。

② 仇叶、贺雪峰：《泛福利化：农村低保制度的政策目标偏移及其解释》，《政治学研究》2017 年第 3 期；汪连杰：《哈耶克的社会保障思想及其当代价值研究》，《经济与管理评论》2017 年第 4 期；王一：《福利视角争论与福利制度改革路径探索》，《社会科学战线》2017 年第 11 期；詹花秀：《国际社会福利制度的变化趋势与中国福利制度模式选择——基于经济学视角的分析》，《湖湘论坛》2017 年第 4 期。

目标。2017 年 10 月，党的十九大报告指出，"加强社会保障体系建设，按兜底线、织密网、建机制的要求，全面建成覆盖全民、城乡统筹、权责清晰、保障适度、可持续的多层次社会保障体系"。上述重要表述明确地指明了在新时代我国社会保障发展的根本方向，就是应当坚持上述基本判断、基本方针和基本定位，只有这样才能建设一个更加公平、可持续的社会保障制度体系，也才能够造福于亿万国民。

参考文献

中文文献

一 著作类

［奥地利］罗伯特·霍尔茨曼、［瑞典］爱德华·帕尔默主编：《名义账户制的理论与实践——社会保障改革新思想》，郑秉文等译，中国劳动社会保障出版社2009年版。

贝弗里奇：《贝弗里奇报告——社会保险和相关服务》，劳动和社会保障部社会保险研究所组织翻译，中国劳动社会保障出版社2004年版。

曹信邦：《中国失能老人长期护理保险制度研究》，社会科学文献出版社2016年版。

程连升：《中国反失业政策研究》，社会科学文献出版社2002年版。

戴卫东：《中国长期护理保险制度构建研究》，人民出版社2012年版。

［德］马克思、恩格斯：《马克思恩格斯全集（第3卷）》，中共中央马克思恩格斯列宁斯大林革作编译局，人民出版社2002年版。

丁金光：《国际环境外交》，中国社会科学出版社2007年版。

丁娟：《男女平等基本国策研究》，中国妇女出版社2005年版。

窦玉沛主编：《重构中国社会保障体系的探索》，中国社会科学出版社2001年版。

葛延风、贡森等：《中国医改：问题、根源、出路》，中国发展出版社2007年版。

顾昕：《全民医保的新探索》，社会科学文献出版社2010年版。

顾昕、高梦滔、姚洋：《诊断与处方：直面中国医疗体制改革》，社会科学文献出版社2006年版。

顾秀莲主编：《20世纪中国妇女运动史（下卷）》，中国妇女出版社2013
年版。

国家统计局农调队：《中国农村贫困监测报告》，中国统计出版社2001
年版。

国务院研究室课题组编：《中国农民工调研报告》，中国言实出版社2006
年版。

韩克庆：《经济全球化、社会分层和社会保障》，中国劳动社会保障出版
社2005年版。

韩克庆：《转型期中国社会福利研究》，中国人民大学出版社2011年版。

韩克庆等：《城市最低生活保障制度研究》，中国社会科学出版社2015
年版。

和红：《社会长期照护保险制度研究：范式嵌入、理念转型与福利提供》，
经济日报出版社2017年版。

景天魁、彭华民：《西方社会福利理论前沿：论国家、社会、体制与政
策》，中国社会出版社2009年版。

康晓光：《中国贫困与反贫困理论》，广西人民出版社1995年版。

乐章：《社会救助学》，北京大学出版社2008年版。

李杰：《中国老年人长期照护筹资制度研究》，中国社会科学出版社2016
年版。

李玲：《健康强国》，北京大学出版社2009年版。

李强：《农民工与中国社会分层》，社会科学文献出版社2004年版。

李易骏：《社会福利概论》，［台湾］洪叶文化事业有限公司2011年版。

卢谋华：《中国社会工作》，中国社会出版社1991年版。

陆学艺主编：《当代中国社会结构》，社会科学文献出版社2010年版。

马骏等：《中国国家资产负债表研究》，社会科学文献出版社2012年版。

［美］罗尔斯：《正义论》，何怀宏、何包钢、廖申白译，中国社会科学出
版社1988年版。

［美］马斯洛：《马斯洛人本哲学》，成明编译，九州出版社2003年版。

［美］梅多斯：《增长的极限》，李涛、王智勇译，机械工业出版社2013
年版。

穆怀中：《社会保障国际比较》，中国劳动保障出版社2001年版。

聂爱霞:《中国失业保险制度与再就业问题研究》,中国社会科学出版社
　　2014 年版。

潘锦棠主编:《社会保障通论》,山东人民出版社 2012 年版。

全国妇联办公厅编:《妇女儿童工作文选(1998 年 8 月—1999 年 12
　　月)》,中国妇女出版社 2000 年版。

全国总工会女职工部编:《中国女职工状况》,中国工人出版社 1997
　　年版。

沈水银:《中国城镇职工失业保险问题研究》,中国书籍出版社 2013
　　年版。

孙光德、董克用主编:《社会保障概论(第四版)》,中国人民大学出版社
　　2012 年版。

孙建北:《贫困与扶贫》,中共中央党校出版社 2004 年版。

孙立平:《转型与断裂》,清华大学出版社 2004 年版。

孙丽萍:《生育保险与女职工劳动保护政策问答》,中国劳动社会保障出
　　版社 2004 年版。

王大超:《转型期中国城乡反贫困问题研究》,人民出版社 2004 年版。

王国军:《社会保障:从二元到三维》,对外经济贸易大学出版社 2005
　　年版。

王晓军:《中国养老金制度及其精算评价》,经济科学出版社 2000 年版。

王延中:《中国的劳动与社会保障问题》,经济管理出版社 2004 年版。

卫生部卫生统计信息中心:《中国卫生服务调查研究:第三次国家卫生服
　　务调查分析报告》,中国协和医科大学出版社 2004 年版。

吴敬琏:《当代中国经济改革教程》,上海远东出版社 2010 年版。

吴老德:《正义与福利国家概论》,[台湾]五南图书出版有限公司 2001
　　年版。

吴振坤:《中国经济体制改革通论》,北京工业大学出版社 1993 年版。

吴忠民、韩克庆等:《中国社会政策的演进及问题》,山东人民出版社
　　2009 年版。

[西汉]刘向:《管子·形势解》,贾太宏译注,西苑出版社 2017 年版。

肖云:《中国失能老人长期照护服务问题研究》,中国社会科学出版社
　　2017 年版。

姚洋主编:《转轨中国:审视社会公正和平等》,中国人民大学出版社

2004 年版。

［意大利］托马斯·阿奎那：《阿奎那政治著作选》，马清槐译，商务印书馆 1963 年版。

尹慧敏：《社会保障制度创新研究》，经济科学出版社 2009 年版。

［英］安东尼·哈尼、［美］詹姆斯·梅志里：《发展型社会政策》，罗敏等译，社会科学文献出版社 2006 年版。

［英］威廉·葛德文：《政治正义论（第 1 卷）》，何慕李译，商务印书馆 1980 年版。

余晖编：《一个独立智库笔下的新医改（上册）》，中国财富出版社 2014 年版。

翟志俊：《中国失业保险历史回顾及其思考》，上海社会科学院出版社 2009 年版。

［战国］吕不韦：《吕氏春秋·贵公》，臧宪柱译，北京联合出版公司 2017 年版。

张秀兰、徐月宾、梅志里：《中国发展型社会政策论纲》，中国劳动社会保障出版社 2017 年版。

郑秉文：《中国养老金发展报告 2013：社保经办服务体系改革》，经济管理出版社 2013 年版。

郑秉文主编：《中国养老金发展报告 2014——向名义账户制转型》，经济管理出版社 2014 年版。

中共中央编译局：《马克思恩格斯文集（第四卷）》，人民出版社 2009 年版。

中国劳动和社会保障部编：《中国劳动和社会保障年鉴（2000）》，中国劳动社会保障出版社 2001 年版。

中华人民共和国国家统计局：《中国统计年鉴 2017》，中国统计出版社 2017 年版。

周沛、易艳阳、周进萍：《社会保障概论》，武汉大学出版社 2010 年版。

二　论文类

安平平、陈宁、熊波：《中国长期护理保险：制度实践、经验启示与发展走向——基于青岛和南通模式的比较分析》，《中国卫生政策研究》2017 年第 8 期。

巴曙松、谭迎庆、丁波：《社保基金监管的现状、问题与建议》，《金融发展研究》2007 年第 6 期。

白剑峰、李红梅：《基本医保：编织全球最大全民保障网》，《人民日报》2012 年 8 月 22 日。

白南生、卢迈：《中国农村扶贫开发移民：方法和经验》，《管理世界》2000 年第 3 期。

白维军、童星：《"稳定省级统筹，促进全国调剂"：我国养老保险统筹层次及模式的现实选择》，《社会科学》2011 年第 5 期。

白锡堃：《社会市场经济若干问题（二）——社会福利政策》，《国外社会科学》1994 年第 10 期。

白重恩、吴斌珍、金烨：《中国养老保险缴费对消费和储蓄的影响》，《中国社会科学》，2012 年第 8 期。

柏培文：《1978—2008 年中国隐性失业人口估算及影响因素分析》，《中国经济史研究》2011 年第 4 期。

本刊编辑部：《社会福利社会化的内涵及其实践原则——全国社会福利社会化座谈会综述》，《中国社会工作》1998 年第 4 期。

毕红霞、薛兴利、李升：《论农村最低生活保障财政支持的适度性与政策优化》，《农业经济问题》2012 年第 1 期。

毕天云：《利民谨厚：墨子的社会福利思想探析》，《山东社会科学》2018 年第 2 期。

毕天云：《论建设中国特色的福利文化》，《学习与实践》2009 年第 4 期。

毕天云：《五福：中华民族的传统福利理想》，《云南师范大学学报（哲学社会科学版）》2017 年第 1 期。

边恕、孙雅娜、郝悦：《城市居民低保标准确定及指数化调整机制设计——以辽宁省为例》，《人口与经济》2015 年第 1 期。

别朝霞：《西方失业保险理论：评述与启示》，《西财经大学学报》2007 年第 2 期。

蔡昉：《退休年龄：世界难题和中国国情》，《今日中国论坛》2012 年第 8 期。

蔡昉、陈凡、张车伟：《政府开发式扶贫资金政策与投资效率》，《中国青年政治学院学报》2001 年第 2 期。

蔡萌、岳希明：《中国社会保障支出的收入分配研究》，《经济社会体制比较》2018 年第 1 期。

蔡社文：《未来 5—10 年我国财政社会保障支出趋势分析》，《宏观经济研究》2002 年第 4 期。

曹贵庚：《当前我国农村老年社会保障的现实基础与功能分析》，《社会学研究》1991 年第 2 期。

曹信邦：《中国失能老人公共长期护理保险制度的构建》，《中国行政管理》2015 年第 7 期。

曹信邦、陈强：《中国长期护理保险需求影响因素分析》，《中国人口科学》2014 年第 4 期。

曹艳春、陈翀：《从"低保"标准到"家庭运行标准"——社会救助制度的革新与设计》，《现代经济探讨》2016 年第 4 期。

曹云华：《新加坡的社会保障制度初探》，《社会学研究》1995 年第 3 期。

常芳、杨矗、王爱琴、王欢、罗仁福、史耀疆：《新农保实施现状及参保行为影响因素——基于 5 省 101 村调查数据的分析》，《管理世界》2014 年第 3 期。

常飞、谭金可：《就业保障导向下的我国失业保险制度改善探析》，《中国人力资源开发》2012 年第 4 期。

常建勇、龙玉其、贾可卿：《分配正义：社会保障的根本价值诉求——概念、渊源、机理与实践》，《中国行政管理》2014 年第 11 期。

常宗虎：《重构中国社会保障体制的有益探索——全国社会福利理论与政策研讨会综述》，《中国社会科学》2001 年第 3 期。

陈策：《居家失能老人照护服务时间研究》，硕士学位论文，浙江大学，2014 年。

陈超：《美国老年人长期照护法律体系及其对我国的启示》，《浙江树人大学学报》2007 年第 2 期。

陈成：《中国社会保障支出：问题与思考》，《社会科学》2014 年第 7 期。

陈成、李文沛、熊文钊：《论我国中央与地方政府社会保障职权配置的法治化》，《广西社会科学》2015 年第 8 期。

陈华帅、曾毅：《"新农保"使谁受益：老人还是子女?》，《经济研究》2013 年第 8 期。

陈俊生：《消除贫困——伟大而艰巨的历史使命》，《求是》1996 年第 19 期。

陈良瑾、唐钧：《建立有中国特色的社会福利制度》，《学术研究》1992年第 3 期。

陈琳：《生育保险、女性就业与儿童发展的研究评述》，《江西财经大学学报》2010 年第 6 期。

陈琳：《生育保险、女性就业与儿童照料——基于中国微观数据的分析》，《经济学家》2011 年第 7 期。

陈璐、徐南南：《中国长期护理保障制度的财政负担——基于德、日社会保险模式的测算》，《保险研究》2013 年第 1 期。

陈谦：《我国失业保险制度评估及改革研究》，硕士学位论文，西北大学，2014 年。

陈少晖、李丽琴：《财政压力视域下的农村社会保障制度变迁（1949—2009)》，《福建论坛》（人文社会科学版）2011 年第 10 期。

陈剩勇、马斌：《浙江城乡一体化最低生活保障制度的实践》，《人权》2002 年第 4 期。

陈树强：《简论政府社会福利角色及政策的转变》，《中国青年社会科学》1996 年第 3 期。

陈天祥、饶先艳：《"渐进式统一"城乡社会保障一体化模式——以东莞市为例》，《华中师范大学学报》（人文社会科学版）2010 年第 1 期。

陈望涛、赵晓京：《北京社会保障问题座谈会记要》，《社会学研究》1986年第 1 期。

陈先森：《面向 21 世纪社会保障的财政思考》，《财政研究》1998 年第9 期。

陈颐：《社会保障建设和财政体制改革》，《江海学刊》2008 年第 6 期。

陈银娥、杨艳琳：《西方反福利思潮及其启示》，《世界经济研究》1996年第 5 期。

陈宗胜、沈扬扬、周云波：《中国农村贫困状况的绝对与相对变动》，《管理世界》2013 年第 1 期。

成海军：《计划经济时期中国社会福利制度的历史考察》，《当代中国史研究》2008 年第 5 期。

成海军、陈晓丽：《改革开放以来中国社会福利制度的嬗变》，《当代中国史研究》2011 年第 3 期。

成志刚、江俊巍：《社会保障的历史演进、道德意蕴及价值取向》，《湘潭大学学报》（哲学社会科学版）2015 年第 6 期。

程杰：《养老金的劳动力市场扭曲》，《劳动经济研究》2015 年第 6 期。

程军祥：《我国社会保障制度改革的几个问题》，《经济研究》1991 年第 7 期。

程令国、张晔、刘志彪：《"新农保"改变了中国农村居民的养老模式吗?》，《经济研究》2013 年第 8 期。

仇叶、贺雪峰：《泛福利化：农村低保制度的政策目标偏移及其解释》，《政治学研究》2017 年第 3 期。

仇雨临、王昭茜：《城乡居民基本医疗保险制度整合发展评析》，《中国医疗保险》2018 第 2 期。

仇雨临、吴伟：《城乡医疗保险制度整合发展：现状，问题与展望》，《东岳论丛》2016 年第 10 期。

褚福灵：《关于基本养老保险全国统筹的思考》，《中国社会保障》2013 年第 6 期。

丛树海：《我国社会保障模式的几个重大问题》，《财经研究》1995 年第 8 期。

崔大海：《财政社会保障支出与经济增长的相关关系研究》，《江淮论坛》2008 年第 6 期。

戴建兵、曹艳春：《论我国适度普惠型社会福利制度的构建与发展》，《华东师范大学学报》，2012 年第 1 期。

戴卫东：《长期护理保险的"中国方案"》，《湖南师范大学社会科学学报》2017 年第 3 期。

邓大松、丁怡：《城乡养老保险一体化视域下的财政支出结构研究》，《理论与改革》2014 年第 3 期。

邓大松、郭婷：《中国长期护理保险制度构建浅析——以青岛市为例》，《卫生经济研究》2015 年第 10 期。

邓大松、刘昌平：《关于我国开征社会保险税的几点理论认识》，《社会保障问题研究》2003 年第 1 期。

邓大松、吴汉华、吴小武：《做大、做强全国社会保障基金的战略选择》，《管理世界》2006 年第 3 期。

邓大松、仙蜜花：《民族地区基础养老金统筹中的问题及对策——基于基础养老金全国统筹的视角》，《西南民族大学学报》（人文社会科学版）2016 年第 8 期。

邓国胜：《非营利性机构在人口控制与扶贫中的作用》，《人口研究》1999
年第 6 期。

邓晶、邓文燕：《长期护理保险第一批试点城市保险筹资方案比较分析》，
《中国卫生政策研究》2017 年第 8 期。

邓淑英：《我国养老护理员工及现状研究综述》，《人才资源开发》2015
年第 2 期。

邓维杰：《精准扶贫的难点、对策与路径选择》，《农村经济》2014 年第
6 期。

邓智平：《基本公共服务均等化：中国特色福利社会模式》，《山西财经大
学学报》2012 年第 3 期。

丁建定、何二毛：《论中国社会福利制度类型的完善》，《贵州社会科学》
2015 年第 6 期。

丁建定、李薇：《论中国居家养老服务体系建设中的核心问题》，《探索》
2014 年第 5 期。

丁建定、张尧：《西方对社会保障制度功能的认识：一个历史的考察》，
《学术研究》2016 年第 4 期。

丁建定、张尧：《养老保险城乡统筹：有利条件，理性原则与完善对策》，
《苏州大学学报》（哲学社会科学版）2014 年第 5 期。

丁少群、徐志涛：《社会保障支出水平、收入分配与经济增长的互动关系
研究 – 基于 VAR 模型的实证分析》，《在中国经济问题》2013 年第
6 期。

丁学娜：《民办非营利养老机构的政府补偿机制研究——基于 S 市民办非
营利养老机构的分析》，《中州学刊》2012 年第 6 期。

丁一：《我国失能老人长期照护模式建构研究》，博士学位论文，首都经
贸大学，2014 年。

丁煜：《完善我国失业保险制度的政策研究——以促进就业为导向》，《经
济理论与经济管理》2008 年第 2 期。

丁煜：《我国失业保险制度的演变、评估与发展建议》，《中国软科学》
2005 年第 4 期。

丁煜、朱火云：《我国社会保障支出水平对城乡收入差距的影响》，《人口
与发展》2013 年第 5 期。

董红亚：《我国养老服务补贴制度的源起和发展路径》，《中州学刊》2014年第 8 期。

董红亚：《中国政府养老服务发展历程及经验启示》，《人口与发展》2010年第 5 期。

董克用：《我国社会保险制度改革的背景环境和模式选择》，《管理世界》，1995 年第 4 期。

董克用、孙博、张栋：《"名义账户制"是我国养老金改革的方向吗——瑞典"名义账户制"改革评估与借鉴》，《社会保障研究》2016 年第 4 期。

董克用、张栋：《高峰还是高原？——中国人口老龄化形态及其对养老金体系影响的再思考》，《人口与经济》2017 年第 4 期。

都阳、Albert Park：《中国的城市贫困：社会救助及其效应》，《经济研究》2007 年第 12 期。

都阳、蔡昉：《中国农村贫困性质的变化与扶贫战略调整》，《中国农村观察》2005 年第 5 期。

都阳、陆旸：《中国的自然失业率水平及其含义》，《世界经济》2011 年第 4 期。

窦玉沛：《中国社会福利的改革与发展》，《社会福利》2006 年第 10 期。

杜凤莲、鲍煜虹：《搜寻理论、失业救济金与中国城镇人口失业持续时间》，《经济理论与经济管理》2006 年第 3 期。

杜凤莲、刘文忻：《失业救济金与中国城镇人口失业持续时间》，《经济科学》2005 年第 4 期。

杜鹏、孙鹃娟、张文娟、王雪辉：《中国老年人的养老需求及家庭和社会养老资源现状——基于 2014 年中国老年社会追踪调查的分析》，《人口研究》2016 年第 6 期。

杜润生：《联产承包制和农村合作经济的新发展》，《新华文摘》1983 年第 5 期。

杜润生：《在少数民族贫困地区座谈会上的讲话》，《中国民族》1985 年第 10 期。

杜选、高和荣：《失业保险制度研究述评》，《河北工业大学学报》（社会科学版）2016 年第 2 期。

樊继达：《发展型社会福利体系建设：对中国式财政的挑战及应对》，《中央财经大学学报》2011 年第 9 期。

范斌：《试论社会投资思想及对我国社会福利政策的启示》，《学海》2006
　　年第 6 期。

范旭东：《失业理论、失业保险机制设计与中国失业保险制度》，硕士学
　　位论文，武汉大学，2005 年。

方刚毅：《完善我国社会保障财政制度的法律思考》，《中央财经大学学
　　报》2003 年第 9 期。

方黎明：《新型农村合作医疗和农村医疗救助制度对农村贫困居民就医经
　　济负担的影响》，《中国农村观察》2013 年第 2 期。

方黎明、张秀兰：《中国农村扶贫的政策效应分析——基于能力贫困理论
　　的考察》，《财经研究》2007 年第 12 期。

方明、高山：《关于对贫困地区的资金扶持问题》，《农业经济丛刊》1985
　　年第 5 期。

方青：《2002 从"集体保障"到"社会保障"——中国农村社会保障
　　1949—2000》，《当代中国史研究》2002 年第 1 期。

方青：《论我国社会救助制度的改革》，《安徽师范大学学报》（人文社会
　　科学版）1999 年第 4 期。

方巍：《中国社会福利的新发展主义走向》，《社会科学》2011 年第 1 期。

房莉杰：《理解我国现阶段的长期照护政策》，《北京工业大学学报》2015
　　年第 5 期。

房莉杰：《我国城乡贫困人口医疗保障研究》，《人口学刊》2007 年第
　　2 期。

费孝通：《关于贫困地区的概念、原因及开发途径》，《农业现代化研究》
　　1986 年第 6 期。

封进：《中国养老保险体系改革的福利经济学分析》，《经济研究》2004
　　年第 2 期。

符美玲、陈登菊、杨巧等：《关于建构我国长期照护服务体系的思考》，
　　《医学与哲学（A）》2016 年第 7 期。

甘满堂：《城市农民工与转型期中国社会的三元结构》，《福州大学学报》
　　（哲学社会科学版）2001 年第 4 期。

高奥、龚六堂：《国有资本收入划拨养老保险、人力资本积累与经济增
　　长》，《金融研究》2015 年第 1 期。

高和荣：《底线公平：社会保障制度建设的内在根据》，《社会科学辑刊》2016 年第 3 期。

高和荣：《中国社会福利体系责任结构的顶层设计》，《吉林大学社会科学学报》2012 年第 2 期。

高和荣、廖小航：《我国失业保险制度的实施与普遍整合》，《西北人口》2012 年第 1 期。

高和荣、赵春雷：《论"义"的社会福利内涵及功能》，《山东社会科学》2017 年第 5 期。

高鉴国、黄智雄：《中国农村五保救助制度的特征——兼论国家与社区的关系》，《社会科学》2007 年第 6 期。

高明、唐丽霞：《多维贫困的精准识别——基于修正的 FGT 多维贫困测量方法》，《经济评论》2018 年第 2 期。

高培勇、汪德华：《中国养老保障体系资金缺口分析及对策建议》，《比较》2011 年第 2 期。汪德华、孟红：《社保增值税：重构中国养老保障体系筹资模式》，《比较》2017 年第 3 期。

高文书：《社会保障对收入分配差距的调节效应——基于陕西省宝鸡市住户调查数据的实证研究》，《社会保障研究》2012 年第 4 期。

高小芬、于卫华：《采用 Barthel 指数评定表对医养结合老年患者护理级别再分度研究》，《护理学杂志》2014 年第 4 期。

葛志军、刑成举：《精准扶贫：内涵、实践困境及其原因阐释——基于宁夏银川两个村庄的调查》，《贵州社会科学》2015 年第 2 期。

龚静怡：《居家养老社区养老服务符合中国国情的城镇养老模式》，《河海大学学报》（哲学社会科学版）2004 年第 4 期。

龚文君、郝佳、翟绍果：《成都市统筹城乡医疗保障制度的现状与问题》，《中国卫生政策研究》2009 年第 12 期。

巩春秋：《关于失业保险制度功能转型问题的思考》，《山东社会科学》2014 年第 11 期。

顾大男、曾毅：《1992—2002 年中国老年人生活自理能力变化研究》，《人口与经济》2006 年第 4 期。

顾辉：《民生财政导向下的我国社会养老保障研究》，《理论与改革》2012 年第 4 期。

顾昕：《公共财政转型与政府卫生筹资责任的回归》，《中国社会科学》

2010 年第 2 期。

顾昕:《通向普遍主义的艰难之路:中国城镇失业保险制度的覆盖面分析》,《东岳论丛》2006 年第 3 期。

顾昕:《自愿性与强制性之间——中国农村合作医疗的制度嵌入性与可持续性发展分析》,《社会学研究》2004 年第 5 期。

顾昕、高梦滔:《超越剩余型福利模式:论社会安全网的城乡一体化》,《浙江学刊》2006 年第 5 期。

顾昕、高梦滔:《中国城乡社会安全网的覆盖面与横向公平性问题》,《河北学刊》2007 年第 2 期。

关信平:《朝向更加积极的社会救助制度——论新形势下我国社会救助制度的改革方向》,《中国行政管理》2014 年第 7 期。

关信平:《当前我国社会保障制度公平性分析》,《苏州大学学报》(哲学社会科学版)2013 年第 3 期。

关信平:《论建立农村居民最低生活保障制度的条件、原则及运行机制》,《文史哲》2007 年第 1 期。

关信平:《论我国农村社会救助制度的目标、原则及模式选择》,《华东师范大学学报》(哲学社会科学版)2006 年第 6 期。

关信平:《论我国社会保障制度一体化建设的意义及相关政策》,《东岳论丛》2011 年第 5 期。

关信平:《论现阶段我国贫困的复杂性及反贫困行动的长期性》,《社会科学辑刊》2018 年第 1 期。

关信平:《我国低保标准的意义及当前低保标准存在的问题分析》,《江苏社会科学》2016 年第 3 期。

关信平:《新时期我国社会政策建构和发展的若干理论分析》,《江苏社会科学》2010 年第 2 期。

桂世勋:《我国探索长期护理保险试点及完善方案研究》,华东师范大学老年长期照护社会保险会议发言稿,上海,2016 年。

郭崇德:《改革和完善我国社会保障体系的构想》,《社会工作》1994 年第 2 期。

郭光芝、杨翠迎:《地方社会保障的财政责任与经济发展关系的研究——基于我国 31 个省(市、自治区)面板数据分析》,《西北人口》2010 年第 6 期。

郭慧敏、王慧芳：《女性特殊劳动权益保护的负效应分析及消解》，《河北大学学报》2009 年第 4 期。

郭明霞：《农村社会救助制度的整合与创新》，《开发研究》2007 年第 1 期。

郭沛源、于永达：《公私合作实践企业社会责任——以中国光彩事业扶贫项目为案例》，《管理世界》2006 年第 4 期。

郭平、周洁：《财政分权、社会保障支出与城乡居民收入差距的实证分析》，《财经理论与实践》2016 年第 5 期。

郭士征：《国外老年护理服务制度的发展现状与经验教训（上）》，《外国经济与管理》1997 年第 3 期。

郭士征：《社会福利及其国际比较》，《社会学研究》1995 年第 2 期。

郭伟和：《试论影响中国社会福利政策模式变化的若干因素》，《中国青年社会科学》2002 年第 4 期。

郭秀云：《长期护理保险筹资模式研究》，华东师范大学老年长期照护社会保险会议发言稿，上海，2016 年。

郭于华、常爱书：《生命周期与社会保障——一项对下岗失业工人生命历程的社会学探索》，《中国社会科学》2005 年第 5 期。

郭瑜：《欧盟中国社会保护项目研究报告"3.1.3 社会救助政策在央地政府间的传递与执行"》，内部资料，2016 年。

郭瑜：《影响农民工参与城镇社会保障体系的因素——运用 Probit 模型的实证分析》，《调研世界》2011 年第 1 期。

郭瑜、韩克庆：《基本生活需要满足：一项城市低保制度的实证研究》，《社会学评论》2014 年第 6 期。

郭志刚：《关于中国家庭户变化的探讨与分析》，《中国人口科学》2008 年第 3 期。

国风：《中国农村消除贫困问题分析》，《管理世界》1996 年第 5 期。

国务院发展研究中心课题组：《对中国医疗卫生体制改革的评价与建议（概要与重点）》，《中国发展评论》2005 年增刊第 1 期。

韩华为、高琴：《中国农村低保制度的保护效果研究——来自中国家庭追踪调查年（CFPS）的经验证据》，《公共管理学报》2017 年第 2 期。

韩华为、徐月宾：《中国农村低保制度的反贫困效应研究——来自中西部五省的经验证据》，《经济评论》2014 年第 6 期。

韩克庆：《名义账户制：养老保险制度改革的倒退》，《探索与争鸣》，2015 年第 5 期。

韩克庆：《社会安全网：中国的社会分层与社会福利建设》，《社会科学研究》2008 年第 5 期。

韩克庆：《社会结构变迁与中国社会保障制度的发展》，《教学与研究》2013 年第 6 期。

韩克庆：《市民社会与中国社会福利体制的构建》，《天津社会科学》2008 年第 1 期。

韩克庆：《养老保险全国统筹的制度障碍与政策路径》，《社会发展研究》2018 年第 2 期。

韩克庆：《中国社会保障制度的改革与发展》，《新视野》2013 年第 4 期。

韩克庆：《中国社会救助制度的改革与发展》，《教学与研究》2015 年第 2 期。

韩克庆、郭瑜：《"福利依赖"是否存在？——中国城市低保制度的一个实证研究》，《社会学研究》2012 年第 2 期。

韩明谟：《社会保障思想的三个层次》，《社会》1994 年第 12 期。

韩裕民：《适度普惠型福利模式探索》，载《第三届全国社会福利理论与政策研讨会论文集》，中国社会福利网（http：//shfl. mca. gov. cn/ar-ticle/llyj/sdphts/200812/20081200024641. shtml？）。

韩振燕、梁誉：《关于构建我国老年长期护理保险制度的研究——必要性、经验、效应、设想》，《东南大学学报》（哲学社会科学版）2012 年第 3 期。

郝佳、仇雨临、梅丽萍：《太仓市统筹城乡医疗保障制度的主要措施与运行效果》，《中国卫生政策研究》2009 年第 12 期。

郝金磊、贾金荣：《西部地区农民新农保参与意愿研究》，《西北人口》2011 年第 2 期。

何建章：《为人民谋福利是社会主义建设的基本方针——学习陈云同志经济论著的一点体会》，《经济研究》1981 年第 11 期。

何立新：《中国城镇养老保险制度改革的收入分配效应分析》，《经济研究》2007 年第 7 期。

何立新、封进、佐藤宏：《养老保险改革对家庭储蓄率的影响：中国的经验证据》，《经济研究》2008 年第 10 期。

何立新、佐藤宏：《不同视角下的中国城镇社会保障制度与收入再分配——基于年度收入和众生收入的经验分析》，《世界经济文汇》2008 年第 5 期。

何灵、郭士征：《完善失业保险制度应对国际金融危机冲击——以上海市失业保险制度为例》，《经济纵横》2010 年第 3 期。

何平、李实、王延中：《中国发展型社会福利体系的公共财政支持研究》，《财政研究》2009 年第 6 期

何平、汪泽英：《统筹城乡社会保障制度发展的思考》，《劳动保障世界》2010 年第 4 期。

何平、张远凤：《论我国的社会救助标准》，《中南财经政法大学学报》2009 年第 6 期。

何文炯：《老年照护服务制度与成本分析》，《行政管理改革》2014 年10 期。

何文炯、洪蕾：《高龄津贴：制度定位与财政可行性》，《学术研究》2012 年 07 期。

何文炯、杨一心：《职工基本养老保险：要全国统筹更要制度改革》，《学海》2016 年第 2 期。

何文炯、杨一心、王璐莎等：《中国生育保障制度改革研究》，《浙江大学学报》（人文社会科学版）2014 年第 4 期。

何永年：《切实加强财政监督职能推进社会保障事业的健康发展》，《甘肃社会科学》1998 年第 2 期。

何樟勇、袁志刚：《基于经济动态效率考察的养老保险筹资模式研究》，《世界经济》2004 年第 5 期。

贺雪峰：《中国农村反贫困战略中的扶贫政策与社会保障政策》，《武汉大学学报》（哲学社会科学版）2018 年第 5 期。

赫国胜、柳如眉：《财政社会保障支出的地区收入差距收敛效应分析——基于东中西部 2000—2012 年面板数据》，《社会科学辑刊》2015 年第 4 期。

洪大用：《"负所得税制"与我国社会救助制度改革》，《中国社会工作》1996 年第 5 期。

洪大用：《如何规范城市居民最低生活保障标准的测算》，《学海》2013 年第 2 期。

洪大用、房莉杰、邱晓庆：《困境与出路：后集体时代农村五保供养工作研究》，《中国人民大学学报》2004 年第 1 期。

侯继迎：《构建公平的社会保障制度——罗尔斯公平正义论的启示》，《东岳论丛》2014 年第 3 期。

侯明喜：《防范社会保障体制对收入分配的逆向转移》，《经济体制改革》2007 年第 4 期。

侯文若：《社会保障制度改革方向初探》，《管理世界》1993 年第 1 期。

侯文若：《谈谈社会保障》，《世界知识》1989 年第 19 期。

胡鞍钢、李春波：《新世纪的新贫困：知识贫困》，《中国社会科学》2001 年第 3 期。

胡宝娣、刘伟、刘新：《社会保障支出对城乡居民收入差距影响的实证分析——来自中国的经验证据（1978—2008）》，《江西财经大学学报》2011 年第 2 期。

胡芳肖：《我国生育保险制度改革探析》，《人口学刊》2005 年第 2 期。

胡宏伟、李佳怿、栾文敬：《美国长期护理保险体系：发端、架构、问题与启示》，《西北大学学报》（哲学社会科学版）2015 年第 5 期。

胡宏伟、李延宇、张澜：《中国老年长期护理服务需求评估与预测》，《中国人口科学》2015 第 3 期。

胡劲松、梅哲：《构建和谐社会中公共财政对社会保障投入的实证研究》，《郑州大学学报》（哲学社会科学版）2007 年第 4 期。

胡荣：《我国社会保险制度改革的模式选择》，《社会学研究》1995 年第 4 期。

胡苏云：《老年护理保险制度的建立研究——上海个案分析》，《上海金融学院学报》2011 年第 6 期。

胡晓义：《关于建立长期护理保险制度的几点思考》，《中国医疗保险》2016 年第 2 期。

胡晓义：《加快建成覆盖城乡居民的社会保障体系》，《中国人口科学》2014 年第 1 期。

胡云亮、刘祖德：《我国失业保险制度的缺陷与改进》，《价格月刊》2010 年第 7 期。

华迎放：《我国城乡居民高龄津贴政策分析与发展建设》，《中国劳动》2013 年 4 期。

黄枫、吴纯杰：《基于转移概率模型的老年人长期护理需求预测分析》，《经济研究》2012 年第 S2 期。

黄桂霞：《"十三五"时期生育保障制度的发展展望》，载《中国社会保障发展报告（2015）NO. 7》，社会科学文献出版社 2015 年版。

黄桂霞：《生育支持对女性职业中断的缓冲作用——以第三期中国妇女社会地位调查为基础》，《妇女研究论丛》2014 年第 4 期。

黄宏伟、展进涛：《收入水平、成员结构与农户新农保参加行为——基于全国 30 省（区、市）4748 户农户数据的实证分析》，《中国农村经济》2012 年第 12 期。

黄季、马恒运、罗泽尔：《中国的扶贫问题和政策》，《改革》1998 年第 4 期。

黄匡时、陆杰华：《中国老年人平均预期照料时间研究》，《中国人口科学》2014 年第 4 期。

黄书亭、周宗顺：《中央政府与地方政府在社会保障中的职责划分》，《经济体制改革》2004 年第 3 期。

黄婷：《社会保障城乡统筹发展，地方政策革新与农民社会公民权演进——以基本养老保险制度变迁为例》，《社会保障研究》2017 年第 1 期。

黄英君、郑军：《我国二元化城乡社会保障体系反思与重构：基于城乡统筹的视角分析》，《保险研究》2010 年第 4 期。

黄云：《试论社会保障与财政》，《学术界》1998 年第 5 期。

霍萱、林闽钢：《中国农村家庭多维贫困识别指标体系研究》，《社会科学战线》2018 年第 3 期。

贾俊雪、秦聪、刘勇政：《"自上而下"与"自下而上"融合的政策设计》，《中国社会科学》2017 年第 9 期。

贾康、程瑜、于长革：《优化收入分配的认知框架、思路、原则与建议》，《财贸经济》2018 年第 2 期。

贾康、杨良初、王玲：《实行费改税开征社会保险税的研究》，《财政研究》2001 年第 1 期。

贾康、张晓云、王敏、段学仲．《关于中国养老金隐性债务的研究》，《财贸经济》2017 年第 9 期。

贾玉娇：《反贫困的中国道路：1978—2018》，《浙江社会科学》2018 年第 6 期。

姜长云：《农村土地与农民的社会保障》，《经济社会体制比较》2002 年第 1 期。

姜日绍：《让一部分社员先富起来》，《红旗》1979 年第 4 期。

蒋承、赵晓军：《中国老年照料的机会成本研究》，《管理世界》2009 年第 10 期。

蒋佳欣：《我国长期护理保险制度试点模式探究》，《社会福利》（理论版）2018 年第 3 期。

蒋南平、黄珣：《马克思失业理论与西方主流失业理论：当代中国失业问题的解读》，《经济学家》2009 年第 1 期。

蒋悟真：《我国社会救助立法理念及其维度——兼评〈社会救助法〉（征求意见稿）的完善》，《法学家》2013 年第 6 期。

蒋悟真、杨博文：《我国社会救助城乡一体化保障机制探究》，《江西财经大学学报》2016 年第 5 期。

蒋小民：《论"男性护理假"入 < 社会保险法 > 的可行性》，《劳动保障世界》2010 年第 4 期。

蒋永萍：《社会性别视角下的生育保险制度改革与完善——从 < 生育保险办法（征求意见稿）>谈起》，《妇女研究论丛》2013 年第 1 期。

景天魁：《大力推进与国情相适应的社会保障制度建设——构建底线公平的福利模式》，《理论前沿》2007 年第 18 期。

景天魁：《三十年民生发展之追问：经济发展、社会公正、底线公平——由民生研究之一斑窥民生发展之全豹》，《理论前沿》2008 年第 14 期。

景天魁：《社会福利发展路径：从制度覆盖到体系整合》，《探索与争鸣》2013 年第 2 期。

景天魁、毕天云：《从小福利迈向大福利：中国特色福利制度的新阶段》，《理论前沿》2009 年第 11 期。

景天魁、毕天云：《论底线公平福利模式》，《社会科学战线》2011 年第 5 期。

景天魁、毕天云：《中国特色的福利社会——建设具有中国特色的福利社会》，《人民论坛》2009 年第 20 期。

隽鸿飞：《马克思的两种生产理论及其当代意义》，《哲学研究》2004 年第 8 期。

康书隆、余海跃、王志强：《基本养老保险与城镇家庭消费：基于借贷约
　　束视角的分析》，《世界经济》2017 年第 12 期。

康涛、陈斐：《关于我国农村贫困与反贫困的研究》，《华中农业大学学
　　报》（社会科学版）2002 年第 4 期。

康晓光：《90 年代我国的贫困与反贫困问题分析》，《战略与管理》1995
　　年第 4 期。

柯卉兵：《中国社会保障财政支出的地区差异问题分析》，《公共管理学
　　报》2009 年第 1 期。

柯卉兵、李静：《论社会保障转移支付制度的理论依据》，《中州学刊》
　　2013 年第 7 期。

郎大鹏：《基于公共服务视角的社会保障财政责任分析框架研究》，《求
　　索》2012 年第 7 期。

乐章、陈璇、风笑天：《城市居民最低生活保障制度研究述评》，《浙江学
　　刊》2000 年第 3 期。

黎建飞：《我国生育保险的立法进程与完善》，《河南省政法管理干部学院
　　学报》2010 年第 5 期。

李兵、张航空、陈谊：《基本养老服务制度建设的理论阐释和政策框架》，
　　《人口研究》2015 年第 2 期。

李春根、夏珺：《中国城市最低生活保障标准：变化轨迹和现实考量——
　　基于 2003—2013 年 31 个省域城市低保数据的聚类分析》，《中国行
　　政管理》2014 年第 12 期。

李芳凡、杨超柏：《试论生育保险与医疗保险的合并》，《卫生经济研究》
　　2017 年第 5 期。

李海、路和平：《试论我国社会保障的实施及其完善》，《中央财政金融学
　　院学报》1987 年第 2 期。

李华、张志元、郭威：《完善我国农村医疗救助制度的思考》，《人口学
　　刊》2009 年第 1 期。

李佳、赵建国．：《财政社会保障支出经济增长效应区域差异——来自中
　　国省级面板数据的实证》，《社会保障研究》2016 年第 3 期。

李建荣：《构建中国发展型社会福利模式》，硕士学位论文，安徽财经大
　　学，2012 年。

李金娟：《北京社区养老照顾的发展困境及对策》，《北京社会科学》2014
　　年第 11 期。

李俊杰：《因地制宜寻找脱贫致富之路——100 个贫困户和 100 个脱贫户
　　调查》，《中国民族》1985 年第 10 期。

李棉管：《技术难题、政治过程与文化结果——"瞄准偏差"的三种研究
　　视角及其对中国"精准扶贫"的启示》，《社会学研究》2017 年第
　　1 期。

李年贵：《女职工生育保险制度改革形势喜人 59 个市县试行女工生育费
　　用社会统筹》，《人民日报》1992 年 3 月 7 日。

李培林：《建立社会保障体制应当借鉴的经验和注意的问题——赴德、
　　英、瑞考察报告》，《社会学研究》1994 年第 3 期。

李培林：《流动民工的社会网络和社会地位》，《社会学研究》1996 年第
　　4 期。

李强：《中国城市化进程中的"半融入"与"不融入"》，《河北学刊》
　　2011 年第 9 期。

李钦、曾宪影：《公共财政体制建设与全覆盖社会保障体系》，《学海》
　　2008 年第 5 期。

李荣艳：《男职工参加生育保险的必要性探讨》，《重庆科技学院学报》
　　2014 年第 2 期。

李绍光：《社会保障税与社会保障制度优化》，《经济研究》2004 年第
　　8 期。

李胜会、熊璐：《地方政府社会保障财政支出效率与满意度研究》，《中国
　　行政管理》2016 年第 2 期。

李胜会、熊璐：《社会保障财政支出：城乡效率差异及原因》，《公共管理
　　学报》2016 年第 3 期。

李实、古斯塔夫森：《八十年代末中国贫困规模和程度的估计》，《中国社
　　会科学》1996 年第 6 期。

李实、罗楚亮：《中国收入差距究竟有多大？——对修正样本结构偏差的
　　尝试》，《经济研究》2011 年第 4 期。

李实、杨穗：《中国城市低保政策对收入分配和贫困的影响作用》，《中国
　　人口科学》2009 年第 5 期。

李实、赵人伟：《中国居民收入分配再研究》，《经济研究》1999 年第

4 期。

李世义、吴明：《改革中国社会保障体制的新建议》，《瞭望周刊》1985 年第 50 期。

李守经、邱泽奇：《中国农村社会保障概观》，《社会学研究》1990 年第 5 期。

李廷荣、陈庆修：《构建和谐社会与收入分配制度改革》，《国家行政学院学报》2006 年第 6 期。

李玮彤、徐桂华：《老年人照护需求综合评估研究现状及进展》，《中国全科医学》2018 年第 6 期。

李文军：《区域财政社会保障支出差距与优化研究》，《华东经济管理》2018 年第 2 期。

李文钊：《论政策执行的影响因素及其理论模型》，《宁波党校学报》2003 年第 4 期。

李文钊、毛寿龙：《中国政府改革：基本逻辑与发展趋势》，《管理世界》2010 年第 8 期。

李小云、张雪梅、唐丽霞：《当前中国农村的贫困问题》，《中国农业大学学报》2005 年第 4 期。

李鑫：《我国生育保险制度与妇女就业问题的思辨》，《改革与战略》2011 年第 3 期。

李鑫：《我国生育保险制度与妇女就业问题的思辨》，《改革与战略》2011 年第 3 期。

李迎生：《从分化到整合：二元社会保障体系的起源、改革与前瞻》，《教学与研究》2002 年第 8 期。

李迎生：《国家、市场与社会政策：中国社会政策发展历程的反思与前瞻》，《社会科学》2012 年第 9 期。

李迎生：《探索中国社会保障体系的城乡整合之路》，《浙江学刊》2001 年第 5 期。

李迎生：《推进社会政策与新扶贫攻坚方案的有效衔接》，《甘肃社会科学》2016 年第 4 期。

李迎生：《中国普惠型社会福利制度的模式选择》，《中国人民大学学报》2014 年第 5 期。

李迎生、方舒：《中国社会政策改革创新的理论基础》，《人文杂志》2014

年第 6 期。

李迎生、李泉然、袁小平：《福利治理、政策执行与社会政策目标定位——基于 N 村低保的考察》，《社会学研究》2017 年第 6 期。

李迎生、肖一凡：《城市低保制度运行的现实困境与改革的路径选择》，《江海学刊》2007 年第 2 期。

李永杰、游炳俊：《社会保障领域的道德风险与财政防范》，《华南师范大学学报》（社会科学版）2006 年第 5 期。

李永友、郑春荣：《我国公共医疗服务收益归宿及其收入分配效应——基于入户调查数据的微观分析》，《经济研究》2016 年第 7 期。

李玉梅、程聪：《劳动力市场工作搜寻理论及其启示》，《首都经济贸易大学学报》2007 年第 2 期。

李珍：《论社会保障个人帐户制度的风险及其控制》，《管理世界》1997 年第 6 期。

李珍、曹清华：《社会保障转移支付中的结构失衡和区域差异研究》，《宁夏大学学报》（人文社会科学版）2007 年第 2 期。

李珍、王海东：《基本养老保险个人账户收益率与替代率关系定量分析》，《公共管理学报》2009 年第 4 期。

李珍、周艺梦：《社会养老保障制度的"瑞典模式"———瑞典名义账户制度解决了什么?》，《经济学动态》2010 年第 8 期。

李中义：《公共财政视角下的社会保障制度构建》，《财政研究》2007 年第 11 期。

理查德·蒂特马斯、韦丽明译：《公平、充分与社会保障的创新》，《社会保障评论》2018 年第 2 期。

厉以宁：《贫困地区经济与环境的协调发展》，《中国社会科学》1991 年第 4 期。

梁红旗：《浅谈财政在社会保障中的地位》，《青海社会科学》1999 年第 4 期。

梁书毓、薛惠元：《费率降低背景下失业保险保障水平的确定》，《西北人口》2016 年第 1 期。

梁艳华、李菲菲、王传华：《将生育保险纳入医疗保险之中的可行性分析》，《劳动保障世界》（理论版），2012 年第 9 期。

林卡、范晓光：《贫困和反贫困——对中国贫困类型变迁及反贫困政策的研究》，《社会科学战线》2006 年第 1 期。

林闽钢：《试论适度普惠型社会福利的城乡一体化》，《理论月刊》2011
年第 7 期。

林闽钢：《我国农村精准治贫的机理及政策选择》，《中国民政》2016 年
第 5 期。

林闽钢：《中国社会保障制度优化路径的选择》，《中国行政管理》2014
年第 7 期。

林闽钢：《中国社会福利发展战略：从消极走向积极》，《国家行政学院学
报》2015 年第 2 期。

林闽钢：《中国社会救助体系的整合》，《学海》2010 年第 4 期。

林闽钢、梁誉：《社会服务国家：何以可能与何以可为》，《公共行政评
论》2016 年第 5 期。

林闽钢、陶鹏：《中国贫困治理三十年回顾与前瞻》，《甘肃行政学院学
报》2008 年第 6 期。

林山：《市场经济体制下社会保障与财政关系的再认识》，《财经问题研
究》1998 年第 9 期。

林毓铭：《城乡社会保障一体化：将进城农民纳入城镇养老保险体系》，
《调研世界》2003 年第 10 期。

林毓铭：《充分认识养老保险个人账户从"空账"向"实账"转化的长
期性》，《市场与人口分析》2004 年第 3 期。

林毓铭：《社会保障财政风险与危机管理战略》，《人口与发展》2009 年
第 6 期。

林毓铭：《体制改革：从养老保险省级统筹到基础养老金全国统筹》，《经
济学家》2013 年第 12 期。

林毓铭：《体制改革：从养老保险省级统筹到基础养老金全国统筹》，《经
济学家》2013 年第 12 期。

林治芬：《中国社会保障的地区差异及其转移支付》，《财经研究》2002
年第 5 期。

林治芬：《中央与地方社会保障事责划分与财力匹配》，《财政研究》2014
年第 3 期。

林治芬、孙王军：《政府社会保障财政责任度量与比较》，《财政研究》
2012 年第 2 期。

刘宝臣、韩克庆：《中国反贫困政策的分裂与整合：对社会救助与扶贫开发的思考》，《广东社会科学》2016 年第 6 期。

刘畅：《财政社会保障支出困境及对策建议》，《中央财经大学学报》2009 年第 9 期。

刘畅：《社会保障缴费与财政投入的对策研究》，《中央财经大学学报》2007 年第 2 期。

刘冬梅：《中国政府开发式扶贫资金投放效果的实证研究》，《管理世界》2001 年第 6 期。

刘凤芹、徐月宾：《谁在享有公共救助资源？——中国农村低保制度的瞄准效果研究》，《公共管理学报》2016 年第 1 期。

刘海燕、吴海建：《我国生育保险法律制度的演替与完善》，《人口与经济》2011 年第 4 期。

刘焕明：《失能失智老人长期照护的多元主体模式》，《社会科学家》2017 年第 01 期。

刘继同：《国家、社会与市场关系：欧美国家福利理论建构与核心争议议题》，《社会科学研究》2018 年第 4 期。

刘继同：《国家与社会：社会福利体系结构性变迁规律与制度框架特征》，《社会科学研究》2006 年第 3 期。

刘继同：《社会福利制度战略升级与构建中国特色福利社会》，《东岳论丛》2009 年第 1 期。

刘继同：《生活方式与生活质量：中国社会福利研究的独特视角》，《华中师范大学学报》（人文社会科学版）2003 年第 2 期。

刘继同：《生活质量与需要满足：五十年来中国社会福利研究概述》，《云南社会科学》2003 年第 1 期。

刘家强、罗蓉、石建昌：《可持续生计视野下的失地农民社会保障制度研究——基于成都市的调查与思考》，《人口研究》2007 年第 4 期。

刘金涛、陈树文：《构建我国老年长期护理保险制度》，《财经问题研究》2012 年第 3 期。

刘军强：《资源、激励与部门利益：中国社会保险征缴体制的纵贯研究（1999—2008）》，《中国社会科学》2011 年第 3 期。

刘军强、刘凯、曾毅：《医疗费用持续增长机制——基于历史数据和田野资料的分析》，《中国社会科学》2015 年第 8 期。

刘凯：《倒逼的改革还是资源的优势？——医疗保险控制医疗费用增长的动力及其地区差异》，《社会保障研究》2018 年第 3 期。

刘凯、和经纬：《"补供方"与"补需方"对医疗费用的影响比较——基于三明市新医改的实证研究》，《北京行政学院学报》2017 年第 6 期。

刘凯、和经纬：《激励机制、资源约束与监管成本——医保经办机构组织能力影响医疗费用增长的实证研究》，《公共行政评论》2018 年第 2 期。

刘苓玲、慕欣芸：《企业社会保险缴费的劳动力就业挤出效应研究——基于中国制造业上市公司数据的实证分析》，《保险研究》2015 年第 10 期。

刘吕吉、李桥、张馨丹：《人口结构变迁与财政社会保障支出水平研究——基于省级面板数据的实证分析》，《贵州财经大学学报》2014 年第 4 期。

刘泉鑫：《威海：两险合并难题待解》，《中国社会保障》2017 年第 6 期。

刘爽：《试论消除能力贫困与西部大开发》，《中国人口科学》2001 年第 5 期。

刘伟兵、韩天阔、刘二鹏：《养老保险全国统筹中的待遇确定方法与"福利损失"研究》，《保险研究》2018 年第 4 期。

刘文明、段兰英：《男性生育角色与我国生育保险制度改革》，《华南农业大学学报》2006 年第 2 期。

刘文璞：《农村发展与扶贫战略》，《中国农村经济》1994 年第 12 期。

刘喜堂：《建国 60 年来我国社会救助发展历程与制度变迁》，《华中师范大学学报》（人文社会科学版）2010 年第 4 期。

刘晓莲、许杰：《建立社会保障预算体系促进社会保障事业发展》，《财经问题研究》1999 年第 10 期。

刘晓婷、侯雨薇：《子女经济支持与失能老年人的非正式照料研究：基于 CLHLS 的分析》，《浙江大学学报》（人文社会科学版）2016 年 04 期。

刘新、刘星、刘伟：《财政社会保障支出的就业效应——基于 1978—2008 年的经验数据》，《山西财经大学学报》2010 年第 7 期。

刘旭东：《我国社会救助制度的历史演进及其社会意义》，《社会主义研究》2007 年第 5 期。

刘学良：《中国养老保险的收支缺口和可持续性研究》，《中国工业经济》2014 年第 9 期。

刘咏芳：《生育保险制度构建理念之基本取向探索》，《东岳论丛》2012 年第 3 期。

柳清瑞、翁钱威：《城镇低保线：实际给付与理论标准的差距与对策》，《人口与经济》2011 年第 4 期。

龙玉其：《中国社会保障财政支出成效与问题》，《学术论坛》2011 年第 5 期。

卢建平：《关于养老保险全国统筹的思考》，《中国劳动》2014 年第 10 期。

卢淑华：《科技扶贫社会支持系统的实现：比较扶贫模式的实证研究》，《北京大学学报》（哲学社会科学版）1999 年第 6 期。

鲁全：《养老金制度模式选择论——兼论名义账户改革在中国的不可行性》，《中国人民大学学报》2015 年 03 期。

鲁於、杨翠迎：《我国长期护理保险制度构建研究回顾与评述》，《社会保障研究》2016 年第 4 期。

陆杰华：《贫困地区人力资源开发与消除贫困研究》，《人口研究》1998 年第 1 期。

路风：《单位：一种特殊的社会组织形式》，《中国社会科学》1989 年第 1 期。

吕丹、曲展：《典型国家失业保险制度》，《中国劳动》2014 年第 10 期。

吕国营、韩丽：《中国长期护理保险的制度选择》，《财政研究》2014 年第 8 期。

吕惠琴、刘万：《＜生育保险法＞调整与减少女性就业歧视》，《中国劳动》2015 年 10 期。

吕锦涛：《统筹我国城乡社会保障制度的思考——从二元到三维》，《劳动保障世界》（理论版）2010 年第 7 期。

罗楚亮：《农村贫困的动态变化》，《经济研究》2010 年第 5 期。

罗晗：《特殊老年人养老服务补贴实施效果研究》，硕士学位论文，首都经济贸易大学，2016 年。

罗晗：《特殊老年人养老服务补贴实施效果研究》，硕士学位论文，首都经济贸易大学，2016 年。

罗亚玲、蒲晓红：《城镇化进程中我国农村空巢老人养老困境分析——以四川省为例》，两岸四地公共管理与公共政策学术论坛，台湾，2013 年。

马斌：《积极建立农村居民最低生活保障制度》，《中国农村经济》2002年第 7 期。

马光荣、周广肃：《新型农村养老保险对家庭储蓄的影响：基于 CFPS 数据的研究》，《经济研究》，第 2014 年第 11 期。

马晶：《统筹城乡的生育保险制度构建——以重庆市为例》，《时代金融》2009 年第 6 期。

马双、孟宪芮、甘犁：《养老保险企业缴费对员工工资、就业的影响分析》，《经济学》2014 年第 3 期。

梅阳：《论改革和健全社会保障资金筹集与运行系统》，《财政研究》2004年第 5 期。

孟昭喜：《做实个人账户建立可持续发展养老保险制度》，《中国社会保障》2005 年第 1 期。

米红、王丽郦：《从覆盖到衔接：论中国和谐社会保障体系"三步走"战略》，《公共管理学报》2008 年第 1 期。

米红、杨贞贞：《老年残疾人居家养老服务补贴模式创新与实证研究》，《残疾人研究》2011 年 02 期。

米红、叶岚：《中国农村最低生活保障标准的模型创新与实证研究》，《浙江社会科学》2010 年第 5 期。

苗齐、钟甫宁：《中国农村贫困的变化与扶贫政策取向》，《中国农村经济》2006 年第 12 期。

缪燕子：《新中国成立以来社会救助政策变迁研究——基于间断—均衡理论的解释》，《中国行政管理》2017 年第 11 期。

莫荣：《发挥失业保险预防失业促进就业的作用》，《中国社会保障》2010年第 9 期。

穆光宗：《"全面二孩"政策实施效果和前景》，《中国经济报告》2017 年第 1 期。

穆光宗：《分层养老，积分补贴》，《中国卫生》2015 年 1 期。

穆怀中：《社会保障适度水平研究》，《经济研究》1997 年第 2 期。

穆怀中、闫琳琳：《新型农村养老保险参保决策影响因素研究》2012 年第 1 期。

穆怀中、闫琳琳、张文晓：《养老保险统筹层次收入再分配系数及全国统筹类型研究》，《数量经济技术经济研究》2014 年第 4 期。

倪赤丹：《老年长期照护服务体系构建的国际经验与中国路径》，《改革与战略》2017 年 11 期。

聂爱霞：《失业保险对失业持续时间的影响》，《南方人口》2012 年第 3 期。

潘烽：《"七五"期间如何进一步发展社会保障事业》，《计划经济研究》1986 年第 6 期。

潘金洪、帅友良、孙唐水、张吟鹤、薛晓华、周长青：《中国老年人口失能率及失能规模分析——基于第六次全国人口普查数据》，《南京人口管理干部学院学报》2012 年第 4 期。

潘锦棠：《覆盖未就业配偶生育保险问题研究》，《中华女子学院山东分院学报》2009 年第 4 期。

潘锦棠：《去适应社会还是求社会适应》，《中国妇女管理干部学院学报》1989 年第 8 期。

潘锦棠：《生育保险中的女性利益、企业利益和国家利益》，《中国妇运》2001 年第 1 期。

潘锦棠：《生育保障全覆盖的两种设想》，《中国社会保障》2010 年第 8 期。

潘锦棠：《生育津贴计发标准更趋公平》，《中国社会保障》2014 年第 3 期。

潘锦棠：《提高退休年龄不能成为弥补养老金"缺口"的主要手段》，《光明日报》2012 年 9 月 8 日第 6 版。

潘锦棠：《向公共家庭政策要妇女公平就业权利》，《湖南师范大学社会科学学报》2015 年第 1 期。

潘锦棠：《养老社会保险制度中的性别利益——兼评关于男女退休年龄的讨论》，《中国社会科学》2002 年第 2 期。

潘锦棠：《中国生育保险制度的历史与现状》，《人口研究》，2003 年第 2 期。

潘锦棠、张燕：《社会保障中的平等公平效率》，《国家行政学院学报》

2015 年第 6 期。

潘屹：《国家福利功能的演变及启示》，《东岳论丛》2012 年第 10 期。

庞凤喜、潘孝珍：《财政分权与地方政府社会保障支出——基于省级面板数据的分析》，《财贸经济》2012 年第 2 期。

庞杰、王光伟：《国有资本净收入对养老保险的最优划拨率——劳动力人口增长率变化情况下的研究》，《经济与管理研究》2016 年第 2 期。

庞文：《都市农民工的权益侵害与保护——武汉市农民工权益现状的调查报告》，《城市问题》2003 年第 3 期。

裴晓梅：《长期照护社会保险的世界趋势与中国推展》，《上海城市管理》2010 年第 1 期。

彭成洪：《公共财政要成为社会保障的坚强后盾》，《财政研究》2003 年第 5 期。

彭浩然：《基本养老保险制度对个人退休行为的激励程度研究》，《统计研究》2012 年 09 期。

彭浩然、申曙光：《改革前后我国养老保险制度的收入再分配效应比较研究》，《统计研究》2007 年第 2 期。

彭华民：《论需要为本的中国社会福利转型的目标定位》，《南开学报》（哲学社会科学版）2010 年第 4 期。

彭华民：《中国社会救助政策创新的制度分析：范式嵌入、理念转型与福利提供》，《学术月刊》2015 年第 1 期。

彭华民：《中国政府社会福利责任：理论范式演变与制度转型创新》，《天津社会科学》2012 第 6 期。

彭华民、黄叶青：《福利多元主义：福利提供从国家到多元部门的转型》，《南开学报》2006 年第 6 期。

彭华民、宋祥秀：《嵌入社会框架的社会福利模式：理论与政策反思》，《社会》2006 年第 6 期。

彭华民、万国威：《从沉寂到创新：中国社会福利 30 年学术轨迹审视》，《东岳论丛》2010 年第 8 期。

彭荣：《基于马尔科夫模型的老年人口护理需求分析》，《统计与信息论坛》2009 年第 3 期。

彭胜华：《从构建和谐社会的视角谈我国的社会保障》，《东南大学学报》（哲学社会科学版）2006 年第 2 期。

彭宅文：《财政分权、转移支付与地方政府养老保险逃费治理的激励》，《社会保障研究》2010 年第 1 期。

彭宅文：《社会保障与社会公平：地方政府治理的视角》，《中国人民大学学报》2009 年第 2 期。

齐良书：《新型农村合作医疗的减贫、增收和再分配效果研究》，《数量经济技术经济研究》2011 年第 8 期。

齐艳华：《中国失业保险制度变迁研究（1950—2012 年）——基于主体认识的视角》，博士学位论文辽宁大学，2013 年。

钱宁：《社会福利中的政治道德问题与集体主义价值观》，《思想战线》2003 第 4 期。

钱亚仙：《农民工权益保障与政府责任》，《湖北行政学院学报》2005 年第 5 期。

乔晓春：《健康寿命研究的介绍与评述》，《人口与发展》2009 第 2 期。

秦继伟：《农村社会保障的多重困境与优化治理》，《甘肃社会科学》2018 年第 3 期。

尚晓援：《"社会福利"与"社会保障"再认识》，《中国社会科学》2001 年第 3 期。

邵伟钰：《社会保障财政风险及其防范》，《经济问题探索》2003 年第 4 期。

社会保障制度改革与开征社会保障税可行性研究协作课题组：《我国社会保障制度改革的基本思路》，《经济研究》1994 年第 10 期。

申晓梅：《论失业救济制度向就业保险制度的转型及其政策探析》，《人口与经济》2007 年第 3 期。

沈红：《扶贫开发的方式与质量（续）——甘肃、宁夏两省区扶贫调查分析》，《开发研究》1993 年第 3 期。

沈焕根、万彬、冷明祥、胡月：《建立中国老年长期护理保险制度研究》，《南京医科大学学报》（社会科学版）2015 年第 2 期。

沈洁：《对中国社会福利基础理论的思考》，《华中师范大学学报》（人文社会科学版）1994 年第 2 期。

沈洁：《社会福利问题与中国社会福利改革》，《华中师范大学学报》（人文社会科学版）1996 年第 5 期。

施裕壬：《生育保险为何要单独设立险种》，《卫生软科学》2002 年第

2 期。

时正新：《论科技扶贫》，《中国农村经济》1987 年第 2 期。

宋健、黄菲：《中国第一代独生子女与其父母的代际互动——与非独生子女的比较研究》，《人口研究》2011 年第 03 期。

宋马林、杨杰、杨彤：《社会保障体系完善与社会经济可持续发展——基于城乡差异和区域差距视角的统计分析》，《公共管理学报》2010 年第 2 期。

宋晓梧、高书生：《我国社会保障制度面临的形势和对策》，《新视野》2001 年第 3 期。

苏雪萍：《论企业女职工生育成本的分配—职业过程性别歧视现象分析》，《北京市工会干部学院学报》2011 年第 3 期。

苏振芳：《浅析我国现行社会保障制度的弊病及其改进的基本原则》，《福建论坛》（经济社会版）1990 年第 2 期

孙虹、俞会新：《主要发达国家失业保险制度结构与劳动力市场表现》，《中国劳动》2015 年第 7 期。

孙敬水、程芳芳：《起点公平、过程公平、结果公平与分配公平满意度》，《经济理论与经济管理》2016 年第 10 期。

孙祁祥：《"空账"与转轨成本——中国养老保险体制改革的效应分析》，《经济研究》2001 年第 5 期。

孙祺宇：《可持续发展视阈下老年人长期照护保障研究》，博士学位论文，吉林大学，2017。

孙启泮：《生育保险法制建设初探》，《南京人口管理干部学院学报》2007 年第 4 期。

孙天琦：《制度竞争、制度均衡与制度的本土化创新——商洛小额信贷扶贫模式变迁研究》，《经济研究》2001 年第 6 期。

谭金可、王全兴：《论失业保险法的就业保障目标扩展》，《中州学刊》2012 年第 1 期。

谭宁、刘筱红：《生育保险政策中的社会性别意识与女性平等就业权》，《湖北经济学院学报》2009 年第 1 期。

谭睿：《我国长期护理保险制度的实践及思考》，《卫生经济研究》2017 年第 5 期。

谭晓婷、钟甫宁：《新型农村合作医疗不同补偿模式的收入分配效应－基

于江苏、安徽两省 30 县 1500 个农户的实证分析》,《中国农村经济》
2010 年第 3 期。

汤敏、姚先斌:《孟加拉"乡村银行"的小额信贷扶贫模式》,《改革》
1996 年第 4 期。

汤哲、方向华、项曼君、吴晓光、刁丽君、刘宏军、孙菲:《北京市老年
人卫生服务需求研究》,《中华医院管理杂志》2014 年第 08 期。

唐芳:《从奖励到权利——生育护理假的正当性论证》,《中华女子学院学
报》2012 年第 1 期。

唐钧:《"十一五"以来社会救助发展的回顾及展望》,《社会科学》2012
年第 6 期。

唐钧:《"延迟退休"是否行得通》,《人力资源》2010 年第 11 期。

唐钧:《生育保障是全民族的大事》,《中国社会保障》2010 年第 8 期。

唐钧:《失能老人护理补贴制度研究》,《江苏社会科学》2014 年 2 期。

唐钧:《中国的城市贫困问题与社会救助制度》,《江海学刊》2001 年第
2 期。

唐钧:《中国的贫困人口和社会救助指标体系》,《社会科学》1992 年第
5 期。

唐钧:《中国的贫困状况与整合性反贫困策略》,《社会发展研究》2015
年第 2 期。

唐钧:《追求"精准"的反贫困新战略》,《西北师大学报》(社会科学
版)2016 年第 1 期。

唐玲君:《构建和谐社会完善社会保障制度》,《宁夏大学学报》(人文社
会科学版)2006 年第 6 期。

唐明义、王辉:《财政参与社会保障管理的角色定位》,《当代经济研究》
1999 年第 5 期。

陶纪坤:《两种社会保障调节收入分配理论的对比研究》,《经济纵横》
2009 年第 8 期。

田北海:《社会福利概念辨析——兼论社会福利与社会保障的关系》,《学
术界》2008 年第 2 期。

田北海:《社会福利社会化的困境与出路》,《学习与实践》2008 年第
6 期。

田北海、王连生:《支出型贫困家庭的贫困表征、生成机制与治理路径》,

《南京农业大学学报》（社会科学版）2018 年第 18 期。

田北海、钟涨宝：《社会福利社会化的价值理念——福利多元主义的一个四维分析框架》，《探索与争鸣》2009 年第 8 期。

田华、金卫健、朱柏青：《财政社会保障和就业支出对农村居民消费的影响分析》，《统计与决策》2016 年第 12 期。

田凯：《关于社会福利定义及其与社会保障关系的再探讨》，《上海社会科学院学术季刊》2001 第 1 期。

童星、林闽钢：《我国农村贫困标准线研究》，《中国社会科学》1994 年第 3 期。

万斌、陈业欣：《公平概念的历史发展及当代意义》，《浙江社会科学》2000 年第 4 期。

汪德华：《财政与社会保障》，载《中国财政政策报告 2009/2010：世界各国财税体制》（高培勇、杨志勇主编），中国财政经济出版社 2010 年版。

汪德华：《深化改革增强社会保障制度的可持续性》，《中国财经报》2017 年 3 月 11 日第 2 版。

汪德华、孟红：《社保增值税适用于中国吗？——基于国际经验的分析》，《国际税务》2017 年第 9 期。

汪连杰：《哈耶克的社会保障思想及其当代价值研究》，《经济与管理评论》2017 年第 4 期。

汪三贵：《反贫困与政府干预》，《管理世界》1994 年第 3 期。

汪三贵：《在发展中战胜贫困——对中国 30 年大规模减贫经验的总结与评价》，《管理世界》2008 年第 11 期。

汪三贵、Albert Park、Shubham Chaudhuri、Gaurav Datt：《中国新时期农村扶贫与村级贫困瞄准》，《管理世界》2007 年第 1 期。

汪三贵、郭子豪：《论中国的精准扶贫》，《贵州社会科学》2015 年第 5 期。

汪雁、慈勤英：《中国传统社会救济与城市贫困人口社会救助理念建设》，《人口学刊》2001 年第 5 期。

汪玉奇：《对国家扶贫资金问题的思考》，《农业经济问题》1986 年第 12 期。

王朝明：《中国农村 30 年开发式扶贫：政策实践与理论反思》，《贵州财经学院学报》2008 年第 6 期。

王春光：《农民工的社会流动和社会地位的变化》，《江苏行政学院学报》
　　2003 年第 4 期。

王德文、檀晓青：《人口老龄化语境中的健康寿命及其探索》，《福建江夏
　　学院学报》2012 年第 2 期。

王东进：《从完善社会保障体系的战略高度考量构建长期照护保险制度》，
　　《中国医疗保险》2015 年第 6 期。

王金玲：《社会应为妇女生育抚育后代承担责任——有关招工招干中男女
　　不平等问题的经济上思考》，《中国妇女报》1986 年 9 月 5 日。

王静敏：《当代中国失业保险问题研究》，博士学位论文，东北师范大学，
　　2008 年。

王利清：《社会资本、人力资本与牧区劳动力转移就业风险》，《前沿》
　　2011 年第 23 期。

王璐莎：《生育津贴制度研究》，硕士学位论文，浙江大学，2013 年。

王茂福、谢勇才：《关于我国社会保障对收入分配存在逆向调节的研究》
　　2012 年第 6 期。

王名：《NGO 及其在扶贫开发中的作用》，《清华大学学报》（哲学社会科
　　学版）2001 年第 1 期。

王巧芸：《我国长期护理保险：实践、反思与对策》，《唯实（现代管
　　理)》2017 年第 7 期。

王三秀：《可持续生计视角下我国农村低保与扶贫开发的有机衔接》，《宁
　　夏社会科学》2010 年第 4 期。

王珊珊、郝勇、张现同：《我国失地农民社会保障问题研究综述》，《社会
　　保障研究》2010 年第 2 期。

王绍光：《政策导向、汲取能力与卫生公平》，《中国社会科学》2005 年
　　第 6 期。

王绍光：《中国公共卫生的危机与转机》，《比较》2003 年第 6 期。

王思斌：《试论经济发展新常态下积极的社会政策托底》，《东岳论丛》
　　2015 年第 3 期。

王思斌：《我国适度普惠型社会福利制度的建构》，《北京大学学报》2009
　　年第 3 期。

王思斌：《整合制度体系保障人民可持续的获得感》，《行政管理改革》

2018 年第 3 期。

王思斌：《转型中的中国社会救助制度之发展》，《文史哲》2007 年第 1 期。

王天宇、邱牧远、杨澄宇：《延迟退休、就业与福利》，《世界经济》2016 年第 8 期。

王天宇、周钦：《非缴费型养老金对消费的影响——来自断点回归的证据》，《保险研究》2017 年第 6 期。

王维：《上海市长期护理保险制度设计研究》，硕士学位论文，上海工程技术大学，2011 年。

王维达：《老年人照顾体系的建立及其法律完善》，《同济大学学报》2005 年第 2 期。

王西玉、崔传义、赵阳、马忠东：《中国二元结构下的农村劳动力流动及其政策选择》，《管理世界》2000 年第 5 期。

王小林、Sabina Alkire：《中国多维贫困测量：估计和政策含义》，《中国农村经济》2009 年第 12 期；

王小强、白南风、卢小飞、李东东：《把西藏经济的"输血"机制变为"造血"机制》，《经济研究》1985 年第 1 期。

王晓东：《城乡统筹下我国社会保障财政体制的改革》，《宏观经济管理》2012 年第 12 期。

王晓军、康博威：《我国社会养老保险制度的收入再分配效应分析》，《统计研究》2009 年第 11 期。

王晓军、米海杰．：《养老金支付缺口：口径、方法与测算分析》，《数量经济技术经济研究》2013 年第 10 期。

王晓军、钱珍：《中国财政社会保障支出效率分析》，《福建论坛》（人文社会科学版）2009 年第 5 期。

王笑寒：《论我国弱势群体权利保障制度之完善》，《烟台大学学报》（哲学社会科学版）2017 年第 5 期。

王延中：《中国"十三五"时期社会保障制度建设展望》，《辽宁大学学报》（哲学社会科学版）2016 年第 1 期。

王延中、龙玉其：《改革开放以来中国政府社会保障支出分析》，《财贸经济》2011 年第 1 期。

王延中、张车伟：《我国失业保险制度的主要问题与对策》，《中国经贸导刊》2005 年第 11 期。

王一：《福利视角争论与福利制度改革路径探索》，《社会科学战线》2017
　　年第 11 期。

王勇、黄新建：《财政支持农村社会保障的综合效应研究》，《求实》2010
　　年第 6 期。

王雨磊：《数字下乡：农村精准扶贫中的技术治理》，《社会学研究》2016
　　年第 6 期。

王玉沐、刘培松、谷月、覃朝晖：《老年人长期护理保险的研究》，《医学
　　与哲学（A）》2016 年第 9 期。

王跃生：《中国家庭代际功能关系及其新变动》，《人口研究》2016 年第
　　05 期。

王增文：《中国社会保障财政支出最优规模研究：基于财政的可持续性视
　　角》《农业技术经济》2010 年第 1 期。

王增文、邓大松：《基金缺口、缴费比率与财政负担能力：基于对社会保
　　障主体的缴费能力研究》，《中国软科学》2009 年第 10 期。

王增文、邓大松：《倾向度匹配、救助依赖与瞄准机制——基于社会救助
　　制度实施效应的经验分析》，《公共管理学报》2012 年第 2 期。

王正理：《贫困地区的特点及发展对策》，《科学·经济·社会》1986 年
　　第 6 期。

王志章、韩佳丽：《贫困地区多元化精准扶贫政策能够有效减贫吗?》，
　　《中国软科学》2017 年第 12 期。

王卓祺、雅伦·获加：《西方社会政策概念转变及对中国福利制度发展的
　　启示》，《社会学研究》1998 年第 5 期。

王祖祥、范传强、何耀：《中国农村贫困评估研究》，《管理世界》2006
　　年第 3 期。

巍巍：《适应市场机制　加大改革力度——中国社会福利体制改革国际研
　　讨会综述》，《中国社会工作》1996 年第 6 期。

韦伟强：《变扶贫为低保——我国农村救助范式转换》，《实事求是》2008
　　年第 2 期。

乌日图：《脱贫攻坚要处理好"扶"和"救"的关系》，《中国社会保障》
　　2018 年第 4 期。

吴蓓、徐勤：《城市社区长期照料体系的现状与问题——以上海为例》，

《人口研究》2007 年第 3 期。

吴兵：《农民工"退保潮"因何而起》，《人民日报》2008 年 1 月 8 日。

吴国宝：《对中国扶贫战略的简评》，《中国农村经济》1996 年第 8 期。

吴红卫：《生育保险并入基本医疗保险对基本医疗保险基金产生的风险》，《财会月刊》2018 年第 6 期。

吴宏洛：《独树一帜的虚拟养老院》，《中国社会保障》2013 年第 5 期。

吴先国、侯波：《搜寻匹配理论下失业保险水平对再就业的影响》，《经营管理者》2011 年第 18 期。

吴象：《农业联系产量责任制的三种主要形式》，《新华文摘》1982 年第 12 期。

吴雪平：《对我国社会保障转移支付制度化的思考》，《社会科学辑刊》2008 年第 3 期。

吴玉锋：《新型农村社会养老保险参与实证研究：一个信任分析视角》，《人口研究》2011 年第 4 期。

吴玉韶、王莉莉、孔伟、董彭滔、杨晓奇：《中国养老机构发展研究》，《老龄科学发展》2015 年第 8 期。

吴忠：《贫困与反贫困的理论探讨（上）》，《开发研究》1991 年第 4 期。

吴忠民：《改革开放以来中国精英群体的演进及问题（下）》，《文史哲》2008 年第 4 期。

吴忠民：《普惠性公正与差异性公正的平衡发展逻辑》，《中国社会科学》2017 年第 9 期。

伍小兰：《中国长期照护体系的发展与思考》，《老龄科学研究》2017 年第 5 期。

武彦民、陈光伟：《社会保障：中国财政风险的重要险源》，《经济理论与经济管理》2002 年第 5 期。

夏珺、李春根：《农村最低生活保障财政支出效率静态状况及动态变化——基于 2008—2013 年省际面板数据的实证分析》，《华中农业大学学报》（社会科学版）2018 年第 2 期。

向德平、刘欣：《构建多元化反贫困政策：农村低保与扶贫开发政策的有效衔接》，《社会工作与管理》2014 年第 3 期。

肖彩波、刘红卫：《制度理想与现实困境——城乡居保激励机制失效的理论分析》，《社会保障研究》2018 年第 1 期。

肖萌、李飞跃、斯华景：《城市低保支付水平的影响因素》，《城市问题》
　　2017 年第 11 期。

肖云：《城乡失能老人社区居家照护服务的差异及对策》，《河北经贸大
　　学》（综合版）2015 年第 2 期。

谢东梅：《农村低保制度瞄准执行与动态贫困减少的有效性检验——基于
　　福建省 14 个县（市、区）28 个村庄的调研》，《东南学术》2016 年
　　第 6 期。

谢勇才、丁建定：《从生存型救助到发展型救助：我国社会救助制度的发
　　展困境与完善路径》，《中国软科学》2015 年第 11 期。

邢成举、李小云：《精英俘获与财政扶贫项目目标偏离的研究》，《中国行
　　政管理》2013 年第 9 期。

熊跃根：《国家力量、社会结构与文化传统——中国、日本和韩国福利范
　　式的理论探索与比较分析》，《江苏社会科学》2007 年第 4 期。

熊跃根：《论国家、市场与福利之间的关系：西方社会政策理念发展及其
　　反思》，《社会学研究》1999 年第 3 期。

徐德徽：《贫困地区内部经济差异与扶贫效率——对河北内丘县侯家庄乡
　　的实证研究》，《管理世界》1997 年第 2 期。

徐广路：《养老保障满意度对农民工社会冲突意识的影响》，《西南大学学
　　报》（社会科学版）2018 年第 2 期。

徐倩、李放：《财政社会保障支出与中国城乡收入差距——理论分析与计
　　量检验》，《上海经济研究》2012 年第 11 期。

徐月宾、刘凤芹、张秀兰：《中国农村反贫困政策的反思——从社会救助
　　向社会保护转变》，《中国社会科学》2007 年第 3 期。

徐月宾、张秀兰：《我国城乡最低生活保障制度若干问题探讨》，《东岳论
　　丛》2009 年第 2 期。

徐月宾、张秀兰：《中国政府在社会福利中的角色重建》，《中国社会科
　　学》2005 年第 5 期。

徐悦、李志明：《从失业补偿到就业促进：发展型社会政策视角下中国失
　　业保险制度的改革与发展》，《社会保障研究》2011 年第 3 期。

许宏海、王莉娟：《健全社会保障　促进社会发展——1994 年中国社会学
　　会学术年会综述》，《社会学研究》1994 年第 5 期。

许闲、申宇：《"求人"还是"靠己"全国社保基金股市投资效率研究》，

《金融研究》2013 年第 9 期。

颜丙峰：《共享发展背景下中国城乡社会保障公平性影响因素研究》，《东岳论丛》2017 年第 2 期。

阳义南：《基本养老保险制度激励提前退休的实证研究》，《财贸研究》2013 年 03 期。

杨斌、丁建定：《"五维"框架下中国养老保险制度政府财政责任机制改革的环境分析》，《社会保障研究》2015 年第 1 期。

杨翠迎：《被征地农民养老保障制度的分析与评价——以浙江省 10 个市为例》，《中国农村经济》2004 年第 5 期。

杨翠迎：《中国社会保障制度的城乡差异及统筹改革思路》，《浙江大学学报》（人文社会科学版）2004 年第 3 期。

杨翠迎、冯广刚：《最低生活保障支出对缩小居民收入差距效果的实证研究》，《人口学刊》2014 年第 3 期。

杨方方、郑功成：《中国失业保障体系现状和未来挑战》，《甘肃社会科学》2004 年第 2 期。

杨风涛、沈默：《社会保障水平与城乡收入差距的关系研究》，《宏观经济研究》2016 年第 5 期。

杨红燕、陈天红：《社会保障财政支付风险的多角度分析与全方位应对》，《华中科技大学学报》（社会科学版）2011 年第 4 期。

杨红燕、谢萌、肖益等：《财政社会保障支出省际差异的影响因素分析》，《统计与决策》2014 年第 18 期。

杨继军、张二震：《人口年龄结构，养老保险制度转轨对居民储蓄率的影响棸》，《中国社会科学》2013 年第 8 期。

杨俊、龚六堂：《国有资本收入对养老保险的划拨率研究》，《金融研究》2008 年第 11 期。

杨俊、龚六堂：《社会保障基金最优持股比例研究》，《经济研究》2008 年第 6 期。

杨理健：《论科技扶贫的地位和作用》，《农业现代化研究》1987 年第 6 期。

杨立雄：《可将生育保险变为生育福利》，《中国社会保障》，2013 年第 10 期。

杨立雄：《通过社会救助实施社会保护——基于弱势群体的社会保障制度

重构》,《中国软科学》2004 年第 7 期。

杨立雄、胡姝:《城镇居民最低生活保障标准调整机制研究》,《中国软科学》2010 年第 9 期。

杨连专:《生育保险立法问题研究》,《人口学刊》2010 年第 5 期。

杨连专:《生育保险立法问题研究》,《人口学刊》2011 年第 5 期。

杨林、薛琪琪:《中国城乡社会保障的制度差异与公平性推进路径》,《学术月刊》2016 年第 11 期。

杨胜利、高向东:《人口老龄化对社会保障财政支出的影响研究》,《西北人口》2012 年第 3 期。

杨伟民:《论个人福利与国家和社会的责任》,《社会学研究》2008 年第 1 期。

杨文忠:《德国的失业保险与促进就业》,《中国劳动保障》2009 年第 4 期。

杨燕绥:《社会保险关系的接续与携带》,《中国劳动保障》2005 年第 10 期。

杨燕绥、刘跃华:《生育保险并入基本医疗保险的问题研究》,《中国人力资源社会保障》2016 年第 12 期。

杨燕绥、张芳芳、张杰:《论职工弹性退休的平滑效应》,《中国劳动》2010 年第 12 期。

杨宜勇、张英、顾严:《构建城乡统筹的最低生活保障体系》,《中国人口科学》2006 年第 6 期。

杨涌:《调整财政支出结构　增大社会保障力度》,《中央财经大学学报》2000 年第 11 期。

姚东旻:《产业结构升级背景下延迟退休与失业率的关系》,《中国工业经济》2016 年第 1 期。

姚建平:《中国城市最低生活保障标准水平分析》,《中国软科学》2012 年第 11 期。

姚俊:《经济理性、外部激励与新农保缴费档次变动》,《人口与经济》2018 年第 2 期。

姚先斌、程恩江:《小额信贷的概念、原则及在中国的实践》,《中国农村经济》1998 年第 4 期。

姚远:《老年残障对我国家庭养老功能变化的影响》,《人口研究》2009

年第 2 期。

叶金国、仇晓洁：《中国农村社会保障财政资源配置问题及对策研究》，《河北学刊》2015 年第 4 期。

叶林祥、李实、罗楚亮：《行业垄断、所有制与企业工资收入差距——基于第一次全国经济普查企业数据的实证研究》，《管理世界》2011 年第 4 期。

亦木、思忠：《贫困山区经济开发问题初探》，《科技通报》1985 年第 5 期。

殷浩栋、汪三贵、郭子豪：《精准扶贫与基层治理理性——对于 A 省 D 县扶贫项目库建设的解构》，《社会学研究》2017 年第 6 期。

银平均：《社会排斥视角下的农村贫困》，博士学位论文，南开大学，2006 年。

于祖尧：《农业实行包干到户是我国经济体制改革的前奏》，《经济研究》1983 年第 3 期。

余华银：《论我国扶贫战略的误区》，《农业经济问题》1998 年第 9 期。

俞卫、刘柏惠：《我国老年照料服务体系构建及需求量预测——以上海为例》，《人口学刊》2012 年第 4 期。

俞雪华：《论财政与社会保障基金管理》，《江海学刊》1998 年第 6 期。

郁建兴、金蕾、瞿志远：《民办社区养老机构建设及其政府责任——以杭州市上城区为例》，《浙江社会科学》2012 年第 11 期。

袁磊：《延迟退休能解决养老保险资金缺口问题吗？——72 种假设下三种延迟方案的模拟》，《人口与经济》2014 年第 4 期。.

袁涛、仇雨临：《从形式公平到实质公平：居民医保城乡统筹驱动路径反思》，《社会保障研究》2016 年第 1 期。

袁志刚：《中国养老保险体系选择的经济学分析》，《经济研究》2001 年第 5 期。

远志明、薛德震：《论"富"——党的富民政策断想》，《人民日报》1984 年 8 月 3 日。

岳颂东：《中挪社会保障制度比较——中挪社会保障制度研讨会综述》，《管理世界》1991 年第 4 期。

曾瑞明：《中国传统福利思想研究：主要议题、学术特点和当代价值》，《社会保障评论》2017 年第 4 期。

曾湘泉：《价值理念、收入分配差距与社会保障制度构建》，《中国人民大学学报》2002 年第 3 期。

曾益、任超然、刘倩：《延长退休年龄有助于改善养老保险的偿付能力吗？——基于精算模型的模拟分析》，《经济管理》2013 年第 5 期。

曾益、张心洁、刘凌晨：《从"单独二孩"走向"全面二孩"：中国养老金支付危机能破解吗?》，《财贸经济》2016 年第 7 期。

曾毅、陈华帅、王正联：《21 世纪上半叶老年家庭照料需求成本变动趋势分析》，《经济研究》2012 年第 10 期。

曾毅、王正联：《中国家庭与老年人居住安排的变化》，《中国人口科学》2004 年第 05 期。

翟绍果、仇雨临：《西安市统筹城乡医疗保障制度的现状、问题与路径》，《中国卫生政策研究》2009 年第 12 期。

詹花秀：《国际社会福利制度的变化趋势与中国福利制度模式选择——基于经济学视角的分析》，《湖湘论坛》2017 年第 4 期。

张川川、陈斌开：《"社会养老"能否替代"家庭养老"？——来自中国新型农村社会养老保险的证据》，《经济研究》2014 年 11 期。

张川川、李雅娴、胡志安：《社会养老保险、养老预期和出生人口性别比》，《经济学》，2017 年第 2 期。

张德元：《农村的人文贫困与农村的"制度"贫困》，《人文杂志》2002 年第 1 期。

张红春、卓越：《国内社会保障研究的知识图谱与热点主题——基于文献计量学共词分析的视角》，《公共管理学报》2011 年第 4 期。

张红地：《进一步加快我国社会保障基金进入资本市场步伐》，《管理世界》2003 年第 6 期。

张红梅、杨明媚、马强：《现阶段阻碍农村社会养老保险制度发展的影响因素——基于农户参保意愿的实证分析》，《华南农业大学学报》（社会科学版）2009 年第 3 期。

张力之：《中国社会保障改革述评》，《社会学研究》1989 年第 4 期。

张力之：《中国社会保障研究述评》，《社会学研究》1997 年第 2 期。

张铭羽、沈红：《向市场经济体制转轨中的扶贫问题》，《经济研究》1993 年第 12 期。

张宁、李旷奇、樊毅等：《时间偏好、收入水平与农民参保积极性——对中部两县农民参加社会养老保险的行为分析》，《农业技术经济》2017 年第 7 期。

张琴、郭艳、李美玉：《延长退休年龄还是增加缴费基数：养老金改革的路径选择与政策效应》，《经济理论与经济管理》2015 年第 2 期。

张全红、张建华：《中国农村贫困变动：1981 年至 2005 年——基于不同贫困线标准和指数的对比分析》，《统计研究》2010 年第 2 期。

张时飞：《1978—1992 年中国社会保障事业的恢复和发展》，《党史研究与教学》2008 年第 4 期。

张伟宾、汪三贵：《扶贫政策、收入分配与中国农村减贫》，《农业经济问题》2013 年第 2 期。

张伟兵：《发展型社会政策理论与实践———西方社会福利思想的重大转型及其对中国社会政策的启示》，《世界经济与政治论坛》2007 年第 1 期。

张文娟、杜鹏：《中国老年人健康预期寿命变化的地区差异：扩张还是压缩?》，《人口研究》2009 年第 5 期。

张文娟、魏蒙：《中国老年人的失能水平到底有多高? ——多个数据来源的比较》，《人口研究》2015 年第 3 期。

张笑天、吕海清、张亚林等：《城市老年人长期照护保障体制探讨》，《中国卫生事业管理》1995 年第 9 期。

张新伟：《扶贫政策低效性与市场化反贫困思路探寻》，《中国农村经济》1999 年第 2 期。

张新文、李修康：《英中两国失业保险制度比较研究》，《经济研究》2001 年第 3 期。

张秀兰、徐月宾：《发展型社会政策及其对我们的启示》，社会政策国际论坛，2006 年。

张秀兰、徐月宾：《我国社会福利社会化的目标及途径探讨》，《江苏社会科学》2006 年第 2 期。

张秀兰、徐月宾、方黎明：《改革开放 30 年：在应急中建立的中国社会保障制度》，《北京师范大学学报》（社会科学版）2009 年第 2 期。

张熠：《社会保障基金国债投资的规模扩大效应分析》，《金融研究》2011 年第 2 期。

张熠：《延迟退休年龄与养老保险收支余额：作用机制及政策效应》，《财经研究》2011 年第 7 期。

张熠、汪伟、刘玉飞：《延迟退休年龄、就业率与劳动力流动：岗位占用还是创造?》，《经济学》2017 年第 2 期。

张翼：《当前中国精准扶贫工作存在的主要问题及改进措施》，《国际经济评论》2016 年第 6 期。

张莹：《建立城市流动人口生育保险制度的探讨》，《卫生软科学》2007年第 4 期。

张永建：《进一步建设社会保障体系——社会保障体系建设问题座谈会述要》，《管理世界》1994 年第 5 期。

张永英、李线玲：《新形势下进一步改革完善生育保险制度探讨》，《妇女研究论丛》2015 年第 6 期。

张勇：《中国养老保险制度的再分配效应研究》，《财经论丛》2010 年第7 期。

张志敏：《"城镇社会保障的实践和理论"研讨会在京召开》，《社会学研究》1990 年第 4 期。

张治觉、吴定玉．：《我国财政社会保障对居民消费产生引致还是挤出效应》，《消费经济》2010 年第 3 期。

章友德：《我国失地农民问题十年研究回顾》，《上海大学学报：社会科学版》2010 年第 5 期。

赵昌文、郭晓鸣：《贫困地区扶贫模式：比较与选择》，《中国农村观察》2000 年第 6 期。

赵定东：《"社会福利社会化"的逻辑误差析论》，《理论导刊》2009 年第6 期。

赵慧珠：《走出中国农村反贫困政策的困境》，《文史哲》2007 年第 4 期。

赵建国、李佳：《社会保障支出的非线性经济增长效应研究》，《财政研究》2012 年第 9 期。

赵建国、廖藏宜、李佳：《我国社会保障财政负担区域公平性及影响因素研究》，《财政研究》2016 年第 10 期。

赵静、毛捷、张磊：《社会保险缴费率、参保概率与缴费水平——对职工和企业逃避费行为的经验研究》，《经济学》，2016 年第 1 期。

赵曼、胡思洋：《社会救助制度的功能定位与改革逻辑》，《财政研究》2015 年第 2 期。

赵绍阳、杨豪：《我国企业社会保险逃费现象的实证检验》，《统计研究》
　　2016 年第 1 期。

赵曦、成卓：《中国农村反贫困治理的制度安排》，《贵州社会科学》2008
　　年第 9 期。

赵艳：《我国实施老年人长期护理保险制度探析》，《经济纵横》2014 年
　　第 8 期。

赵耀辉、徐建国：《我国城镇养老保险体制改革中的激励机制问题》，《经
　　济学》2001 年第 1 期。

赵忠、韩克庆等：《浙江省社会保险费征收体制调研报告》，载王延中主
　　编《中国社会保障发展报告（2018）》，社会科学文献出版社 2018
　　年版。

郑秉文：《"名义账户"制：我国养老保障制度的一个理性选择》，《管理
　　世界》2003 年第 8 期。

郑秉文：《费改税不符合中国社会保障制度发展战略取向》，《中国人民大
　　学学报》2010 年第 5 期。

郑秉文：《改革开放 30 年中国流动人口社会保障的发展与挑战》，《中国
　　人口科学》2008 年第 5 期

郑秉文：《合作主义：中国福利制度框架的重构》，《经济研究》2002 年
　　第 2 期。

郑秉文：《目前社保筹资不宜费改税》，《中国社会保障》2007 年第 2 期。

郑秉文：《欧债危机下的养老金制度改革——从福利国家到高债国家的教
　　训》，《中国人口科学》2011 年第 5 期。

郑秉文：《中国社会保障制度 60 年：成就与教训》，《中国人口科学》
　　2009 年第 5 期。

郑秉文：《中国失业保险基金增长原因分析及其政策选择—从中外比较的
　　角度兼论投资体制改革》，《经济社会体制比较》2010 年第 6 期。

郑秉文、孙永勇：《对中国城镇职工基本养老保险现状的反思——半数省
　　份收不抵支的本质、成因与对策》，《上海大学学报》（社会科学版）
　　2012 年第 3 期。

郑功成：《从城乡分割走向城乡一体化（下）中国社会保障制度变革取
　　向》，《人民论坛》2014 年第 4 期。

郑功成：《加入 WTO 与中国的社会保障改革》，《管理世界》2002 年第

4 期。

郑功成：《社会保障：调节收入分配的基本制度保障》，《中国党政干部论坛》2010 年第 6 期。

郑功成：《中国社会保障改革：机遇、挑战与取向》，《国家行政学院学报》2014 年第 6 期。

郑功成：《中国社会保障改革与经济发展：回顾与展望》，《中国人民大学学报》2018 年第 1 期。

郑功成：《中国社会保障体系的发展与框架设计》，《武汉大学学报》（哲学社会科学版）1996 年第 2 期。.

郑功成：《中国社会福利的现状与发展取向》，《中国人民大学学报》2013 年第 2 期。

郑功成：《中国社会福利改革与发展战略：从照顾弱者到普惠全民》，《中国人民大学学报》2011 年第 2 期。

郑功成、黄黎若莲：《中国农民工问题：理论判断与政策思路》，《中国人民大学学报》2006 年第 6 期。

郑海航：《我国失业和失业保险理论的探讨》，《首都经济贸易学报》1999 年第 3 期。

郑舒文、杜兴瑞、陈成：《社会保障对农村居民收入分配调节效应研究——以四川省为例》，《农村经济》2015 年第 7 期。

郑伟、袁新钊：《名义账户制与中国养老保险改革：路径选择和挑战》，《经济社会体制比较》2010 年第 2 期。

郑昕媛，《养老服务从业人员职业困境及激励措施》，《丝绸之路》2017 年第 4 期。

郑新业、张莉：《社会救助支付水平的决定因素：来自中国的证据》，《管理世界》2009 年第 2 期。

郑子青：《贫困测量应当采用多维测度》，《中国社会保障》2013 年第 9 期。

中国老龄科学研究中心课题组、张恺悌、孙陆军、牟新渝、王海涛、李明镇：《全国城乡失能老年人状况研究》，《残疾人研究》2011 年第 2 期。

中国农村发展问题研究组：《农村发展中的几个新问题——"双包到户"后的安徽省滁县地区农村调查》，《中国社会科学》1982 年第 3 期。

中国农村贫困标准课题组：《中国农村贫困标准研究》，《统计研究》1990年第 6 期。

钟涨宝、李飞：《动员效力与经济理性：农户参与新农保的行为逻辑研究——基于武汉市新洲区双柳街的调查》，《社会学研究》2012 年第 3 期。

钟涨宝、聂建亮：《新农保制度的可持续性探讨——基于农民参保行为选择的视角》，《中国农村观察》，2013 年第 6 期。

周和平：《扶贫与计划生育工作相结合探微》，《农业现代化研究》1987年第 6 期。

周弘：《分解福利——福利国家研究的角度》，《欧洲研究》1997 年第 4 期。

周弘：《欧洲社会保障的历史演变》，《中国社会科学》1989 年第 1 期。

周弘：《社会福利制度的理论框架》，《中国人口科学》2001 年第 4 期。

周弘：《西方社会保障制度的经验及其对我们的启示》，《中国社会科学》1996 年第 1 期。

周娟：《完善失业保险的促进就业功能》，《重庆科技学院学报》2012 年第 20 期。

周永新：《新加坡、香港、台湾和南朝鲜社会保障规定的比较分析》，《社会学研究》1988 年第 5 期。

周幼平、唐兴霖：《中国情境下福利多元理论的反思》，《学术研究》2012年第 11 期。

朱德云、董迎迎：《财政社会保障支出对城乡居民收入差距的影响研究》，《宏观经济研究》2017 年第 1 期。

朱冠楠、吴磊：《农村家庭养老模式的历史困境——论家庭结构变迁对农村家庭养老模式的影响》，《甘肃联合大学学报》（社会科学版）2007 年第 5 期。

朱广伟、方鸣、路和平：《关于我国社会保障制度改革问题座谈会综述》，《财政研究》1986 年第 4 期。

朱广纬、徐放鸣：《社会保险资金应当纳入国家预算收支管理》，《财政研究》1986 年第 6 期。

朱恒鹏：《共享发展、国家共同体与社会保障制度》，《中国经济史研究》2017 年第 5 期。

朱俊生：《"扩面"与"整合"并行：统筹城乡医疗保障制度的路径选择》，《中国卫生政策研究》2009 年第 12 期。

朱玲：《公共工程对乡村贫困地区经济增长、就业和社会服务的影响——关于 80 年代以工代赈政策实施情况的典型调查》，《经济研究》1990 年第 10 期。

朱玲：《应对极端贫困和边缘化：来自中国农村的经验》，《经济学动态》2011 年第 7 期。

朱玲：《中国扶贫理论和政策研究评述》，《管理世界》1992 年第 4 期。

朱玲：《中国社会保障体系的公平性与可持续性研究》，《中国人口科学》2010 年第 5 期。

朱梦冰、李实：《精准扶贫重在精准识别贫困人口——农村低保政策的瞄准效果分析》，《中国社会科学》2017 年第 9 期。

朱铭来、贾清显：《我国老年长期护理需求测算及保障模式选择》，《中国卫生政策研究》2009 年第 7 期。

朱青、李志红：《"社保缴费"面面观》，《中国税务》2003 年第 3 期。

朱庆芳：《"中国和挪威社会保障制度研讨会"召开》，《社会学研究》1991 年第 6 期。

朱庆芳：《我国社会保障指标体系综合评价》，《社会学研究》1995 年第 4 期。

庄汉：《我国社会保险立法的宪法分析——以〈社会保险法（草案）〉为主要分析样本》，《法学评论》2009 年第 5 期。

庄渝霞：《实施生育保险制度的社会学和经济学双透析》，《上海经济研究》2009 年第 10 期。

邹铁钉、叶航：《普遍延迟退休还是分类延迟退休——基于养老金亏空与劳动力市场的联动效应视角》，《财贸经济》2015 年第 4 期。

邹铁钉、叶航：《一个关于养老改革的外文文献综述——基于人口结构、决策环境以及新自由主义的视角》，《经济与管理研究》2013 年第 10 期。

邹薇、方迎风：《怎样测度贫困：从单维到多维》，《国外社会科学》2012 年第 2 期。

左停、贺莉：《制度衔接与整合：农村最低生活保障与扶贫开发两项制度比较研究》，《公共行政评论》2017 年第 3 期。

左停、杨雨鑫、钟玲：《精准扶贫：技术靶向、理论解析和现实挑战》，
《贵州社会科学》2015 年第 8 期。

左学金：《面临人口老龄化的中国养老保障：挑战与政策选择》，《中国人
口科学》2001 年第 3 期。

三　政策报告类

北京市民政局、北京市财政局：《北京市特殊老年人养老服务补贴办法
（试行）》，2008 年，百度网（https：//wenku. baidu. com/view/c776
ca0bf12d2af90242e68b. html）。

北京市民政局、北京市财政局：《关于深入开展居家养老服务试点工作的
通知》，2008 年，百度网（https：//wenku. baidu. com/view/197c5f
785acfa1c7aa00cc3c. html）。

胡锦涛：《胡锦涛在中国共产党第十七次全国代表大会上的报告》，2007
年，中国共产党新闻网（http：//cpc. people. com. cn/GB/104019/
104099/6429414. html）。

全国人民代表大会常务委员会办公厅：《中华人民共和国第八届全国人民
代表大会第四次会议文件汇编》，人民出版社 1996 年版。

上海市民政局：《关于进一步规范居家养老服务补贴经费管理和使用的通
知（沪民福〔2003〕28 号）》，2003 年，养老网（http：//www. yan-
glao. com. cn/article/7167. html）。

上海市民政局：《关于全面落实 2008 年市政府养老服务实事项目进一步
推进本市养老服务工作的意见（沪民福发〔2008〕5 号）》，2008 年，
上海市人民政府门户网站（http：//www. shanghai. gov. cn/nw2/nw
2314/nw9819/nw9822/u21aw267103. html）。

天津市财政局、天津市劳动和社会保障局：《关于印发天津市居家养老服
务政府补贴管理办法（试行）的通知》，2008 年，百度网（ht-
tps：//wenku. baidu. com/view/ed8eb36179563c1ec5da71a5. html？re =
view）。

天津市民政局：《关于推进居家养老服务政府补贴工作的实施意见》，
2008 年，天津市民政局门户网站（http：//www. tjmz. gov. cn/zwgk/
system/2014/07/18/010020515. shtml）。

习近平：《决胜全面建成小康社会　夺取新时代中国特色社会主义伟大胜

利——在中国共产党第十九次全国代表大会上的报告》，2017年，新华网（http：//www. xinhuanet. com//2017 – 10/27/c_ 1121867529. htm）。

中国共产党第十八届中央委员会：《中共中央关于全面深化改革若干重大问题的决定》，2013年，人民网（http：//politics. people. com. cn/GB/8198/371536/index. html）。

中国共产党第十八届中央委员会：《中国共产党第十八届中央委员会第五次全体会议公报》，2015年，新华网（http：//www. xinhuanet. com//politics/2015 –10/29/c_ 1116983078. htm）。

中国共产党第十四届中央委员会：《中共中央关于建立社会主义市场经济体制若干问题的决定》，1993年，人民网（http：//www. people. com. cn/GB/shizheng/252/5089/5106/5179/20010430/456592. html）。

中华人民共和国国务院：《国务院关于建立统一的企业职工基本养老保险制度的决定》，1995年，百度网（http：//wenku. baidu. com/view/75efc8d5b14e852458fb573a. html）。

中华人民共和国国务院：《国务院关于完善企业职工基本养老保险制度的决定（国发〔2005〕38号）》，2005年，中央政府门户网站（http：//www. gov. cn/zhuanti/2015 –06/13/content_ 2878967. htm）。

中华人民共和国国务院：《国务院关于完善企业职工基本养老保险制度的决定》，2005年，百度网（http：//baike. baidu. com/view/2289167. htm）。

中华人民共和国国务院：《中华人民共和国私营企业暂行条例（1988年6月25日国务院令第4号发布）》，1988年，中华人民共和国国家工商行政管理总局门户网站（http：//home. saic. gov. cn/zw/zcfg/xzfg/198806/t19880625_ 215568. html）。

中华人民共和国财政部：《财政部、国资委、证监会、社保基金会关于印发＜境内证券市场转持部分国有股充实全国社会保障基金实施办法＞的通知（财企〔2009〕94号）》，2009年，财政部门户网站（http：//zcgls. mof. gov. cn/zhuantilanmu/zbgl/201503/t20150325_ 1207120. html）。

中华人民共和国财政部：《全国财政决算（2009 –2011）》，2012年，财政部门户网站（http：//yss. mof. gov. cn/zhengwuxinxi/caizhengshuju/

index_ 1. html）。

中华人民共和国国家卫生与计划生育委员会：《中国卫生与计划生育统计年鉴》，2015 年（http：//www. moh. gov. cn/zwgkzt/tjnj/list. shtml）。

中华人民共和国国务院：《国务院关于机关事业单位工作人员养老保险制度改革的决定（国发〔2015〕2 号）》，2015 年，中央人民政府门户网站（http：//www. gov. cn/zhengce/content/2015 - 01/14/content_ 9394. htm）。

中华人民共和国国务院：《国务院关于建立城镇职工基本医疗保险制度的决定》，2005 年，中央人民政府门户网站（http：//www. gov. cn/banshi/2005 - 08/04/content_ 20256. htm）。

中华人民共和国国务院：《国务院关于建立企业职工基本养老保险基金中央调剂制度的通知》（国发〔2018〕18 号）》，2018 年，中央人民政府门户网站（http：//www. gov. cn/zhengce/content/2018 - 06/13/content_ 5298277. htm）。

中华人民共和国国务院：《国务院关于开展城镇居民基本医疗保险试点的指导意见》，2007 年，中央人民政府门户网站（http：//www. gov. cn/zwgk/2007 - 07/24/content_ 695118. htm）。

中华人民共和国国务院：《国务院关于开展新型农村社会养老保险试点的指导意见（国发〔2009〕32 号）》，2009 年，中央人民政府门户网站（http：//www. gov. cn/zhengce/content/2009 - 09/04/content_ 7280. htm）。

中华人民共和国国务院：《国务院关于企业职工养老保险制度改革的决定（国发〔1991〕33 号）》，1991 年，法律图书馆（http：//www. law - lib. com/law/law_ view. asp？ id = 7733）。

中华人民共和国国务院：《国务院关于印发划转部分国有资本充实社保基金实施方案的通知（国发〔2017〕49 号）》，2017 年，中央人民政府门户网站（http：//www. gov. cn/zhengce/content/2017 - 11/18/content_ 5240652. htm）。

中华人民共和国国务院：《国务院医改办：＜全国深化医药卫生体制改革三年总结报告＞》，2012 年，中央人民政府门户网站（http：//www. gov. cn/jrzg/2012 - 06/26/content_ 2170124. htm）。

中华人民共和国国务院：《中共中央国务院关于深化医药卫生体制改革的

意见》，2009 年，中央人民政府门户网站（http：//www. gov. cn/jrzg/2009 –04/06/content_ 1278721. htm）。

中华人民共和国国务院办公厅：《关于印发民政部职能配置内设机构和人员编制方案的通知（国办发〔1993〕86 号）》，1993 年，中央人民政府门户网站（http：//www. gov. cn/zhengce/content/2010 – 12/13/content_ 7951. htm）。

中华人民共和国国务院办公厅：《国务院办公厅转发民政部关于进一步做好农村社会养老保险工作意见的通知（国办发〔1995〕51 号）》，1995 年，北大法宝（http：//www. pkulaw. cn/fulltext_ form. aspx？Db = chl&Gid = 607fc04da127171bbdfb&keyword = % E5% 9B% BD% E5% 8A% A1% E9% 99% A2% E5% 8A% 9E% E5% 85% AC% E5% 8E% 85% E8% BD% AC% E5% 8F% 91% E6% B0% 91% E6% 94% BF% E9% 83% A8% E5% 85% B3% E4% BA% 8E% E8% BF% 9B% E4% B8% 80% E6% AD% A5% E5% 81% 9A% E5% A5% BD% E5% 86% 9C% E6% 9D% 91&EncodingName = &Search_ Mode = accurate&Search_ IsTitle = 0）。

中华人民共和国国务院办公厅：《国务院办公厅转发卫生部等部门关于建立新型农村合作医疗制度意见的通知》，2003 年，中央人民政府门户网站（http：//www. gov. cn/zwgk/2005 – 08/12/content _ 21850. htm）。

中华人民共和国国务院办公厅：《国务院办公厅转发卫生部等部门关于建立新型农村合作医疗制度意见的通知》，2005 年，中央人民政府门户网站（http：//www. gov. cn/zwgk/2005 – 08/12/content _ 21850. htm）。

中华人民共和国国务院医改办：《全国深化医药卫生体制改革三年总结报告》，2012 年，中央人民政府门户网站（http：//www. gov. cn/jrzg/2012 –06/26/content_ 2170124. htm）。

中华人民共和国劳动人事部：《中外合资经营企业劳动管理规定实施办法》，1984. 北大法宝（http：//www. pkulaw. cn/fulltext_ form. aspx？Db = chl&Gid = f2aa21ca8c31c63cbdfb&keyword = % E4% B8% AD% E5% A4% 96% E5% 90% 88% E8% B5% 84% E7% BB% 8F% E8% 90% A5% E4% BC% 81% E4% B8% 9A% E5% 8A% B3% E5% 8A% A8% E7% AE% A1% E7% 90% 86% E8% A7% 84% E5% AE% 9A% E5% AE% 9E% E6% 96%

BD% E5% 8A% 9E% E6% B3% 95&EncodingName = &Search_ Mode = accurate&Search_ IsTitle =0)。

中华人民共和国民政部:《1986 年民政事业发展概述》,1987 年,民政部门户网站(http://www. mca. gov. cn/article/sj/tjgb/200801/200801150094349. shtml)。

中华人民共和国民政部:《2017 年社会服务发展统计公报》,2018 年,民政部门户网站(http://www. mca. gov. cn/article/sj/tjgb/2017/201708021607. pdf)

中华人民共和国民政部:《民政部关于印发〈县级农村社会养老保险基本方案(试行)〉的通知(民办发〔1992〕2 号)》,1992 年,法律图书馆(http://www. law – lib. com/law/law_ view. asp? id =54046)。

中华人民共和国民政部办公厅:《民政部办公厅关于在全国省级层面建立老年人补贴制度情况的通报》,2016 年,中央政府门户网站(http://www. gov. cn/xinwen/2016 –08/23/content_ 5101684. htm)。

中华人民共和国全国老龄工作委员会办公室:《<中国老龄事业发展报告(2013) >新闻发布稿》,2013 年,全国老龄工作委员会办公室门户网站(http://www. cncaprc. gov. cn/contents/7/4881. html)。

中华人民共和国人力资源和社会保障部:《2009 年度人力资源和社会保障事业发展统计公报》,2010 年,人力资源和社会保障部门户网站(http://www. mohrss. gov. cn/SYrlzyhshbzb/zwgk/szrs/tjgb/201710/t20171031280389. html)。

中华人民共和国人力资源和社会保障部:《2010 年全国社保经办机构情况》,2011 年,人力资源和社会保障部门户网站(http://www. gov. cn/gzdt/2011 –08/10/content_ 1923002. htm)。

中华人民共和国人力资源和社会保障部:《2011 年度人力资源和社会保障事业发展统计公报》,2012 年,人力资源和社会保障部门户网站(http://www. mohrss. gov. cn/SYrlzyhshbzb/zwgk/szrs/tjgb/201206/t20120605_ 69908. html)。

中华人民共和国人力资源和社会保障部:《2011 年度人力资源和社会保障事业发展统计公报》,2012 年,中央人民政府门户网站(http://www. gov. cn/gzdt/2012 –06/05/content_ 2153635. htm)。

中华人民共和国人力资源和社会保障部:《2012 年度人力资源和社会保障

事业发展统计公报》，2013 年，人力资源和社会保障部门户网站（http：//www. mohrss. gov. cn/SYrlzyhshbzb/zwgk/szrs/tjgb/201306/t20130603_ 104411. html）。

中华人民共和国人力资源和社会保障部：《2017 年度人力资源和社会保障事业发展统计公报》，2018 年，人力资源和社会保障部门户网站（http：//www. mohrss. gov. cn/ghcws/BHCSWgongzuodongtai/201805/t20180521_ 294290. html）。

中华人民共和国人力资源和社会保障部：《人力资源和社会保障部办公厅关于妥善解决城镇居民生育医疗费用的通知（人社厅发〔2009〕97号)》，2009 年，人力资源和社会保障部门户网站（http：//www. mohrss. gov. cn/SYrlzyhshbzb/shehuibaozhang/zcwj/shengyu/200907/t20090731_ 86902. html）。

中华人民共和国人力资源和社会保障部：《人力资源和社会保障部关于2010 年扩大新型农村社会养老保险试点的通知（人社部发〔2010〕27 号)》，2010 年，北大法宝（http：//www. pkulaw. cn/fulltext_form. aspx？Db = chl&Gid = 469d27f728610fa8bdfb&keyword = % E4% BA% BA% E5% 8A% 9B% E8% B5% 84% E6% BA% 90% E5% 92% 8C% E7% A4% BE% E4% BC% 9A% E4% BF% 9D% E9% 9A% 9C% E9% 83% A8% E5% 85% B3% E4% BA% 8E2010% E5% B9% B4% E6% 89% A9% E5% A4% A7% E6% 96% B0&EncodingName = &Search_ Mode = accurate&Search_ IsTitle =0）。

中华人民共和国人力资源和社会保障部：《人力资源和社会保障部关于做好2008 年城镇居民基本医疗保险试点工作的通知》，2008 年，百度网（https：//wenku. baidu. com/view/aa636a15cbaedd3383c4bb4cf7ec4afe05a1b10c. html）。

中华人民共和国人力资源和社会保障部：《人力资源社会保障部、财政部关于提高全国城乡居民基本养老保险基础养老金最低标准的通知，人社部发〔2015〕5 号文》，2015 年，人力资源和社会保障部门户网站（http：//www. mohrss. gov. cn/SYrlzyhshbzb/ldbk/shehuibaozh ang/yanglao/201501/t20150114_ 148917. htm）。

中华人民共和国人力资源和社会保障部：《人力资源社会保障部办公厅关于督办解决农村社会养老保险遗留问题的通知（人社厅发〔2017〕

47 号)》。

中华人民共和国人力资源和社会保障部：关于做好 2011 年扩大新型农村
　　社会养老保险试点和开展城镇居民社会养老保险试点工作的通知
　　（人社部发〔2011〕56 号）。

中华人民共和国审计署：《全国社会保障资金审计结果（2012 年第 34 号
　　公告)》，2012 年，审计署门户网站（http：//www. audit. gov. cn/n5/
　　n25/c63607/content. html)。

中华人民共和国体改委、财政部、劳动部、卫生部：《关于职工医疗制度
　　改革的试点意见》，1994 年，搜狐网（http：//job. sohu. com/article/
　　2004/04/13/50/article219825079. shtml)。

中华人民共和国统计局人口和就业统计司、人力资源和社会保障部规划
　　财务司：《中国劳动统计年鉴 2012》，2013 年，人力资源与社会保障
　　部门户网站（http：//www. mohrss. gov. cn/SYrlzyhshbzb/zwgk/szrs/)。

中华人民共和国卫生与计划生育委员会、财政部：《国家卫生与计划生育
　　委员会、财政部关于做好 2016 年新型农村合作医疗工作的通知》，
　　2016 年，财政部门户网站（http：//www. mof. gov. cn/zhengwuxinxi/
　　zhengcefabu/201605/t20160506_ 1978682. htm)。

中华人民共和国中央人民政府：《多部门负责人解读＜关于制定和实施老
　　年人照顾服务项目的意见＞》，2017 年，中央人民政府门户网站
　　（http：//www. gov. cn/xinwen/2017 –07/14/content_ 5210584. htm)。

外文文献

一　著作类

Agarwala R. , *Old Age Security*：*Pension Reform in China*，World Bank Publi-
　　cations，1997.

Beveridge W. , *Social Insurance and Allied Service*，London：Majesty' s Sta-
　　tionery Office，1942.

Besharov D. , Baehler K. , *Chinese Social Policy in a Time of Transition*，New
　　York：Oxford University Press，2013.

Chen X. , Hu L. , Sindelar J. L. , *Leaving Money on the Table? Suboptimal Enrollment in the New Social Pension Program in China*, Cambridge: National Bureau of Economic Research, 2017.

Dunaway M. S. V. and Arora, M. V. B. , *Pension Reform in China*: *The Need for a New Approach* (*EPub*) (*No.* 7 – 109), International Monetary Fund, 2007.

Esping – Andersen, G. , *The Three Worlds of Welfare Capitalism*, Cambridge: Polity Press, 1990.

Figueras J. Robinson R. and Jakubowshi, E. , *Purchasing to Improve Health Systems Performance*, Maidenhead: Open University Press, 2005.

Gilbert N. , *Welfare Justice*: *Restoring Social Equity*, New Haven: Yale University Press, 1995.

Johnson N. , *The Welfare State in Transition*: *The Theory and Practice of Welfare Pluralism*, Massachusetts: University of Massachusetts Press, 1987.

Liu K. , *The Effects of Social Health Insurance Reform on People's Out – of – Pocket Health Expenditure in China*: *The Mediating Role of the Institutional Arrangement*, Singapore: Springer, 2016.

Lei X. , Zhang C. , Zhao Y. , *Incentive Problems in China's New Rural Pension Program. In Labor market issues in China*, Bingley: Emerald Group Publishing Limited, 2013.

Meng Q. , *Provider Payment Reforms in China*: *An Updated Review* (*World Bank AAA Report*), Washington, DC: World Bank, 2008.

Preker A. S. P. and Langenbrunner J. C. , *Spending Wisely*: *Buying Health Services for the Poor*, Washington, D. C. : The World Bank, 2005.

Roche M. , *Rethinking Citizenship*: *Welfare, Ideology and Change in Modern Society*, Cambridge: Polity Press, 1992.

World Bank, *Averting the Old – Age Crisis*: *Policies to Protect the Old and Promote Growth*, New York: Oxford University Press, 1994.

World Bank, *Balancing Protection and Opportunity*: *A Strategy for Social Protection in Transition Economies*, Washington, D. C. : World Bank, 2000.

Wang Wang L. and Wang Y. , *The Quality of Growth and Poverty Reduction in*

China, Singapore: Springer, 2014.

Yan K. , *Poverty Alleviation in China: A Theoretical and Empirical Study*, Singapore: Springer, 2016.

二　论文类

Aaron H. , "The Social Insurance Paradox", *Canadian Journal of Economics and Political Science*, Vol. 32, 1966.

Atkinson R. , "Citizenship and the Struggle Against Social Exclusion in the Context of Welfare State Reform", In Bussemaker, J. (Ed.), *Citizenship and Welfare State Reform in Europe*, London: Routledge, 1999.

Barnighausen T. and Sauerborn R. , "One Hundred and Eighteen Years of the German Health Insurance System: Are There Any Lessons for Middle – and Low – Income Countries?", *Social Science & Medicine*, Vol. 54, 2002.

Bian Y. , "Chinese Social Stratification and Social Mobility", *Annual Review of Sociology*, Vol. 28, 2002.

Blumenthal D. and Hsiao W. C. , "Privatization and Its Discontents: The Evolving Chinese Health Care System", *The New England Journal of Medicine*, Vol. 353, 2005.

Béland D. , "The Social Exclusion Discourse: Ideas and Policy Change", *Policy & Politics*, Vol. 35, 2007.

Cai J. , Coyte P. C. and Zhao H. , "Decomposing the Causes of Socioeconomic – Related Health Inequality among Urban and Rural Populations in China: A New Decomposition Approach", *International Journal for Equity in Health*, Vol. 16, 2017.

Carrin G. and James C. , "Social Health Insurance, Key Factors Affecting the Transition Towards Universal Coverage", *International Social Security Review*, Vol. 58, 2005.

Chen T. and Turner J. A. , "Fragmentation in Social Security Old – Age Benefit Provision in China", *Journal of Aging & Social Policy*, Vol. 27, 2015.

Chen T. and Turner J. A. , "Turner, Fragmentation in Social Security Old – Age Benefit Provision in China", *Journal of Aging & Social Policy*,

Vol. 27, 2015.

Chen X. , "Old age Pension and Intergenerational Living Arrangements: a Regression Discontinuity Design", *Review of Economics of the Household*, Vol. 15, 2017.

Chow G. C, "Capital Formation and Economic Growth in China", *The Quarterly Journal of Economics*, Vol. 108, 1993.

Cox R. H. , "The Consequences of Welfare Reform: How Conceptions of Social Rights are Changing", *Journal of Social Policy*, Vol. 27, 1998.

Cui Y. , Tani M. and Nahm D. , "The Determinants of Employment Choice of Rural Migrant Workers in China: Soes and Non – Soes", *Procedia Economics and Finance*, Vol. 1, 2012.

Eggleston K. , Li L. Meng Q. Lindelow M. , Wagstaff A. , "Health Services Delivery in China: A Literature Review", *Health Economics*, Vol. 17, 2008.

Eggleston K. and Yip W. C – M. , "Hospital Competition under Regulated Prices: Application to Urban Health Sector Reforms in China", *International Journal of Health Care Finance and Economics*, Vol. 4, 2004.

Estelle J. , "Coverage under Old Age Security Programs and Protection for the Uninsured – What Are the Issues? In Nora L. (Ed.)", *Shielding the Poor: Social Protection in the Developing World*, Washington, DC: Inter – America Development Bank and Brookings Institution Press, 2000.

Evers A. , "The Welfare Mix Approach: Understanding the Pluralism of Welfare Systems, In Evers A. and Svetlik I. (Eds.)", *Balancing Pluralism: New Welfare Mixes in Care for the Elderly*. Avebury/ European Center Vienna, Aldershot, 1993.

Fang Z. and Sakellariou C. , "Social Insurance, Income and Subjective Well – Being of Rural Migrants in China—an Application of Unconditional Quantile Regression", *Journal of Happiness Studies*, Vol. 17, 2016.

Feldstein M. , "Social Security Pension Reform in China", *China Economic Review*, Vol. 10, 1999.

Feldstein M. , "Temporary Layoffs in the Theory of Unemployment", *Journal of Political Economy*, Vol. 84, 1976.

Feng J., He L., Sato H., "Public Pension and Household Saving: Evidence from Urban China", *Journal of Comparative Economics*, Vol. 39, 2011.

Friesn J. F., "Aging, Natural Death, and the Compression of Morbidity Bull", *World Health Organ*, Vol. 80, 2002.

Friesn J. F., "Aging, Natural Death, and the Compression of Morbidity", *The New England Journal of Medicine*, Vol. 303, 1980.

Giulietti C., Ning G., Zimmermann K. F., "Self – Employment of Rural – to – Urban Migrants in China", *International Journal of Manpower*, Vol. 33, 2012.

Guo Y., Fu Y. Chui E. W. T., Xue, M., "Equity, Efficiency and Effectiveness: An Evaluation Study of the Urban Minimum Livelihood Guarantee Scheme in China", *Journal of Asian Public Policy*, Vol. 10, 2017.

Habermas J., "Citizenship and National Identity: Some Reflections on the Future of Europe, In Beiner, R. (Ed.)", *Theorizing citizenship*, Albany, N. Y.: Suny Press, 1995

Hamermesh D. S., "Social Insurance and Consumption: an Empirical Inquiry", *The American Economic Review*, Vol. 72, 1982.

He A. J., "China's Ongoing Public Hospital Reform: Initiatives, Constraints and Prospect", *Journal of Asian Public Policy*, Vol. 43, 2011.

He A. J. and Qian J., "Hospitals' Responses to Administrative Cost – Containment Policy in Urban China: The Case of Fujian Province", *The China Quarterly*, Vol. 216, 2013.

He A. J. and Qian J., "Explaining Medical Disputes in Chinese Public Hospitals: The Doctor – Patient Relationship and Its Implications for Health Policy Reforms", *Health Economics, Policy, and Law*, Vol. 11, 2016.

He A. J. and Yang W., "Clinical Pathways in China: An Evaluation", *International Journal of Health Care Quality Assurance*, Vol. 28, 2015.

Herd R., "The Evolution of China's Social Policies", *Economic Change and Restructuring*, Vol. 46, 2013.

Holliday I., "Productivist Welfare Capitalism: Social Policy in East Asia", *Political Studies*, Vol. 48, 2000.

Holzmann R. and Koettl J, "Prtability of Pension, Health, and Other Social

Benefits: Facts, Concepts, Issues" (http: //ftp. iza. org/dp5715. pdf) .

Hsiao W. C. , "When Incentives and Professionalism Collide", *Health Affairs*, Vol. 27, 2008.

King D. S. and Waldron J. , "Citizenship, Social Citizenship and the Defence of Welfare Provision", *British Journal of Political Science*, Vol. 18, 2009.

Kwon S. , "Thirty Years of National Health Insurance in South Korea: Lessons for Achieving Universal Health Care Coverage", *Health Policy and Planning*, Vol. 24, 2009.

Lejour A. M. and Verbon H. A. A. , "Capital Mobility, Wage Bargaining, and Social Insurance Policies in an Economic Union ", *International Tax and Public Finance*, Vol. 3, 1996.

Li B. , "Social Pension Unification in an Urbanising China: Paths and Constraints", *Public Administration and Development*, Vol. 34, 2014.

Li W. , Xu H. , Zhang Z. , et al. , "An Ecological Study of Social Fragmentation, Socioeconomic Deprivation, and Suicide in Rural China: 2008 – 2010", *SSM – Population Health*, Vol. 2, 2016.

Li Y. , Zhao Y. , Yi D. , et al. , "Differences Exist across Insurance Schemes in China Post – Consolidation", *PloS One*, Vol. 12, 2017.

Liu J. , Chen G. , Song X. , et al. , "Trends in Disability – Free Life Expectancy Among Chinese Older Adults", *Journal of Aging and Health*, Vol. 21, 2009.

Liu K. , Wu Q. and Liu J. , "Examining the Association between Social Health Insurance Participation and Patients' Out – of – Pocket Payments in China: The Role of Institutional Arrangement", *Social Science & Medicine*, Vol. 113, 2014.

Liu K. and He A. J. , "Able to Purchase? Agency Problems in China's Social Health Insurance System and the Pitfalls of Third – Party Strategic Purchasing", *International Journal of Health Planning and Management*, Vol. 10, 2018.

Liu X. , Liu Y. , Chen N. , "The Chinese Experience of Hospital Price Regulation", *Health Policy and Planning*, Vol. 15 2000.

Liu X. , Lu B. , Feng Z. , "Intergenerational Transfers and Informal Care for Disabled Elderly Persons in China: Evidence from CHARLS", *Health & Social Care in the Community*, Vol. 25, 2017.

Liu Y. , Guo Y. , Zhou Y. , "Poverty Alleviation in Rural China: Policy Changes, Future Challenges and Policy Implications", *China Agricultural Economic Review*, Vol. 10, 2018.

Lu B. , Liu X. , Yang M. , "A Budget Proposal for China's Public Long – Term Care Policy", *Journal of Aging & Social Policy*, Vol. 29, 2017.

Lu B. , Liu X. , Lim J. , et al. , "Changes in the Morbidity Prevalence and Morbidity – Free Life Expectancy of the Elderly Population in China from 2000 to 2010", *Journal of the Economics of Ageing*, Vol. 11, 2018.

Lu C. , Liu Y. , Shen J. , "Does China's Rural Cooperative Medical System Achieve Its Goals? Evidence from the China Health Surveillance Baseline Survey in 2001", *Contemporary Economic Policy*, Vol. 30, 2012.

Manton K. G. , "Changing Concepts of Morbidity and Mortality in the Elderly Population Milbank Memorial Fund Q", *Health Society*, Vol. 60, 2009.

Marshall T. H. , "Citizenship and Social Class, In Shafirm, G. (Ed.)", *The Citizenship Debates: A Reader*, Minneapolis, MN: University of Minnesota Press, 1998.

McKinnon R. and Sigg, R. , *The Role and Nature of Noncontributory Social Security in the Design of Social Protection Strategies for Older People in Dcs*, Development Studies Association International Conference, Glasgow, Scotland10 – 12 September, 2003.

Meng Q. , Fang H. , et al. , "Consolidating the Social Health Insurance Schemes in China: Towards an Equitable and Efficient Health System", *The Lancet*, Vol. 386, 2015.

Meng Q. , Xu L. , Zhang Y. , et al. , "Trends in Access to Health Services and Financial Protection in China between 2003 and 2011: A Cross – Sectional Study", *The Lancet*, Vol. 379, 2012.

Meyer B. D. , "Unemployment Insurance and Unemployment Spells", *Econometrica*, Vol. 58, 1990.

Midgley J. ， "Growth, Redistribution, and Welfare: Toward Social Invest-
ment", *Social Service Review*, Vol. 73. 1999.

Ministry of Land and Resources, "Research Report on Reforming the Land Ex-
propriation System", *Land Resources Newsletter*, No. 11, 2003.

Mortensen D. , "Unemployment Insurance and Job Search Decisions", *Indus-
trial and Labor Relations Review*, Vol. 30, 1977.

Mou J. , Cheng J. , Zhang D. , et al. , "Health Care Utilisation Amongst
Shenzhen Migrant Workers: Does Being Insured Make a Difference?",
BMC Health Services Research, Vol. 9, 2009.

Nielsen I. and Smyth R. , "Who Bears the Burden of Employer Compliance
with Social Security Contributions? Evidence from Chinese firm level da-
ta", *China Economic Review*, Vol. 19, 2008.

Ning M. , Gong J. , Zheng X. , et al. , "Does New Rural Pension Scheme
Decrease Elderly Labor Supply? Evidence from Charls", *China Economic
Review*, Vol. 41, 2016.

Pan X. , Xu J. , Meng Q. , "Integrating Social Health Insurance Systems in
China", *The Lancet*, Vol. 387, 2016.

Park A. and Cai F. , "The Informalization of the Chinese Labour Market, In
S. Kuruvilla, Lee, C. K. Gallagher, M. E. (Eds.)", *From Iron Rice
Bowl to Informalization: Markets, State and Workers in a Changing Chi-
na*, New York: Cornell University Press, 2011.

Park A. and Wang S. , "Community – based Development and Poverty Allevia-
tion: An Evaluation of China's Poor Village Investment Program", *Jour-
nal of Public Economics*, Vol. 94, 2010.

Pedro P – R. , *Allocation of Resources Based on Program Budgeting, Cost – Ef-
fectiveness and the Social Welfare Function*, iHEA 2007 6th World Con-
gress: Explorations in Health Economics Paper, Denmark, 2006.

Pedro P – R. , "Method Based on the Social Welfare Function to Incorporate
Equity into Cost – Effectiveness League Tables", *Pharmacoeconomics*,
Vol. 22, 2004.

Peimin L. , "A Case Study on the Settlement of Rural Women Affected by Land
Requisitioning in China" , *Journal of Contemporary China*, Vol. 16,

2007.

Peng Y. , Chang W. , Zhou H. , et al. , "Factors Associated with Health – Seeking Behavior among Migrant Workers in Beijing, China", *BMC Health Services Research*, Vol. 10, 2010.

Qin M. , Zhuang Y. , Liu H. , "Old Age Insurance Participation among Rural – Urban Migrants in China", *Demographic Research*, Vol. 33, 2015.

Ravallion M. and Chen S. , "China's (uneven) Progress Against Poverty", *Journal of Development Economics*, Vol. 82, 2007.

Schwarzer H. and Querino A. C. , *Non – Contributory Pensions in Brazil: The Impact on Poverty Reduction*, ESS Paper No. 11. Geneva, International Labour Office, 2002.

Selden M. , "Poverty Alleviation, Inequality and Welfare in Rural China", Economic and Political Weekly, Vol. 34, 1999.

Shan L. , Zhao M. , Ning N. , et al. , "Dissatisfaction with Current Integration Reforms of Health Insurance Schemes in China: Are They a Success and What Matters?", *Health Policy and Planning*, Vol. 33, 2018.

Sherraden M. , "Asset building policy and programs for the poor, In Thomas, S. and Edward W. (Eds.)", *Assets for the poor*, New York: Russell Sage Foundation, 2001.

Shi S – J. , "Left to Market and Family – again? Ideas and the Development of the Rural Pension Policy in China", *Social Policy & Administration*, Vol. 40, 2006.

Shi S – J. , "Towards Inclusive Social Citizenship? Rethinking China's Social Security in the Trend Towards Urban – Rural Harmonisation", *Journal of Social Policy*, Vol. 41, 2012.

Sin Y. , *Pension Liabilities and Reform Options for Old Age Insurance*, World Bank working paper, No. 2005 – 1, USA, The Wrold Bank, 2005.

Song Z. , Storesletten K. , Wang Y. , et al. , "Sharing High Growth Across Generations: Pensions and Demographic Transition in China", *American Economic Journal: Macroeconomics*, Vol. 7, 2015.

Sun X. , Jackson S. , Carmichael G. , et al. , "Catastrophic Medical Payment and Financial Protection in Rural China: Evidence from the New Cooperative Medical Scheme in Shandong Province", *Health Economics*, Vol. 18, 2009.

Topel R. H., "On Layoffs and Unemployment Insurance", *American Economic Review*, Vol. 73, 1983.

Wagstaff A. and Lindelow M., "Can Insurance Increase Financial Risk? The Curious Case of Health Insurance in China", *Journal of Health Economics*, Vol. 27, 2008.

Wang D., "Comparative Analysis of Fiscal Sustainability of China and the US", *China Economist*, Vol. 12, 2017.

Wang X., Zheng A., He X., et al., "Integration of Rural and Urban Healthcare Insurance Schemes in China: An Empirical Research", *BMC Health Services Research*, Vol. 14,, 2014.

Wang Y., Long Q., Liu Q., et al., "Treatment Seeking for Symptoms Suggestive of Tb: Comparison between Migrants and Permanent Urban Residents in Chongqing, China", *Tropical Medicine & International Health*, Vol. 13, 2008.

Willmore L., "Universal Pensions for Developing Countries", *World Development*, Vol. 35, 2007.

Xu W., Van De Ven, W. P., "Purchasing Health Care in China: Competing or Non – Competing Third – Party Purchasers?" *Health Policy*, Vol. 92, 2014.

Yang T., Lu J., Wu M., "Chinese Doctors' Salaries", *The Lancet*, Vol. 371, 2008.

Yang Y., Williamson J. B., Shen C., "Social Security for China's Rural Aged: A Proposal Based on a Universal Non – Contributory Pension", *International Journal of Social Welfare*, Vol. 19, 2010.

Yaniv G., "Unemployment Insurance Benefits and the Supply of Labor of an Employed Worker", *Journal of Public Economics*, Vol. 17,, 1982.

Yip W. C – M. and Hsiao W. C., "Medical Savings Accounts: Lessons from China", *Health Affairs*, Vol. 16, 1997.

Yip W. C – M. and Hsiao W. C., "The Chinese Health System at a Crossroads", *Health Affairs*, Vol. 27, 2008.

Yip W. C - M. Hsiao W. C., Chen W., Hu S., et al., "Alan Maynard, Early Appraisal of China's Huge and Complex Health - Care Reforms", *The Lancet*, Vol. 379, 2012.

Yip W. C - M. Hsiao W. C., et al., "Realignment of Incentives for Health - care Providers in China", *The Lancet*, Vol. 375, 2010.

Yu B., Meng Q. Collins, et al., "How Does the New Cooperative Medical Scheme Influence Health Service Utilization? A Study in Two Provinces in Rural China", *BMC Health Services Research*, Vol. 10,, 2010.

Yu J., "Multidimensional Poverty in China: Findings Based on the CHNS", *Social Indicators Research*, Vol. 112, 2013.

Zhang H., "Discourse Change and Policy Development in Social Assistance in China", *International Journal of Social Welfare*, Vol. 21, 2012.

Zhang L. and Wang H., "Dynamic Process of Adverse Selection: Evidence from a Subsidized Community - Based Health Insurance in Rural China", *Social Science & Medicine*, Vol. 67, 2008.

Zhao L., Guo Y., Shao T., "Can the Minimum Living Standard Guarantee Scheme Enable the Poor to Escape the Poverty Trap in Rural China?", *International Journal of Social Welfare*, Vol. 26, 2017.

Zhao Y., "The Role of Migrant Networks in Labor Migration: The Case of China", *Contemporary Economic Policy*, Vol. 21, 2003.

Zunzunegui M - V., Alvarado B. E., Del Ser T., et al., "Social Networks, Social Integration, and Social Engagement Determine Cognitive Decline in Community - Dwelling Spanish Older Adults", *The Journals of Gerontology Series B: Psychological Sciences and Social Sciences*, Vol. 58, 2003.